Sprache und Information
Beiträge zur philologischen und linguistischen Datenverarbeitung, Informatik und Informationswissenschaft

Herausgegeben von
István Bátori, Walther von Hahn, Rainer Kuhlen, Winfried Lenders, Wolfgang Putschke, Harald Zimmermann

Band 31

Wilfried Hötker / Petra Ludewig (Hgg.)

Lexikonimport, Lexikonexport

Studien zur Wiederverwertung lexikalischer Informationen

Max Niemeyer Verlag
Tübingen 1996

Die Deutsche Bibliothek – CIP-Einheitsaufnahme

Lexikonimport, Lexikonexport: Studien zur Wiederverwertung lexikalischer Informationen / Wilfried Hötker / Petra Ludewig (Hgg.). - Tübingen : Niemeyer, 1996
(Sprache und Information ; Bd 31)
NE: Hötker, Wilfried [Hrsg.] ; GT

ISBN 3-484-31931-3 ISSN 0722-298-X

Printed in Germany.
Druck: Weihert-Druck GmbH, Darmstadt
Einband: Hugo Nädele, Nehren

Vorwort

Dieses Buch wendet sich vor allem an Computerlinguisten, Lexikologen und Lexikographen. Es stellt neuere Arbeiten im Bereich der Wiederverwertung lexikalischer Informationen des Instituts für maschinelle Sprachverarbeitung der Universität Stuttgart, des Instituts für Semantische Informationsverarbeitung der Universität Osnabrück und des Sprachwissenschaftlichen Instituts der Ruhr-Universität Bochum vor. Jeder Forschungsgruppe wurde die Möglichkeit gegeben, ihre Arbeiten ausführlich und zusammenhängend in einem Kapitel darzustellen. Es wurde nicht, wie sonst bei Sammelbänden üblich, das Ziel verfolgt, möglichst viele Arbeiten in einer eher oberflächlichen Art und Weise zu präsentieren, sondern es wurde vielmehr versucht, die Arbeiten ausführlich und zusammenhängend darzustellen. Die einzelnen Beiträge legen dabei ein besonderes Augenmerk auf den Lexikonimport und Lexikonexport in einem Wiederverwertungsszenario. Sie erörtern in diesem Zusammenhang allerdings auch unterschiedliche Ansätze zur Repräsentation und Organisation lexikalischen Wissens. Es werden Techniken und Werkzeuge beschrieben, die abhängig von der Repräsentation und Organisation des lexikalischen Wissens den Export und den Import lexikalischer Informationen unterstützen.

Auf einem vorbereitenden Workshop im Oktober 1994 wurden die einzelnen Beiträge diskutiert und zueinander in Beziehung gesetzt, sowie die Buchkonzeption besprochen. Daß der vorliegende Band erst 1996 erscheint, ist darauf zurückzuführen, daß die drei Gruppen großen Wert darauf legten, ihre Beiträge aufeinander abzustimmen.

Danken möchten wir allen, die das Zustandekommen dieses Bandes ermöglicht haben, insbesondere aber der Deutschen Forschungsgemeinschaft (DFG), die durch die Förderung unseres Projektes „Dynamische LKB“ für die finanzielle Basis unserer Forschung sorgt; unserem Projektleiter Prof. Dr. Siegfried Kanngießer, der durch viele gute Ratschläge und Anregungen maßgeblichen Anteil am Zustandekommen des Buches hat; den Autoren, die viele Anregungen gegeben und Diskusionsbereitschaft gezeigt haben, sowie den Herausgebern der Reihe „Sprache und Information“, die den vorliegenden Band in diese Reihe aufgenommen haben.

Osnabrück, im Oktober 1995

Inhaltsverzeichnis

Einleitung

Wilfried Hötker

Petra Ludewig

In den letzten Jahren ist das Lexikon immer stärker ins Zentrum computerlinguistischer Betrachtungen gerückt, wobei Stichworte wie *Wiederverwertbarkeit lexikalischen Wissens* (*lexical reusability*), *Lexikonimport* und *Lexikonexport* eine zentrale Rolle spielen.[1] Dabei hat sich die computergestützte Lexikographie zusehends als eigenständige Disziplin herauskristallisiert. Unübersehbare Indikatoren für diese Entwicklung sind spezielle[2]

- *Kompaktkurse:* ESF Summer School on Computational Lexicography and Lexicography (Pisa, 1988), DGfS-Sommerschule Lexikon (Hamburg, 1989),
- *Workshops:* Automating the Lexicon in a Multilingual Environment [Walker et al., 1994], The Lexicon in Theoretical and Computational Perspectives, Lexicon Acquisition [Zernik, 1989], Lexical Semantics and Knowledge Representation [Bergler, 1992], Universals in the Lexicon [Kamp und Pustejovsky, 1993],
- *Konferenzen:* Advances in Lexicology, Standardization in Lexicography, Electronic Dictionaries, COMPLEX (Budapest 1992, 1994), EURALEX [Martin et al., 1994], Representation and Acquisition of Lexical Knowledge: Polysemy, Ambiguity and Generativity [Klavans, 1995],
- *Fachgruppen:* SIGLEX - Special Interest Group on the Lexicon of the Association for Computational Linguistics (ACL),
- *Mailgruppen:* Consortium for Lexical Research,
- *Institute:* CELEX (Max Planck-Institut, Nijmwegen), Electronic Dictionary Research Institute (EDR) (Japan),
- *Projekte:* Lexical System Project [Byrd et al., 1989], GENELEX [Antoni-Lay et al., 1993]), ACQUILEX [Calzolari et al., 1990], MULTILEX [Khatchadourian und Modiano, 1993], DELIS [Heid, 1994], CIS-LEX [Guenthner und Maier, 1995],
- *Studien:* EUROTRA-7: Feasibility and Project Definition Study on the Reusability of Lexical and Terminological Resources in Computerised Applications [Heid, 1991].

[1] Erste nennenswerte Arbeiten, die in diese Richtung weisen, erfolgten in den frühen 80-ern, so z.B. von [Amsler, 1984; Calzolari, 1983; Hess et al., 1983]. Der Beginn der neuen Lexikonära wird jedoch allgemein mit dem Grosseto-Workshop „On Automating the Lexicon“ [Walker et al., 1994; Zampolli et al., 1995] in Verbindung gebracht.

[2] Die nachfolgenden Beispiele erheben keinen Anspruch auf Vollständigkeit.

Das Lexikon stand nicht immer im Brennpunkt computerlinguistischen Interesses. Unter dem Einfluß der Chomsky'schen Linguistik der 70-er und 80-er Jahre wurde das Lexikon als Aufbewahrungsort von Idiosynkrasien betrachtet und weitgehend vernachlässigt. Die betreffenden *computational linguistics dictionaries* (CLDs) dienten lediglich Illustrationszwecken und waren demzufolge extrem klein, von Hand kodiert und auf den konkreten Entwicklungskontext zugeschnitten. [Wilks et al., 1989] bezeichnen den zu diesem Zeitpunkt mit Lexika verbundenen Stellenwert als *demo approach.*

Das seit geraumer Zeit wachsende Interesse am Lexikon hat sowohl theoretische als auch praktische Gründe. In modernen NLP-Systemen[3] verwendete „constraint-basierte" Grammatiktheorien (z.B. LFG [Bresnan und Kaplan, 1982] und HPSG [Pollard und Sag, 1987; Pollard und Sag, 1994]) sind lexikalistisch orientiert. Sie weisen dem Lexikon eine zentrale Rolle in der Sprachverarbeitung zu, indem sie einen Großteil ihrer Beschreibungen in das Lexikon verlagern und damit redundante Beschreibungen in Lexikon und Grammatik vermeiden. Infolgedessen beginnt man nun realistischer einzuschätzen, in welch hohem Maße Lexika das Verhalten sprachverarbeitender Systeme determinieren und wie intellektuell anspruchsvoll, zeitaufwendig und dringend ihr Aufbau ist.

Parallel dazu sorgen neuere Entwicklungen im Bereich der Hard- und Software in Verbindung mit dem Übergang von der Industrie- zur Kommunikationsgesellschaft dafür, daß der Zweig der sogenannten *language industry* relevante Marktanteile zu erobern beginnt. Es wurden Voraussetzungen dafür geschaffen, daß natürlichsprachlich wiedergegebene Informationen nicht nur gespeichert, sondern auch (weiter-)verarbeitet werden können. Letzteres wird um so wichtiger, als der Verarbeitung textuell repräsentierter Informationen in einer Informationsgesellschaft wachsende Bedeutung beizumessen ist. Das Spektrum aktueller und künftiger Sprachanwendungen ist folglich breit gefächert. Einige Beispiele solcher Sprachanwendungen sind:

- elektronische Lexika,
- elektronische Lexikographenarbeitsplätze,
- Rechtschreibkorrekturprogramme,
- Diktierprogramme (Spracherkennung),
- natürlichsprachliche Schnittstellen (z.B. zur Datenbankabfrage),
- maschinelle[4] Übersetzung (MÜ),
- computergestütztes Sprachenlernen (Computer Assisted Language Learning, CALL),
- maschinelles Klassifizieren, Archivieren, Zusammenfassen und
- Information Retrieval.

[3]NLP steht für natural language processing.

[4]bzw. maschinengestützte

Vor diesem Hintergrund gilt es, an der sprachlichen Oberfläche verharrende Analyseverfahren schrittweise durch inhaltsorientierte Methoden zu ersetzen, die auf differenzierten Angaben zu umfangreichen Mengen von Wortmaterial aufbauen.

Als Folge dieser wissenschaftlichen und kommerziellen Entwicklungen hat nun der sogenannte *book approach* den *demo approach* abgelöst. Eine Modellierung sprachverarbeitender Prozesse ist unter diesem Paradigma erst dann adäquat, wenn sie sich auch auf große Sprachfragmente ausweiten läßt, d.h. wenn das entsprechende sprachverarbeitende System nicht nur ein paar Beispielsätze analysieren kann, sondern auch in der Lage ist, „ganze Bücher“ zu verarbeiten. Darüber hinaus ist die Anwendungsrelevanz, die die Computerlinguistik (CL) und die sprachorientierte Künstliche Intelligenz (KI) für sich reklamieren, vor diesem Hintergrund nur dann gegeben, wenn es gelingt, relevante Sprachfragmente abzudecken, die in etwa der Mächtigkeit wohletablierter Datenbanksysteme gleichkommen. Entsprechend sind sowohl Forschungsprojekte auf dem Gebiet der CL und der sprachorientierten KI als auch Produktentwickler im Bereich der sprachverarbeitenden Industrie auf umfangreiche und detaillierte lexikalische Ressourcen angewiesen. Aus diesem Grund zeichnet sich der *book approach* dadurch aus, daß das Problem des *lexical acquisition bottleneck* direkt in Angriff genommen und die differenzierte Abdeckung eines möglichst großen Wortschatzes angestrebt wird.

In diesem Zusammenhang drängt sich natürlich die Frage auf, ob man es sich auch in Zukunft leisten kann, für jede neue Problemstellung ein neues Lexikon zu kodieren, ohne dabei systematisch und gezielt auf bereits existierendes und bewährtes Wissen zurückzugreifen. Diese Frage setzte eine weltweite Diskussion über die Wiederverwertbarkeit lexikalischer Informationen in Gang,[5] deren Ausgang für die weitere Entwicklung der (computer-)linguistischen Forschung und der sprachverarbeitenden Technologie ausschlaggebend sein wird.

Diese nunmehr seit gut zehn Jahren geführte Diskussion läßt sich dadurch strukturieren, daß man zwei Herangehens- bzw. Sichtweisen hinsichtlich der Wiederverwertung lexikalischer Ressourcen unterscheidet:

- Einerseits wird das Ziel verfolgt, eine große lexikalische Wissensbasis (LKB, lexical knowledge base) zu entwickeln, die - mittels geeigneter Exportschnittstellen - einem breiten Spektrum gegenwärtiger und künftiger Forschungen und Anwendungen das für sie relevante lexikalische Wissen bereitstellt.[6] Eine solche multifunktionale LKB soll im Grunde den Bedürfnissen so unterschiedlicher Benutzer wie NLP-Systemen, Lexikographen, Wörterbuchbenutzern im traditionellen Sinne und Linguisten (insbesondere Lexikologen) nachkommen und im Idealfall auch multilingual sein.

  Diese den *Lexikonexport* fokussierende Herangehensweise muß sich insbesondere mit der Frage auseinandersetzen, wie lexikalische Informationen repräsentiert und organisiert werden müssen, um sie den unterschiedlichsten potentiellen Szenarien zuführen zu können.

[5] Die Wiederverwertung lexikalischer Informationen erscheint einerseits aus Gründen des Erkenntnisgewinns und der Ökonomie unverzichtbar, gleichzeitig erweist sie sich weder als problemlos noch als kostenfrei.

[6] Der Aufbau einer derartigen LKB kann zentral oder verteilt erfolgen.

- Andererseits versucht man, das in bereits existierenden lexikalischen Ressourcen für spezielle Zwecke abgelegte Wissen durch Herausfiltern und Konvertieren in neuen Kontexten verfügbar zu machen. Als Quellen kommen hier nicht nur maschinenlesbare Versionen gedruckter, für den menschlichen Gebrauch entworfener Wörterbücher, elektronische Wörterbucher für menschliche Benutzer auf CD-ROM (*electronic dictionaries* EDs) und formale, für die maschinelle Sprachverarbeitung konzipierte Lexika aus dem Bereich der Computerlinguistik in Frage, sondern auch getaggte Textkorpora. Letztere können als Basis für syntagmatische Spezifikationen von Wörtern dienen. Den sogenannten MRDs (*machine readable dictionaries*)[7] kommt aufgrund ihrer langen lexikographischen Tradition ein zentraler Stellenwert zu.

  Bei dieser den *Lexikonimport* ins Zentrum rückenden Sichtweise müssen in unterschiedlichen Szenarien erworbene lexikalische Information zueinander in Beziehung gesetzt werden.

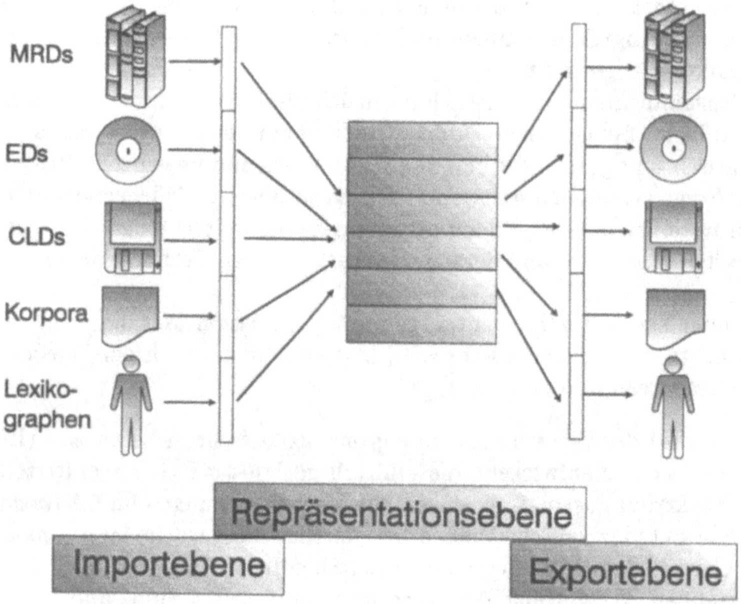

Abbildung 0.1: Architektur eines Wiederverwertungsszenarios

Die bisherigen Arbeiten konzentrieren sich auf eine der beiden Sichtweisen und betrachten die jeweils andere höchstens am Rande [Calzolari, 1989]. Aber natürlich schließen sich die Import- und die Exportsichtweise nicht gegenseitig aus, sondern ergänzen sich und müssen sinnvoll zusammengeführt werden. So macht es z.B. Sinn, beim Aufbau einer großen, in den verschiedensten Kontexten nutzbaren lexikalischen Wissensbasis auf den reichen Fundus bereits existierender lexikalischer Ressourcen zurückzugreifen. Für die

[7]Diese entstehen gewissermaßen als Abfallprodukt der computergestützten Drucktechnik und zeichnen sich laut [Heyn, 1992] gegenüber den *machine tractable dictionaries* durch ihre implizite - noch per Analyse zu explizierende - Strukturierung aus.

grobe Architektur eines dem Paradigma der Wiederverwertbarkeit verpflichteten Lexikons ergibt sich konzeptuell damit die Unterscheidung dreier Bereiche, einer Import-, einer Repräsentations- und einer Exportebene (vgl. Abb. 0.1 und [Heid, 1991]).

Zur Importebene zählen insbesondere Compiler bzw. Konverter für die Übertragung bereits vorhandener lexikalischer Informationen in die LKB-interne Repräsentation (z.B. dictionary entry parser [Byrd et al., 1987; Bläser und Wermke, 1990]), sowie einige andere integrationsunterstützende Tools (z.B. (teil-)automatisierte Konsistenzchecks). Die Repräsentationsebene liefert eine Wissensbasis, für deren Darstellung unter anderem getypte Featureterm-Formalismen vorgeschlagen worden sind [Heid, 1991]. Zur Exportebene zählen wiederum Compiler bzw. Konverter für die Auswahl und die Transkription des in der LKB abgelegten lexikalischen Wissens gemäß der vom LKB-Kunden formulierten Wünsche. Hier ist es angebracht, den Kunden systematisch bei der Spezifikation des von ihm gewünschten Materials zu unterstützen.

Aus der prinzipiellen Symmetrie von Lexikonimport und -export - in beiden Fällen liegt ein Abbildungsproblem vor - resultiert der Wunsch, Tools, die für den Import entwickelt wurden, großenteils auch im Export einsetzen zu können und umgekehrt. Für die LKB-Architektur bedeutet dies eine Verschmelzung von Import- und Exportebene (vgl. Abb. 0.2).

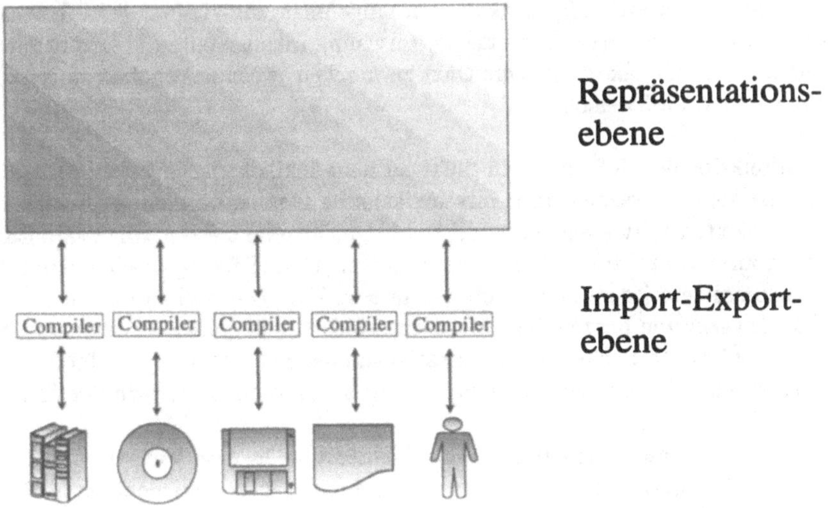

Abbildung 0.2: Verschmelzung von Import- und Exportebene

Nun scheint die Wiederverwertung auf den ersten Blick trivial zu sein. Denn warum sollten Probleme auftreten, wenn es darum geht, von fundiertem lexikalischen Wissen, das bereits erfolgreich verwendet wurde, in anderen Kontexten erneut und ebenso erfolgreich Gebrauch zu machen? Zwar besteht ein generelles Einvernehmen über die Notwendigkeit, kooperativ erarbeitete lexikalische Informationen gemeinsam zu nutzen. De facto werden derzeit verfügbare LKBs jedoch nicht entsprechend intensiv genutzt. Warum diese Schwierigkeiten zustandekommen, ist leicht einzusehen.

Bislang existiert keine universelle Lexikontheorie, die als Grundlage für die Entwicklung eines universellen Repräsentationsmodells herangezogen werden könnte. Dies hat zur Folge, daß die in LKBs verwendeten Repräsentationsmodelle lediglich als Hypothesen für neutrale und multifunktionale Repräsentationen betrachtet werden können. Die Integration neuer lexikalischer Quellen und die Einbeziehung neuer Applikationen, aber auch neue theoretische Erkenntnisse können Veränderungen im Repräsentationsmodell erforderlich machen. Dieser Dynamik muß die Konzeption einer LKB Rechnung tragen.

Nun kommt aber erschwerend hinzu, daß die theoretischen Prämissen, die den verschiedenen existierenden lexikalischen Ressourcen zugrundeliegen, partielle, aber dennoch systematische und zum Teil tiefgehende Unverträglichkeiten implizieren können. Systematische interlexikalische Inkompatibilitäten können bei der Zusammenführung von Lexika nun auf zweierlei Weise behandelt werden:

- Eine Vereinheitlichung disparater lexikalischer Daten aus unterschiedlichen Quellen in einem vorgegebenen Schema kann nur um den Preis eines Verlustes an Informationen vorgenommen werden. Dies hat zur Folge, daß gewisse linguistische Theorien und sprachliche Anwendungen nicht in vollem Umfang unterstützt werden können.

- Es werden alternative Spezifikationen eingeführt, die zueinander inkonsistente Informationen beinhalten. Um eine Vermischung inkonsistenter Informationen zu verhindern, ist hier allerdings kenntlich zu machen, welche Angaben miteinander verträglich sind und welche nicht.

Eine multifunktionale LKB, die sich nicht an neue lexikologische Erkenntnisse anpassen kann und die keine Aussagen über interlexikalische Gemeinsamkeiten (Invarianzen) und Unverträglichkeiten (Divergenzen) macht, wird nicht angemessen zur Evaluation lexikalischer Ressourcen und zur Bildung einer universellen Theorie des Lexikons beitragen können. Insbesondere ist zu klären, ob das Import-Export-Problem mit einem neutralen, d.h. auf die Invarianzen begrenzten Repräsentationsmodell gelöst werden kann, oder ob es hierfür eines polytheoretischen Repräsentationsmodells bedarf, das verschiedene, zum Teil divergierende Theorien zu relationieren vermag und auf einen metatheoretischen Ansatz hinausläuft.

Abgesehen von diesen theoretischen Problemen gibt es eine Vielzahl praktischer Probleme. Z.B. stellen unterschiedliche Anwendungsszenarien verschiedene Anforderungen an lexikalische Informationen. Dies betrifft

- *die erfaßten lexikalischen Einheiten:* Das Lexikon eines Sprachlehrsystems für den Fremdsprachenunterricht soll sich z.B. auf einen eng umrissenen Teilbereich des Grund- bzw. Aufbauwortschatzes beschränken. Das Lexikon eines Rechtschreibkorrekturprogramms, das in ein Textverarbeitungssystem eingebettet ist, muß dagegen hinsichtlich des abgedeckten Wortmaterials möglichst erschöpfend sein.

- *die Modellierungstiefe der Einträge:* Das Lexikon eines simplen Rechtschreibkorrekturprogrammes kann sich mit einer (vollformenorientierten) Wortliste begnügen, wohingegen die Maschinelle Übersetzung über morphologische und syntaktische Angaben hinaus sogar noch semantische Spezifikationen benötigt.

- *das Repräsentationsformat:* Der menschliche Benutzer wünscht eher eine an die natürliche Sprache angelehnte Repräsentation, wohingegen für maschinelle Anwendungen (z.B. MÜ) eine formale Repräsentation benötigt wird.

Unter der weitgehend akzeptierten Annahme, daß unterschiedliche linguistische Theorien und kommerzielle Anwendungen auch auf sie zugeschnittene Informationstypen (Morphologie, Syntax, ...), Modellierungstiefen und Repräsentationsformate fordern, scheint eine Wieder*verwendung* im Sinne einer direkten Nutzung unmodifizierter lexikalischer Beschreibungen nur in wenigen Ausnahmefällen sinnvoll. Faßt man dagegen Wieder*verwertung* eher als einen Prozeß auf, bei dem reinterpretierende und modifikationsträchtige Operationen durchgeführt werden und bestimmte Rohstoffe (Bausteine der Ausgangsbeschreibung) zur weiteren Verwertung aufbereitet werden, so macht es angesichts der bei Lexika erforderlichen Reorganisation lexikalischer Daten im Grunde eher Sinn, von Wiederverwertung zu sprechen. Im folgenden werden beide Termini als Synonyme für den reinterpretierend-modifizierenden Prozeß verwendet.

Abgesehen von den nach wie vor bestehenden spezifischen Anforderungen, die unterschiedliche Nutzungskontexte an lexikalische Informationen stellen, wachsen die Ansprüche an die makrostrukturelle Abdeckungsmächtigkeit und die mikrostrukturelle Modellierungstiefe global. Darüber hinaus relativieren sich die Abweichungen zwischen menschlichen und maschinellen Anforderungen an die Repräsentation lexikalischer Daten dadurch, daß flexible Zugriffe auf strukturierte und explizite lexikalische Angaben auch für den menschlichen Benutzer relevant sind.

Ein nicht zu unterschätzendes, aber durchaus zu bewältigendes praktisches Problem der Lexikonintegration besteht in der Notwendigkeit, das Copyright angemessen zu regeln. Wörterbuchverlage sind hier zu Recht auf die Wahrung ihrer Urheberrechte bedacht, und diese Rechte sind bei der Konzeption von LKBs entsprechend sicherzustellen. Infolgedessen beschränken sich diesbezügliche Kooperationen von Wörterbuchverlagen mit computerlexikographisch interessierten Forschungsgruppen derzeit vorwiegend auf Forschungszwecke.[8] Vor diesem Hintergrund beginnen beide Seiten zu erkennen, welche grundlegenden Auswirkungen sich aus einer fundierten computergestützten Lexikographie für Lexikographie-Werkzeuge (z.B. hinsichtlich der Wartung und des Updating) und für die menschliche Wörterbuchkonsultation ergeben. Das Lexikon der Zukunft setzt allerdings eine systematische und gut organisierte Zusammenarbeit von Lexikographen, Linguisten, Computerlinguisten und Informatikern voraus. Dann eröffnen sich mit den neuen Sprachverarbeitungstechnologien längerfristig für Wörterbuchverlage Absatzgebiete, die es zu erschließen gilt.

Mit dem vorliegenden Sammelband werden Erkenntnisse zur Wiederverwertbarkeit lexikalischer Informationen zusammengetragen, die in drei deutschen Forschungsgruppen gewonnen wurden und zur Lösung der genannten Probleme beitragen sollen. Es handelt sich dabei um Mitarbeiter aus dem Institut für maschinelle Sprachverarbeitung der Universität Stuttgart (Kapitel 1), dem Institut für Semantische Informationsverarbeitung

[8] Man denke an die zahlreichen Untersuchungen zu dem Longman Dictionary of Contemporary English (LDOCE), dem Webster's Seventh New Collegiate Dictionary (W7), dem Collins COBUILD English Language Dictionary (COBUILD) und dem Oxford Advanced Learner's Dictionary of Current English (OALDE).

der Universität Osnabrück (Kapitel 2) und dem Sprachwissenschaftlichen Institut der Ruhr-Universität Bochum (Kapitel 3), die sich im Oktober 1994 in Osnabrück zu einem gemeinsamen Arbeitstreffen zusammengefunden haben.

Die Sichtweisen, unter denen das Wiederverwertungsproblem in den einzelnen Gruppen angegangen wird, sind zwar verschieden, sollten aber eher als sich ergänzende Herangehensweisen verstanden werden. Um die Einordnung der Beiträge in den mittlerweile breitgefächerten und komplexen Forschungsbereich der Wiederverwertung zu erleichtern und die Zusammenhänge zwischen den einzelnen Beiträgen herauszustellen, beginnen die drei Kapitel jeweils mit einem Vorspann, in dem ebendiese Fragen näher erörtert werden. Überblicksartig läßt sich aber bereits hier folgendes festhalten:

Die Stuttgarter Beiträge sind dem Umfeld von Standardisierungsbemühungen zuzuordnen. Sie gehen von der Annahme aus, daß Tagsets (Etikettierungen von Wortformen in Textkorpora) und Lexikonspezifikationen auf einer gemeinsamen konzeptuellen Basis beruhen und wollen unter anderem den korpusbasierten Lexikonaufbau unterstützen. Die in den beiden Beiträgen vorgestellten Verfahren können als Tools eines computergestützten Lexikographenarbeitsplatzes (*lexicographical workbench*) aufgefaßt werden. Die im Rahmen der europäischen Expertengruppe EAGLES (Expert Advisory Group on Linguistic Engineering Standards) entstandene Arbeit von TEUFEL konzentriert sich auf den Importaspekt, wohingegen die im Kontext von DELIS (Descriptive Lexical Specifications and Tools for Corpus Based Lexicon Building) erfolgten Arbeiten von HEID den Exportaspekt fokussieren. Dabei wird versucht, der oben angesprochenen Dynamik lexikalischer Modellierungen Sorge zu tragen, indem die für den Import und Export verwendeten Abbildungsmechanismen auf den Bausteinen lexikalischer Beschreibungen aufsetzen und nicht auf deren komplexen Kombinationen, die sich im Laufe von Modellierungsänderungen häufiger ändern können.

Die Osnabrücker Arbeiten entstanden im Rahmen eines DFG-Projekts „Dynamische LKB" und beschäftigen sich mit einem neuen Konzept zur Organisation lexikalischer Spezifikationen unterschiedlicher Fundierung und Herkunft, in dem Import- und Exportebene quasi zusammenfallen. Der hier verfolgte Ansatz setzt sich zum Ziel, gleichermaßen interlexikalische Invarianzen und Divergenzen zu repräsentieren und auf diese Weise dem noch in Entwicklung befindlichen lexikologischen Erkenntnisprozeß gerecht zu werden. Der Beitrag von KANNGIESSER legt anhand linguistisch relevanter Beispiele dar, warum es aus der Sicht linguistischer und lexikologischer Theorienbildung wünschenswert ist, von übertriebenen Standardisierungsbemühungen abzusehen und statt dessen ein Strukturierungskonzept zu verfolgen, das die mit Diversifikation einhergehende Dynamik des lexikologischen Erkenntnisprozesses berücksichtigt. Von dieser Kritik ausgehend stellt der Beitrag von HÖTKER eine auf die dynamischen Aspekte einer Lexikonintegration eingehende Organisation von lexikalischem Wissen in Wissenspaketstrukturen vor. Durch eine formale graphentheoretische Beschreibung dieser WP-Strukturen werden strukturelle Komplexitätsabschätzungen sowie eine Beschreibung strukturerhaltender Operationen möglich. Die in dem Beitrag von LUDEWIG durchgeführte Analyse linguistisch fundierter Verbkodierungen widmet sich der Illustration und dem erkenntnistheoretischen Nutzen einer WP-basierten Lexikonintegration sowie der Vorbereitung von maschinellen Verfahren zur vorgeschalteten Korrelationsanalyse. Abschließend werden anhand des Sprachlehrszenarios noch einmal aus praktischer Sicht Notwendigkeit und Nutzen eines Invarianzen und Divergenzen verwaltenden dynamischen Strukturierungskonzeptes aufgezeigt.

Die Bochumer Arbeiten wählen die Bedeutungsexplikationen des Collins Cobuild Student Dictionary (CCSD) als Ausgangspunkt, um zu zeigen, daß konsequent logisch fundierte Bedeutungsexplikationen zu einer Wissensbasis führen, die gleichermaßen für den menschlichen und den maschinellen Lexikonbenutzer zuträglich ist. SCHNELLE stellt einen inferenzbasierten Ansatz der lexikalischen Semantik vor, als dessen Ausprägung das CCSD gedeutet werden kann, und der dieses Wörterbuch als einen strukturierten Verband implikativer Deutungsregeln interpretiert (lexikalische Sätze). Darauf aufbauend zeigen HOELTER & WILKENS, wie sich die implikativen Bedeutungsangaben in hierarchisch geordnete typisierte Merkmalsstrukturen überführen lassen, die z.B. in der HPSG benötigt werden. Schließlich werden in dem Beitrag von WEGMANN ET AL. Perspektiven für die Organisation zukünftiger Lexikographie aufgezeigt.

1 Lexikonimport und Lexikonexport im Rahmen von Standardisierung von Lexika und Corpora

Ulrich Heid

Simone Teufel

Die beiden folgenden Beiträge haben eine Reihe von Gemeinsamkeiten: sie berichten über Arbeiten aus dem Umfeld von Standardisierungsbemühungen, im einen Fall (TEUFEL) aus der europäischen Expertengruppe EAGLES (Expert Advisory Group on Linguistic Engineering Standards), im anderen Fall (HEID) aus dem Projekt DELIS (Descriptive Lexical Specifications and tools for corpus-based lexicon building), wo die Entwicklung von Werkzeugen zur Erstellung von multifunktionalen Wörterbüchern im Vordergrund steht.

Beide Artikel gehen davon aus, daß Lexikondefinitionen, ähnlich wie Grammatiken, Spezifikationen im engeren Sinne sind: es wird nicht nur ein Inventar möglicher Etiketten angegeben, sondern es wird definiert, welche Attribut-Wert-Paar-Beschreibungen für welche Arten von linguistischen Objekten zutreffen. Solche Spezifikationen können, je nach Repräsentationsformalismus und Bearbeitungsmodell, dazu benutzt werden, einerseits unbekannte linguistische Objekte automatisch zu klassifizieren, andererseits automatisch darüber zu entscheiden, ob ein gegebenes linguistisches Objekt im Sinne der Spezifikationen wohlgeformt ist oder nicht; die letztere Art von Test ist z.B. für die Konsistenzprüfung bei der Dateneingabe relevant. Im Falle der in TEUFEL beschriebenen Arbeiten sind die lexikalischen Spezifikationen als hierarchisch organisierte Terme von PROLOG notiert worden; im Falle der DELIS-Wörterbücher werden die Spezifikationen im Typed Feature Structures (TFS)-Formalismus repräsentiert. In beiden Papieren wird über den jeweiligen Formalismus und über die Eigenschaften der Spezifikationen berichtet. In TEUFELs Arbeiten werden die Spezifikationen dazu benutzt, daß Abbildungen zwischen verschiedenen Beschreibungsmodellen auf der Grundlage einer formal wohlverstandenen Repräsentation formuliert werden können. Bei HEID dient die Spezifikation als Grundlage für den Export in anwendungsspezifische Formate: die Abbildungen zwischen dem Format der DELIS-Wörterbücher und den anwendungsspezifischen Zielformaten sind in TFS repräsentiert.

Eine weitere Gemeinsamkeit der beiden Papiere besteht darin, daß der Lexikonimport bzw. -export auf Relationen bzw. Mappings zwischen miteinander verbundenen Repräsentationen beruht. Bei TEUFEL werden Abbildungen zwischen verschiedenen Corpusannotationssystemen beschrieben und hinterher in einem gemeinsamen Anfragesystem dazu benutzt, daß in nach verschiedenen Prinzipien annotierten Textcorpora mit ein und demselben Corpusabfragesystem gesucht werden kann; dabei soll für den Benutzer transparent sein, in welchen Corpora Belegmaterial für seine Anfrage gesucht wird und wie die jeweiligen Corpora annotiert sind. Ist in einem oder mehreren Corpora keine oder nicht genügend Information zur Beantwortung der Anfrage vorhanden, d.h. muß mit 'Noise' bzw. 'Silence' (im Sinne des Information Retrieval) gerechnet werden, so wird dem Benutzer eine Warnung ausgegeben. Im Falle der DELIS-Exportwerkzeuge (HEID) geht es die Bereitstellung von Rohmaterial für die manuelle Erstellung von Artikeln verschiedener Typen von Wörterbüchern, aus ein und derselben lexikalischen Spezifikation. Der Export beruht auf Abbildungsregeln, die für die Bausteine der lexikalischen Beschreibungen, nicht für die vollständig "zusammengebauten" Lexikoneinträge, formuliert sind. Dadurch wird die Export-Abbildung von Änderungen in der Definition von lexikalischen Klassen unabhängig: die Klassen sind durch spezifische Anweisungen für die Kombination der Beschreibungsmittel der einzelnen linguistischen Ebenen definiert. Diese Kombinationsanweisungen ändern sich bei Änderungen der lexikalischen Modellierung häufiger, als dies bei den Beschreibungsbausteinen selbst (Rollen, grammatische Funktionen, Phrasenstruktur-Konstrukte) der Fall ist.

Unterschiede zwischen den beiden Artikeln liegen darin, daß TEUFEL Arbeiten zum Import beschreibt, bzw. genauer gesagt zum Import von Corpus-Annotationsschemata, während sich der Artikel von HEID mit Fragen des Exports befaßt, jedoch die mit corpuslinguistischen Mitteln unterstützte manuelle bzw. halbautomatische Erstellung von Lexikoneinträgen voraussetzt. Die Spezifikationen, die bei TEUFEL kombiniert werden, betreffen die morphosyntaktische Beschreibung von Wortformen. In den DELIS-Wörterbüchern dagegen werden Exportwerkzeuge beschrieben, mit denen Informationen von der lexikalisch-semantischen, und der syntaktischen und morphosyntaktischen Ebene aus dem "multifunktionalen" Wörterbuch von DELIS in Formate für verschiedene Anwendungen transformiert werden können. Eine Anwendung von praktischer Relevanz ist die Suche nach Belegmaterial in morphosyntaktisch und syntaktisch annotierten Textcorpora: hierbei werden syntaktische und morphosyntaktische Beschreibungen aus Lexikon und Corpus miteinander in Beziehung gesetzt.

Im Zusammenhang mit den in TEUFEL beschriebenen Arbeiten kann die Frage auftreten, inwiefern der Vergleich von Tagsets für *Corpora* mit dem *Lexikon*import bzw. Lexikonexport etwas zu tun hat. In der Tat sind die meisten Tagsets bisher als Inventare von Etiketten konzipiert worden. Sie stellen nur ein Beschreibungsvokabular bereit, aus welchem Etikettierungen von Wortformen in Textcorpora (tags) genommen werden können. Da jedoch in der Regel ein Großteil des Zuweisungsprozesses ohnehin auf einer morphosyntaktischen Analyse beruht, die ihrerseits wiederum nicht ohne lexikalische Information auskommt (Regeln und Lexikon eines Morphologiesystems, Wortformenlisten mit Kategorie- und morphosyntaktischen Angaben, sowie gegebenenfalls, für statistische Taggingverfahren, Wahrscheinlichkeitswerte für die einzelnen Annotationen), ist bereits technisch ein Zusammenhang zwischen Tagset und Lexikonspezifikation gegeben. Darüberhinaus gehen wir, entsprechend den Vorschlägen von EAGLES, in beiden vorgeschlagenen Aufsätzen davon aus, daß Tagsets und Lexikonspezifikationen eine gemeinsame konzeptuelle Basis haben, wobei durchaus im Tagset bestimmte zusätzliche, durch praktische Constraints bedingte Entscheidungen gefällt werden können, welche in dieser Form nicht in Lexika vorkommen (Tagsets enthalten oft Information über die Distribution von Wortformen; die Größe von Tagsets wird unter anderem vom Typ der Verfahren mitbestimmt, welche zur Auswahl aus verschiedenen morphosyntaktischen Hypothesen im automatischen Annotationsprozess benutzt werden). Trotz der Detailunterschiede kann man Lexikonspezifikationen und Tagsets als verschiedene Ausprägungen derselben Klasse von lexikalischen Spezifikationen betrachten, und, wie sich zeigt, lassen sich mit vom Ansatz her ähnlichen Methoden in beiden Fällen brauchbare Resultate erzielen. Die beiden Artikel betreffen unterschiedliche Gegenstandsbereiche und beruhen auf unterschiedlichen Arbeitstechniken, sind jedoch inhaltlich und von der allgemeinen Verfahrensweise im Hinblick auf die Wiederverwendung lexikalischer Information miteinander verwandt. Sie beschreiben einen Teil der Arbeiten zu lexikalischen Wiederverwendung, die im Zeitraum 1993/94 am Institut für maschinelle Sprachverarbeitung in Stuttgart durchgeführt wurden.

1.1 Abbildung zwischen Corpus-Annotationsschemata zur Unterstützung von morphosyntaktischen Standards

Simone Teufel

1.1.1 Lexikonimport und Corpora

Morphosyntaktische Information in Corpora und Lexika ist in unterschiedlichen Formaten gespeichert. Die Aufgabe, diese anwendungsspezifischen Formate zu standardisieren, stellt gemeinsam mit dem Ziel, lexikalische Information in ein Lexikonsystem zu importieren,[1] den Rahmen der in diesem Beitrag diskutierten Fragestellungen dar. Dabei läßt sich die Aufgabe der Standardisierung auf eine *Abbildung* dieser Formate auf das Standardformat reduzieren. Bei unserer Realisierung werden die Abbildungsregeln von Hand geschrieben; die Regelerstellung wird dabei von einem Abbildungswerkzeug unterstützt, das außerdem Rückschlüsse über den Grad der Übereinstimmung zwischen einem konkreten Anwendungsformat und dem Standardformat (und damit der zu erwartenden Genauigkeit der Abbildung) ziehen kann.

Die vorgestellte Arbeit kommt ursprünglich aus dem Gebiet der Corpuslinguistik, d.h. sie beschäftigt sich mit der Abbildung von Formaten, die in *Textcorpora* angetroffen werden. Mit dem Lexikonimport ist sie deshalb verwandt, weil die verwendeten Formate in Corpora und Lexika einander sehr ähnlich sind; das beschriebene Werkzeug bietet somit eine Möglichkeit zur semiautomatischen Integration von linguistischer Information auch in Lexika.

Dieser Beitrag ist wie folgt aufgebaut: Zunächst wird in Abschnitt 1.1.1.1 auf die Gemeinsamkeiten und Unterschiede zwischen lexikalischen Beschreibungen in Corpus und Lexikon eingegangen. In Abschnitt 1.1.1.2 werden die Vorteile der Standardisierung von lexikalischer Information vorgestellt. Das erwähnte Standardformat und seine Eigenschaften werden in Abschnitt 1.1.2 eingeführt. In Abschnitt 1.1.3 wird dann die Abbildung zwischen den Formaten behandelt. Insbesondere wird auf die dabei auftretenden Problemfälle eingegangen, aus denen wir die beiden Regelformate für die manuelle Abbildung motivieren. In Abschnitt 1.1.4 wird der Prozeß der Erstellung von Abbildungsregeln exemplarisch durchgeführt, um darzulegen, wie die Regeln abgefaßt werden müssen, und wie Inkonsistenzen in der Regelmenge vom System erkannt werden. Doch auch nachdem die bestmögliche Abbildung gefunden wurde, kann es noch unscharfe Entsprechungen zwischen den Formaten geben – und damit einen Informationsverlust. Abschnitt 1.1.5 handelt von solchen prinzipiellen Unschärfen bei der Abbildung. Da Standards dynamisch

[1] Durch die prinzipielle Symmetrie von Lexikonimport- und -exportsystemen müssen die anwendungsspezifischen Formate nicht notwendigerweise ausschließlich als Quellformate angesehen werden; sie können ebensogut Zielformate darstellen, in welchem Fall ein Lexikonexport nach denselben Prinzipien stattfindet. Die in dieser Arbeit betrachtete Arbeitsrichtung ist jedoch der Import, nämlich die Standardisierung von mehreren unterschiedlichen Formaten auf eine "Standardbeschreibung".

veränderbar sein sollten, schließen wir in Abschnitt 1.1.6 eine Diskussion von Möglichkeiten der Veränderung des Standards an. Der Umgang mit dem Abbildungswerkzeug und die Art der Ergebnisse wird in Abschnitt 1.1.7 gezeigt. Schlußbetrachtungen zur Standardisierung, zur Generalisierung des Ansatzes und zur Einordnung der Resultate sind in Abschnitt 1.1.8 vorzufinden.

1.1.1.1 Corpus und Lexikon: Gemeinsamkeiten und Unterschiede

Die grundlegenden Gemeinsamkeiten zwischen Corpus und Lexikon basieren auf der Idee der ***klassifikatorischen*** Beschreibung von Wortformen, die in letzter Zeit in den Lexika einiger NLP-Projekte (AQUILEX, s. [Sanfilippo, 1993], DELIS, s. [Emele und Heid, 1994]) realisiert wurde. Lexikoneinträge werden dabei als *Spezifikationen* gesehen, die durch Attribut-Wert-Paare oder Feature-Strukturen ausgedrückt werden.

Beispiel: **like: Cat:Präposition**
like: Cat:Verb - Subcat:transitiv
Type:Vollverb - Form:Infinitiv

Diese neue Sichtweise kam erst mit der Verfügbarkeit getypter[2] Repräsentationssprachen (TFS[3], CUF[4], STUF[5]) auf. Für jede Klasse ähnlicher Objekte gibt ein Typsystem deren prinzipiell mögliche Merkmale und Werte an.

Unabhängig von den Meta-Eigenschaften der Klassifikation (z.B. Typisierung und Disjunktheit der Klassen) besteht eine beständige linguistische Kontroverse darüber, *welche* Einzelklassen ein Klassifikationsschema für Wortarten und morphosyntaktische Eigenschaften bereitstellen sollte (s. [Bussmann, 1990]). Die traditionelle Einteilung in 9–10 Hauptklassen[6] ist zwischen verschiedenen Grammatiktheorien noch einigermaßen konsensfähig. Feinere Unterteilungen der Klassen weichen jedoch in den unterschiedlichen Grammatikwerken bereits stark voneinander ab: es gibt kein a priori richtiges Klassifikationsschema für eine Sprache. In Abschnitt 1.1.2.1 gehen wir näher auf die Schwierigkeiten der Definition eines angemessenen Klassifikationsschemas ein.

Analog zur Klassifikation in Lexika können auch die Annotationsschemata (engl.: Tagsets) von Corpora als Klassifikationen angesehen werden ([Schiller und Thielen, 1995], [Teufel, 1994]). Wortformen werden anhand ihrer Eigenschaften in disjunkte Klassen eingeteilt, deren Bezeichnung (Tag) eine Etikettierung der Wortform darstellt. Dabei ist nur die äußere Form (i.a. keine Attribut-Wert-Paare, sondern Zeichenketten als Etiketten) von der im Lexikon abweichend; davon abgesehen, trifft ein klassisches Tagset Unterscheidungen, die so oder in ähnlicher Form auch in einem Lexikon[7] stehen könnten.

Beispiel: **like/VerbVollFinNon3rdSg**

---

[2] Auf die Typisierung und ihre Verwendung in der linguistischen Datenverarbeitung wird in 1.1.2.2.2 ausführlich eingegangen.

[3] Typed Feature Structures, s. [Emele, 1994].

[4] Comprehensive Unification Formalism, s. [Dörre und Dorna, 1993].

[5] Stuttgart Unification Formalism, s. [Seiffert et al., 1994].

[6] Nomina, Verben, Adjektive, Adverbien, Pronomina, Konjunktionen, Adpositionen, Numeralia, evtl. Partikeln und Interjektionen.

[7] Natürlich ist hier wie auch im folgenden ein Vollformlexikon gemeint, bzw. ein Stammformlexikon mit einer Morphologiekomponente.

Die Unterschiede zwischen der Information in Corpora und Lexika betreffen den unterschiedlichen Umgang mit ambigen Wortformen, d.h. solchen Wortformen, die mehrere korrekte Analysen haben können. Der deutsche Artikel *die* zum Beispiel ist bezüglich Numerus, Kasus und Genus ambig. Er kann Akkusativ bzw. Nominativ Feminin Singular oder Akkusativ bzw. Nominativ Plural sein. Im Satz *Ich sehe die Mütze* ist die korrekte Analyse "Akkusativ Feminin Singular", im Satz *Die Hunde bellen laut* dagegen "Nominativ Maskulin Plural". Außerdem kann *die* je nach Kontext auch ein Demonstrativpronomen (*Die will ich nie wieder sehen!*) oder ein Relativpronomen sein (*Deine Tasche, die du bei Klaus vergessen hast, roch seltsam*). An der isolierten Wortform können die morphosyntaktischen Eigenschaften abgelesen werden (wenn deren Ausprägungen auch ambig sein mögen). Wir zählen morphosyntaktische Unterscheidungen deshalb zu den *statischen* Eigenschaften einer Wortform. Diejenigen Eigenschaften hingegen, die nur mit Betrachtung des Kontexts entschieden werden können (wie die syntaktische Kategorie einer Wortform), nennen wir *kontextuelle Eigenschaften*. Zu beachten ist auch, daß zwischen diesen beiden Arten von Eigenschaften eine Abhängigkeit besteht: um der englischen Wortform *like* morphosyntaktische Informationen zuordnen zu können, muß zuvor bekannt sein, welche syntaktische Kategorie die Wortform im jeweiligen Kontext hat.

I like my sister.	(finites Verb)
I am like my sister.	(Präposition)

Da im Lexikon isolierte Wortformen aufgeführt werden, d.h. der Kontext nicht beachtet wird, umfaßt die dort verankerte Information üblicherweise nur die statischen Eigenschaften von Wortformen. Wortformen, für die nach dem bestehenden Klassifikationsschema mehrere Ausprägungen der morphosyntaktischen Merkmale möglich sind, sind im Lexikon mehrfach mit ihren unterschiedlichen Analysen (bzw. mit einer unterspezifizierten Analyse) aufgeführt. In diesem Zusammenhang ist die (mittlere) Ambiguitätsrate eines Lexikons von Bedeutung: sie bezeichnet das Verhältnis der Anzahl aller Wortformen zur Anzahl aller Hypothesen.[8]

Die Annotation von Wortformen im Corpus sollte dagegen *eindeutig* sein. Die Disambiguierung der Analysen kann in den meisten Fällen durch die Einbeziehung des Kontexts erreicht werden: es muß entschieden werden, welche der für eine Wortform möglichen Analysen (die aus einem Vollformenlexikon bzw. mit Hilfe eines Morphologiesystems ermittelt werden) die richtige ist. Neben der zeitaufwendigen manuellen Annotation, die für Corpora realistischer Größe (Hunderte von Millionen von Wortformen) kaum möglich ist, werden oftmals automatische, auf statistischen Verfahren beruhende Annotierungsprogramme (Tagger) eingesetzt, um die wahrscheinlichste Analyse auszuwählen. Die mit diesen Methoden erreichte Genauigkeit hat sich in den letzten Jahren bei Tagsets, die aus etwa 50 Tags bestehen, um 96% eingependelt – weitgehend unabhängig von der be-

[8] Bei stark flektierenden Sprachen ist die Ambiguitätsrate niedriger als bei schwach flektierenden Sprachen, denn es können mehr Unterscheidungen mit morphosyntaktischen Mitteln ausgedrückt werden. Die Analyse von Wortformen stark flektierender Sprachen kann also öfter schon isoliert, d.h. im Lexikon, eindeutig entschieden werden. Für diese Entscheidungen ist dann eine Miteinbeziehung der kontextuellen Eigenschaften wie der Distribution nicht mehr nötig. Für englische Vollformenlexika wird für die Annotation mit syntaktischen Kategorien (POS) grob eine Ambiguitätsrate von 1:5 geschätzt, während die Ambiguitätsrate für das Deutsche etwa 1:2 beträgt. Natürlich ist die Ambiguitätsrate abhängig von der Granularität des Klassifikationsschemas. Je feiner die möglichen Klassen unterschieden werden, desto mehr Analysen kann eine Wortform potentiell haben.

handelten Sprache. Die Disambiguierung geschieht mit Hilfe eines Kontextfensters von einem bzw. zwei[9] Tags. Fehler treten bei statistischen Methoden, im Gegensatz zu manuellen, systematisch dort auf, wo der spezifizierte Kontext nicht ausreicht, um kontextuell abhängige Eigenschaften korrekt zu unterscheiden. Ein typisches Beispiel hierfür sind die Relativ- und Interrogativpronomina im Englischen, bei denen ein viel größerer Kontext als das 2-Wort-Fenster bzw. Information über Verbvalenz und -semantik einbezogen werden müßte, um diese Klassen zu disambiguieren.

Beispiel: *I asked the man* where *the dog sat.* (Interrogativpronomen)
I cleaned the space where *the dog sat.* (Relativpronomen)

Aus diesem Grunde werden in den meisten Tagsets für das Englische diese Pronomina auch zu einer Klasse zusammengefaßt. Ein drastisches Beispiel für ein Tagging-Problem im Deutschen, das auf das zu kleine Kontextfenster von Bi- oder Trigramm-Taggern zurückzuführen ist, ist die Disambiguierung von abtrennbaren adjektivischen Verbpräfixen und von prädikativen Adjektiven. Die deutsche Syntax erlaubt, daß die betreffenden Verbpräfixe im Satz sehr weit von ihren zugehörigen Stämmen entfernt sein können:

Der Kaufmann hielt an der Anzeige wegen Ladendiebstahls, dessen er den kleinen Jungen überführt hatte, trotz seines großen Ärgers nicht fest.

Mit den bisherigen statistischen Methoden kann deshalb diese Unterscheidung – wie auch bei den englischen Pronomina – nicht geleistet werden.

Corpus-Annotationsschemata beinhalten in den Angaben zu den Wortformen oft auch distributionelle Information, die die Schnittstelle zur Syntax darstellen kann (z.B. "dient als Kopf einer Nominalphrase", "steht in Prädeterminer-Position"). Solche Eigenschaften können nur durch eine syntaktische Analyse ermittelt werden (durch einen Parserlauf oder möglicherweise auch durch eine "flache" Analyse mittels eines Taggers); sie stehen nicht im Lexikon.

Natürlich ist die auf symbolischen Untersuchungen beruhende statische (z.B. morphosyntaktische) Information, die im Lexikon vorgefunden wird, viel verläßlicher als die mit Hilfe von stochastischen Methoden ermittelte kontextuelle/syntaktische Information (die auch Menschen oft nicht eindeutig disambiguieren können). Das Tagset der Universität von Pennsylvania (UPenn[10]) unterscheidet zum Beispiel zwischen den verschiedenen Komparationsstufen der Adjektive (diese können auf einfache Weise mit einem Morphologie-Werkzeug analysiert bzw. einem Vollformenlexikon entnommen werden), nicht aber zwischen deren attributivem oder prädikativem Gebrauch (wozu bei der englischen Syntax/Morphosyntax syntaktisches Wissen nötig wäre).

1.1.1.2 Import und Standardisierung morphosyntaktischer Information

Da linguistische Annotationen in Corpora eine wertvolle Ressource darstellen, lohnt es sich, dieses Wissen über Wortformen aus annotierten Corpora in ein lexikalisches System zu importieren. Die in diesem Beitrag vorgestellte semiautomatische Methode stellt dazu ein Werkzeug bereit.

[9] Bei Betrachtung eines Tags in der Umgebung, meist des vorausgehenden: Bigrammtagger; bei Betrachtung zweier Tags: Trigrammtagger.

[10] Zum Tagset vgl. [Marcus et al., 1993].

Dieser Import von Information, der durch eine Abbildung von Annotationsschemata eines gegebenen existierenden Corpus ("physikalische Tagsets"[11]) auf ein systeminternes "Standardformat" durchgeführt wird, bringt dabei im einzelnen die folgenden Vorteile:

1. *Objektivierung und Vereinheitlichung von ähnlicher Information:* Millionen von Wortformen sind in der Vergangenheit bereits mit verschiedenen physikalischen Tagsets annotiert worden. Besonders die manuell annotierten Daten sind immens wertvoll, weil durch mehrmaliges Revidieren (ein sehr teurer, da zeitintensiver Vorgang) meist eine hohe Verläßlichkeit erreicht wurde. Mit einem standardisierten Annotationsschema können linguistische Informationen aus verschiedenen lexikalischen Ressourcen derselben Sprache wiederverwertet und in einer großen Datenbank vereinigt werden. Solche großen Datenbasen verbessern unter anderem die Möglichkeiten stochastischer Methoden der Sprachanalyse. Um ein Modell der Sprache zu approximieren, müssen stochastische Tagger trainiert werden; sie lernen im allgemeinen mit MLE[12]-basierten Algorithmen aus manuell annotierten Trainingscorpora. Sind diese Trainingscorpora zu klein (oder nicht repräsentativ für das Gesamtcorpus), tritt das *sparse data problem* (Problem der zu kleinen Datenmengen) auf: Für einige der Bi- oder Trigramme (Sequenzen von zwei bzw. drei Tags) kann keine Wahrscheinlichkeit geschätzt werden, weil die entsprechende Sequenz in den Trainingsdaten nicht enthalten ist (verfälschtes Sprachmodell). Wenn die Sequenz im zu annotierenden Corpus aber nun vorkommt und ihre Wahrscheinlichkeit im approximierten Sprachmodell des Taggers null (bzw. einen sehr niedrig gewählten Schätzwert) beträgt, so verschlechtert das die Korrektheit der Analyse. Diesem Problem kann durch eine Vergrößerung des Trainingscorpus entgegengetreten werden, die durch Zusammenführung und Wiederverwertung von Trainingsdaten aus unterschiedlichen Quellen erreicht werden kann.

2. *Gemeinsame Benutzung von linguistischen Ressourcen:* Anstatt spezielle Werkzeuge für jede Ressource bereitstellen zu müssen, können Werkzeuge zur Corpus- und Lexikonmanipulation auf die gemischten Daten in uniformer Art und Weise zugreifen; die Anpassungsarbeit ist erheblich geringer, wenn die Daten in einem festen Format vorliegen.

   Auch für die Personen, die die lexikalischen Daten benutzen, ergeben sich arbeitsergonomische Vorteile: sie müssen sich nur ein Annotationsschema (Namen und Semantik der Klassen, Ausnahmen) merken. Ohne ein standardisiertes Format müßten sie bei der Arbeit mit verschiedenen lexikalischen Ressourcen mehrere, nicht übereinstimmende Annotationsschemata beachten.

3. *Vergleich verschiedener Annotationsschemata bzw. Lexikonspezifikationen:* Die Übereinstimmung von Tag-Klassen und deren Semantik kann objektiver überprüft werden, und ein Vergleich der Granularität der physikalischen Tagsets bzw. ihrer relativen Ähnlichkeit ist möglich, wenn einmal Abbildungsregeln zwischen den ent-

[11] Physikalisch wollen wir diese Tagsets deshalb nennen, weil bei diesen Tagsets die linguistische Information fest ("physikalisch") im Corpus gespeichert ist, im Gegensatz zu der abstrakten, corpusunabhängigen Art der Annotation, die das Standardtagset darstellt.

[12] Maximum Likelihood Estimation. Eine detaillierte Übersicht über Tagging-Algorithmen ist in [Schmid und Kempe, 1995] zu finden.

sprechenden Tagsets und dem Standardtagset (STS) vorliegen.[13] Dabei stellt das Standardtagset eine Art Interlingua dar, die sowohl zum Lexikonimport als auch -export benutzt werden kann. In Abb. 1.1 dient ein Standardtagset als abstrahierte Plattform zwischen dem UPenn-Corpus und dem EngCG[14]-Corpus der Universität Helsinki.

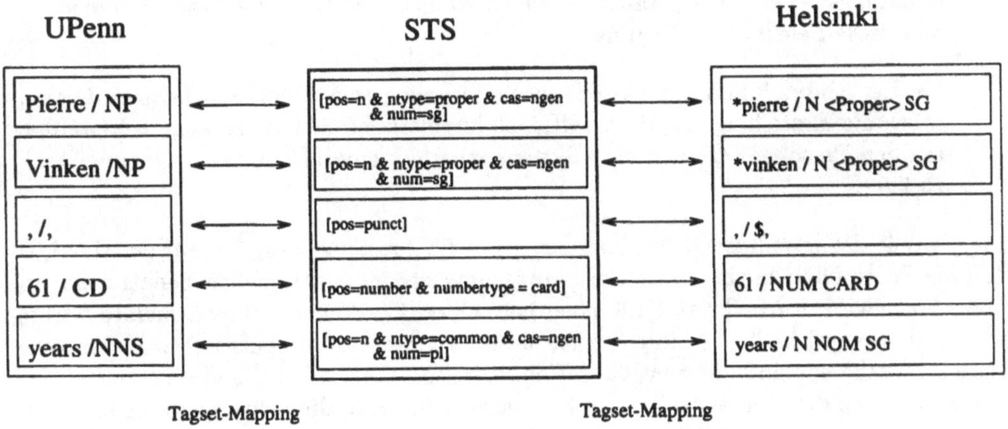

Abbildung 1.1: Ein Standardtagset als corpusunabhängige Plattform

Um die Information aus verschiedenen physikalischen Annotationsschemata in Zielformat (in diesem Fall das Standardtagset) importieren zu können, muß eine *Abbildung* stattfinden. Im nächsten Abschnitt werden Quell- und Zielannotationsschema näher betrachtet.

1.1.2 Das Zielannotationsformat für morphosyntaktische Spezifikationen: ein "Standardtagset"

Die in bisherigen Projekten zur Corpusannotation (z.B. UPenn, EngCG, Brown[15], LOB[16]) entworfenen physikalischen Annotationsschemata waren den Bedürfnissen der spezifischen Projektarbeit stark angepaßt. Sowohl die Größe als auch die Struktur dieser Tagsets kann je nach dem Zweck ihrer Benutzung erheblich differieren, wie die folgenden Beispiele von Anwendungen zeigen:

- Robustes Parsing, d.h. die syntaktische Analyse von relativ unbeschränktem Text wie z.B. von Zeitungstext, benutzt üblicherweise ein Tagset, das eine *grobe* Einteilung der Wortarten vornimmt und diese Klassifizierung nicht an traditionellen

[13] In diesem Rahmen findet die Validierung des morphosyntaktischen Standards des EAGLES-Projekts statt. Für eine Darstellung des Projekts siehe [McNaught, 1993].

[14] English Constraint Grammar. Zum Tagset des Helsinki-Corpus siehe [Voutilainen et al., 1992].

[15] s. [Greene und Rubin, 1971].

[16] s. [Garside et al., 1987].

linguistischen Merkmalen orientiert, sondern die Rolle der distributionellen Eigenschaften der Wortformen sehr betont.[17]

- Symbolisches Parsing zur Untersuchung spezieller linguistisch-theoretischer Fragestellungen in einem bestimmten Formalismus (z.B. in einem HPSG[18]- oder LFG[19]-System) erfordert beispielsweise eine Klassifizierung von Verben, die höhere Abstraktionsebenen der lexikalischen Beschreibung miteinschließt (Valenzrahmen, semantische Selektionsbedingungen).

- Bei der Einbindung eines Corpus in ein interaktives System zum Lexikon-Lookup sollte die Einteilung an die traditionell-linguistische Sichtweise angepaßt werden, um den Personen, die mit dem System arbeiten, eine bekannte Lexikonumgebung zu bieten.

Die Vorteile der jeweiligen Klassifizierung liegen für die Einzelprojekte auf der Hand, so daß die Frage offen bleibt, inwiefern Standardtagsets auch tatsächlich benutzt werden. Diese Frage wird in Abschnitt 1.1.8 näher betrachtet. Der Versuch einer Standardisierung von morphosyntaktischer Annotation ist natürlich immer der linguistischen Kontroverse ausgesetzt, und wir sind uns bewußt, daß ein morphosyntaktischer Standard stets nur eine Annäherung an die Menge der Unterscheidungen sein kann, die wünschenswert und sinnvoll sind. Im Beitrag von KANNGIESSER in Abschnitt 2.1 wird argumentiert, daß Veränderungen eines Standards u.U. kostenintensive Anpassungsarbeiten verursachen. Diese Problematik des Prinzips der Standardisierung kann mit Werkzeugen wie dem beschriebenen eingegrenzt werden, die durch eine Trennung von Daten (Definition des Tagsets, bereits geschriebene Abbildungsregeln) und Programm die Compilierung der Daten ermöglichen (im Gegensatz zu einer Neuformulierung der Programme).

1.1.2.1 Entwurf eines Tagsets

Um morphosyntaktische Eigenschaften von Wortformen durch ein Klassifikationsschema beschreiben zu können, müssen geeignete Eigenschaften und Werte (Ausprägungen) definiert werden, die zur Unterscheidung der Klassen von Wortformen dienen.

In der Expertengruppe ELM (EAGLES/LEXICON/MORPHOSYNTAX WORK GROUP) wurde ein Schema für die standardisierte morphosyntaktische Annotation für neun europäische Sprachen[20] vorgeschlagen. Der ELM-Vorschlag selbst stellt ein hierarchisches Inventar von möglichen Attributen und Werten, also ein Alphabet, dar. Der Vorschlag ist in seinen Grundzügen so wenig präskriptiv gehalten, daß von relativer Anwendungsunabhängigkeit gesprochen werden kann.

---

[17] Grammatiken für robustes Parsing (*wide coverage grammars*) haben unter anderem mit Phänomenen wie unvollständigen Sätzen (Ellipsen etc.), komplexen syntaktischen Konstruktionen und auch mit linguistisch uninteressanten Problemen wie Textüber- und -unterschriften, Schreibfehlern und ähnlichem zu kämpfen. Die verwendeten Grammatiken sind üblicherweise wenig restriktiv und beruhen auf sehr einfachen Kategorien.

[18] Head Driven Phrase Structure Grammar, s. [Pollard und Sag, 1994].

[19] Lexical Functional Grammar, s. [Kaplan und Bresnan, 1982].

[20] Englisch, Französisch, Niederländisch, Deutsch, Dänisch, Portugiesisch, Italienisch, Spanisch und Griechisch.

Auf eine völlige Abstraktion über die Einzelsprachen wurde verzichtet, da sich das Problem der potentiellen Unvereinbarkeit von Sprachphänomenen stellt. Natürlich sind Phänomene aus nur fern verwandten Sprachen besonders inkompatibel. Aber auch schon das Deutsche und das Englische variieren bezüglich einiger Sprachphänomene beträchtlich: Das Deutsche verfügt bespielsweise über keine Entsprechung des englischen Verbtempus *present continuous*.

Deshalb wurden in einer hierarchischen Architektur die universellen (sprachunabhängigen) von den sprachspezifischen bzw. anwendungsspezifischen Unterscheidungen getrennt (s. Abb. 1.2[21]). Mit dieser Konzeption kann für jede der abgedeckten Sprachen ein Annotationsschema aus diesem Vokabular erstellt werden, indem die obligatorischen (stark empfohlenen) Attribute (Ebene L1 der Tabelle 1.2) mit den fakultativen (sprachspezifischen bzw. anwendungsspezifischen) Attributen von Ebenen L2a und L2b kombiniert werden.[22]

Attributes	Type	Gend	Numb	Case	Count	Defin	Inflect	Declin
L0				N O U N				
L 1	com prop	m f n	sg pl	nom gen dat acc				
L 2 a				ngen	cou mass			
L 2 b .		It c Du f(m) Du cont Sp trns Sp notr	It n	Gr voc Gr ind		Da def Da indf Da unmk	Da/Ge weak Da/Ge strg Da/Ge mix	Ge adject Ge normal

Abbildung 1.2: EAGLES-Vorschlag für Nomina

Dabei werden natürlich nur die Attribute bei der Zusammenstellung beachtet, die für die entsprechende Sprache relevant sind. Das Annotationsschema in Abbildung 1.3 für englische Nomina, das bei unserem Abbildungswerkzeug als Test-Tagset verwendet wurde, ist EAGLES-konform, denn seine Attribute und Werte wurden aus Tabelle 1.2 zusammengestellt.

Für Englisch trifft von den obligatorischen Merkmalen nur die Unterscheidung im Typ des Nomens (Eigenname vs. normales Substantiv), und im Numerus vollständig zu. Die nur sehr schwach ausgedrückte Kasus-Markierung englischer Nomina wurde durch den Wert *Genitiv* aus Ebene 1 und den Wert *Nichtgenitiv* aus Ebene 2a modelliert. Ebenfalls aus der Ebene 2a wurde die Unterscheidung in zählbare vs. nichtzählbare Nomina, aus Ebene 2b dagegen kein Merkmal übernommen.

---

[21] Stand: Dezember 1993.

[22] In Ebene L2b stehen Werte, die speziell für eine bestimmte Sprache hinzugefügt wurden, z.B. den Wert *voc* des Attributs *Kasus* für den Vokativ im Griechischen. Genauere Ausführungen zum EAGLES-Vorschlag finden sich in [Monachini und Calzolari, 1993].

N O U N				
Attributsart	**Attribut**	**Werte**		
POS	pos	n		
	ntype	common		proper
	cnt	mass	count	—
MO/ SY	num	sg	sg, pl	sg, pl
	case	gen, ngen	gen, ngen	gen, ngen
Beispiel		*sugar*	*house*	*Billy*

Abbildung 1.3: Ein EAGLES-konformes Annotationsschema für englische Nomina

1.1.2.2 Eigenschaften des Standardtagsets

Im bisher Gesagten wurden einige Meta-Eigenschaften unseres Standardtagsets schon angesprochen, insbesondere die Typisierung, der klassifikatorische Aspekt und die Konfigurierbarkeit. In diesem Abschnitt sollen die Eigenschaften detailliert vorgestellt werden.

1.1.2.2.1 Constraintbasiertheit

Bei der constraintbasierten Beschreibung von Objekten, die auch in der Linguistik häufig eingesetzt wird, besteht die Spezifikation aus einer Kombination von Einzelaspekten, den Constraints (engl.: Einschränkungen). Beispielsweise trifft auf ein finites Auxiliar in der 3. Person Singular das Constraint *finit* und auch das Constraint *Singular* zu; das Constraint *Nominativ* trifft dagegen nicht zu. Constraints (die *elementaren Ausdrücke* des Standardtagsets) werden durch Attribut-Wert-Paare mit Negation angegeben.

Ein Constraint selektiert die Menge von Objekten, auf die es zutrifft, d.h es schränkt die Menge aller Objekte bezüglich des betreffenden Kriteriums ein. Die Interpretation eines solchen Constraints ist die Abbildung der gesamten Objektmenge auf die eingeschränkte Objektmenge – im obigen Beispiel selektiert *finit* alle finiten Wortformen.

Konjunktive Constraints selektieren die Schnittmenge der Objektmengen, die von den Einzelconstraints selektiert werden. Disjunktive Constraints dagegen selektieren die Vereinigungsmenge der Objektmengen der Einzelconstraints.

In bisherigen Corpus-Annotationsschemata werden die Objektbeschreibungen meist durch feste Namen (Tags) eindeutig referenziert. Es besteht dann keine hierarchische oder anders strukturierte Beziehung zwischen den Tags, wie das folgende Beispiel aus dem UPenn-Tagset illustriert:

`VBD` steht für ein Verb im Imperfekt,
`VB` für einVerb im Infinitiv,
`VBG` für ein Partizip Präsens oder Gerundium,
`VBN` für ein Past Participle.

Daß diese Objektklassen Constraints teilen, z.B. daß alle vier Tags Verbformen bezeichnen, oder daß `VB`, `VBG` und `VBN` infinite Verbformen bezeichnen, kann mit diesen rein zeichenkettenbasierten Beschreibungsschemata nicht ausgedrückt werden.[23] Im Gegensatz zu dieser flachen Etikettierung kann unser Standardtagset als eine *Spezifikationssprache* angesehen werden, da neben der Angabe eines Vokabulars (aus dem die Constraints gebildet werden) eine formale Grammatik[24] benutzt wird, um Constraints mit Objektbeschreibungen oder Spezifikationen[25] zu verbinden, und um die syntaktische Wohlgeformtheit der Spezifikationen zu überprüfen.

1.1.2.2.2 Typisierung

Für eine Spezifikationssprache kann eine Typisierung in zweierlei Hinsicht vorteilhaft sein:

- *Klassifikatorischer Aspekt*: Durch die Einteilung des Universums aller Wortformen in semantische Typen, also in Mengen von Objekten, die sich in einer oder mehreren linguistischen Eigenschaften gleichen, wird eine logische Bündelung und Strukturierung erreicht. Auch können linguistische Einschränkungen modelliert werden, z.B. die Tatsache, daß Modalverben keine infiniten Formen bilden oder daß im Deutschen Imperative stets in der 2. Person stehen[26]. Das Universum der scheinbar unstrukturierten Attribut-Wert-Listen ist damit nicht länger flach.

- *Semantische Korrektheit*: Objektbeschreibungen können logisch inkonsistent sein, auch wenn sie syntaktisch wohlgeformt sind. Da die Typisierung als *semantischer Filter* agiert, können solche Ausdrücke (beispielsweise die Wortformbeschreibung "*Nomen und Singular und finit*") zu einem frühen Zeitpunkt durch die Typüberprüfung erkannt werden, weil diese schon vor der eigentlichen Verarbeitung der Spezifikationen im Abbildungswerkzeug durchgeführt wird.

Eine Typisierung besteht in der Angabe der richtig und der falsch getypten Ausdrücke. Diese Angabe geschieht durch *Typaxiome* unterschiedlicher Art:

- *Hierarchisierung*: Die Subtypen eines Typs können angegeben werden.

  `proper, common < n.` (`proper` und `common` sind Subtypen von `n`.)

- *Typverträglichkeit*: Konjunktiv verknüpfte Constraints für eine Wortform müssen als typverträglich (*semantisch kompatibel*) deklariert sein.

  `v & num.` (`v` und `num` sind typverträglich.)

---

[23] Wenn die Tagnamen mnemonisch aufgebaut sind, können mit einfachen stringbasierten Methoden einige Eigenschaften manuell aus den physikalischen Tags extrahiert werden. Beispielsweise drückt der reguläre Ausdruck `V.*` die Menge aller mit dem Buchstaben `V` beginnenden UPenn-Tags aus, d.h. aller Verben (außer Modalauxiliaren, die mit dem Tag `MD` annotiert sind). Daß die Kategorie jedoch nicht für alle Klassen des UPenn-TS auf diese Art und Weise generalisiert werden kann, zeigt der reguläre Ausdruck `C.*`, der gleichzeitig Kardinalzahlen (`CD`) und koordinierende Konjunktionen (`CC`) bezeichnet.

[24] Bei der in unserer Anwendung verwendeten formalen Grammatik werden die beiden Boolschen Operatoren Disjunktion und Konjunktion mit den bekannten Präzedenzen benutzt.

[25] Synonym zu "Spezifikation" verwenden wir den Begriff "DTag" (für deskriptives Tag).

[26] In der deutschen Version des Standardtagsests wird diese vereinfachte Sichtweise vertreten, die von speziellen Formen in 1. Person Plural ("Gehen wir!") und 3. Person Singular Konjunktiv ("Störe er nicht") absieht, die oft auch imperativisch verstanden werden.

- *Wertebereichsdefinition* für ein Attribut: Jeweils eine Gruppe von Werten wird zu einem Wertebereich zusammengefaßt und einem Attribut zugewiesen. Nur Werte aus diesem Wertebereich sind für das Attribut gültig.

  `num = sg | pl.` (`num` kann die Werte `sg` und `pl` annehmen.)

Neben der Aufzählung der legalen Typen müssen auch die illegalen Typen aus dem Typsystem abgelesen werden können. Da die Anzahl der typunverträglichen Kombinationen von Constraints in der Praxis immer größer als die der typverträglichen ist, verwenden wir die *Closed-World-Assumption*,[27] die die unerwünschte und aufwendige Aufzählung aller illegalen Kombinationen umgeht. Legale Typen sind damit *nur* die in den Typ-Axiomen explizit angegebenen, alle anderen sind illegal. Im einzelnen gilt:

- Nur die definierten *Attribute* sind zulässig. Jedes Attribut kann nur die *Werte* annehmen, die zum definierten Wertebereich gehören. Andere Attribute und Werte sind automatisch ungültig, d.h. sie führen zu einem Typfehler.

- Es sind nur diejenigen konjunktiven *Kombinationen* von Attribut-Wert-Paaren zulässig, die als typverträglich definiert wurden. Alle anderen Kombinationen sind ungültig.

- Ein Constraint mit einem *negierten* Wert selektiert Objekte aus dem *Komplement* des Wertebereichs *Dom* des entsprechenden Attributs. Das bedeutet, daß eine Spezifikation nur die Typen selektiert, für die das Attribut *definiert* ist und deren Wert nicht dem angegebenen negierten Wert entspricht.

  `[pers` $\neq$ `(2|3)]` $\equiv$ `[pers=1]`, wenn `Dom(pers)=` $\{1,2,3\}$.

- Für *unterspezifizierte* DTags gilt: Implizit werden alle nichtgenannten Constraints, die zu den genannten typkompatibel sind, ergänzt, und zwar als Disjunktion über dem gesamten Wertebereich des betreffenden Attributs (hier: *num=(sg|pl)*).

  `[pos=v & pers=1]` $\equiv$ `[pos=v & pers=1 & num= (sg|pl)]`.

In unserer Anwendung wird die Typverträglichkeit über die Subtyp-Relation ausgedrückt. Nur Typen, die in einem Hierarchieverhältnis zueinander stehen, sind kompatibel. Deshalb können die Typaxiome hierarchisch als Typengraph dargestellt werden, der für alle Wortarten (Terminalklassen) die relevanten morphosyntaktischen Merkmale und Werte für diese Wortart zusammenfaßt. Der Typengraph (s. Ausschnitt der Spezifikationssprache für englische Verben in Abb. 1.4) ist eine alternative Darstellung der Typisierung der Spezifikationssprache (vgl. die mit Abb. 1.3 eingeführte Tabellenform für Nomina).

Bei der Kombinierbarkeit der Constraints ergeben sich zwei grundsätzliche Unterscheidungen: es gibt hierarchische Constraints, die nur auf die Subtypen eines Typs zutreffen (Einfachvererbung), und kombinatorische Constraints, die sich mit anderen kombinatorischen Constraints derselben Terminalklasse frei kombinieren lassen können (multiple Vererbung). In Abb. 1.4 und auch in Tabelle 1.3 sind die Attribute im Feld POS hierarchisch und die im Feld MO/SY kombinatorisch.

---

[27] Zur Diskussion der Eigenschaften *Open-World-Semantik* vs. *Closed-World-Semantik* bzw. intensionaler vs. extensionaler Interpretation von Variablen s. [Dorna, 1992].

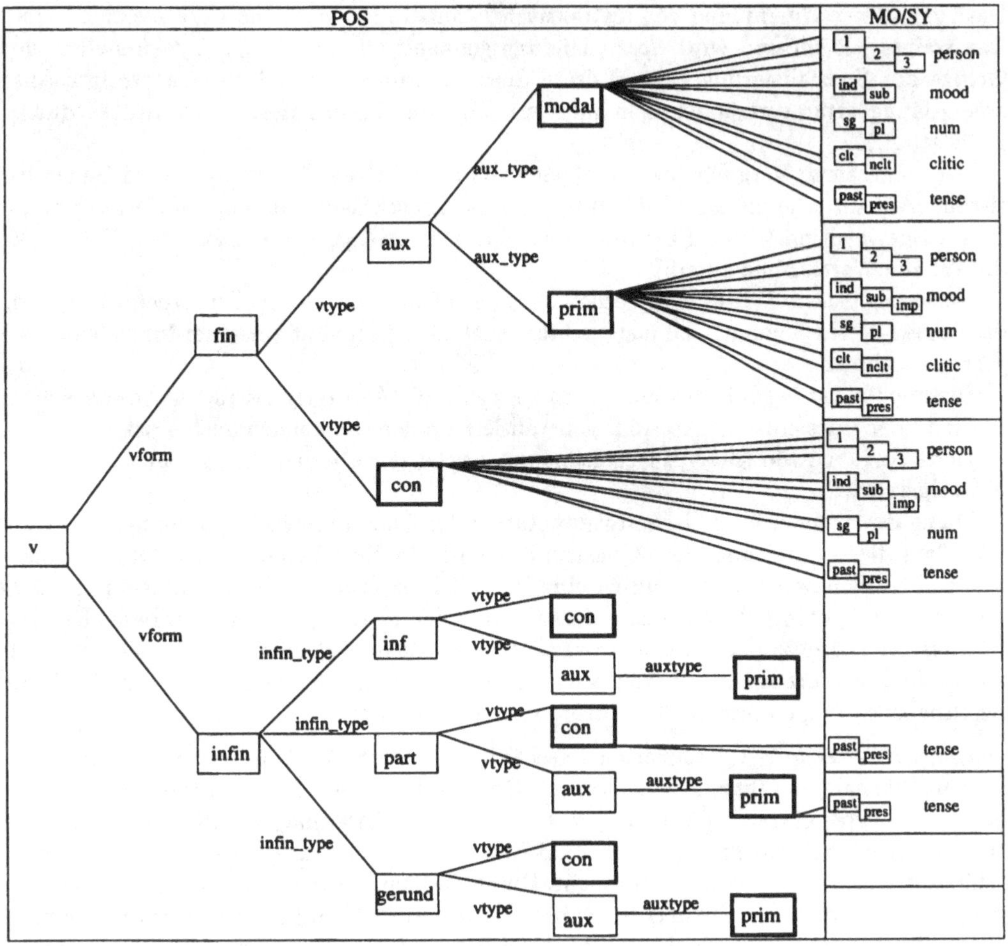

Abbildung 1.4: Ein Ausschnitt aus dem Typengraphen (Verben)

1.1.2.2.3 Unterspezifikation und Spezialisierungshierarchie

Der hier vorgestellte Ansatz stellt vor allem durch die Möglichkeit der flexiblen Generalisierung und Spezialisierung einen großen Vorteil gegenüber der Mehrzahl der im Moment existierenden Annotationsschemata dar. Die Modularisierung von Einzeleigenschaften schafft die Möglichkeit, hierarchieübergreifend neue Klassen zu bilden.

Durch die hierarchische Typisierung der Constraints ergibt sich eine *Spezialisierungshierarchie*. Es existiert eine Menge von feinsten, d.h. spezifischsten Objektbeschreibungen, welche die Terminale der Spezifikationssprache darstellen. Ein Beispiel für einen solchen maximalen Typen ist:

`[pos=v & vform=fin & vtype=con & person=1 & num=sg & mood=sub & tense=pres]`[28]

[28] Es handelt sich hierbei um die Klasse der finiten Vollverben (*content verbs*) in der 1. Person Singular im Präsens Subjunktiv.

Das konjunktive Hinzufügen von distinktiven[29] Constraints verkleinert die Zielmenge der Constraintselektion und wird *Spezialisierung* genannt. Die terminalen Typen stellen die Grenze der Spezialisierung dar: Weitere Spezialisierung mit anderen Constraints (die zwangsläufig typunverträglich sein müssen) führt zur Inkonsistenz (ausgedrückt durch $\perp$ (Bottom)).

Der umgekehrte Vorgang (das Weglassen von distinktiven Constraints) wird Generalisierung genannt. Die leere Spezifikation [] ist die am stärksten unterspezifizierte wohlgeformte Spezifikation (keine Einschränkung, d.h. leere Menge von Constraints, $\top$ (Top)), die auf alle Wortformen zutrifft.

Unterspezifizierte DTags entsprechen i.a. einer *Menge* von terminalen Typen. Aufgrund der Closed-World-Semantik können nichtgenannte Attribute nur einen der für sie gültigen Werte annehmen.

Die Flexibilität gegenüber neuen Klassen macht die Attraktivität dieses Ansatzes aus: es kann über jedes einzelne Attribut generalisiert werden. Es können auch stark unterspezifizierte Angaben wie `[num=pl]` gemacht werden, bei der über alle kategorialen Attribute abstrahiert wird.

Durch die mengentheoretische Interpretation der Constraintselektion können alle Objekte, auf die ein gleichnamiges Constraint zutrifft, in einer gemeinsamen Objektmenge zusammengefaßt werden, d.h. durch eine Spezifikation erfaßt werden. Namensgleichheit bedeutet also potentielle Zusammenfassung in einer Klasse (bzgl. des betreffenden Attributs). Beim Entwurf des Standardtagsets muß dringend darauf geachtet werden, daß identische Attributnamen nur dann vergeben werden, wenn die entsprechenden durch sie beschriebenen linguistischen Phänomene auch vergleichbar sind.

Beispiel: Mit der unterspezifizierten Beschreibung `[pos=v & vtype=aux]` können Auxiliare unabhängig von ihrer Finitheit spezifiziert werden, obwohl die Finitheit in der Hierarchie des Typengraphen (Abb. 1.5) über der Verbart (Auxiliar vs. Vollverb) steht. Die Auxiliareigenschaft ist im gegebenen POS-Baum ein Beispiel für ein Attribut, das an verschiedenen Stellen des Baumes auftaucht. Durch die Typisierung wird das DTag `[pos=v & vtype=aux]` implizit um `[vform = (finit | infinit & (infin_type = (inf | part | gerund)))]` ergänzt. Da das Kriterium Finitheit, über das abstrahiert wurde, distinktiv ist, selektiert die Spezifikation nicht nur einen einzelnen Typ, sondern eine Menge von Typen, die in Abbildung 1.5 von einer durchbrochenen Linie umrandet dargestellt sind.

1.1.2.2.4 Konfigurierbarkeit

Im vorgestellten Ansatz wurde auf die einfache Konfigurierbarkeit des Tagsets geachtet, da Änderungen des Tagsets, beispielsweise die Elimination einer Unterscheidung oder die Neueinfügung einer anderen, besonders in der Anfangsphase des Tagsetdesigns zu erwarten sind.

Das Tagset wird durch ein PROLOG-Fakt angegeben, das leicht geändert und dann vor jedem Abbildungsvorgang neu kompiliert werden kann; das linguistische Wissen wird also deklarativ repräsentiert. (Trennung von Daten und Verarbeitung). Während des Kompilationsvorgangs machen Warnungen auf eventuelle Fehler und Inkonsistenzen aufmerksam.

[29] Distinktive Constraints sind diejenigen, die die Zielmenge einschränken, d.h. für die Zielmenge entscheidend sind. Beispielsweise ist *Verb* für die Zielmenge *Finit und 3. Person Singular* nichtdistinktiv, da diese Constraintkombination die Verbeigenschaft bereits voraussetzt. *Präsens* dagegen wäre ein distinktives Constraint für die Zielmenge *Finit und 3. Person Singular*.

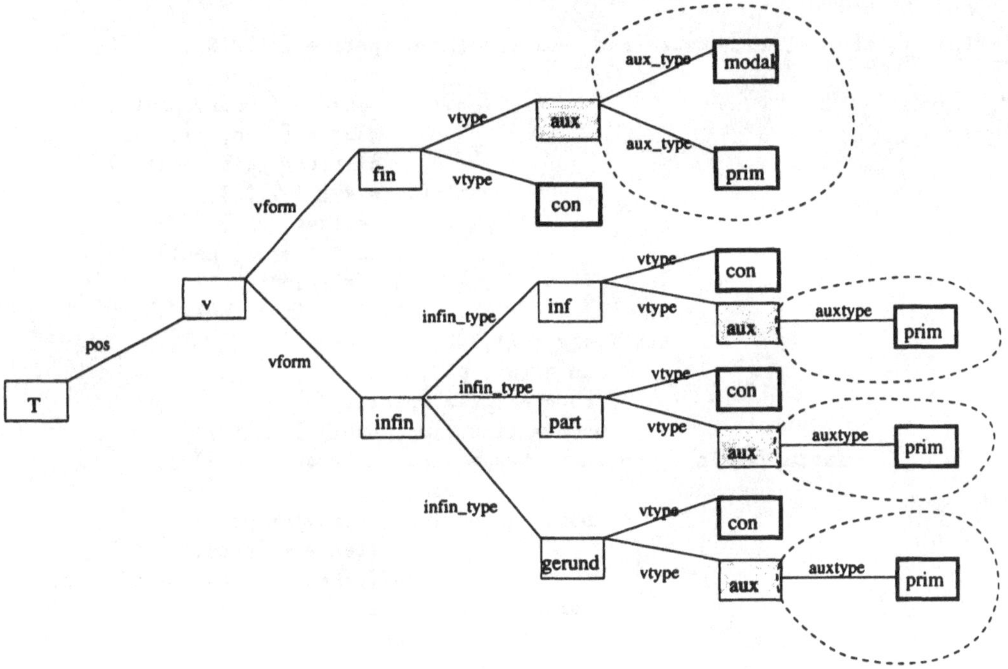

Abbildung 1.5: Generalisierung durch Unterspezifikation

Das PROLOG-Fakt in Abb. 1.6 definiert denselben Ausschnitt des Standardtagsets in Abb. 1.4. Das Ergebnis der Kompilation, eine Aufzählung der terminalen Typen,[30] wird auszugsweise in Abb. 1.7 dargestellt.

1.1.2.3 Schriftliche Richtlinien

Der Entwurf einer Spezifikationssprache besteht aus zwei Teilen:

- Konzeption der Klassifizierungshierarchie durch Attribute, Werte und deren hierarchische Beziehungen;
- Schriftliche Festlegung von Kriterien für die Zuordnung von Wortformen zu den einzelnen Klassen (*Klassifikationskriterien*).

Zwar ist das Annotationsschema formal durch die Wahl der Attribute, ihrer Werte und des Typsystems über diesen Werten festgelegt. Für die praktische Arbeit mit einem Corpus (sowohl die manuelle Annotation von Wortformen als auch die spätere Auswertung der Daten) reicht das Wissen über die Einteilung und über die Namen der Klassen (beispielsweise *Personalpronomen, 3.Person*) jedoch nicht aus. Wenn bei der manuellen Erstellung

---

[30]Diese Typen werden in der verwendeten Implementierung durch geschachtelte PROLOG-Terme repräsentiert.

```
t(pos=v, vform=[fin, vtype=[aux, auxtype=[prim([pers = [ 1,2,3 ],
                                               num = [ sg, pl ],
                                               tense = [ pres, past],
                                               mood = [ ind, imp, sub],
                                               clitic = [clt, nclt]]),
                                          modal([pers = [ 1,2,3 ],
                                                 num = [ sg, pl ],
                                                 tense = [ pres, past],
                                                 mood = [ ind, sub],
                                                 clitic = [clt, nclt]])],
                                 con([pers = [1,2,3],
                                      num = [sg, pl],
                                      tense = [pres, past],
                                      mood = [ind, imp, sub]])],
            infin, infin_type=[inf, vtype=[aux, auxtype=[prim([])],
                                           con([])],
                               part, vtype=[aux, auxtype=[prim(
                                                  [tense = [pres, past]])],
                                            con([tense = [pres, past]])],
                               gerund, vtype=[aux, auxtype=[prim([])],
                                              con([])]]]).
```

Abbildung 1.6: Angabe des Standardtagsets für Verben

```
sts(v(fin(aux(modal(1,sg,pres,ind,clt))))).    sts(v(fin(aux(prim(1,sg,pres,ind,clt))))).    sts(v(fin(con(1,sg,pres,ind)))).
sts(v(fin(aux(modal(1,sg,pres,ind,nclt))))).   sts(v(fin(aux(prim(1,sg,pres,ind,nclt))))).   sts(v(fin(con(1,sg,pres,sub)))).
sts(v(fin(aux(modal(1,sg,pres,sub,clt))))).    sts(v(fin(aux(prim(1,sg,pres,sub,clt))))).    sts(v(fin(con(1,sg,past,ind)))).
sts(v(fin(aux(modal(1,sg,pres,sub,nclt))))).   sts(v(fin(aux(prim(1,sg,pres,sub,nclt))))).   sts(v(fin(con(1,sg,past,sub)))).
sts(v(fin(aux(modal(1,sg,past,ind,clt))))).    sts(v(fin(aux(prim(1,sg,past,ind,clt))))).    sts(v(fin(con(1,pl,pres,ind)))).
sts(v(fin(aux(modal(1,sg,past,ind,nclt))))).   sts(v(fin(aux(prim(1,sg,past,ind,nclt))))).   sts(v(fin(con(1,pl,pres,sub)))).
sts(v(fin(aux(modal(1,sg,past,sub,clt))))).    sts(v(fin(aux(prim(1,sg,past,sub,clt))))).    sts(v(fin(con(1,pl,past,ind)))).
sts(v(fin(aux(modal(1,sg,past,sub,nclt))))).   sts(v(fin(aux(prim(1,sg,past,sub,nclt))))).   sts(v(fin(con(1,pl,past,sub)))).
                  ...                                          ...                                        ...
```

Abbildung 1.7: Kompilationsergebnis der Tagset-Definition aus Abb. 1.6 (Ausschnitt)

eines Trainingscorpus oder der Korrektur von Wortlisten verschiedene manuelle Tagger eine Klassifizierung von Wortformen durchführen, kommen durch unterschiedliche Interpretation der Eigenschaften von Wortformen leicht Inkonsistenzen bei der Vergabe der Tags zustande. So wird es beispielsweise auf die Frage, ob bei einem adjektivisch gebrauchten Partizip wie *smiling* in *the smiling girl* als Adjektiv oder Partizip Präsens annotiert werden soll, unterschiedliche Meinungen geben. Damit eine Übereinstimmung der definierten Eigenschaften einer Klasse mit den Eigenschaften der tatsächlich in einem Corpus mit dieser Klasse annotierten Wortformen besteht, müssen die Klassifikationskriterien so objektiv wie möglich beschrieben werden: die Semantik der Klassen sollte intersubjektiv reproduzierbar sein. Vor dem Hintergrund dieses Soll-Zustands muß die tatsächliche Übereinstimmung zwischen verschiedenen manuellen Taggern (inter-annotator agreement[31]) und auch der Ergebnisse eines einzigen manuellen Taggers (intra-annotator agreement) ständig überprüft werden.

Die konzeptionellen Schwierigkeiten, die beim Entwurf eines Tagsets auftauchen, fallen meist beim Auftreten einer problematischen Wortform im Referenzcorpus auf, die bei der Klasseneinteilung nicht bedacht wurde und keiner der festgelegten Klassen befriedigend zugeordnet werden kann, z.B. weil entsprechende Werte nicht vorgesehen sind oder weil Eigenschaften aus verschiedenen Klassen gleichzeitig zutreffen.

Ein Beispiel für einen solchen problematischen Fall: Die Wortform *beide* im Deutschen kann nicht befriedigend den Adjektiven zugeordnet werden, denn sie hat (ähnlich wie Artikel) die Eigenschaft, daß sie die Flexion nachfolgender Adjektive beeinflußt, was Adjektive selbst nicht tun[32]:

beide$_{st}$ netten$_{we}$ Verwandten$_{we}$
liebe$_{st}$ nette$_{st}$ Verwandte$_{st}$
die netten$_{we}$ Verwandten$_{we}$

Ein Artikel ist *beide* aber ebenfalls nicht, da es selbst Adjektivflexion aufweist. In solchen Fällen sollte eine Entscheidung getroffen werden, wie *beide* behandelt wird, und diese Entscheidung sollte in den Richtlinien (engl.: Guidelines) bindend festgelegt werden. Die Guidelines sind somit ein Dokument, das mit möglichst objektiven Regeln und Tests festlegt, welcher Klasse eine Wortform zuzuordnen ist, wenn Zweifel zwischen zwei gleichermaßen angemessen erscheinenden Klassen bestehen.[33] Für jede Klasse (insbesondere für die Grauzone zwischen ähnlichen Klassen, bei denen die Unterscheidung nicht trivial ist) sind in der schriftlichen Fassung der Richtlinien typische und marginale Wortformen in diesen Klassen zu nennen (prototypische Beispiele, Ausnahmen). [Schiller, 1994] und [Santorini, 1991] sind Beispiele für Guidelines existierender Corpora.

Durch die Behandlung derartiger Ausnahmen und Sonderfälle ist der Entwurf einer Spezifikationssprache meist eine schrittweise Verfeinerung der Klassen, da sich die Teilergebnisse aus beiden oben aufgeführten Arbeitsschritten gegenseitig beeinflussen. Wenn Schwächen des bisherigen Annotationsschemas (z.B. durch Schwierigkeiten bei der manuellen Annotation bestimmter Wortformen im Referenzcorpus) auffallen, können diese durch verschiedene Schritte korrigiert werden, z.B. durch eine Änderung in der Beschreibung der Semantik einer Klasse, durch Einführung einer neuen Klasse oder durch eine Aufzählung der Ausnahmen. So stellt der Entwurf einer solchen Klassifizierung eine typische Instanz des aus dem Software-Engineering wohlbekannten *Prototyping Cycle* dar (s. [Sommerville, 1992]).

Natürlich ist genaues Wissen über die Klassensemantik auch bei der späteren Nutzung des Corpus unerläßlich. Guidelines stellen für die Benutzung der klassifizierten Daten, beispielsweise in einem Corpusanfragesystem, ein hilfreiches Nachschlagewerk dar; für die Erstellung von Abbildungsregeln haben die Guidelines ebenfalls eine zentrale Bedeutung, worauf in Abschnitt 1.1.4.2.1 ausführlich eingegangen wird.

---

[31] Eine einfache Methode, um die Übereinstimmung zwischen manuellen Taggern zu überprüfen, ist die Vergabe eines bestimmten Prozentsatzes von überlappendem Corpusmaterial an die Tagger (im UPenn-Projekt wird eine Überlappung von 10% verwendet).

[32] Der Index $_{st}$ weist auf starke, der Index $_{we}$ auf schwache Adjektivflexion hin.

[33] Vgl. auch die in der Lexikographie verbreiteten *Coding Manuals* mit der gleichen Funktion.

1.1.3 Die Abbildung

Die Abbildung von physikalischen Corpusannotationen (dem Quellannotationsschema) auf die Beschreibungssprache, die die Plattform innerhalb des Systems darstellt, ist das Kernstück der im vorliegenden Beitrag beschriebenen Arbeiten. Zuerst werden verschiedene Ansätze einander gegenübergestellt, dann wird das Problem und die vorgeschlagene Lösung skizziert.

1.1.3.1 Mögliche Ansätze zur Abbildung

Wenn ein Informationsimport stattfinden soll, d.h. wenn die linguistische Information, die schon in physikalischen Annotationen vorliegt, wiederverwertet werden soll, muß eine Abbildung stattfinden. Physikalische Annotationen sollen in die jeweils korrekten Ausdrücke der Spezifikationssprache (DTags) übersetzt werden. Für diese Arbeit benötigt das System eine formale Abbildungsvorschrift, die die Entsprechungen zwischen physikalischen und deskriptiven Tags angibt. Genauer gesagt ist eine Liste nötig, die alle physikalischen Tags (PTags) und ihre Übersetzungen ins STS (ausgedrückt durch DTags) enthält. Eine solche Vorschrift kann auf verschiedene Arten ermittelt werden.

1.1.3.1.1 Statistischer Ansatz

Ein denkbarer Ansatz ist die automatische Erstellung der Abbildungsvorschrift mit stochastischen Mitteln. Dafür muß ein Referenzcorpus vorliegen, dessen Wortformen mit der gewünschten Zielbeschreibung, d.h. mit deskriptiven Tags der Spezifikationssprache, und gleichzeitig mit den Annotationen des betrachteten physikalischen Annotationsschemas versehen sind. Ein statistisches Lernprogramm (beispielweise HMM-basiert[34]) lernt Analogien zwischen physikalischen Annotationen und den Zielannotationen, indem es ein Sprachmodell für jedes einzelne PTag bildet.[35]

Die Ausgabe eines solchen Programms ist eine Liste der physikalischen Annotationen mit ihren Entsprechungen in Ausdrücken der Spezifikationssprache, wobei die Genauigkeit dieser Regeln von der Menge der im Corpus angetroffenen Instanzen der physikalischen Tags abhängt, und damit von der Größe, Qualität und Streuung des Referenzcorpus. Diese Liste kann entweder direkt als Abbildungsvorschrift verwendet werden oder als Hilfsmittel bei der manuellen Erstellung derselben dienen.

1.1.3.1.2 Symbolischer Ansatz

Regeln für die Abbildung einer bestimmten Klasse von morphosyntaktischen Beschreibungen des physikalischen Annotationsschemas auf Klassen des Zielschemas können auch manuell verfaßt werden. Der Erfolg des symbolischen Ansatzes hängt kritisch davon ab, ob detaillierte Guidelines für die Annotierung der Wortformen nach Quell- und Zielformat vorliegen, denn für die manuelle Erstellung der Regeln ist die *Semantik* der Klassen

[34] Hidden Markov Model, ein Standardansatz für Klassifikationsprobleme.

[35] Dazu muß das verwendete Referenzcorpus hinreichend groß und wohlausgewogen (engl.: balanced) sein, damit jede denkbare Kombination von Eigenschaften in einer *statistisch signifikanten* Anzahl vorkommt. Da die Größe des Referenzcorpus natürlich von der Granularität des Standardtagsets abhängt, kann nur abgeschätzt werden, wie groß es sein muß, um gute Ergebnisse zu ermöglichen.

das einzige Entscheidungskriterium. Dann aber kann die Granularität der Abbildung gezielt durch neue Regeln gesteuert werden. Im Gegensatz zu statistischen Methoden bleibt die Abbildung nachvollziehbar und kann punktuell mit relativ wenig Arbeit verbessert werden.[36] Eine vergleichbare Spezifizität kann mit statistischen Methoden viel schlechter erreicht werden, weil dort die Erhöhung der Granularität (die Verfeinerung des statistischen Modells) bei gleichbleibender Korrektheit eine enorme Vergrößerung des Referenzcorpus impliziert.[37]

Wir plädieren hier für einen symbolischen Ansatz. Die statistischen Verfahren bieten weniger direkte Manipulation und erfordern mehr Vorarbeiten (Erstellung eines geeigneten Referenzcorpus). Die Erstellung der Abbildungsregeln für ein neues Annotationsschema ist zwar eine aufwendige, aber einmalige Arbeit. Der Aufwand scheint durch die quantitative Erweiterung der lexikalischen Datenbank gerechtfertigt, die mit der Erschließung des neuen Tagsets mehr Daten für die langfristige Anwendung bereitstellt.

1.1.3.2 Problemfälle bei der Abbildung

Die symbolische Abbildung ist nur in einigen wenigen Trivialfällen unproblematisch. Wie gut eine Abbildung vorgenommen werden kann, hängt im Einzelfall von der tatsächlichen Übereinstimmung der Klassen der Quellannotationsschemata mit dem Standardtagset ab. Theoretisch werden aber bei der Tagset-Abbildung stets dieselben Typen von Diskrepanzen auftauchen.

Deshalb folgt an dieser Stelle eine phänomenologische Übersicht über verschiedene Szenarien, die bei der Abbildungsarbeit angetroffen werden.

[1:1] Einem deskriptiven Tag entspricht genau ein physikalisches Tag. Dies wird in der Praxis sehr selten der Fall sein, kann aber bei gewissen geschlossenen Wortklassen vorkommen.

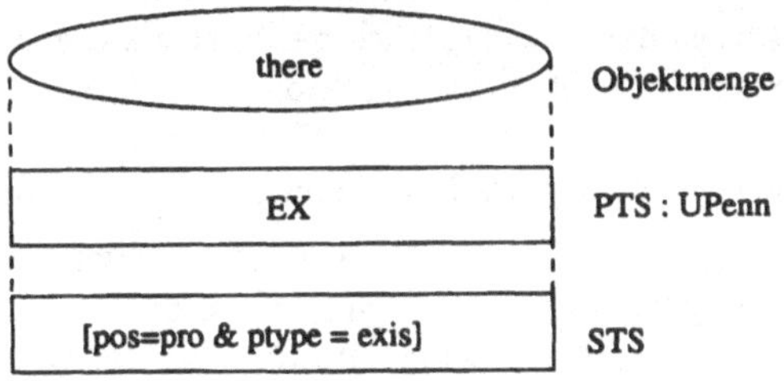

Abbildung 1.8: Kompatibilität von Tag-Klassen, Fall 1:1

[36]Die Erfahrung hat gezeigt, daß sich genaueste Arbeit bei der Beschreibung von Funktionswörtern besonders lohnt.

[37]Im allgemeinen erfordert die Verfeinerung einer Klasse in n neue Ausprägungen ein n-mal so großes Referenzcorpus.

Beispiel (s. Abb. 1.8): Das Tag `EX`[38], das im physikalischen Tagset der Wortform *there* bei existentiellem Gebrauch zugeordnet ist (z.B. im Satz *There is still some beer left*), entspricht genau einem DTag gleicher Semantik des Standardtagsets (STS) (mit dem Tag `[pos=pro & ptype=exis]`).

n:1 Eine Unterscheidung, die im PTS getroffen wird, wird im STS nicht gemacht. Dieser Fall stellt für die Umsetzung kein Problem dar; die Unterscheidung wird bei der Umsetzung ignoriert.[39]

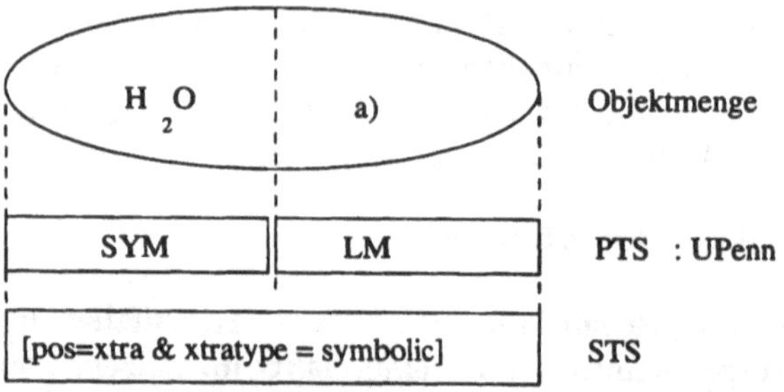

Abbildung 1.9: Kompatibilität von Tag-Klassen, Fall n:1

Beispiel (s. Abbildung 1.9): Das UPenn-Tagset unterscheidet bei symbolischer Information im Text zwischen *List Item Markers*, die Elemente einer Aufzählung markieren, z.B. *1.), a.*, und mathematischen Formeln, während das Zielannotationsschema in der bisherigen Version diese Symbole in einer nicht mehr unterteilbaren Klasse zusammenfaßt.

1:n Eine Unterscheidung, die im Standardtagset getroffen wird, wird vom PTS nicht getroffen. Dies ist ein sehr häufig auftretender Fall, denn die in den meisten Corpora enthaltene Informationsmenge ist deutlich geringer als die vom Standardtagset bereitgestellten Unterscheidungen.[40] Da durch die Tagset-Abbildung keine zusätzliche Information ins System kommt, muß diese theoretisch wünschenswerte Differenzierung für die Wiederverwertung des betreffenden Corpus aufgegeben werden.

Beispiel (s. Abbildung 1.10): Das Standardtagset unterscheidet Genera bei den Personalpronomina. Die Spezifikation `[pos=pro & gender=fem]` kann trotzdem für das UPenn-Corpus nicht unterstützt werden, da die Genus-Eigenschaft in UPenn ignoriert wird.[41]

---

[38] Die Tags dieses Beispiels und aller anderen Beispiele dieses Abschnitts entstammen dem UPenn-Tagset.

[39] Da es durch eine nicht ausgeschöpfte Unterscheidung allerdings zu einem Informationsverlust kommt, sollte die Unterscheidung in einer späteren Version des Standardtagsets eventuell berücksichtigt werden, wenn sie sinnvoll und generalisierbar erscheint.

[40] Die üblicherweise geringe Informativität von PTS im Vergleich zum STS kommt daher, daß die heute üblichen stochastischen Tagger aus technischen Gründen kleine Tagsets (30–50 Tags) erfordern.

[41] D.h. Personalpronomina mit beliebigem Genus können sich fälschlicherweise qualifizieren, denn es kann nur auf das generellere Tag PP abgebildet werden. Fälle dieser Art werden in Abschnitt 1.1.5 ausführlich behandelt.

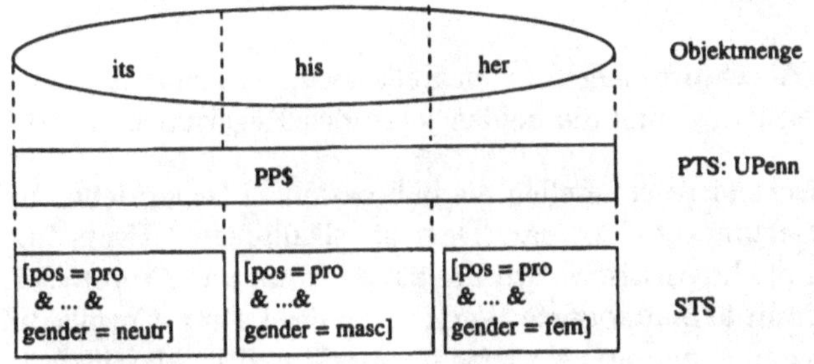

Abbildung 1.10: Kompatibilität von Tag-Klassen, Fall 1:n

n:m Die Klassen, die vom Ziel- und vom Quellannotationsschema gebildet werden, haben zwar Überschneidungen, aber sie stehen nicht in einer Teilmengenbeziehung: Es gibt also Wortformen, die Element der Quellannotations-Klasse, aber nicht Element der Zielannotations-Klasse sind, und umgekehrt.

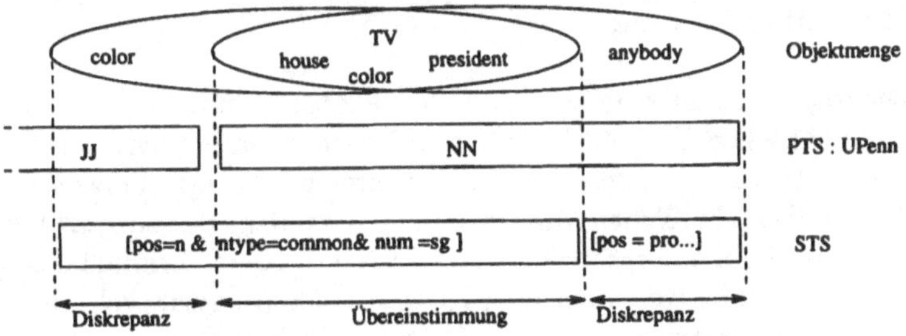

Abbildung 1.11: Kompatibilität von Tag-Klassen, Fall n:m

Beispiel für eine solche kategorieüberlappende Klassifizierung (s. Abbildung 1.11): Bei den meisten Subklassen von Nomina stimmen das Quell- und das Zielannotationsschema überein. Allerdings klassifiziert das UPenn-Tagset bestimmte, Personen bezeichnende Indefinitpronomina wie *nobody, anyone, one* als `NN` (Nomina im Singular), während das Standardtagset diese als *Indefinite Pronoun* klassifiziert. Im Standardtagset dagegen wird in Fällen wie *color TV* der Wortform *color* das Tag `[pos=n & ntype=common]` zugewiesen, während *color* im UPenn-Tagset als JJ (Adjektiv) klassifiziert wurde.[42]

[42]Dies ist auf eine falsche Modellbildung des HMM-Taggers zurückzuführen (Taggingfehler).

1.1.3.3 Abbildungsregeln

Um die in vorigen Abschnitt aufgeführten Fälle adäquat behandeln zu können, wurden für die manuelle Regelerstellung die beiden folgenden Regeltypen entworfen:

- *Klassenüberdeckungsregeln* stellen die bidirektionale "entspricht"-Relation zwischen Quell- und Zielannotationen dar. Dem physikalischen UPenn-Tag `NNP` entspricht beispielsweise die linguistische Beschreibung *"Noun und Proper und Singular"*. Dies bedeutet, daß mit `NPS` annotierte Wortformen des UPenn-Corpus durch das deskriptive Tag `[pos=n & num=pl & ntype=proper]` richtig klassifiziert werden. Dieses Ausdrucksmittel wird für die Fälle 1:1, n:1, 1:n und den Kernbereich (Übereinstimmungsbereich) des Falles n:m verwendet.

- Das *Ausnahmenlexikon* stellt ein weiteres Regelkonstrukt dar, das lexikalische Nichtübereinstimmungen von Tagklassen behandelt, d.h. solche Nichtübereinstimmungen, die an Wortformen oder Lemmata festgemacht werden können. Ausnahmenlexikoneinträge werden für die Diskrepanzbereiche des n:m-Falles eingesetzt; mit ihnen kann beispielsweise ausgedrückt werden, daß das Wort *nobody* im UPenn-Tagset als *Noun* getaggt wurde, im Standardtagset aber als *Indefinite Pronoun* klassifiziert werden soll.

1.1.3.3.1 Klassenüberdeckung

Der STS-Typengraph enthält eine sehr detaillierte Klasseneinteilung, deren Unterscheidungen von physikalischen Tagsets i.a. nicht vollständig unterstützt werden. Nachdem manuell Klassenüberdeckungsregeln für ein bestimmtes PTS erstellt worden sind, kann derjenige Teilgraph des STS-Typengraphen ermittelt werden, dessen Attribute durch die Klasseneinteilung des PTS unterschieden werden können. Neue Terminalklassen des Standardtagsets entstehen dort, wo durch eine Klassen-Überdeckungsregel einer STS-Klasse ein physikalisches Tag zugewiesen wurde. Im trivialen Fall (Homomorphismus) ist einem DTag jeweils genau ein PTag zugeordnet (Fall 1:1). Oft ist aber mehreren DTags nur ein einzelnes PTag zugeordnet (Fall 1:n). Wenn das PTS eine feinere Unterscheidung als das STS trifft, dann können auch einem DTag mehrere PTags zugeordnet sein (Fall n:1). Durch die Abbildung entsteht eine Linie, die Distinktionslinie, die den STS-Typengraphen beschneidet und die – für das jeweils betrachtete spezifische PTS – noch unterscheidbaren Merkmale von den nicht mehr unterscheidbaren trennt. Der neue Baum ist damit im allgemeinen kleiner als der maximale STS-Typengraph. Einen solchermaßen eingeschränkten STS-Typengraphen mit Abbildungen auf Tags des PTS nennen wir einen MTree (Mapping-Tree). In Abb. 1.12 ist ein solcher MTree dargestellt; die Distinktionslinie ist als unterbrochene Linie eingezeichnet.
Das Regelformat sieht auf der linken Seite des "entspricht"-Pfeils `=>` das physikalische Tag vor, und auf der rechten Seite die Übersetzung ins Standardtagset.

```
[pos = 'JJ'] => [pos = adj & comp = po | pos = number & ntype = ord].
```

Die Beispielregel besagt, daß im UPenn-Tagset mit `JJ` getaggte Wortformen im STS als Adjektive im Positiv oder als Ordinalzahlen analysiert werden.

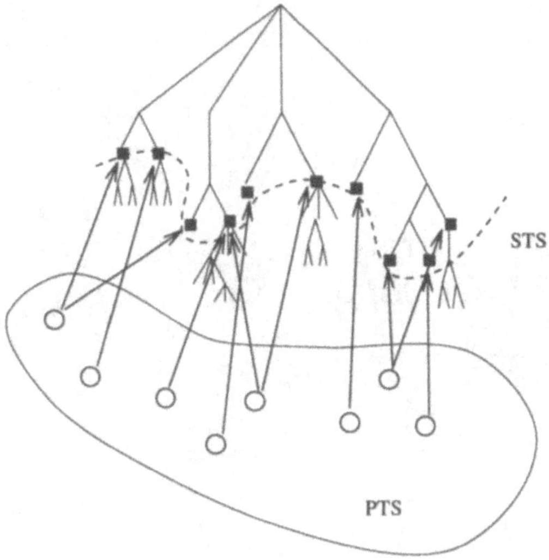

Abbildung 1.12: Ein MTree mit Distinktionslinie

Das System kompiliert die Abbildungsregeln und erzeugt automatisch einen MTree für jedes behandelte physikalische Tagset. Abbildung 1.13 zeigt einen Ausschnitt des MTrees, der im Rahmen der Testphase für die Abbildung des UPenn-Tagsets auf das Standardtagset entstand.

1.1.3.3.2 Ausnahmenlexikon

Das Ausnahmenlexikon dient zur Behebung von lexikalischen Diskrepanzen. Im Gegensatz dazu gibt es *kontextuelle* Nichtübereinstimmungen. Dies sind Fälle, in denen eine Wortform je nach Kontext von STS und PTS verschieden klassifiziert wird. Beispielsweise ist es für ein deutsches PTS denkbar, daß wegen der mangelnden morphosyntaktischen Markierung nicht zwischen dem prädikativen und dem adverbialen Gebrauch von Adjektiven unterschieden wird. Wenn im deutschen Standardtagset dieser Unterschied aber verlangt ist, so genügt eine lexikalische Umsetzung nicht, denn die unterschiedliche Ausprägung äußert sich nur im Kontext und kann nicht an einzelnen Wortformen festgemacht werden. Ihre Disambiguierung erfordert einen neuen Tagger-Lauf. Für kontextsensitive Problemfälle bietet die vorgestellte Methode also keine Lösung.

Dennoch stellen die lexikalischen (kontextunabhängigen) Ausnahmen einen relevanten Teil der Falschklassifizierungen dar. Der hier vorgestellte Ansatz behandelt sie durch eine Reklassifikation, d.h. indem die unerwünschte Klassifikation (wie die Klassifikation der Wortform *nobody* bei UPenn als `NN`) durch eine Angabe der gewünschten Analyse (als DTag des Standardtagsets ausgedrückt) "überschrieben" wird. Die Interpretation des Ausnahmenlexikoneintrags

```
[nothing, something, anything, everything] <<
    [pos = 'NN'] >> [pos=pro & ptype=indef & compare=ncmp & antec=nprs].
```

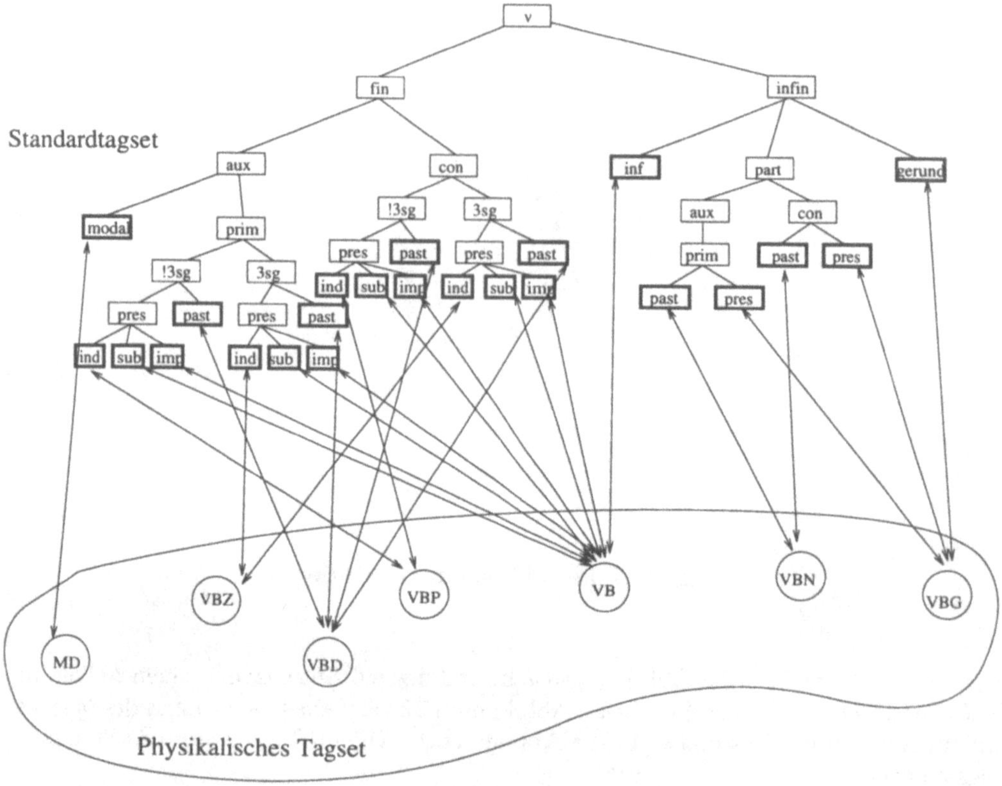

Abbildung 1.13: Ein Ausschnitt aus einem MTree für UPenn

ist die, daß die betroffenen Wortformen zwar im physikalischen Corpus mit dem Tag `NN` annotiert sind, im STS aber *nicht* durch die Standardlesart dieser PTag-Klasse beschrieben werden sollen (die wäre `[pos=n & ntype=common & num=sg]`), sondern stattdessen als Indefinitpronomen (`[pos=prodet & pdtype=indef & compare=ncmp & antec=nprs]`). Automatisch werden die genannten Wortformen als Positivliste zu den Indefinitpronomina hinzugefügt, während sie gleichzeitig als Negativliste aus der Klasse der Nomina herausgenommen werden. So können mittels Einträgen des Ausnahmenlexikons Diskrepanzen zwischen der Semantik von Tagklassen der beiden Tagsets für einzelne Wortformen aufgelöst werden.

Negativ- und Positivlisten sind jedem Terminalknoten im MTree zugeordnet. Eine einzige Struktur, der MTree, kann somit die gesamte Verwaltung der Abbildung übernehmen. Im Gesamtzusammenhang mit den Klassenüberdeckungsregeln dienen Ausnahmenlexikoneinträge der lexikalischen Korrektur im n:m-Fall (Klassenüberlappung). Die Kernbereiche werden (wie in Abb. 1.11 gezeigt) durch eine Klassenüberdeckungsregel abgedeckt. Von dieser prototypischen Abbildung nicht erfaßte Wortformen können mit der erwünschten STS-Klassifikation ins Ausnahmenlexikon übernommen werden (Diskrepanzbereich). Die Qualität einer Abbildung zwischen PTS und STS ist entscheidend von den Abbildungsregeln abhängig und gewinnt vor allem durch ein umfangreiches Ausnahmenlexikon an Präzision. Je nach Anwendung lohnt sich vor allem bei geschlossenen Wortklassen eine exakte Reklassifizierung, die genau den Angaben in den Guidelines des Standardtagsets folgt.

1.1.4 Der Prozeß der Erstellung von Abbildungsregeln

Wie im folgenden gezeigt wird, ist die Arbeit der Erstellung von Abbildungsregeln bei unserem semiautomatischen Ansatz geteilt zwischen der Person, die die Abbildungsregeln verfaßt, und dem System, das die Konsistenz der Abbildung überprüft und Fehlermeldungen ausgibt.

Die erste grobe Klasseneinteilung kann anhand der in den Richtlinien festgelegten Klassifikationskriterien gemacht werden, dann wird üblicherweise schrittweise verfeinert. Dabei muß darauf geachtet werden, daß die im folgenden beschriebenen Konsistenzen für alle Regeln stets gewährleistet sind. Wenn die Beschreibung der Semantik der Quellklassen schon relativ stabil ist und lexikalische Diskrepanzen den größten Teil der jetzt noch vorkommenden Fehler stellen, dann können weitere Verfeinerungen mittels Ausnahmelexikoneinträgen durchgeführt werden.

1.1.4.1 Die Unterstützung durch das System: Konsistenzprüfungen

Für die Gesamtheit der Abbildungsregeln sollen folgende Bedingungen gelten:

- *Totale Abdeckung*
  - *des PTS*: Jedes PTag muß auf mindestens ein DTag abgebildet sein.
  - *des STS*: Jedes DTag muß durch mindestens ein PTag abgedeckt sein.

  Ist eine mangelnde Abdeckung des STS oder des PTS gegeben, so entsteht ein "Definitionsloch" im MTree, d.h. für gewisse, vom STS vorgesehene Spezifikationen gibt es im MTree keine Entsprechung.

  Eine spezielle Fehlermeldung weist nach Einlesen der Datei, in der die Regeln abgelegt werden, auf Definitionslöcher im MTree hin. Abhilfe kann geschaffen werden, indem Abbildungsregeln für die versehentlich noch nicht abgedeckten Bereiche des PTS oder STS hinzugefügt werden. Die fehlenden Entsprechungen können durch eine nochmalige Sichtung der Guidelines des physikalischen Tagsets oder auch durch exemplarische Corpusanfragen ermittelt werden.

- *Disjunktheit der Klassen*: Normalerweise darf einem DTag höchstens ein PTag zugeordnet sein. Eine Ausnahme zu dieser Regel ist der Fall n:1, d.h. das PTS ist feiner als das STS. In allen anderen Fällen deutet eine STS-Objektbeschreibung, die auf mehrere PTS-Klassen abgebildet wird, darauf hin, daß die Spezifikation zu wenig distinktiv ist (konzeptioneller Fehler). Eine Fehlermeldung wird ausgegeben.

  Wenn feststeht, daß es sich um einen n:1-Fall handelt, kann die Meldung ignoriert werden. Im anderen Fall liegt eine echte Inkonsistenz vor: eines der PTags entspricht der Semantik der Spezifikation nicht; die Entfernung der entsprechenden Regel löst das Problem.

- Die *Hierarchiekonsistenz* stellt einen Sonderfall der Disjunktheit der Klassen dar; sie erfordert, daß keine der STS-Terminalklassen zu einer anderen STS-Terminalklasse in Subtyp-Relation steht.[43] Anders ausgedrückt, muß die Distinktionslinie im MTree so verlaufen, daß sie niemals eine Klasse zusammen mit ihrer Oberklasse einschließt. In Abb. 1.14 sind diese möglichen Verläufe der Distinktionslinie gepunktet dargestellt, im Gegensatz zu der gestrichelten Distinktionslinie, die der tatsächlich vorgenommenen, inkonsistenten Abbildung entspricht.

 Die Inkonsistenz im Beispiel in Abb. 1.14 besteht darin, daß die Klasse `prim` (Primärauxiliare *have, do, be*) terminal ist (denn ihr ist ein PTag (`P2`) zugeordnet), während ihre Oberklasse `aux` (Auxiliare) gleichzeitig auch eine Terminalklasse ist (denn ihr ist ebenfalls ein PTag (`P1`) zugeordnet). Dies ergibt einen Widerspruch zur Closed-World-Semantik, nach der Vereinigungsmengen von Typen (hier: der Typ `aux`) stets nichtterminal sein müssen.

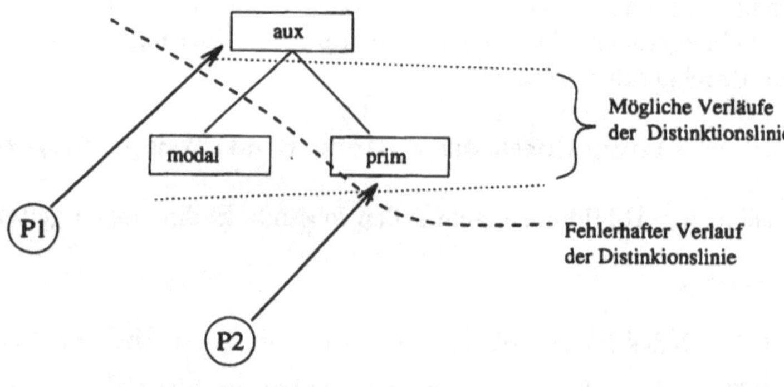

Abbildung 1.14: Hierarchie-Inkonsistenz

Zur Behebung der Hierarchie-Inkonsistenz gibt es zwei Möglichkeiten:

- Die Tochterklassen können tatsächlich mittels physikalischer Tags unterschieden werden. In diesem Falle ist die Zuweisung an die Mutterklasse zu löschen (hier die Abbildung von `P1` an `aux`); den Tochterklassen werden unterschiedliche PTags zugewiesen.[44] Dies entspricht dem unteren Verlauf der korrekten Distinktionslinie in Abb. 1.14: die Töchter sind Terminalknoten.
- Wenn die Tochterklassen nicht zu unterscheiden sind, dann muß die Zuweisung an die Tochterklasse (hier: `prim`) gelöscht werden. Diese Konstellation wird durch den oberen Verlauf der korrekten Distinktionslinie wiedergegeben: die Mutterklasse ist der Terminalknoten, d.h. die feinste anhand des PTS noch zu unterscheidende Objektbeschreibung.

[43] STS-Terminalklassen werden durch die rechten Seiten der Klassenüberdeckungsregeln definiert. In der jetzigen Implementierung wird die Hierarchiekonsistenz überprüft, indem ein Subsumptionstest über den Termen durchgeführt wird, die die STS-Terminalklassen darstellen.

[44] Dabei muß darauf geachtet werden, *alle* Tochterklassen durch eine Regel abzudecken, da fehlende Terminalknoten sonst ein Definitionsloch darstellen. Die Klasse `modal` muß also ebenfalls durch ein PTag abgedeckt werden, das von `P2` verschieden sein muß.

1.1.4.2 Beispiele für die Regelerstellung

Dieser Abschnitt illustriert das Vorgehen der schrittweisen Regelerstellung am Beispiel der Verben des UPenn-Tagsets, sowohl mit Klassenüberdeckungsregeln als auch mit Ausnahmenlexikoneinträgen.

1.1.4.2.1 Die Erstellung von Klassenüberdeckungsregeln

Die in unserem Beispiel formulierten Regeln enthalten zu Beginn absichtlich kleine Fehler, um zu zeigen, wie ein Durchlaufen des Prototyping Cycle vor sich geht. In der Realität können weniger Durchläufe des Zyklus ausreichen, wenn die Regeln gleich von Anfang an sauber strukturiert sind.

1. Im ersten Zustand der Regelmenge wurde die Abbildung der Klassen nur nach den groben Definitionen der Klassen in den UPenn-Guidelines durchgeführt: Im allgemeinen drückt das Tag `MD` Modalauxiliare aus, das Tag `VB` steht für Verben im Infinitiv, das Tag `VBZ` für Verben in der 3. Person Singular, `VBD` steht für Verben im Imperfekt, `VBG` für Verbformen mit der Endung *-ing*, `VBP` für finite Verben in Nicht-3. Person Singular, und `VBN` für Partizipien im Perfekt. Dies könnte mit der Beschreibungssprache wie folgt ausgedrückt werden:[45]

```
[pos = 'MD']    => [v & aux & modal].
[pos = 'VB']    => [v & inf].
[pos = 'VBZ']   => [v & 3 & sg].
[pos = 'VBD']   => [v & past].
[pos = 'VBG']   => [v & gerund].
[pos = 'VBP']   => [v & pres & fin].
[pos = 'VBN']   => [v & part & past].
```

Nach dem Prozeß der Regelkompilierung gibt das System folgende Fehlermeldungen aus:

```
CHECKING COVERAGE OF MTREE
[v & aux & prim & infin & pres & part] not covered in your tree
[v & con & infin & pres & part]        not covered in your tree

CHECKING DISJOINTNESS IN MTREE
[v & aux & fin & 3 & sg & modal]        has multiple tags 'MD' and 'VBZ'
[v & aux & fin & past & modal]          has multiple tags 'MD' and 'VBD'
[v & aux & fin & pres & modal]          has multiple tags 'MD' and 'VBP'
[v & aux & fin & past & 3 & sg]         has multiple tags 'VBZ' and 'VBD'
[v & aux & fin & pres & 3 & sg]         has multiple tags 'VBZ' and 'VBP'
[v & con & fin & past & 3 & sg]         has multiple tags 'VBZ' and 'VBD'
[v & con & fin & pres & 3 & sg]         has multiple tags 'VBZ' and 'VBP'
[v & aux & infin & past & part & prim]  has multiple tags 'VBD' and 'VBN'
[v & con & infin & past & part]         has multiple tags 'VBD' and 'VBN'
```

[45] Wir benutzen in diesem und in den folgenden Abschnitten eine Kurzschreibweise der Constraints: Der Compiler akzeptiert statt vollen Attribut-Wert-Paaren auch nur die Werte (durch vorangestelltes "!" können sie verneint werden). Diese Schreibweise ist eindeutig, da das STS für alle Attribute disjunkte Wertebereiche verlangt.

```
CHECKING HIERARCHY IN MTREE
[v & aux & fin & modal]   subsumes [v & aux & fin & 3 & sg & modal].
[v & aux & fin & modal]   subsumes [v & aux & fin & past & modal].
[v & aux & fin & modal]   subsumes [v & aux & fin & pres & modal].
```

Diese Meldungen sind wie folgt zu interpretieren:

- Mangelnde Überdeckungen (“`COVERAGE`”): Eine Regel für *Present Participles* (`pres & part]`) wurde vergessen. Diese Verbformen werden – ebenso wie die *Gerunds* – durch die PTS-Klasse `VBG` beschrieben. Also muß das zusätzliche Constraint `pres & part` bei der Regel für `VBG` disjunktiv aufgenommen werden.[46]
- Daneben wird durch die Entdeckung von nicht disjunkten Klassen (“`DISJOINTNESS`”) auf folgende Fehler hingewiesen:
  (a) Mehrere Beschreibungen treffen auf 3.Person-Sg-Verben im Imperfekt und Präsens (`VBZ` ↔ `VBD`) zu.[47] Es muß eine Trennung von 3. Person Sg und Nicht-3. Person Singular in den entsprechenden Regeln durchgeführt werden.
  (b) Die Klasse `VBD` beschreibt *Past Tense*-Formen, aber nur finite! Die infiniten *Past Tense*-Formen müssen durch die Klasse `VBN` klassifiziert werden.
  (c) Hierarchie-Inkonsistenz (“`HIERARCHY`”) besteht zwischen Modalverben und jeweils 3.Person-Sg-Modalverben, Modalverben im Imperfekt, und Modalverben im Präsens (`MD` ↔ `VBZ, VBD, VBP`). Es wurde übersehen, daß die Tags `VB, VBZ, VBD, VBP` *keine* Modalverben bezeichnen. Die Tochterklassen sind klar unterscheidbar, deshalb müssen Modalverben aus den Beschreibungen von `VB, VBZ, VBD, VBP` ausgeschlossen werden (konjunktives Constraint `(prim '|' con)` bei Spezifikationen für `VB, VBZ, VBD, VBP`).

Unabhängig von den Fehlermeldungen des Regelerstellungszyklus fiel durch eine Corpusanfrage auf, daß die Klasse `VB` mit dem Merkmal `infinit` zu eng gefaßt ist, denn diese Klasse erfaßt auch die finiten Formen *Imperative* und Verben in *subjunctive mood*, also z.B. *This order requires that he* <u>*be*</u>*/*`VB` *on time*. Diese Verbformen müssen disjunktiv zur Klasse `VB` hinzugenommen werden.

[46] Die neu hinzugefügten Constraints werden in der Darstellung der veränderten Regelmenge (s. S. 41) unterstrichen, wegfallende Constraints werden durchgestrichen dargestellt.

[47] Meldungen erfolgten dabei doppelt, jeweils für Vollverben und Auxiliare.

2. Mit folgendem neuen Regelsatz wird der nächste Zyklus der Regelerstellung durchlaufen:

```
[pos = 'VB']    =>  [v & inf '|' imp '|' sub) & (prim '|' con)].
[pos = 'VBZ']   =>  [v & 3 & sg & (prim '|'con)].
[pos = 'VBD']   =>  [v & past & (prim '|' con) & fin].
[pos = 'VBG']   =>  [v & (gerund '|' pres & part) & (prim '|' con)].
[pos = 'VBP']   =>  [v & pres & (!3 '|' !sg) & (prim '|' con)].
[pos = 'VBN']   =>  [v & part & past & (prim '|' con)].
```

Diese Definitionen führen zu neuen Fehlermeldungen:

```
CONSISTENCY CHECK
CHECKING COVERAGE OF MTREE
okay
CHECKING DISJOINTNESS IN MTREE
[v & aux & fin & pres & 2 & imp & prim]  has multiple tags 'VB' and 'VBP'
[v & con & fin & pres & 2 & imp]         has multiple tags 'VB' and 'VBP'
[v & aux & fin & 3 & sg & sub & prim]    has multiple tags 'VB' and 'VBZ'
[v & aux & fin & past & sub & prim]      has multiple tags 'VB' and 'VBD'
[v & aux & fin & pres & 1 & sub & prim]  has multiple tags 'VB' and 'VBP'
[v & aux & fin & pres & 2 & sub & prim]  has multiple tags 'VB' and 'VBP'
[v & con & fin & 3 & sg & sub]           has multiple tags 'VB' and 'VBZ'
[v & con & fin & past & sub]             has multiple tags 'VB' and 'VBD'
[v & con & fin & pres & 1 & sub]         has multiple tags 'VB' and 'VBP'
[v & con & fin & pres & 2 & sub]         has multiple tags 'VB' and 'VBP'
[v & aux & fin & past & 3 & sg & prim]   has multiple tags 'VBZ' and 'VBD'
[v & con & fin & past & 3 & sg]          has multiple tags 'VBZ' and 'VBD'

CHECKING HIERARCHY IN MTREE
okay
```

Zwei Fehler treten auf:

- Da die Imperativ- und Subjunktivformen in den finiten Klassen (VBP, VBZ, VBD) fälschlicherweise nicht ausgeschlossen wurden, treten sie doppelt auf. Sie müssen aus diesen Klassen entfernt werden.
- In den letzten beiden Zeilen der "DISJOINTNESS"-Fehlermeldung wird ein Konflikt zwischen VBZ und VBD festgestellt. Die im letzten Schritt vorgenommene Veränderung, 3. Person Sg und Nicht-3.Person Sg zu trennen, macht nur für Präsens Sinn, d.h. sie muß für Verben im Imperfekt zurückgenommen werden. 3.-Person Sg-Verbformen im Imperfekt tragen im PTS nicht das Tag VBZ, sondern das Tag VBD, d.h. das Constraint **pres** muß in die Regelmenge für VBZ aufgenommen werden.

3. Dies ist nun der dritte Durchlauf durch den Prototyping Cycle:

```
[pos = 'MD']    =>  [v & aux & modal].
[pos = 'VB']    =>  [v & (prim '|' con) & (inf '|' imp '|' sub) ].
[pos = 'VBZ']   =>  [v & 3 & sg & (prim '|'con) & pres & ind].
[pos = 'VBD']   =>  [v & past & (prim '|' con) & fin & ind ].
[pos = 'VBG']   =>  [v & (gerund '|' pres & part) & (prim '|' con) & ind].
[pos = 'VBP']   =>  [v & pres & (!3 '|' !sg) & (prim '|' con) & ind].
[pos = 'VBN']   =>  [v & part & past & (prim '|' con)].

-----Mapping [pos=VBG] =>
                   [[v & (gerund | pres & part) & (prim | con) & ind]]
%%%%% error: constraint "ind" not type consistent in DTag.

CONSISTENCY CHECK
CHECKING COVERAGE OF MTREE
[v & aux & infin & pres & part & prim] not covered in your tree
[v & con & infin & pres & part]        not covered in your tree
[v & aux & infin & gerund & prim]      not covered in your tree
[v & con & infin & gerund]             not covered in your tree

CHECKING DISJOINTNESS IN MTREE
okay
CHECKING HIERARCHY IN PTS TREE
okay
```

Diesmal ist schon während der Compilation der Abbildungsregeln ein Fehler unterlaufen. Das Attribut ind, ein Merkmal, das nur bei finiten Formen vorkommt, wurde fälschlicherweise zur Beschreibung der infiniten Klasse VGB benutzt. Der Compiler erkennt diesen Typfehler, die ganze Abbildungsregel wird verworfen. Nun stellen die betreffenden Klassen des Zielannotationsschemas ein Definitionsloch dar. Das typinkompatible Constraint ind muß also aus der Klasse VGB eliminiert werden.

4. Danach ergibt sich die folgende Konstellation, die eine konsistente Klasseneinteilung darstellt:

```
[pos = 'MD']    =>  [v & aux & modal].
[pos = 'VB']    =>  [v & (prim '|' con) & (inf '|' imp '|' sub) ].
[pos = 'VBZ']   =>  [v & 3 & sg & (prim '|'con) & pres & ind].
[pos = 'VBD']   =>  [v & past & (prim '|' con) & fin & ind].
[pos = 'VBG']   =>  [v & (gerund '|' pres & part) & (prim '|' con ) & ind].
[pos = 'VBP']   =>  [v & pres & (!3 '|' !sg) & (prim '|' con) & ind ].
[pos = 'VBN']   =>  [v & part & past & (prim '|' con)].

CONSISTENCY CHECK
CHECKING COVERAGE OF MTREE
okay
CHECKING DISJOINTNESS IN MTREE
okay
CHECKING HIERARCHY IN MTREE
okay
```

1.1.4.2.2 Die Erstellung von Einträgen im Ausnahmenlexikon

In diesem Abschnitt soll anhand eines Beispiels gezeigt werden, wie durch das Ausnahmenlexikon *neue* Unterscheidungen (d.h. solche, die im PTS nicht unterschieden wurden) geschaffen werden können.

Mit den Tags `VBP`, `VBD` werden im UPenn-Tagset Verben im Präsens *Nicht-3. Person Singular* und im *Past Tense* bezeichnet, wobei zwischen Primärauxiliaren und Vollverben nicht unterschieden wird. Die Spezifikation `[v & aux & prim]` erzeugt nach der Abbildung also immer fälschlicherweise zusätzlich alle Vollverben.

Da die Primärauxiliare aber eine geschlossene Klasse sind, kann die Unterscheidung Auxiliar/Vollverb mit der folgenden Behandlung mit wenig Aufwand realisiert werden.[48] Als Klassenüberdeckung werden nur die Vollverben angegeben:

```
[pos = 'VBP']    => [v & fin & con & pres & (!3 '|' !sg) & ind].
[pos = 'VBD']    => [v & fin & con & past].
```

Im Ausnahmenlexikon werden nur die Primärauxiliare benannt:

```
[am, are, have, do]
    << [pos = 'VBP'] >>    [v & aux & fin & prim & pres & (!3 '|' pl) & ind].

[was, were, had, did]
    << [pos = 'VBD'] >>    [v & aux & fin & prim & past].
```

1.1.5 Konflikte bei der Abbildung

Aus dem Information-Retrieval sind die beiden Fälle der Nichtübereinstimmung einer Spezifikation mit der Zielmenge (die z.B. durch eine Suchanfrage, allgemein durch eine Abbildung erhalten wird) bekannt:

- In der Zielmenge fehlen Objekte, die der Spezifikation genügen, aber fälschlicherweise nicht gefunden werden. Diese Objekte werden als *Silence* (fehlende Belege) bezeichnet.

- In der Zielmenge sind Objekte enthalten, die der Spezifikation *nicht* genügen, aber fälschlicherweise trotzdem gefunden werden. Diese Objekte stellen den *Noise* (das Rauschen) dar.

Wird aus dem Standardtagset auf ein physikalisches Tagset abgebildet (z.B. bei einer Corpusanfrage auf dem physikalischen Corpus), so können bei einer korrekten Menge von Abbildungsregeln durch die Abbildung keine zusätzlichen *Silence*-Fehler auftreten. Das *Silence*-Problem beschränkt sich auf die Korrektheit innerhalb des physikalischen Tagsets, die hier aber nicht betrachtet werden soll. Selbst bei der bestmöglich formulierten Abbildung stellt *Noise* jedoch ein Problem dar: durch die Abbildung können zusätzliche, nicht der Spezifikation entsprechende Objekte in der Zielmenge auftauchen.

[48] Allerdings ist zu bemerken, daß diese Disambiguierung nur *lexikalisch* sein kann, d.h. auf die Lemmata *do, be, have* beschränkt. Die mit dem Ausnahmenlexikon erfaßbaren Disambiguierungen sind also nicht kontextsensitiv. In den Sätzen *He did his homework.* oder *They will never be good pupils.* können die Wortformen *did* und *be*, die als Vollverben gebraucht werden, nicht als solche erkannt werden; im zweiten Satz wäre dazu eindeutig syntaktisches Wissen nötig (Copulakonstruktion). Formen von *do, be, have* werden also stets als Primärauxiliare klassifiziert.

1.1.5.1 Noise

Idealerweise sollen Spezifikationen genau die Wortformen beschreiben, die durch die Abbildung der Spezifikation im Corpus gefunden werden. Wenn in der Spezifikation Constraints angegeben werden, die im MTree unterhalb der Distinktionslinie liegen, d.h. die im PTS gar nicht mehr unterscheidbar sind, dann kann dieses Ideal nicht erreicht werden, d.h. es muß bezüglich dieser Constraints Noise auftreten.

Beispiel: Die Spezifikation `[pos=v & pers=1]` wird bei einem physikalischen Tagset, das bei finiten Verben nur zwischen *3. Person Singular* und *Nicht-3. Person Singular* unterscheidet, auch Belegstellen für die *2.* und *3. Person Plural* und die *2. Person Singular* ergeben. Dieser Noise ist für das System nicht vermeidbar. Eine Warnung ist in einem solchen Falle für die Interpretation der scheinbar "falschen" Belegstellen unerläßlich. Wichtig ist bei der Benutzung insbesondere die Nennung der Wortklassen, denen die unerwarteten, fälschlicherweise gefundenen Belege angehören können, damit die Ergebnisse interpretiert werden können.

Die auftretenden Konflikte können in zwei Klassen eingeteilt werden:

- *Nichtbeachtung* von Kriterien, die unterhalb der Distinktionslinie des MTrees liegen: Wenn ein Corpus, das nur die Klasse *Nomen* unterscheidet, für Spezifikationen verwendet wird, so wird das Constraint *Numerus* für Nomina gänzlich ignoriert.
- *Konflikte mit anderen Klassen*: In anderen Fällen werden zwei verschiedene DTags auf ein PTag abgebildet; *Noise* mit einer Fremdklasse tritt auf.

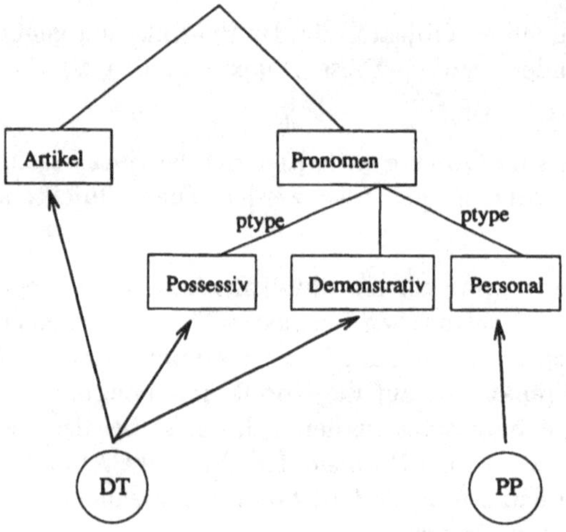

Abbildung 1.15: Noise und Nichtunterscheidung

1.1.5.2 Nichtbeachtung von Constraints

Wenn zwei nichtidentische DTags auf nur ein PTag abgebildet werden, gibt es zwei Fälle, die wir als Noise und Nichtunterscheidung bezeichnen:

- Die DTags subsumieren einander nicht, d.h. sie sind typinkompatibel. Dies ist ein schwerwiegender Fehler, denn es können Objekte in der Zielmenge auftauchen, die mindestens einem der genannten Constraints der Spezifikation explizit widersprechen.

  Beispiel: Bei der in Abb. 1.15 dargestellten Situation[49] führt die Angabe des DTags `[pos=pro & ptype=poss]` zu *Noise* der intendierten Klasse *Possessivpronomen* mit der Fremdklasse der *Artikel*.

- Subsumieren sich zwei DTags, die demselben PTag zugeordnet sind, so tritt der Fall der *Nichtbeachtung* eines Constraints ein, d.h. statt der gewünschten Klasse wird eine allgemeinere gefunden. Im schlechtesten Fall wird eines oder mehrere der angegebenen Constraints ignoriert. Dann können in der Ergebnismenge zwar auch Objekte mit anderen Werten als den spezifizierten auftreten, die gefundenen Objekte sind aber zumindest typkompatibel mit den in der Spezifikation geforderten.

  Beispiel: In Abb. 1.15 kann für die Spezifikation `[ptype= poss & gend = masc]` im UPenn-Tagset das Kriterium **gend** (Genus) nicht unterschieden werden (Genus liegt unterhalb der Distinktionslinie). Damit können sich fälschlicherweise auch feminine Possessivpronomina qualifizieren.

1.1.6 Veränderungen des Standards

In Anbetracht der Strittigkeit *eines* bestimmten Standards ist es wichtig, die Möglichkeit der Veränderung des Standardtagsets über einen Zeitraum hinweg vorzusehen.

1.1.6.1 Mögliche Veränderungen in einem Tagset

Verschiedene Typen von Veränderungen eines Tagsets können unterschieden werden:

- der Wegfall von Unterscheidungen
  - total, d.h. alle betroffenen Ausprägungen einer Unterscheidung werden zusammengefaßt; damit wird das Merkmal als solches hinfällig. Beispielsweise könnte die Unterscheidung von deutschen Adjektiven in adverbial und prädikativ gebrauchte zu einem bestimmten Zeitpunkt in der Verbesserungsphase des Tagsets aufgegeben werden, weil die erhaltenen Taggingergebnisse den Schluß nahelegen, daß diese Disambiguierung von einem stochastischen Tagger nicht geleistet werden kann.
  - partiell, d.h. mehrere Ausprägungen werden (unter einem neuen Wertenamen) zusammengefaßt, wobei andere Ausprägungen auf der gleichen Ebene beibehalten werden, so daß das Merkmal als solches nicht aufgegeben werden kann. Dies geschieht beispielsweise bei der Zusammenfassung von Interrogativ- und

[49] Die Tags sind aus dem UPenn-Tagset entnommen.

Relativpronomina, wobei andere Unterklassen der Pronomina wie Reflexivpronomina, Personalpronomina, Possessivpronomina und Demonstrativpronomina bestehen bleiben.

- das Hinzufügen von Unterscheidungen: Beispielsweise könnte eine weitere Aufteilung von Auxiliaren in Primärauxiliare (*have, do, be*) und Modalauxiliare (*can, might, may, will, must, ...*) vorgenommen werden, wenn sich herausstellt, daß die unterschiedlichen syntaktischen Eigenschaften dieser Klassen für eine bestimmte anvisierte Anwendung relevant sind.
- "hierarchieübergreifende" Generalisierungen oder Spezialisierungen: beispielsweise die Entscheidung, existentielles *there* nicht mehr als Unterklasse der Pronomina zu betrachten, sondern wie alle anderen Vorkommen von *there*, d.h. als Adverb.

1.1.6.2 Anpassungsarbeiten

Da die Definition des Standardtagsets *kompiliert* wird, ist es einfach, Änderungen am STS selbst durchzuführen. Schwerwiegender sind meist die umfassenderen Anpassungen in anderen Ressourcen, die bei einer Veränderung des Tagsets anstehen:

- Alle Abbildungsregeln müssen neu betrachtet bzw. geändert werden, wenn die in ihnen enthaltenen STS-Spezifikationen von einer Änderung im Typengraphen betroffen sind. Eine STS-Spezifikation ist betroffen, wenn sie ein verändertes oder zu entfernendes Constraint enthält, bzw. wenn sie mit einem evtl. neu einzufügenden Constraint typverträglich ist. Dies gilt sowohl für Klassenüberdeckungsregeln als auch für das Ausnahmenlexikon.
- Wenn zum STS ein Referenzcorpus existiert, so müssen alle darin annotierten DTags angepaßt werden, wenn sie von der Änderung betroffen sind.

Der Aufwand für die in Abschnitt 1.1.6.1 besprochenen Arten von Veränderung ist je nach zu ändernder Ressource sehr unterschiedlich. Im einzelnen ergeben sich grob die folgenden Arbeitsschritte:

- Beim totalen Wegfall von Unterscheidungen, der einfachsten Veränderung, werden bestimmte Attribute und Werte einfach gelöscht. Bei automatisch erzeugten Tags kann bei der vorliegenden Implementierung davon ausgegangen werden, daß ein vollständig spezifiziertes DTag erzeugt wurde und daß die Reihenfolge der Attribute der Hierarchie entspricht. Die anfallenden Änderungen können durch eine textuelle Ersetzung durchgeführt werden, z.B. mit einem `lex`- oder `awk`-Programm.

  Wenn Spezifikationen von Menschen erstellt werden, machen diese meist Gebrauch von der in der Spezifikationssprache angebotenen Möglichkeit der Unterspezifizierung. Deshalb kann bei dieser Art von DTags, die sich in den Abbildungsregeln und im Referenzcorpus befinden, nicht von einer vollständigen Nennung der Merkmale oder einer festen Reifenfolge ausgegangen werden. Um feststellen zu können, welche Spezifikationen betroffen sind und der Änderung bedürfen, müssen die DTags zuvor mit einer automatischen Vorverarbeitung vervollständigt und sortiert werden.

  Dennoch könnte auch in diesem Fall die Korrektheit einer automatischen Anpassung garantiert werden.

- Auch der partielle Wegfall von Unterscheidungen kann mit den gleichen Vorarbeiten wie beim totalen Wegfall automatisch verarbeitet werden. Der Attributname bleibt identisch; der Name der neuen, zusammengefaßten Klasse wird einfach durch die Namen der alten Werte ersetzt (bei der in 1.1.6.1 erwähnten Zusammenfassung von Relativ- und Interrogativpronomen ersetzt der neue Wertename **`inter/rel`** die beiden Werte **`interrogativ`** wie **`relativ`**).

- Hierarchiekonforme hinzukommende Unterscheidungen: Ein neues Attribut und ein neuer Wert werden konjunktiv zu bisherigen Spezifikationen hinzugefügt. Neue Disambiguierungen müssen geschaffen werden: Verfeinerte Klassenabdeckungsregeln müssen geschrieben werden; Listen von Wortformen im Ausnahmenlexikon müssen bezüglich des neuen Kriteriums in feinere Klassen aufgespalten werden. Deshalb ist eine vollautomatische Verarbeitung nicht mehr möglich. Soll in einem großen Referenzcorpus eine derartige Teil-Neuklassifizierung durchgeführt werden, so ist die Unterstützung durch ein Corpusanfragesystem sehr wünschenswert. Denkbar ist aber auch, mit einem geeigneten Editor die betroffenen Tags zu suchen und diese dann interaktiv zu verändern.

- Hierarchieübergreifende neue Unterscheidungen: Ein Merkmal wird hier durch ein anderes (oder eine Konjunktion anderer Merkmale) ersetzt. Auch hier ist eine semiautomatische Vorgehensweise das Mittel der Wahl. Bei jedem Vorkommen muß manuell-intellektuell entschieden werden, welches Tag zuzuordnen ist.

Bei der Aufwandsabschätzung fällt auf, daß der Umfang der Änderung in den sytemnahen Komponenten (Ausnahmenlexikon, Klassenüberdeckung) viel geringer ist als in bereits abgeschlossenen Anwendungen, z.B. in manuell getaggten Referenzcorpora – vor allem dann, wenn neue Unterscheidungen hinzukommen. Diese Tatsache spricht dafür, das Standardtagset erst dann in größeren Anwendungen (wie dem manuellen oder automatischen Tagging) zu verwenden, wenn es recht stabil ist. Allerdings machen sich viele Schwachstellen eines Tagsets erst beim manuellen Taggen bemerkbar, das beim Entwurf eines Tagsets einen wichtigen Teil des Prototyping Cycle ausmacht (vgl. Abschnitt 1.1.2.3).

1.1.7 Eine Beispielsitzung

Die nun folgende beispielhafte Sitzung zeigt, wie Corpusanfragen von dem vorgestellten Werkzeug unterstützt werden. Zuerst wird das Corpus angegeben, mit dem die Spezifikationen evaluiert werden sollen[50] (zur Verfügung stehen in unserer Anwendung das UPenn-Tagset, das Susanne[51]-Tagset und ein Teil[52] des Helsinki-Tagsets):

```
| ?- liquy.
LiQuy> get_corpus(upenn).

LiQuy> [n].

    [(pos=NNS|pos=NP|pos=NPS)|pos=NN & word!=
    (nobody|anybody|one|anyone|somebody|someone|everyone|
     everybody|nothing|something|anything|everything) | word=color]
```

Diese Spezifikation beschreibt alle Nomina des Standardtagsets. Ihre Extension enthält positive (*color*) und negative (*somebody* ...) Ausnahmen; sie ist folgendermaßen zu lesen: Als Nomina können alle im UPenn-Tagset mit `NNS`, `NP` oder `NPS` getaggten Wortformen bezeichnet werden; außerdem die Wortform *color*, auch wenn sie eine andere als die genannten Annotationen hat. Die mit `NN` getaggten Wortformen sind ebenfalls Nomina, außer den Wortformen *nobody, anybody,* ....

Nun sollen jeweils finite und infinite Verben gesucht werden.

```
LiQuy> [fin].
    [pos=MD|pos=VB|pos=VBD|pos=VBP|pos=VBZ]

%%% warning: Due to "VB", there might be noise of the
         following kind in your output:
  [vtype=con & vform=infin & pos=v & infin_type=inf]

LiQuy> [infin].
    [pos=VB|pos=VBG|pos=VBN]

%%% warning:  Due to  "VB", there might be noise of
          the following kind in your output:
  [vtype=con & vform=fin & pos=v & mood=imp]
  [vtype=con & vform=fin& tense=pres & pos=v & mood=sub]
```

Diese Spezifikationen zeigen die Warnung bei Noise: Durch das physikalische Tag `VB`, das sowohl Verben im Infinitiv als auch finite Verben im Imperativ oder Subjunktiv bezeichnet, führt die Abbildung von Spezifikationen, die nach der Finitheit zu unterscheiden versuchen, immer zu Noise. Die Spezifikation von finiten Verben schließt deshalb leider immer auch alle infiniten Formen ein; umgekehrt führt jeder Versuch, infinite Verben zu suchen, stets zu Noise durch bestimmte finite Verbformen.

[50] Wird dies nicht getan, so wird auf das Default-Corpus (in unserer Implementierung UPenn, konfigurierbar) zugegriffen.

[51] Für eine Beschreibung des Susanne-Projekts und des verwendeten Tagsets siehe [Sampson, 1995].

[52] Unsere beispielhaften Abbildungsregeln für das Helsinki-Tagset umfassen nur die Beschreibungen von Nomina.

Es fällt in der Umsetzung der zweiten Anfrage vielleicht auf, daß Modalverben in der Abbildung der zweiten Spezifikation nicht auftreten. Dies hat seinen Grund darin, daß es nur *finite* Modalverben gibt. Beim Entwurf des Tagsets wurden linguistische Generalisierungen wie diese mit Hilfe der Typhierarchie modelliert.

Die nächste Anfrage zeigt, wie Auxiliare repräsentiert sind: Modalauxiliare sind mit MD annotiert, aber primäre Auxiliare werden nur durch das Ausnahmenlexikon modelliert, wie in Abschnitt 1.1.4.2.2 besprochen.

```
LiQuy> [aux].

    [pos=MD|word=
    (am|are|be|been|being|did|do|does|doing|done|had|has|have|
having|is|was|were)]
```

Das nun folgende Beispiel zeigt einen weiteren Typ von Warnung: Wenn ein bestimmtes in der Spezifikation verwendetes Constraint bei der Abbildung ignoriert werden muß, erfolgt eine Warnung.

```
LiQuy> [modal & 2].

    [pos=MD]

% warning:  Value [2] ignored in
  "[vtype=aux & vform=fin & pos=v & auxtype=modal]".
```

Die Nichtbeachtung des Kriteriums pers führt dazu, daß auch Belege mit pers=1 und pers=3 auftreten können.

In der nächsten Spezifikation suchen wir nach Artikeln.

```
LiQuy> [art].

    [pos=DT]

%%% warning: Due to  "DT", there might be noise of
        the following kind in your output:

[pos=prodet & pdtype=indadj & distr=head]
[pos=prodet & pdtype=indadj & distr=det]
[pos=prodet & pdtype=indef & distr=head & compare=ncmp & antec=nprs]
[pos=prodet & pdtype=indef & distr=det & compare=ncmp & antec=nprs]
[pos=prodet & pdtype=demo & distr=head]
[pos=prodet & pdtype=demo & distr=det]
[pos=prodet & pdtype=poss & distr=det]
```

Die im UPenn-Corpus mit DT getaggten Wortformen decken leider ein besonders weites Feld von verschiedenen Kategorien ab, was zu erheblichem Noise führt.

Nun sollen einige gleichlautende Spezifikationen über Nomina auf verschiedene Corpora abgebildet werden.

```
LiQuy> [count].

    [pos=NNS | pos=NN & word!=
    (nobody|anybody|one|anyone|somebody|someone|everyone|
     everybody|nothing|something|anything|everything) | word=color]

%%% warning: Due to "NN", there might be noise of
       the following kind in your output:
    "[pos=n & num=sg & ntype=common & cnt= mass]"
```

Der auftretende Noise stammt daher, daß nichtzählbare Nomina (*mass nouns*) im UPenn-Tagset in einer Klasse mit zählbaren Nomina im Singular zusammengefaßt sind.

Nun laden wir das Helsinki-Corpus und wiederholen diesselbe Anfrage:

```
LiQuy> get_corpus(helsinki).

LiQuy> [n].
    [pos=N GEN PL|
     pos=N GEN PL <Proper>|
     pos=N GEN SG|
     pos=N GEN SG <Proper>|
     pos=N NOM PL|
     pos=N NOM PL <Proper>|
     pos=N NOM SG|
     pos=N NOM SG <Proper>]
LiQuy> [count].
    [pos=N GEN PL|
     pos=N GEN SG|
     pos=N NOM PL|
     pos=N NOM SG]

%%%  warning: Due to "N GEN SG" there might be noise of
        the following kind in your output:
    [pos=n & num=sg & ntype=common & cnt=mass & case=gen]
%%%  warning: Due to "[pos=N NOM SG]" there might be noise of
        the following kind in your output:
    [pos=n & num=sg & ntype=common & cnt=mass & case=ngen]

LiQuy> [mass].
    [pos=N GEN SG | pos=N NOM SG]

%%%  warning: Due to "N GEN SG" there might be noise of
        the following kind in your output:
    [pos=n & num=sg & ntype=common & cnt=count & case=gen]
%%%  warning: Due to "N NOM SG" there might be noise of
        the following kind in your output:
    [pos=n & num=sg & ntype=common & cnt=count & case=ngen]
```

Auch im Helsinki-Corpus wird die Unterscheidung zwischen zählbaren und nichtzählbaren Nomina nicht unterstützt.

Zum Schluß soll noch gezeigt werden, welche syntaktisch oder semantisch fehlerhaften Eingaben das System ablehnt:[53]

```
LiQuy> abc.
%%%%% error: Syntax error in dtag!

LiQuy> [vform=fin & pers=4 & num=sg].
%%%%% error: value"4" unknown.

LiQuy> [imp & past].
%%%%% error: Combination of values not type consistent with sts.
```

1.1.8 Schlußbetrachtungen

Wir gehen davon aus, daß Wiederverwertung von lexikalisch annotierten Daten sehr sinnvoll und einer Neuerzeugung der Daten unbedingt vorzuziehen ist. Standards stellen ein einfaches Mittel zur Erschließung unterschiedlicher Formate von morphosyntaktischer Information dar.

Allerdings ist es schwierig bis unmöglich, Standards zu entwerfen, die gleichzeitig allen Anforderungen der unterschiedlichsten Anwendungen genügen. Unserer Meinung nach sollten Standards vielmehr als Approximation eines allgemeinen, anwendungsunabhängigen Grundinventars gesehen werden,[54] dessen Beschreibungsmittel über den Spezifika einzelner Anwendungen abstrahieren.

Standards, die nicht auf einen speziellen Anwendungszweck ausgerichtet sind, sind damit sicher suboptimal für einige Anwendungen: es ist klar, daß es immer möglich sein wird, für individuelle Anwendungen besser zurechtgeschnittene Beschreibungsschemata zu entwerfen. Dieser Nachteil kann aber ausgeglichen werden, wenn Standards nicht starr sind, sondern so konzipiert wurden, daß sie leicht veränderbar und erweiterbar sind. Deshalb ist es wichtig, daß die allgemeinen Beschreibungen weiter verfeinert werden können, wenn die Anwendung es erfordert.

Wünschenswert sind daher flexible Standards, die soviel Abstraktion wie nötig bieten und die Anwendungen sowenig wie möglich einschränken.

Die in diesem Beitrag vorgestellte Methode des Informationsimports aus morphosyntaktisch annotierten Corpora mittels eines Standardtagsets kommt dieser Forderung nach Flexibilität nach. Auf Änderungen des Standardtagsets kann durch die Deklarativität des linguistischen Wissens reagiert werden, ohne daß dies eine Veränderung des Werkzeugs erzwingt: die Daten und die Verarbeitungsstrategie sind getrennt.

Unsere Methode zur Standardisierung bzw. zum Lexikonimport setzt manuell erstellte Abbildungsregeln zwischen den Ausdrücken der Spezifikationssprache und den existierenden (physikalischen) Tags voraus.

Das dafür eingesetzte Werkzeug bietet Unterstützung in zweierlei Hinsicht: Einerseits unterstützt es die manuelle Erstellung der Abbildungsregeln. Obwohl die Regeln selbst

[53] Im ersten Fall wurde ein Syntaxfehler erkannt, im zweiten Fall wurde ein nicht im STS-Typengraph vorkommender Wert verwendet. Im dritten und vierten Fall dagegen wurde ein illegal getyptes DTag spezifiziert.

[54] Der Standpunkt der EAGLES-Initiative ist beispielsweise, daß ein Standard, der auf einem Diskussions- und Konsensvorgang beruht, tragfähiger ist als ein "verordneter" Standard.

noch von Hand geschrieben werden müssen, bietet das vorgestellte Werkzeug die automatische Überprüfung der Konsistenz des Regelsatzes, um das Verfassen der Regeln zu vereinfachen. Geprüft wird dabei auf Überdeckung der Regelmenge, Disjunktheit der Klassen und auf Hierarchiekonsistenz.

Andererseits bietet das Werkzeug durch die Bereitstellung eines corpusunabhängigen Vokabulars eine Schnittstelle für einen einheitlichen Zugriff auf lexikalische Information, auch wenn diese in unterschiedlichen Quellformaten annotiert ist. Ein Beispiel für den corpusunabhängigen Zugriff auf lexikalische Information bietet der ursprüngliche Verwendungszweck des vorgestellten Abbildungswerkzeugs. Abgesehen von den in diesem Beitrag aufgeführten Einsatzmöglichkeiten als isolierte Anwendung (Vergleich von Annotationsschemata, Lexikonimport) ist das Werkzeug als eine Erweiterung eines Corpusanfragesystems ([Schulze und Christ, 1994], [Christ, 1994]) konzipiert. Dabei kann die Spezifikationssprache als corpusunabhängige Anfragesprache verwendet werden. Durch die Uniformität der Anfragen wird die Extraktion von linguistischen Daten für die deskriptivlinguistische Beschreibungsarbeit vereinfacht. Die Rückmeldungen über zu erwartenden Noise bieten bei der Interpretation der Abbildungsergebnisse eine wichtige Hilfestellung.

Durch die Konzeption der corpusunabhängigen Repräsentation der morphosyntaktischen Information als einer getypten, constraintbasierten Spezifikationssprache ergeben sich Generalisierungsmöglichkeiten des Ansatzes. Die hier vorgestellte Fallstudie ist ein Beispiel für ein generelleres Werkzeug, welches Abbildungen zwischen lexikalischen Formaten im allgemeinen vornehmen und somit für Lexikonimport- *und* -export eingesetzt werden kann. Dies ist deshalb möglich, weil Lexikoneinträge analog zu Corpusannotationen neueren Typs als Spezifikationen verstanden werden können. Mit einem derartigen allgemeinen Werkzeug zur Abbildung zwischen Spezifikationen wird neben den Vorteilen der Standardisierung eine Transparenz zwischen Lexikon- und Corpusformaten erreicht.

1.2 Zum Export lexikalischer Informationen aus Wörterbüchern von DELIS

Ulrich Heid

1.2.1 Einleitung

Eines der Ziele des DELIS-Projekts[55] ist es, ein Wörterbuchfragment zu erstellen, welches in verschiedenen Anwendungen benutzt werden kann, sowohl als Grundlage für die manuell-intellektuelle Beschreibungsarbeit, wie sie von Lexikographen geleistet wird, als auch für Anwendungen der maschinellen Sprachverarbeitung. Das Wörterbuchfragment ist dabei nicht Selbstzweck, sondern dient primär zur Illustration einer Methode der corpuslexikographischen Arbeit, zu deren Unterstützung in DELIS Computerwerkzeuge geschaffen werden.

Die Arbeitsschritte des corpusbasierten Wörterbuchaufbaus, wie er in DELIS unterstützt werden soll, können schlagwortartig folgendermaßen zusammengestellt werden: Corpusanalyse, Aufbau und gegebenenfalls Modifikation, Erweiterung und Verfeinerung einer in den relevanten Teilen formalen Beschreibung des Wörterbuchfragments (Lexikonspezifikation), Abgleich der Lexikonspezifikation gegen das Corpus, Export (von Teilen) der Lexikonspezifikation in ein Format, welches für die jeweilige Anwendung geeignet ist.

In diesem Beitrag konzentrieren wir uns auf die Frage, wie die linguistische Architektur von DELIS-Wörterbüchern und die Benutzung des eines constraint-basierten Formalismus (in diesem Fall TFS, Typed Feature Structures, vgl. [Emele, 1994], [Emele, 1993]) den Export von lexikalischen Beschreibungen für verschiedene Anwendungskontexte unterstützen, und welche Werkzeuge in DELIS bereitgestellt werden müssen, um die Daten für verschiedene Anwendungen aufzubereiten. In diesem Zusammenhang wird insbesondere auf das Werkzeug zum Abgleich von Lexikonbeschreibungen mit Corpusmaterial eingegangen (das Werkzeug heißt in DELIS "Search Condition Generator"), weil es die relevanten Aspekte exemplarisch zeigt.

[55] DELIS ist ein FuE-Projekt im Rahmen des Programms "Linguistic Research and Engineering" (LRE) der Europäischen Kommission, Generaldirektion XIII E 4, Luxembourg. Das Projekt hat im Februar 1993 seine Arbeit aufgenommen und endet im Juli 1995. Beteiligt sind Computerlinguisten von Universitäten (Pisa, Clermont-Ferrand, Kopenhagen, Helsinki, Amsterdam), die Verlage Van Dale (Utrecht) und Oxford University Press, ein Softwarehaus (SITE, Paris) und Berater aus einem Lexikonprojekt (Den Danske Ordbog, Kopenhagen) und einem Unternehmen der Sprachtechnologie (Linguacubun Ltd, London). Der Autor ist Koordinator des Projekts. Für die hier vorgelegten Ansichten und Beschreibungen ist ausschließlich der Autor selbst verantwortlich.

1.2.1.1 Werkzeuge für corpusbasierte Lexikographie

Die Diskussion über Export aus Wörterbüchern, wie sie in DELIS geführt wird, steht im Zusammenhang der Bemühungen im DELIS-Projekt, Arbeitsschritte der corpusbasierten Wörterbucherstellung durch computerlinguistische Werkzeuge zu unterstützen. Dabei wird kein vollautomatisches Wörterbucherstellungssystem angestrebt, sondern eine Reihe von in einer "Werkzeugkiste" zusammengeführten Computerwerkzeugen, die der Lexikograph interaktiv benutzen kann, und die ihn primär von Routinearbeiten entlasten und die Effizienz seiner corpusbasierten Beschreibungsarbeit erhöhen sollen.

Über die Notwendigkeit, Wörterbücher auf der Grundlage von Textcorpora zu erstellen, herrscht in der Lexikographie weitgehend Einigkeit. Seit das COBUILD-Wörterbuch erschienen ist, das wohl erste allgemeine einsprachige Lernerwörterbuch weltweit, welches primär auf der Grundlage von Corpusmaterial erstellt wurde, werden die Vorteile der Benutzung von Textmaterial, wie es in Zeitungs- und Literatur-Corpora zu Tage tritt, nicht mehr bestritten.[56] Für das Englische liegen überdies sehr große Mengen von Textmaterial maschinenlesbar vor, so daß Lexikographen weniger das Problem der Materialbeschaffung haben, als das Problem, aus dem zur Verfügung stehenden Material relevante Belege herauszufiltern.

Ein Problem für die Realisierung größerer Wörterbuchprojekte auf der Grundlage von Textcorpora liegt darin, daß es bislang nur wenig Werkzeuge zur Unterstützung corpuslexikographischer Arbeit gibt, die für Verlage verfügbar und in der täglichen praktischen Arbeit benutzbar wären. Die großen britischen Verlage haben im wesentlichen ihre eigenen Werkzeuge entwickelt, für andere Sprachen als Englisch steht jedoch nicht allzuviel Werkzeugunterstützung zur Verfügung. An dieser Stelle soll mit DELIS ein Versuch unternommen werden, Prototypen zu schaffen, deren Weiterentwicklungen mittelfristig in der Praxis der Wörterbucherstellung angewendet werden können.

Man kann sich sehr vereinfacht den corpusbasierten Wörterbuchaufbau als eine Kette von Einzelschritten vorstellen, etwa derart, daß zunächst Corpusexzerpte erstellt und manuell sortiert werden, daß der Lexikograph hieraus ein Beschreibungsmodell entwickelt, welches er dann gegebenenfalls anhand weiteren Materials auffüllt. Eine schematische Darstellung dieser Kette von Einzelschritten ist in der Abbildung 1.16 wiedergegeben.

Ein solches schrittweises Vorgehen in aufeinanderfolgenden Etappen würde ein stabiles linguistisches Beschreibungsmodell voraussetzen, welches nicht geändert wird: die Struktur der Wörterbuchartikel, die Typen von linguistischen Informationen, die der Lexikograph zu den einzelnen Arten von Lemmata geben will, die Angabetypen aus denen sich die Mikrostruktur der Wörterbuchartikel zusammensetzt – all dies müßte festgelegt und weitgehend unveränderlich sein. Ein solcher Zustand tritt zu Ende der Spezifikationsphase eines Wörterbuchs ein, wenn alle deskriptiven und präsentationellen Entscheidungen getroffen sind. Dann können SGML-basierte Werzeuge zum Wörterbuchaufbau,

[56] Hier wird ein sehr weiter Begriff von "Corpus" zugundegelegt. Für die Lexikographie strebt man, wie die Beispiele des *British National Corpus* (BNC) und des Corpus zeigen, das dem Wörterbuchunternehmen *Den Danske Ordbog* zugundeliegt, "ausgewogene" Corpora an, die Material aus verschiedenen Textsorten, verschiedenen Typen von Quellen etc. enthalten. Für die Entwicklung von Werkzeugen spielt diese Ausgewogenheit eine weit geringere Rolle; eine maschinenlesbare Sammlung von Zeitungstext erfüllt als Testumgebung dieselbe Funktion. Auch eine solche Sammlung nennen wir hier "Corpus".

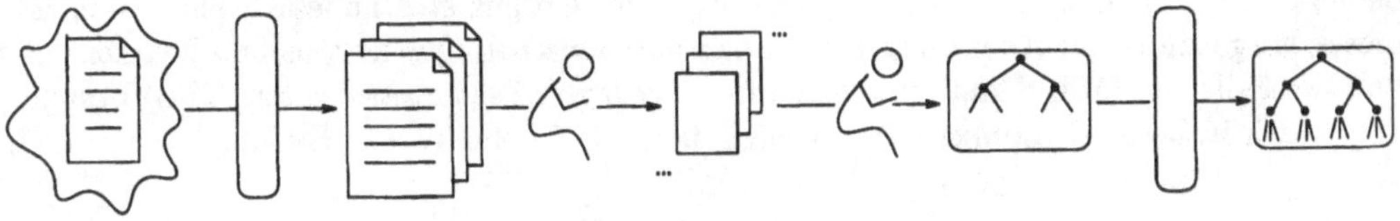

Abbildung 1.16: Vereinfachtes Schema der Wörterbucherstellung: Corpus – Exzerpte – manuelle Sortierung und Modellierung – "Auffüllen" des Modells

wie sie auf dem Markt angeboten werden, angewendet werden;[57] ebenso interaktive Erfassungsschnittstellen, wie sie oft als Komponenten von terminologischen Datenbanken angeboten werden: solche Systeme unterstützen das "Auffüllen" von Wörterbüchern, für die ein deskriptives Modell und eine genaue Definition der Präsentationsformen (Angabetypen, Mikrokstruktur) vorliegen.

Bis solche Wörterbuchstrukturen jedoch endgültig und stabil festgelegt sind, ergibt sich häufig die Notwendigkeit einer Modifikation eines gegebenen Zustands eines Beschreibungsmodells. In der Regel wird der Lexikograph zunächst eine grobe Vorklassifizierung des Materials vornehmen, bevor er dann nochmals die Daten sichtet und gegebenenfalls seine Beschreibungen weiter verfeinert. Mindestens bei der Erstellung eines Wörterbuchs, welches von Grund auf neu konzipiert wird (nicht als Überarbeitung und teilweise Korrektur oder Ergänzung eines schon bestehenden, in seiner Struktur nicht veränderten Wörterbuchs), ist ein solches zyklisches (eigentlich: spiral-artiges) Modell der Lexikonerstellung sicherlich eher angebracht, als die Vorstellung einer einfachen Kette aufeinanderfolgender Arbeitsschritte. Beim Aufbau computerlinguistischer Lexika trifft dies noch viel mehr zu. Ein erstes Beschreibungsmodell wird erstellt, anhand weiterer Daten wird festgestellt, an welchen Stellen das Modell weiter verfeinert werden muß, die Ergänzungen und Modifikationen werden eingebracht, wiederum wird das Modell an den Daten gemessen, usw. Die Möglichkeit der unmittelbaren Überprüfung von linguistischen Beschreibungen führt im Fall der NLP-Lexika dazu, daß die Entwicklung von lexikalischen Spezifikationen sehr stark von einem Hin- und Hergehen zwischen Definition und Test geprägt ist.

Diese Arbeitsweise entspricht ungefähr der aus dem Software-Engineering bekannten Vorgehensweise beim Prototyping Cycle: zu einem relativ frühen Zeitpunkt im Softwareerstellungsprozeß wird, auf der Grundlage der ersten Fassung der Spezifikation, ein funktionsfähiger oder mindestens die Funktion simulierender Prototyp erstellt, der anhand der Anforderungsdefinition bzw. der Spezifikation getestet wird. Die Testergebnisse fließen in die Spezifikation zurück und führen zu deren Verfeinerung oder Veränderung. Eine zweite Version des Prototypen wird erstellt, gegebenenfalls wieder geprüft und dann zu Ende entwickelt.

In DELIS wird der Aufbau von Wörterbüchern auf der Grundlage von Corpusmaterial als eine Instanz des Prototyping Cycle gesehen. Eine erste Version der lexikalischen Modellierung wird an den Daten aus den Corpora überprüft, wobei sich in der Regel die

[57] Das GESTORLEX-System von TextWARE A/S, Kopenhagen, ist ein SGML-basiertes Wörterbucherstellungssystem dieser Art.

Notwendigkeit zur Ergänzung des Modells ergibt. Die Ergänzungen werden wieder modelliert, und abermals kann ein Vergleich mit dem Corpus stattfinden. Schematisch ist dieses Vorgehen in der Abbildung 1.17 dargestellt: zwischen Quellcorpus und Lexikonmodell (im Falle von DELIS kodiert als Hierarchie getypter Featurestrukturen, TFS) besteht Austausch in beide Richtungen; das Modell dient als Quelle für den Export.

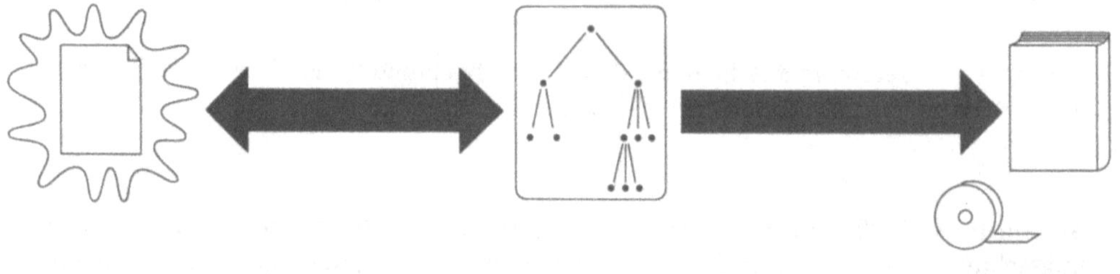

Abbildung 1.17: Zusammenhänge zwischen Quellcorpus, Lexikonmodell und Anwendungen

Eine solche Vorstellung von der Wörterbucherstellungsarbeit setzt sowohl seitens der lexikalischen Repräsentation, als auch seitens der Werkzeuge, welche zum Wörterbuchaufbau verwendet werden, ein dynamisches Konzept voraus, weil von vorneherein damit gerechnet wird, daß aufeinanderfolgende Zustände des Beschreibungsmodells sich voneinander unterscheiden. Werkzeuge, die eine solche Sicht unterstützen, müssen u.a. folgende Funktionen erfüllen:

- Konsistenzprüfungen nach Änderungen der lexikalischen Klassifizierungen: der Lexikograph muß bei Änderungen des Modells davon informiert werden, welche bereits ins Lexikon eingetragenen und durch das Modell beschriebenen Gruppen von lexikalischen Einträgen von den Änderungen betroffen sind. Außerdem muß für die Änderungen, die der Lexikograph einführen möchte, deren Kompatibilität mit dem früheren Zustand des Modells überprüft werden, bzw. mit den allgemeinen Richtlinien, nach denen das Modell entwickelt worden ist.[58]

- Überprüfung der lexikalischen Beschreibungen anhand von Textcorpora: der Lexikograph soll bei der Suche nach Belegmaterial unterstützt werden, welches die Verwendung eines im Wörterbuch beschriebenen Lexems illustriert. Um die im Wörterbuch gegebene Beschreibung anhand von Textcorpora überprüfen zu können, muß einerseits auch Belegmaterial gefunden werden können, welches die bereits beschriebenen Eigenschaften aufweist, andererseits Belegmaterial für Fälle, die noch nicht im Wörterbuch erfaßt sind.

[58] Diese Aufgaben stehen der *Schema Evolution* in Datenbanken nahe. Es ist nicht damit zu rechnen, daß alle Teilaufgaben in diesem Bereich vollautomatisch erledigt werden können. Vielmehr muß ein Teil der Konsistenzerhaltungs-Aufgaben interaktiv gelöst werden (z.B. alle Fälle, die zu Informationszuwachs führen). Der TFS-Formalismus verfügt über eine Metaschema-Definition (vgl. [Emele und Heid, 1993]), auf der einige der hier relevanten Operationen aufsetzen. An der TFS-Seite dieser Operationen wird zum Zeitpunkt der Abfassung des vorliegenden Artikels noch gearbeitet.

- Export von lexikalischen Beschreibungen: soll das Wörterbuch dazu benutzt werden, lexikalisches Material für verschiedene Anwendungen bereitzustellen, so muß die Exportschnittstelle so gestaltet sein, daß sie mit sich ändernden Inhalten des Wörterbuchs umgehen kann. Das bedeutet, daß die Exportroutinen nicht an einzelnen Lexikoneinträgen oder Definitionen von Klassen von Lexikoneinträgen festgemacht sein dürfen, sondern allenfalls an den Grundbausteinen, aus denen solche Klassen aufgebaut werden.

Im vorliegenden Kapitel werden die beiden letzteren Typen von Werkzeugfunktionen detailliert beschrieben: die Exportschnittstelle und die Werkzeuge, die zur Überprüfung von Lexikoneinträgen anhand von Textmaterial zur Verfügung stehen.

1.2.1.2 Wiederverwertung von lexikalischer Information beim Lexikonexport

Die Arbeiten zu Wörterbuchspezifikationen in DELIS zielen auf die Erstellung eines "multifunktionalen" Wörterbuchfragments ab. Die Idee dabei ist, daß verschiedene Anwendungen, sowohl interaktiv benutzte, lexikographische, als auch Anwendungen in der maschinellen Sprachverarbeitung, aus den DELIS-Wörterbuchfragmenten gespeist werden sollen. Hierbei wird davon ausgegangen, daß zwar verschiedene Anwendungen des Wörterbuchs vorliegen, jedoch die Akquisition lexikalischer Information durchgängig interaktiv erfolgt, d.h. nicht durch automatische oder halbautomatische Extraktion aus bestehenden Quellen.[59]

Ein wichtiger Aspekt der Wiederverwertbarkeit lexikalischer Beschreibungen liegt darin, daß diese Beschreibungen detailliert dokumentiert sein müssen. Die Dokumentation lexikalischer Spezifikationen muß im Idealfall so detailliert sein, daß sowohl für die Quell- als auch für die Zielanwendung Kriterien der Klassifikation der lexikalischen Beschreibungen deutlich gemacht und, wo dies möglich ist, aufeinander bezogen werden können. Die Korrelationsanalyse, die von Hötker, Kanngießer und Ludewig in Kapitel 2 beschrieben wird, ist ein Beispiel für eine solche detaillierte Zuordnung der lexikalischen Beschreibungen zweier Wörterbücher, auf der Grundlage einer Identifikation der durch die Beschreibungen abgedeckten Phänomene.[60] Zusätzliche Anhaltspunkte für die Erstellung von Abbildungs-(Korrelations-)Regeln können im Rahmen von DELIS durch textuelle Dokumentation, wo gewünscht durch Testverfahren (wie sie z. B. im METAL-"Intercoder" vorkommen) und vor allem durch Corpusbelege und Abbildungen zwischen Lexikonbeschreibungen und Corpusbeschreibungen (vgl. unten, Abschnitt 1.2.3.3) gegeben werden.

Die Zielsetzung der Wiederverwertbarkeit, d.h. beispielsweise die Unterstützung des Exports lexikalischer Information aus DELIS-Wörterbüchern in verschiedene Zielanwendungen, scheint mit der Forderung nach Veränderbarkeit der lexikalischen Beschreibungen

[59] Allerdings kann man sich vorstellen, daß die Routinen, die für den Export lexikalischer Information in eine Zielanwendung definiert sind, mit einiger Vorsicht auch umgekehrt für die Extraktion von Information aus solchen Quellen verwendet werden könnten. Mindestens hinsichtlich ihrer formalen Darstellung wäre kein zusätzlicher Aufwand zu betreiben, um die Abbildungen zur Akquisition zu verwenden.

[60] Dieser Art von Zuordnung sind natürlich dort Grenzen gesetzt, wo die Kriterien zueinander orthogonal sind, welche in den zu vergleichenden Beschreibungsmodellen zur Definition von Beschreibungen ein- und desselben Phänomens angesetzt werden. Beispiele für diese Art von Problemen zeigt Kanngießer im Abschnitt 2.1 dieses Buches.

im Widerspruch zu stehen. In der Tat können die beiden Anforderungen jedoch kombiniert werden, wenn in der Lexikonspezifikation auf diejenigen Grundbausteine der lexikalischen Beschreibung auf den verschiedenen linguistischen Ebenen zurückgegangen wird, von denen angenommen werden kann, daß sie zwar in unterschiedlichen Zuständen des Modells unterschiedlich kombiniert werden, sich jedoch nicht oder selten grundsätzlich ändern; ein gewisses Grundinventar von Beschreibungsmitteln wird also vorausgesetzt. Beispiele hierfür werden unten anhand der Beschreibung von Subkategorisierungseigenschaften von Verben gegeben. Außerdem muß in der Spezifikation der Wörterbucheinträge auf die Festlegung eines einzelnen Zugriffpfads zur lexikalischen Information verzichtet werden. Es muß möglich sein, verschiedene Sichten auf die Daten zu legen, d.h. verschiedene Teile der Beschreibungen unabhängig von einander zu exportieren (Wörterbücher, die diese Anforderung erfüllen, nennen wir "zugriffsneutral"). Diese Forderung wird in DELIS durch die Benutzung eines constraintbasierten Repräsentationsformalismus und durch die Ausnützung der für solche Formalismen charakteristischen Möglichkeiten der "ad-hoc-Abfrage" erfüllt. Hierauf wird in den Abschnitten 1.2.2.2 und 1.2.3.1 detaillierter eingegangen.

Um Wiederverwertbarkeit und Modifizierbarkeit des zugrundeliegenden Modells gleichzeitig zu ermöglichen, muß also die Lexikonarchitektur geeignet gestaltet werden. Außerdem spielt die Repräsentation (Repräsentationsformalismus, Format der Beschreibungen, Möglichkeiten der Abfrage) eine entscheidende Rolle. Diese Aspekte werden in Abschnitt 1.2.2 detailliert beschrieben.

1.2.1.3 Zusammenhang mit Arbeiten zur Standardisierung

Oben wurde darauf hingewiesen, daß Modifikationen der lexikalischen Modellierung in DELIS primär auf der Ebene der Kombination von Beschreibungsmitteln, nicht auf der "darunterliegenden" Ebene der Definition dieser Beschreibungsmittel stattfinden. Dies bedeutet gleichzeitig, daß die verschiedenen Anwendungen, die DELIS-Wörterbücher benutzen können sollen, trotz unterschiedlicher Präsentation und Auswahl von Teilbeschreibungen auf lexikalische Spezifikationen zurückgehen, deren Grundbausteine im wesentlichen dieselben sind, unabhängig von den Anwendungen. Diese Auffassung steht Versuchen zur Standardisierung von lexikalischen Beschreibungen nahe, wie sie einerseits im Rahmen von EAGLES (Expert Advisory Group on Linguistic Engineering Standards, vgl. [McNaught, 1993]) unternommen wurden, andererseits in Vorhaben zur Erstellung von multifunktionalen Wörterbüchern für die Sprachverarbeitung, wie beispielsweise COMLEX.[61] Solche Standardisierungsbemühungen können mit einer gewissen Aussicht auf Erfolg dort durchgeführt werden, wo im Ansatz (auf der Ebene der Definition von Beschreibungsmitteln) ein Konsensus zwischen verschiedenen Herangehensweisen, zwischen den Anforderungen verschiedener Anwendungen und den theoretischen Ansätzen vorliegt, die den Anwendungen zugrunde liegen.

Von daher muß klar sein, daß Gegenstandsbereiche wie die morphosyntaktische Beschreibung von Wortformen (vgl. die Arbeiten von Teufel, Abschnitt 1.1, in diesem Band) oder die Beschreibung einfacher Subkategorisierungsmuster eher in solchen standardisierungs-orientierten Vorhaben bearbeitet werden können, als Beschreibungen komplizierter

[61] Vgl. dazu [Wolff et al., 1994]

linguistischer Sachverhalte, für die verschiedene Theorien sehr stark voneinander abweichende Erklärungen bereitstellen. Auch im Bereich der Morphosyntax und der Subkategorisierungsbeschreibungen gibt es genügend deskriptive und theoretische Probleme, die die Aufgabe alles andere als trivial machen. Die bisherigen Ergebnisse von Arbeiten in COMLEX, zeigen jedoch, daß der Versuch nicht von vorneherein zum Scheitern verurteilt sein muß.[62]

In DELIS liegt der Schwerpunkt der Arbeiten auf der Bereitstellung von Werkzeugen, d.h. von einem Repräsentationsformalismus und zugehörigen Benutzerschnittstellen, mit deren Hilfe die Erstellung von lexikalischen Ressourcen für mehrere verschiedene Anwendungen unterstützt werden soll, nicht auf der Entwicklung großer derartiger Ressourcen selbst. Beispiele, die im folgenden gegeben werden, betreffen Teilfragmente der Verben der sinnlichen Wahrnehmung, im Englischen, Französischen und Niederländischen. Dieser Gegenstandsbereich wurde zur Illustration der DELIS-Arbeiten ausgewählt.

1.2.2 Die Architektur von DELIS-Wörterbüchern

In DELIS wird eine "offene" Wörterbucharchitektur angestrebt, die formalisierte Beschreibungen und Anbindungsmöglichkeiten für relativ freie, textuell dargebotene Beschreibungen gleichermaßen unterstützt, wobei für die formalisierten Beschreibungen durch den Repräsentationsformalismus Mittel zur Überprüfung der Konsistenz und zur Konsistenzerhaltung bereitgestellt werden. Die formalen Teile des Wörterbuchs werden als Attribut-Wert-Paar-Beschreibungen (Featurestrukturen) dargestellt, für die die Repräsentationssprache (Typed Feature Structures, TFS) Konsistenzprüfungsmechanismen bereithält. Die nicht-formalen Teile (Dokumentation) werden mit Hilfe spezieller Attribute an die formalen Beschreibungen angeschlossen, jedoch nicht für automatische (Typ-)Inferenzen herangezogen.

Im folgenden wird zunächst ein Überblick über die Architektur-Anforderungen in DELIS gegeben. Anschließend werden kurz einige der relevanten Eigenschaften des TFS-Formalismus beschrieben (Abschnitt 1.2.2.2), bevor einige Bespiele für die lexikalische Modellierung gegeben werden (Abschnitt 1.2.3).

1.2.2.1 Architekturprinzipien

Modularität der Wörterbücher

Die Beschreibungen in den DELIS-Wörterbüchern sind an dem Grundsatz der Modularität orientiert, wie er in neueren Grammatikmodellen, insbesondere in constraint-basierten Ansätzen wie etwa HPSG (Head-Driven Phrase Structure Grammar) vertreten wird. Diese Ansätze sind insofern stratifikationell, daß die einzelnen linguistischen Beschreibungsebenen separat voneinander modelliert werden. Das Zeichenmodell von HPSG beschreibt beispielsweise lexikalische Zeichen als Attribut-Wert-Strukturen, die auf der obersten Ebene jeweils ein Attribut für die orthographische (Oberflächen-)Form, die syntaktische und die semantische Beschreibung haben. Unter diesen Attributen werden komplexe Teilbeschreibungen der einzelnen Beschreibungsebenen eingebaut. Die Interaktion zwischen

[62] Die Vergleiche zwischen HPSG und LFG sind ein weiteres Beispiel hierfür: trotz im Einzelnen unterschiedlichen Vorgehensweisen bei der Beschreibung der Verbsubkategorisation läßt sich ein gemeinsames Wörterbuch relativ problemlos erstellen. Vgl. die Diskussion von Ludewig in diesem Band, Abschnitt 2.3.

den Teilbeschreibungen von verschiedenen Ebenen wird als Relation (in HPSG durch (Interaktions-)Prinzipien) modelliert. Hierdurch wird gefordert, daß bestimmte Teilbeschreibungen der einzelnen Beschreibungsebenen gemeinsam vorliegen müssen, damit die Gesamtbeschreibung des lexikalischen Zeichens wohlgeformt ist.

In einem Lexikonmodell stellt man sich darüber hinaus vor, daß die einzelnen Beschreibungsebenen jeweils ihre eigenen Wohlgeformtheitsbedingungen enthalten. Wörterbücher sind in der Regel klassifikatorisch, d.h. lexikalische Objekte werden in eine endliche Anzahl von (disjunkten) Klassen eingeteilt. Im Falle von DELIS wird davon ausgegangen, daß die Klassifikation primär die einzelnen linguistischen Beschreibungsebenen betrifft, nicht notwendig dagegen die einzelnen Lesarten der beschriebenen Lexeme. Die ebenenspezifischen Teilbeschreibungen werden also durch Wohlgeformtheitsbedingungen und durch eine Klassifikation "kontrolliert"; ebenso ihre Kombination.

Linguistische Beschreibungsebenen als Module des Lexikonmodells
In den DELIS-Lexika werden Verben der sinnlichen Wahrnehmung hinsichtlich ihres Subkategorisierungsverhaltens beschrieben. Diese Beschreibungen betreffen die lexikalisch-semantische Ebene, die Ebene der grammatischen Funktionen, sowie die Ebene der syntaktischen Kategorien, als welche die Argumente der Verben in Sätzen realisiert werden.

Auf der lexikalisch-semantischen Ebene wird die Information kodiert, die traditionell in Prädikat-Argument-Strukturen enthalten ist. Hierzu wird in DELIS ein Inventar von Rollen verwendet, wie es in FILLMOREs *Frame Semantics* definiert worden ist. Beispiele der für den Wahrnehmungsbereich verwendeten Rollen sind `experiencer`, `percept` (eine Art `thema`), `judgement` usw.

Syntaktische Beschreibungen werden sowohl auf der Ebene von grammatischen Funktionen gegeben, als auch auf der Ebene phrasenstruktureller Konstrukte (syntaktischer Kategorien). In DELIS wurde mit verschiedenen Herangehensweisen zur Beschreibung von Funktionen experimentiert. Einerseits wurden die grammatischen Funktionen benutzt, die in der Lexikalisch-Funktionalen Grammatik (LFG) definiert worden sind. Andererseits wurde ein "Minimalinventar" von grammatischen Funktionen benutzt, wie es etwa in HPSG-Beschreibungen verwendet wird (dort wird nur zwischen Subjekt, Komplementen und Adjunkten unterschieden, alle weiteren Unterscheidungen werden an der Beschreibung von phrasenstrukturellen Konstrukten festgemacht). Werden Beschreibungen syntaktischer Kategorien (z.B. `NP`, `AP`, `PP`, usw.) hinzugenommen und wird eine detaillierte Beschreibung der Abbildungen zwischen grammatischen Funktionen und syntaktischen Kategorien gegeben, so läßt sich zeigen, daß die Herangehensweisen von LFG und HPSG kompatibel sind und daß ein- und dasselbe Wörterbuch Grundlage für Teilbeschreibungen nach den Prinzipien beider Grammatiktheorien sein kann.

Für die Ebene der phrasenstrukturellen Konstrukte wurde die übliche Terminologie verwendet (Nominalphrasen, Adjektivphrasen, Präpositionalphrasen, usw.).

Neben den Beschreibungen von subkategorisiertem Material bzw. Adjunkten, die in der Umgebung eines Verbs zu erwarten sind, können auch lexikalisch-semantische Teilbeschreibungen im Sinne von "inhärenten Merkmalen" der Verb-Bedeutung in den DELIS-Wörterbüchern modelliert werden. Hierzu gehören z.B. semantische Merkmale oder Bedingungen für Inferenzen (diese Art Information wird allerdings in DELIS nicht benutzt).

Das Lexikonmodell als Klassifikation

Der klassifikatorische Aspekt von DELIS-Wörterbüchern tritt in der Organisation der Teilbeschreibungen zutage. Die Beschreibungen der einzelnen linguistischen Ebenen werden als Klassenhierarchien organisiert. Wie in Abbildung 1.18 schematisch dargestellt, geht man davon aus, daß das einzelne lexikalische Zeichen, ähnlich wie in der HPSG, ebenenspezifische Teilbeschreibungen enthält, die jeweils Instanzen der Klassen sind, die zur Strukturierung der ebenenspezifischen Teilmodelle definiert worden sind. Information von den verschiedenen Ebenen fließt in der Beschreibung eines einzelnen lexikalischen Zeichens zusammen. Jede Teilbeschreibung hat ihren Platz in der Klassifikation, die für die jeweilige Beschreibungsebene aufgestellt worden ist.

Die einzelnen lexikalischen Zeichen sind jedoch untereinander nicht weiter klassifiziert. Der Formalismus würde zwar eine solche Klassifikation ermöglichen, jedoch wird auf sie bewußt verzichtet. Eine Klassifikation einzelner Lexeme oder einzelner Lesarten ist nur aus der Sicht eines anwendungsspezifischen Wörterbuchs sinnvoll. Beispielsweise werden in traditionellen semasiologischen Wörterbüchern Einträge nach Lemmazeichen sortiert und verschiedene Lesarten desselben Lemmas danach klassifiziert, welche semantischen Gemeinsamkeiten bzw. Unterschiede sie haben. In einem onomasiologischen Wörterbuch dagegen ist nicht das Lemmazeichen das primäre Klassifikationskriterium, sondern die semantische Teilbeschreibung. Dementsprechend werden im onomasiologischen Wörterbuch Lesarten verschiedener Lemmata in Klassen zusammengefaßt, wenn sie eine analoge semantische Beschreibung haben (können). In einem Konstruktionswörterbuch, beispielsweise für Verben, werden all diejenigen Verblesarten in einer Klasse zusammengefaßt, die dieselben Subkategorisierungseigenschaften aufweisen, u.U. unabhängig von der semantischen Beschreibung, die hinter dem Subkategorisierungsverhalten steht.

Diese Beispiele zeigen, daß je nach Anwendungskontext unterschiedliche Teilbeschreibungen als primäres Zugriffs- bzw. Klassifikationskriterium für einzelne Lexeme oder für Lesarten von einzelnen Lexemen in einem Wörterbuch festgelegt werden können. Wenn ein Wörterbuch für verschiedene solche Anwendungen konzipiert werden soll, so ist es nicht sinnvoll, eine einzelne derartige Klassifikation in diesem "gemeinsamen" Wörterbuch zu privilegieren. Vielmehr muß sichergestellt werden, daß die im Wörterbuch vorhandene Information nach den jeweils für eine bestimmte Anwendung relevanten Kriterien extrahiert und umstrukturiert werden kann. Um diese Möglichkeit offenzuhalten, wird in den DELIS-Wörterbüchern auf eine Vorab-Klassifikation der lexikalischen Objekte verzichtet.

Relationale Modellierung der Interaktion zwischen den Beschreibungsebenen

Teilbeschreibungen von verschiedenen linguistischen Beschreibungsebenen interagieren miteinander. Beispielsweise werden bestimmte grammatische Funktionen durch bestimmte syntaktische Kategorien realisiert. So können etwa nach der Definition von LFG prädikative Nominal-, Präpositional- oder Adjektivphrasen, sowie Verbalphrasen die Funktion des kontrollierten Komplements (XCOMP) haben. Außerdem nimmt die Theorie beispielsweise an, daß die Funktion des indirekten Objekts (OBJ2) nur von Nominal- bzw. Präpositionalphrasen realisiert werden kann. Solche Zusammenhänge sind in LFG in den Abbildungen zwischen c-Struktur und f-Struktur formuliert. In ähnlicher Weise wird in LFG's *Lexical Mapping Theory* festgelegt, unter welchen Bedingungen Verbargumente mit bestimmten inhärenten Eigenschaften auf bestimmte grammatische Funktionen abgebil-

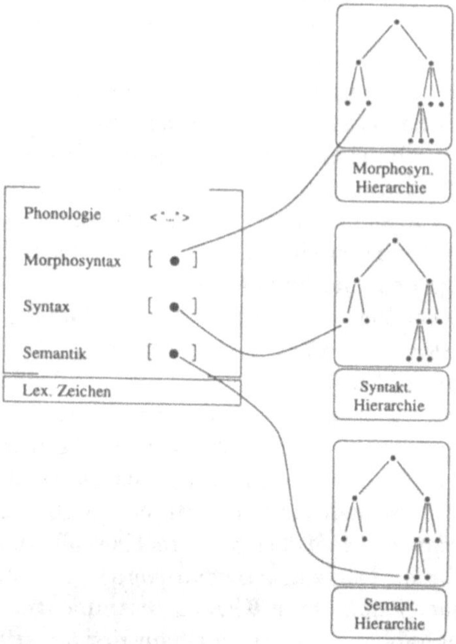

Abbildung 1.18: Modularität und Klassifikation: In der Beschreibung des Lexems fließt Information aus den ebenenspezifischen Hierarchien zusammen.

det werden können. Alle diese Definitionen von Zusammenhängen zwischen Teilbeschreibungen verschiedener Ebenen werden in den DELIS-Wörterbüchern als relationale Constraints über wohlgeformte Wörterbucheinträge modelliert. Diese relationalen Constraints kann man sich als Koexistenz-Statements für Tupel von Teilbeschreibungen vorstellen.[63] Solche Koexistenz-Statements können im Lexikonmodell lokal formuliert werden, d.h. sie machen nur Aussagen über die Zusammenhänge zwischen einzelnen Rollen und einzelnen grammatischen Funktionen, einzelnen grammatischen Funktionen und Phrasenstrukturtypen, oder zwischen einer Rolle und den zu ihrer Realisierung verfügbaren Phrasenstrukturtypen. In der Abbildung in 1.19 sind solche relationalen Constraints schematisch dargestellt. Sie werden als Wohlgeformtheitsbedingungen für die Beschreibungen der einzelnen lexikalischen Objekte benutzt: eine Beschreibung einer Lesart ist nur wohlgeformt, wenn sie das Produkt der relationalen Constraints erfüllt.

Zusammenfassung: Lexikonmodell als Spezifikation

Zusammenfassend kann man die folgenden Anforderungen an die Architektur der DELIS-Wörterbücher formulieren:

- Modularität: Einzelne linguistische Beschreibungsebenen werden separat modelliert; für jede Beschreibungsebene werden Wohlgeformtheitsbedingungen formuliert.

[63] Im TFS-Formalismus werden die Relationen refiziert und wiederum als getypte Featurestrukturen notiert.

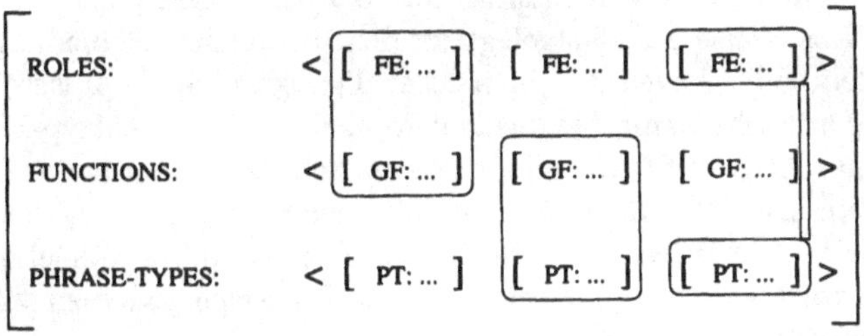

Abbildung 1.19: Lokale Formulierung von Relationen zwischen den Beschreibungsebenen

- Explizite Definition der Interaktion zwischen Teilbeschreibungen von verschiedenen Beschreibungsebenen: mit Hilfe von relationalen Constraints werden Zusammenhänge zwischen Teilbeschreibungen von je zwei Beschreibungsebenen als allgemeine Bedingungen für die Wohlgeformtheit von Wörterbucheinträgen formuliert.

- Klassifikatorische Wörterbücher: Die Teilbeschreibungen der einzelnen linguistischen Beschreibungsebenen werden jeweils als Klassenhierarchien modelliert. Einzelne Lexikoneinträge enthalten Attribute, unter denen Verweise auf die jeweils ebenenspezifischen Klassen eingetragen werden.

- Zugriffsneutralität der Wörterbücher: Anders als in anwendungsspezifischen Wörterbüchern, werden in den DELIS-Wörterbüchern nur die Teilbeschreibungen der linguistischen Ebenen klassifiziert, nicht aber die einzelnen Lexeme selbst. Damit wird der Anforderung Rechnung getragen, daß die Einzelklassifizierungen erweiterbar oder veränderbar sein sollen, die definitionsrelevanten Grundbausteine aber stabil bleiben sollen. Eine Klassifikation kann beim Export eingeführt werden, wo dies für die Zielanwendung notwendig ist. Die Repräsentation der lexikalischen Beschreibungen in den DELIS-Wörterbüchern führt keine solche Klassifikation von vorneherein ein und erlaubt daher eine Restrukturierung des Materials nach verschiedenen "Sichten", je nach Anwendung.

Die lexikalischen Beschreibungen in DELIS sind Spezifikationen, in dem Sinne, daß sie constraint-basiert, klassifikatorisch und typenbasiert sind. Diese Eigenschaften erlauben es, zusätzlich zur Angabe möglicher Etiketten, welche der Lexikograph einzelnen linguistischen Objekten zuschreiben kann, auch allgemeine Wohlgeformtheitsbedingungen zu formulieren, die beispielsweise das gemeinsame Auftreten bestimmter Teilbeschreibungen betreffen. Die Konsistenz von lexikalischen Beschreibungen in Wörterbüchern hängt maßgeblich damit zusammen, daß ähnliche Phänomene mit analogen Beschreibungen präsentiert werden.[64] Traditionelle Hilfsmittel, wie etwa Unifikationsgrammatiken oder SGML (Standard Generalized Markup Language) definieren zwar die Syntax von lexikalischen

[64] Vgl. [Verkuyl, 1994]'s Diskussion der Konsistenz in Wörterbüchern, am Beispiel der Beschreibung von Schachfiguren in den Definitionen eines einsprachigen Wörterbuchs; man würde erwarten, daß alle Figuren hinsichtlich ihres Werts beschrieben werden, sowie der Möglichkeiten, über das Schachbrett zu ziehen und der Möglichkeiten, andere Figuren zu schlagen. Die von [Verkuyl, 1994] gegebenen Beispiele zeigen aber, daß einige Definitionen alle diese Parameter enthalten, andere nur einen Teil.

Beschreibungen, nicht aber ihre Semantik. Mit SGML-Definitionen von Wörterbuchartikeln kann auf diese Weise z.B. festgelegt werden, in welcher Reihenfolge die einzelnen Angabetypen aufeinander folgen und in welcher Typographie sie präsentiert werden sollen, jedoch gibt es nur sehr wenig Möglichkeiten, in einer Dokumenttyp-Definition (DTD) von Wörterbucheinträgen in SGML inhaltliche Vorschriften hinsichtlich der Teilbeschreibungen zu machen. Die DELIS-Lexikonspezifikationen erlauben dagegen die Definition eines Inhaltsmodells. Hierzu werden z.B. für einzelne Attribute Wertebereiche definiert. In gleicher Weise wird festgelegt, welche Attribute für welche Klassen von linguistischen Objekten definiert sind.

1.2.2.2 Lexikalische Repräsentation mit TFS

Der TFS-Formalismus (Typed Feature Structures) wurde hinsichtlich seiner formalen Eigenschaften von [Emele, 1993], [Emele, 1994], [Emele und Heid, 1994], [Zajac, 1992] detailliert beschrieben. An dieser Stelle sollen lediglich die wichtigsten Eigenschaften des Formalismus aus der Sicht der Benutzung von TFS für die lexikalische Repräsentation in Erinnerung gerufen werden.

Datentyp: Getypte Feature-Strukturen

Der in TFS verwendete Datentyp sind komplexe rekursive getypte Featurestrukturen (TFS). Diese stellen sowohl die Datendefinitionssprache (DDL) als auch die Datenmanipulationssprache (DML) und die Abfragesprache dar. Aus dieser Einheitlichkeit ergibt sich, daß keine Abbildungen zwischen Anfragen an das TFS-System und der Repräsentation der Daten notwendig sind, was wiederum die "ad-hoc-Abfrage" der Lexika mit beliebigen unterspezifizierten Merkmalsstrukturen unterstützt. Auf diese Weise lassen sich DELIS-Wörterbücher auch ohne vorherige Indizierung nach beliebigen Kriterien abfragen.[65] Auf die ad hoc-Abfrage wird unten nochmals detaillierter eingegangen (vgl. Abschnitt 1.2.3), weil sie für die Formulierung der Exportroutinen eine entscheidende Bedeutung hat.

TFS verbindet Eigenschaften objektorientierter Systeme mit Eigenschaften constraintbasierter Ansätze. Eine typische Eigenschaft objektorientierter Systeme ist die Möglichkeit, daß der Benutzer Klassenhierarchien definiert, daß Vererbung entlang dieser Hierarchien stattfindet, und daß ein automatischer Klassifikator zur Einordnung von "unbekannten" Objekten in die Klassenhierarchie existiert. Aus Constraint-Logik-Implementierungen ist neben der Einheitlichkeit von DDL und DML auch die Verfügbarkeit logischer Variablen und relationaler Constraints in die TFS-Sprache übernommen worden.

Klassifikation

Oben wurde darauf hingewiesen, daß DELIS-Wörterbücher klassifikatorisch angelegt sind. Klassen in TFS sind Mengen von Objekten mit denselben Attributen und denselben Constraints. Terminale Klassen (d.h. terminale Typen) werden als Instanzen interpretiert.[66]

[65] Wird eine Indizierung durchgeführt, so kann allerdings die Evaluierungsgeschwindigkeit um das 10-15-fache gesteigert werden.

[66] Alternative Instanzenkonzepte für TFS sind in der Entwicklung.

Die Klassen werden als Spezialisierungshierarchien repräsentiert. Das TFS-System kompiliert Klassendefinitionen in eine monotone multiple Spezialisierungshierarchie. Die Subklassen erben alle Eigenschaften der Superklasse(n); die Definition einzelner Subklassen braucht dementsprechend nur einen Verweis auf eine oder mehrere Superklassen und, wo nötig, die Definition der gegenüber der Superklasse oder den Superklassen hinzutretenden zusätzlichen Attribute zu enthalten. Die Relation zwischen Supertyp und Subtyp kann mengentheoretisch als echte Teilmengenbeziehung interpretiert werden (unter der Closed-World-Assumption).

Subtypen können in folgender Weise spezifischer sein als ihre Supertypen:

- für atomare Subtypen (solche ohne Attribut-Wert-Paar-Beschreibungen) muß die Subtyp-Eigenschaft postuliert werden. Solche Hierarchien werden beispielsweise dort verwendet, wo Teilbeschreibungen ohne weitere Attribut-Wert-Paare hierarchisiert werden, wie etwa bei Werten des Numerus- oder Genus-Attributs in morphosyntaktischen Beschreibungen, oder bei der Definition von Sorten in Sortenhierarchien, wo für jede einzelne Sorte keine weitere interne Struktur angenommen wird.
- Ein Subtyp ist spezifischer als sein Supertyp, wenn er mehr Attribute hat als der Supertyp.
- Ein Subtyp ist spezifischer als sein Supertyp, wenn er für eines oder mehrere seiner Attribute spezifischere Werte hat als der Supertyp.
- Ein Subtyp ist spezifischer als sein Supertyp, wenn er gegenüber dem Supertyp zusätzliche Koreferenzconstraints hat (Token-Identity).

Die Möglichkeit, in TFS Klassenhierarchien zu definieren, kommt dem klassifikatorischen Aspekt von Wörterbüchern sehr entgegen. Außerdem wird durch Klassifikation Redundanz vermieden und eine Möglichkeit geschaffen, deskriptive Generalisierungen auszudrücken (durch unterspezifizierte Superklasssen und spezifischere Subklassen).

Dadurch, daß für die Klassendefinitionen und ihre formale Interpretation eine Typdisziplin gefordert wird (die Beschreibungen müssen streng wohlgetypt sein), kann einerseits ein dem Klassifikator in objektorientierten Wissenrepräsentationssprachen ähnlicher Mechanismus der Typinferenz bereitgestellt werden (Überprüfung der Zugehörigkeit einzelner linguistischer Beschreibungen zu einzelnen im Lexikonmodell definierten Klassen), andererseits können die Klassendefinitionen zur systeminternen Überprüfung der Wohlgeformtheit von Teilbeschreibungen benutzt werden, ähnlich wie Integritätsbedingungen bei Datenbanken. Die Überprüfung der Wohlgeformtheit erfolgt anhand der Identifikation der für einen Typ (d.h. eine lexikalische Teilklasse einer gegebenen Beschreibungsebene) definierten Attribute und anhand der "Appropriateness-Bedingungen" für Werte dieser Attribute (Wertebereiche für die einzelnen Attribute; es wird für jedes Objekt überprüft, ob die für dieses Objekt postulierten Werte dem zugelassenen Wertebereich zugehören).

TFS-Beschreibungen können wahlweise unter der Closed-World-Assumption oder unter der Open-World-Assumption interpretiert werden. Die Notation der TFS-Definitionen unterscheidet sich, so daß es für jede Teildefinition eine eindeutige Interpretation gibt. Für jede Interpretation ist eindeutig festgelegt, wie die Negation oder das Fehlen einer Teilbeschreibung interpretiert werden muß.

Ebenen von Spezifikationen in DELIS

Die TFS-Spezifikationen von DELIS-Wörterbüchern sind darüber hinaus in drei Ebenen gegliedert; es wird eine Metaebene, eine Klassenebene und eine Instanzenebene unterschieden.

- Die Metaebene definiert die TFS-Syntax und -Semantik. Sie dient weiter dazu, System-Attribute zu definieren, etwa für die Anbindung von nicht-formalisierten textuellen Dokumentationen an die formal repräsentierten Klassendefinitionen.

  Die Definitionen der Metaebene legen fest, wie TFS-Strukturen auszusehen haben, die zur Definition der lexikalischen Beschreibungen verwendet werden. Die Definitionen der Metaebene ändern sich bei Modelländerungen in der Regel nicht. Sie ändern sich nur, wenn der zugrundeliegende Repräsentationsformalismus geändert werden soll. Im Normalfall der Wörterbucherstellung ist dies nicht der Fall.

- Die Klassenebene enthält die Definition lexikalischer Klassifizierungen für die verschiedenen Beschreibungsebenen und für ihre Interaktion. Auf dieser Ebene werden sowohl die Beschreibungsmittel, d.h. die Bausteine der lexikalischen Klassifikationen (Inventar der Rollen, der grammatischen Funktionen, der syntaktischen Kategorien) definiert, als auch die Kombination dieser Bausteine in den Definitionen der lexikalischen Klassen. Zwar könnten beide Komponenten geändert werden (es könnten neue Bausteine hinzudefiniert werden, und es könnten neue Klassendefinitionen als neue Kombinationen der Bausteine hinzutreten), jedoch wird sich bei der Weiterentwicklung der lexikalischen Beschreibungen in der Regel lediglich die Kombination der Bausteine ändern, nicht die Bausteine selbst; d.h. neue Kombinationen und neue lexikalische Klassifizierungen treten hinzu. Die Wohlgeformtheit solcher neuer Klassen wird anhand der Definitionen der Metaebene überprüft.

- Die Instanzenebene definiert, wie einzelne ebenenspezifische Teilbeschreibungen zu lexikalischen Beschreibungen einzelner Lesarten kombiniert werden. Beschreibungen der Instanzenebene ändern sich bei der Einführung neuer lexikalischer Klassen und bei der Ergänzung bestehender lexikalischer Klassen um neue Einzellexeme oder Lesarten.

Den drei Ebenen der Spezifikation entsprechen auch verschiedene Typen von Werkzeugen. Änderungen der Instanzenebene betreffen die Ergänzung des Lexikons um neue Wörterbucheinträge und werden vom Lexikographen mit einer interaktiven Erfassungsschnittstelle durchgeführt. Änderungen der Klassenebene betreffen die Verwendung der Beschreibungsmittel zur Definition von Teilmengen des Lexikons und werden in der Regel vom federführenden Lexikographen oder vom Linguisten durchgeführt. Hierzu ist ein Klassifikations-Werkzeug spezifiziert worden, welches Änderungen in der Klassifikation unterstützt. Änderungen der Metaebene betreffen den Repräsentationsformalismus als Ganzes und können nur vom Systementwickler durchgeführt werden.

1.2.3 Export aus DELIS-Wörterbüchern

Oben wurden die Architekturprinzipien beschrieben, die den DELIS-Wörterbüchern zugrundeliegen. Außerdem wurde auf die Möglichkeit der ad-hoc-Abfrage in TFS hingewiesen. Die beiden Aspekte zusammen sind die Grundlage für die Exportfunktionen der DELIS-Wörterbuchwerkzeuge.

Im folgenden wird zunächst ein Beispiel für die lexikalische Modellierung in DELIS gegeben. Danach wird gezeigt, wie die in den DELIS-Wörterbüchern zugriffsneutral repräsentierte Information reorganisiert werden kann, wenn sie für die Zwecke einer bestimmten Anwendung exportiert werden soll. Schließlich wird anhand des DELIS-Werkzeugs zur Überprüfung von lexikalischen Einträgen im Corpus beschrieben, in welcher Weise der Export von Teilbeschreibungen in das Format einer gegebenen Zielanwendung mit Hilfe von Abbildungsregeln formuliert werden kann.

1.2.3.1 Ausgangspunkt: Einträge im DELIS-Wörterbuch

In der Abbildung 1.20 ist schematisch dargestellt, in welcher Weise ein DELIS-Wörterbucheintrag der Instanzenebene repräsentiert wird. Der Eintrag enthält ein Lemmazeichen, eine Prädikat-Argument-Struktur (unter dem Attribut FEG, für "Frame-Element-Group"), welche als Liste von Tripeln aus Attribut-Wert-Paar-Strukturen für Rollen, grammatische Funktionen und Phrasenstrukturtypen definiert ist. Daneben kann zusätzliche, z.B. lemmaspezifische Information als Attribut-Wert-Struktur angegeben werden.

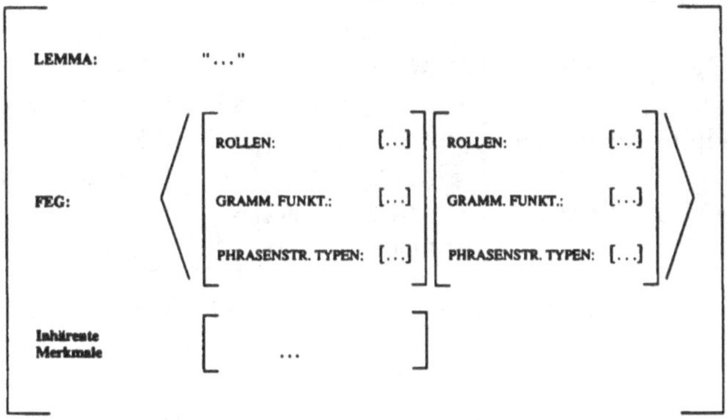

Abbildung 1.20: Schema der DELIS-Lexikoneinträge

In DELIS werden Verben der Wahrnehmung auf der Grundlage von [Fillmore, 1993a], [Fillmore, 1993b]s *Frame Semantics* beschrieben. Die Beschreibung setzt auf abstrakten "Szenarien" auf, die unterschiedliche Teilnehmer (*frame elements*) enthalten. Werden Wahrnehmungs-Sachverhalte mit Hilfe von Verben ausgedrückt, so werden meist (nicht immer) die Teilnehmer des Szenariums von den Verbargumenten denotiert. Die zentral am Wahrnehmungsszenarium beteiligten Teilnehmer werden von FILLMORE `experiencer` (Lebewesen, welches etwas wahrnimmt) und `percept` (Gegenstand, Vorgang, welcher wahrgenommen wird) genannt.[67] Der Gegenstandsbereich der sinnlichen Wahrnehmung wird außer durch die typischen Teilnehmer des Szenariums und ihre Kombinationen auch durch die fünf Modalitäten der Wahrnehmung (visuell, auditiv, olfaktiv, gustativ, taktil) parameterisiert.

Neben den Rollen von **experiencer** und **percept**, die genuin dem Bereich der Wahrnehmung zuzurechnen sind, kommen oft Kombinationen mit der Rolle **judgement** vor, die ursprünglich zum *frame* der Beurteilung gehört, jedoch sehr oft bei Verben der Wahrnehmung auftritt, wenn ausgedrückt werden soll, daß der **experiencer** auf das Wahrgenommene in einer bestimmten Weise reagiert, bzw. seine Beurteilung des **percept** formuliert. Interessanterweise braucht dabei nicht notwendig der **experiencer** in den Sätzen genannt zu werden, in denen eine Aussage über das **percept** gemacht wird (vgl. *diese Suppe schmeckt (mir) gut*, *this tastes like garlic* (*to me*)).

Lexikalische Klasse	Rollenkonstellation	Beispiele
perception	<[ROLE: exp-nonint]> <[ROLE: pct-act]>	*John saw the light* *John saw the car*
attention	<[ROLE: exp-int]> <[ROLE: pct-act>	*John watched the car* *John looked at the book*
attention-tgt	<[ROLE: exp-int]> <[ROLE: pct-tgt]>	*John looked for a pen*
judging-veridical	<[ROLE: pct-act]> <[ROLE: jud-ver]>	*The juice tastes sweet*
judging-evaluative	<[ROLE: pct-act] > <[ROLE: jud-eval]>	*The juice tastes awful*
judging-inferential	<[ROLE: pct-act]> <[ROLE: jud-inf]>	*She looks tired*

Tabelle 1.1: Beispiele für einfache lexikalische Klassen in DELIS

Damit ergibt sich eine Zweiteilung des Bereichs, einerseits in Verben (oder Verblesarten), die eine Rollenkombination aus **experiencer** und **percept** aufweisen, zum anderen in Lesarten, bei denen eine **percept**- und eine **judgement**-Rolle vorliegen (mit fakultativ auftretender **experiencer**-Rolle). Der zweite Typ von Lesarten wird in der Klasse "**judging**" zusammengefaßt. Der erste Typ zerfällt in zwei Subklassen, je nachdem

[67] Wenn man eine Reihe von Abbildungsregeln annimmt, so kann man, sehr stark vereinfachend, **experiencer** und **percept** mit den allgemeinen Rollen "**experiencer**" und "**thema**" in Verbindung bringen, welche aus der Kasusgrammatik bekannt sind. Man kann die in *Frame Semantics* verwendeten Rollen auch mit Argumenten in Prädikat-Argument-Strukturen oder mit den in der Situationssemantik verwendeten Rollenbezeichnern vergleichen; allerdings sind die Rollen in *Frame Semantics* als eine Spezialisierungshierarchie von Typen (im Sinne von TFS) definiert; es gibt also Subtypen von **experiencer** und **percept**. In der Situationssemantik wird beispielsweis keine derartige Klassifizierung vorgenommen.

ob seitens des `experiencer` eine intentionale Beteiligung an dem Vorgang vorliegt oder nicht. Das Wahrnehmungsereignis kann stattfinden, ohne daß der `experiencer` in der Weise gehandelt hat, daß das Wahrnehmungsereignis herbeigeführt wird (in diesem Fall wird der `experiencer`-Subtyp `experiencer-nonintentional` in der Modellierung verwendet). In anderen Fällen handelt der `experiencer` so, daß er etwas wahrnehmen kann (`experiencer-intentional`). Die Unterscheidung hat im Englischen, Französischen und Deutschen ihren Niederschlag in der Wortwahl; vgl. EN *see* ↔ *watch, look*; *hear* ↔ *listen* [*to*]; FR *voir* ↔ *regarder*; *entendre* ↔ *écouter*; DE *sehen* ↔ *ansehen, anschauen*; *hören* ↔ *anhören, zuhören*. Die Unterscheidungen werden im Deutschen zum Teil mit Mitteln der Wortbildung ausgedrückt, im Englischen und Französischen mit völlig unterschiedlichen Lexemen. Bei den Beispielpaaren gehören jeweils die ersten Verben der Gruppe "`perception`" (mit `experiencer-nonintentional`) an, die zweiten Verben der Gruppe "`attention`" (mit `experiencer-intentional`).

Einige Beispiele aus dem Englischen sind in der Tabelle 1.1 zusammengestellt. Dabei sind jeweils die lexikalische Klasse, die Rollenkonstellation und ein oder mehrere englische Beispiele angeben.

Die Rollenkonstellationen in der Tabelle sind Teil der Beschreibung, die in der TFS-Modellierung unter dem Attribut `FEG:` angegeben wird. Mit den Rollenkonstellationen, korrespondieren die Konstellationen von grammatischen Funktionen und von syntaktischen Kategorien. Exemplarisch sind in Tabelle 1.2 die Zusammenhänge zwischen Rollen, grammatischen Funktionen und Phrasentypen, wiederum mit englischen Beispielen, für die Subtypen der Rolle `judgement` zusammengestellt.

(Sub-)Rolle	GF	PT	Beispiel
JUDGEMENT-VERIDICAL	XCOMP	ap	It tastes bitter
	XCOMP	pp-*like*	It tastes like coriander
	XCOMP	pp-*of*	It tastes of salt
JUDGEMENT-EVALUATIVE	XCOMP	ap	It tastes nice
	XCOMP	pp-*like*	It tastes like hell
JUDGEMENT-INFERERENTIAL	XCOMP	ap	She sounds happy
	XCOMP	`conj-cl`	It tastes as if it had been forgotten in the fridge

Tabelle 1.2: Syntaktische Realisierung der Subtypen der JUDGEMENT-Rolle

Für das Englische ergibt sich aus der Einteilung in die Wahrnehmungsmodalitäten und der Subklassifizierung in "`perception`"-, "`attention`"- und "`judging`"-Rollenkonstellationen,[68] eine Verbklassifikation, wie sie in Tabelle 1.3 angegeben ist. Auffällig ist, daß für die visuelle und auditive Modalität verschiedene Lexeme für die verschiedenen lexikalischen Klassen zur Verfügung stehen, während für die anderen Modalitäten ein und dasselbe Verb mit verschiedenen grammatischen Konstruktionen die einzelnen Lesarten ausdrückt.

[68]Die letzte Klasse hat weitere Subklassen, je nachdem ob eine objektiv wahrnehmbare Eigenschaft ausgedrückt wird, wie in *this tastes bitter* (`judging-veridical`), ob eine Beurteilung ausgedrückt wird, wie in *this tastes nice* (`judging-evaluative`), ober ob aus einer Wahrnehmung ein Rückschluß gezogen wird, wie in *she looks angry* (`judging-inferential`).

Lex. Subklasse	vis	aud	olf	gus	tac
perception	see	hear	smell	taste	feel
attention	look watch	listen	smell	taste	feel
`judging-veridical`	–	–	smell	taste	feel
`judging-evaluative`	look	sound	smell	taste	feel

Tabelle 1.3: Englische Wahrnehmungsverben

Die verschiedenen Lesarten des englischen Verbs [*to*] *taste* sind in der Tabelle 1.4 zusammengestellt; dabei zeigt sich, daß die "`perception`"- und "`attention`"-Lesarten syntaktisch analog sind, die verschiedenen Subtypen von "`judging`"-Lesarten ebenfalls.

Lex. Klasse	Beispiele
`perception`	*I tasted garlic in the soup.*
`attention`	*John has tasted the soup.*
`judging-veridical`	*This juice tastes bitter.*
`judging-veridical`	*This substance tastes of cough drops.*
`judging-evaluative`	*This juice tastes nice.*

Tabelle 1.4: Lesarten von EN [*to*] *taste*

Die Kodierung der Einträge im DELIS-Wörterbuch erfolgt durch Verweis auf die Kombination von Rollenkonstellationen und Subkategorisierungsklassen.

Im folgenden sind die Definitionen des Lemma-Eintrags für [*to*] *taste* und einige der Lesarten dieses Verbs als TFS-Statements (Definitionen) angegeben.[69]

```
taste-lem[LEMMA:  "taste",
          EVENT: [MODALITY: gus]].

taste-fac         < fac, v-s,  taste-lem.
taste-perc-thing < perc-act-ent,  v-s-onp,  taste-lem.
```

[69] In diesen Statements wird jeweils die multiple Vererbung (das Zusammenfließenlassen verschiedener Informationen in eine Lesart) ausgedrückt; das Symbol "<" steht für die Vererbung. Der Ausdruck links dieses Zeichens ist der Name der Lesart (z.B. `taste-fac` für die Lesart, in der die Fähigkeit ("faculty") der Wahrnehmung ausgedrückt wird); rechts des Vererbungssymbols stehen die einzelnen Klassen, von denen die jeweilige Lesart Information erbt. Die Einträge wurden hier für den Zweck der Darstellung so sortiert, daß zunächst immer die semantischen Informationen angegeben werden, dann die Subkategorisierungsinformation und schließlich der Verweis auf den Lemma-Eintrag. In der Definition von `taste-perc-thing` ist `perc-act-ent`, der Name einer semantischen Klasse (Wahrnehmung einer Entität, Subtyp der lexikalischen Klasse "`perception`"), `v-s-onp` der Name einer syntaktischen Klasse (transitive Verben mit Objekts-Nominalphrase). Die anderen Einträge sind sinngemäß angeordnet.

```
taste-att        < att-tgt, v-s-onp, taste-lem.
taste-ver-like   < judging-veridical,
                   judging-thing, v-s-ppp, predi-like, taste-lem.
taste-eval-like  < judging-evaluative,
                   judging-thing, v-s-ppp, predi-like, taste-lem.
taste-ver-of     < judging-veridical,
                   judging-thing, v-s-ppp, predi-of, taste-lem.
```

Die durch die Evaluierung der TFS-Beschreibungen "zusammengebauten" voll spezifizierten Einträge (ohne das Beispiel für die "attention"-Lesart von *taste*) sind nachfolgend wiedergegeben.

```
taste-fac
[LEMMA: "taste",
 FEG:   <fe
         [FE: exper-n
               [INTENTION: -,
                SORT:       human],
          GF: subj,
          PT: np]>,
 EVENT: gus-mod
        [MODALITY: gus,
         DURATION: duration]].

taste-perc-thing
[LEMMA: "taste",
 FEG:   <fe
         [FE: exper-n
               [INTENTION: -,
                SORT:       human],
          GF: subj,
          PT: np]
      fe [FE: p-actual-ent
               [SORT: entity],
          GF: comp,
          PT: np]>,
 EVENT: gus-mod
        [MODALITY: gus,
         DURATION: duration]].

taste-j-ap
[LEMMA: "taste",
 FEG:   <fe
         [FE: p-actual-ent
               [SORT: entity],
          GF: subj,
          PT: np]
         fe
         [FE: j-inf | j-ver | j-eval,
          GF: predi[PRED-C: subj],
          PT: ap]>,
 EVENT: gus-mod
        [MODALITY: gus,
         DURATION: duration]].
```

```
taste-ver-like
[LEMMA: "taste",
 FEG:   <fe
         [FE: p-actual-ent
              [SORT: entity],
          GF: subj,
          PT: np]
         fe
         [FE: j-ver,
          GF: predi[PRED-C: subj],
          PT: predi-pp[PREP: like]]>,
 EVENT: gus-mod
        [MODALITY: gus,
         DURATION: duration]].

taste-eval-like
[LEMMA: "taste",
 FEG:   <fe
         [FE: p-actual-ent
              [SORT: entity],
          GF: subj,
          PT: np]
         fe
         [FE: j-eval,
          GF: predi[PRED-C: subj],
          PT: predi-pp[PREP: like]]>,
 EVENT: gus-mod
        [MODALITY: gus,
         DURATION: duration]].

taste-ver-of
[LEMMA: "taste",
 FEG:   <fe
         [FE: p-actual-ent
              [SORT: entity],
          GF: subj,
          PT: np]
         fe
         [FE: j-ver,
          GF: predi[PRED-C: subj],
          PT: predi-pp[PREP: of]]>,
 EVENT: gus-mod
        [MODALITY: gus,
         DURATION: duration]].
```

Diese Beispiele zeigen sowohl das Format der Definition der Lexikoneinträge, als auch das Format, welches durch Evaluierung erzeugt und als Ausgangspunkt für den Export verwendet wird.

1.2.3.2 Anwendungen der Exportfunktion

Oben in Abschnitt 1.2.2.1 wurde auf die anwendungsspezifische Organisation von lexikalischer Information in semasiologischen, onomasiologischen oder syntaktischen Wörterbüchern verwiesen. Im Falle von semasiologischen Wörterbüchern geht man davon aus, daß Lemmata alphabetisch sortiert sind, und daß die Mikrostruktur nach Bedeutungen gegliedert ist. In DELIS wird davon ausgegangen, daß Rollenkonstellationen Bedeutungen definieren; unterschiedliche Rollenkonstellationen entsprechen also unterschiedlichen Verbbedeutungen, oder: Lesarten. Beim Export aus dem DELIS-Wörterbuch in ein semasiologisches Wörterbuch wird die Information (aus Abbildung 1.20) in der Weise reorganisiert, daß die Lemmata alphabetisch aufgeführt und sämtliche unterschiedlichen Rollenkonstellationen als eigene Bedeutungsstellen angesetzt werden. Schematisch ist dies in Abbildung 1.21 dargestellt.

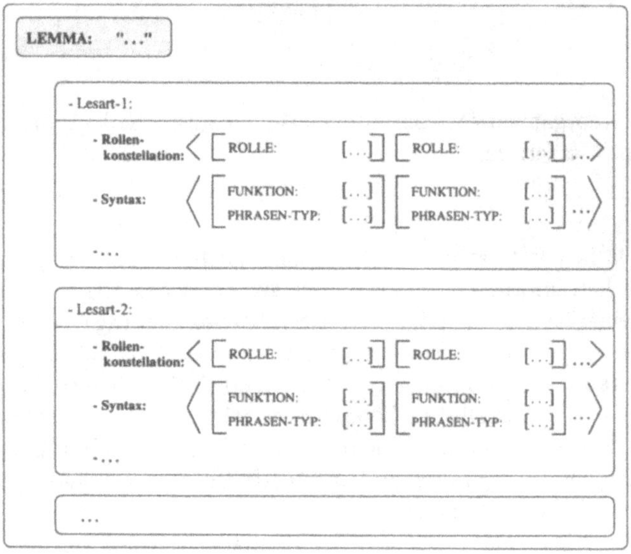

Abbildung 1.21: Reorganisation von DELIS-Information für ein semasiologisches Wörterbuch

Sinngemäß könnte man sich einen Eintrag in einem onomasiologischen Wörterbuch in der Weise vorstellen, daß in einer semantischen Klasse alle Lemmata zusammengefaßt werden, die dieselbe Rollenkonstellation aufweisen. Ein Eintrag wäre dann durch eine semantische Klasse definiert, und die definitionsrelevante Rollkonstellation würde zu Beginn des Eintrags angegeben werden. Untere Einträge würden jeweils die Lemmata angeben, die die Rollenkonstellation realisieren können, zusammen mit der jeweiligen syntaktischen Teilbeschreibung und gegebenenfalls zusätzlichen lemmaspezifischen Angaben. In Abbildung 1.22 ist das Schema eines solchen onomasiologischen Wörterbucheintrags angegeben, wie er sich aus der Information aus DELIS-Wörterbüchern ergeben würde.

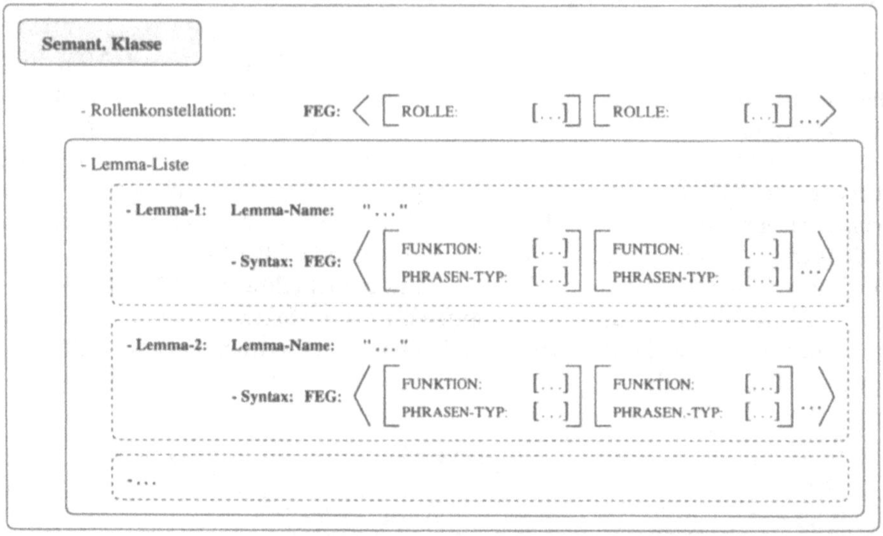

Abbildung 1.22: Reorganisation von Informationen aus DELIS-Wörterbüchern für ein onomasiologisches Wörterbuch

In einem syntaktischen Wörterbuch, welches zusätzlich zur Subkategorisierungsbeschreibung die lexikalischen Informationen auch nach semantischen Kriterien strukturiert, würden Wörterbucheinträge die Definition von Subkategorisierungsklassen enthalten, etwa ausgedrückt durch Konstellationen von grammatischen Funktionen und syntaktischen Kategorien. Untereinträge könnten nach den semantischen Konstellationen organisiert werden. Für jede Rollenkonstellation könnte dann wiederum eine Liste von Lemmata angegeben werden, für die das syntaktische und semantische Verhalten in der beschriebenen Weise homogen ist. Die Reorganisation von DELIS-Wörterbucheinträgen in diesem Sinn ist in der Abbildung in 1.23 skizziert.

Diese Beispiele zeigen Möglichkeiten der Restrukturierung von Beschreibungen aus den DELIS-Wörterbüchern, nach den mikrostrukturellen Organisationsprinzipien einiger Arten von traditionellen Wörterbüchern.

Das interaktive Exportwerkzeug: Arbeitsschritte

In den Schemata in Abbildung 1.21 bis 1.23 wird noch keine Aussage darüber gemacht, *welche* Informationen exportiert werden. Man kann sich vorstellen, daß für eine bestimmte Anwendung nicht alle Informationstypen (d.h. nicht sämtliche Attribute einer gegebenen Attribut-Wert-Beschreibung) exportiert werden müssen. Darüber hinaus ist es denkbar, daß das zu exportierende Teilfragment so definiert wird, daß nur Beschreibungen exportiert werden, in denen bestimmte Attribute bestimmte von der Zielanwendung verlangte Werte haben. Schließlich wird in der Regel nicht das gesamte Wörterbuch exportiert werden, sondern nur ein Ausschnitt.

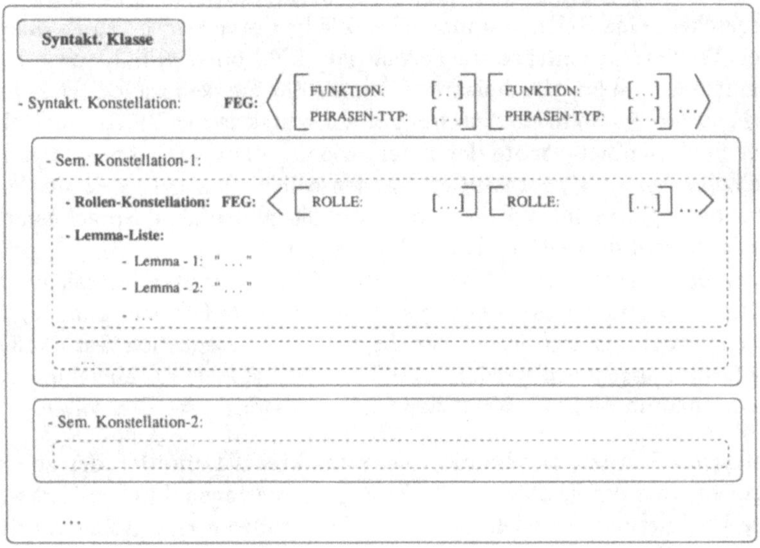

Abbildung 1.23: Reorganisation von Informationen aus DELIS-Wörterbüchern für ein Subkategorisierungswörterbuch

Die Definition des zu exportierenden Fragments wird vom Lexikographen interaktiv durchgeführt. Die Spezifikation des zu exportierenden Fragments erfolgt wiederum als TFS-Beschreibung. Hierzu werden die Verfahren der ad-hoc-Abfrage benutzt. Das zu exportierende Fragment wird durch TFS-Constraints definiert und durch die Evaluation einer ad-hoc-Anfrage vom TFS-System ausgegeben. Unten (vgl. Abschnitt 1.2.3.2) werden einige Beispiele für ad hoc-Anfragen diskutiert.[70]

Wenn das zu exportierende Fragment definiert und mit Hilfe der ad-hoc-Abfrage aus dem Wörterbuch extrahiert ist, müssen die extrahierten Lexikoneinträge noch reorganisiert werden. Sie enthalten bereits genau die Informationstypen, die für eine gegebene Anwendung notwendig sind.

Man kann sich die einzelnen Schritte beim Export von lexikalischer Information aus den DELIS-Wörterbüchern vereinfacht wie folgt vorstellen:

- Der Benutzer entscheidet, welche Teilmenge der DELIS-Wörterbucheinträge und welche Attribut-Wert-Strukturen exportiert werden sollen. Hierzu formuliert er eine ad-hoc-Anfrage. Diese Anfrage kann zu Testzwecken sofort evaluiert werden, so daß der Lexikograph unmittelbar anhand der ausgegebenen Wörterbucheinträge überprüfen kann, ob die Formulierung der Anfrage diejenigen Resultate liefert, die er sich wünscht. Auf diese Weise läßt sich die Anfrage verfeinern, wenn dies notwendig sein sollte.

[70] Zur Terminologie: Wir sprechen vom Verfahren als ad-hoc-A<u>b</u>frage (vgl. Datenbanka<u>b</u>frage); die einzelne "Query" wird A<u>n</u>frage genannt.

- Der Benutzer wählt ein Zielformat aus, in welches exportiert werden soll. Hierfür[71] ist vorgesehen, eine Reihe von möglichen Zielformaten vorweg zu definieren. Hierzu gehören Wörterbucheinträge im Format von LFG oder HPSG, sowie Rohmaterial für traditionelle Wörterbucheinträge, wie sie für ein semasiologisches Beispielwörterbuch, sowie ein onomasiologisches und ein syntaktisches Wörterbuch oben gezeigt worden sind. Die Zielformate definieren, wie die zu exportierenden Beschreibungen in der Zielanwendung repräsentiert werden sollen. Beispielsweise werden Subkategorisierungsangaben in Wörterbüchern für die maschinelle Sprachverarbeitung in der Regel formal dargestellt, beispielsweise durch Listen (in HPSG) oder listenartige komplexe Werte (in LFG). In einem Wörterbuch für interaktive Benutzung stellt man sich Subkategorisierungsangaben eher als Formeln vom Typ "*jmd gibt jmdm etw*" vor. Das Zielformat legt die Art von Präsentation fest. Außerdem muß im Zielformat angegeben werden, in welcher Reihenfolge die einzelnen exportierten Informationen im Ziel-Wörterbucheintrag repräsentiert werden sollen.

Die automatischen Schritte, welche nach der interaktiven Definition der zu exportierenden Teilfragmente und der Festlegung der Zielrepräsentationen durchgeführt werden, sind einerseits die Evaluierung der ad-hoc-Anfrage, zum anderen eine Reihe von Reformatierungsschritten.

In einem ersten Schritt werden die strukturierten Beschreibungen der DELIS-Wörterbücher in flache Listen von Attribut-Wert-Paaren reformatiert. Hierbei wird darauf geachtet, daß die Attributnamen eindeutig sind. In einem zweiten Schritt wird entlang der Definition des Zielformats aus den flachen Attribut-Wert-Listen Information extrahiert und in die Zielrepräsentation "eingefüllt". Die beiden Reformatierungsschritte können mit einfachen Mitteln durchgeführt werden. In TFS können Statements formuliert werden, mit deren Hilfe die hierarchisch strukturierten Wörterbucheinträge des DELIS-Wörterbuchs (komplexe Featurestrukturen mit Einbettungen) in flache Attribut-Wert-Paar-Listen umgewandelt werden können. Mit Hilfe von Programmen in String-Handling-Sprachen (z.B. `gawk`, `sed`) kann die Reorganisation der flachen Listen bewerkstelligt werden.

Ad-hoc-Abfrage

Nachfolgend sind einige Beispiele für die ad hoc-Abfrage von TFS angegeben. Die Anfragen erlauben es, sowohl Information anhand von Typnamen zu extrahieren (alle Instanzen einer durch den Typnamen definierten Klasse), als auch anhand von Attribut-Wert-Paaren (strukturelle Constraints). Beide Typen von Anfrageconstraings können kombiniert werden.

Die folgenden Beispiele für die ad-hoc-Abfrage betreffen die der Suche nach Belegen in einem Teilfragment für niederländische Wahrnehmungsverben. Die erste Anfrage[72] kombiniert eine semantische Klasse (die Klasse `perc`, für einfache Wahrnehmungsvorgänge) mit einer syntaktischen Klasse (in diesem Fall der Klasse `v-s-onp`, für einfache transitive Verben mit einem als Nominalphrase realisierten direkten Objekt).

[71] Das DELIS-Exportwerkzeug ist noch in der Entwicklung; ein Prototyp wird im Sommer 1995 bereitstehen. Vgl. [Wijers, 1993] für das Benutzerinterface.

[72] Die Anfrage ist ein TFS-Ausdruck mit vorangestelltem "?". Die Syntax von TFS ist in Anfragen und Definitionen identisch (Homogenität, vgl. oben).

```
Anfrage:
?perc&v-s-onp.

Resultat:
horen-perc-ent
[LEMMA:          "horen",
 MODALITY:        aud,
 FEG:              <fe
                           [FE:    exper-n[INTENTION: -],
                            GF:    subj,
                            PT:    np]
                    fe
                           [FE:    p-actual-ent,
                            GF:    comp,
                            PT:    np]>].
```

Die niederländische Datensammlung enthält nur wenige Lexikoneinträge; nur ein Beleg s.v. *horen* erfüllt die Anfrage. Er wird anhand der semantischen und syntaktischen Constraints identifiziert und vollständig ausgegeben.

In vergleichbarer Weise können verschiedene Constraints bei der Suche nach Belegmaterial kombiniert werden. Das folgende Beispiel wird anhand von Attribut-Wert-Strukturen formuliert:

- Gesucht wird ein lexikalischer Eintrag für ein Verb, dessen erste semantische Rolle vom Typ `experiencer` ist. Über die semantische Rolle des zweiten Arguments wird keine Aussage gemacht, es wird lediglich festgelegt, daß ein zweistelliges Verb gesucht wird.
- Die Wahrnehmungsmodalität wird als "aud(itory)" definiert.
- Auf der syntaktischen Ebene wird keine Aussage über die Realisierung des ersten Arguments gemacht, jedoch wird für das zweite Argument verlangt, daß es als *daß*-Satz (im Falle der niederländischen Modellierung "*dat*-`cl`(ause)") realisiert wird.

Die drei Anfrageconstraints können konjunktiv verknüpft werden. Alternativ könnte der Lexikograph auch eine komplexe Merkmalsstruktur eingeben, die genau die genannten Constraints enthält. Dies ist jedoch wegen der konjunktiven Interpretation der Teilbeschreibungen nicht notwendig.

Eine mögliche Formulierung der Anfrage in TFS[73] sieht wie folgt aus:

```
?[FEG: <fe[FE: experiencer] fe>]
   &[MODALITY: aud]
   &[FEG: <fe fe[PT: dat-cl]>].
```

[73] Natürlich ist die interaktive Eingabe von Anfragen direkt im TFS-Format für die praktische Arbeit in der Lexikographie nicht praktikabel. Hier sind Benutzerinterfaces notwendig, die die Auswahl der zu exportierenden Objekte anhand der jeweils zur Verfügung stehenden Attribute und ihrer Werte unterstützen; ein Prototyp wurde in DELIS implementiert (vgl. [Olivier und Heid, 1994]). Bei der Entwicklung des Werkzeugs wurde bislang allerdings das Hauptgewicht auf die Funktionalität gelegt.

Das vom System zurückgegebene Beispiel ist wiederum eine Lesart des Verbs *horen*, in diesem Fall die Lesart, die einen *daß*-Satz als Realisierung des zweiten Arguments hat. Eine solche Lesart tritt nur auf, wenn *horen* mit einem nicht-intentionalen `experiencer` auftritt (in Fällen wie *er hört, daß jemand zur Tür herein kommt*). In der Anfrage wurde der Subtyp der `experiencer`-Rolle nicht spezifiziert.

```
horen-prp-cl
[LEMMA:          "horen",
 MODALITY:        aud,
 FEG:       <fe
                  [FE:     exper-n[INTENTION: -],
                   GF:     subj,
                   PT:     np]
            fe
                  [FE:     p-actual-prp,
                   GF:     comp,
                   PT:     dat-cl[COMPLT: dat]]>].
```

1.2.3.3 Überprüfung von Lexikoneinträgen im Corpus

Im vorigen Abschnitt wurde die Exportfunktion des DELIS-Systems skizziert. Im folgenden wird ein Werkzeug beschrieben, mit welchem lexikalische Beschreibungen, wie sie in den DELIS-Wörterbüchern enthalten sind, anhand von linguistisch annotiertem Corpusmaterial überprüft werden können. Das Werkzeug selbst dient zwar nicht zum Lexikonexport, aber seine Funktionsweise beruht auf denselben Prinzipien wie die Exportwerkzeuge. Es muß eine Abbildung zwischen der linguistischen Repräsentation im Lexikon und den Annotationen in Textcopora definiert werden, ähnlich wie für den Export eine Abbildung zwischen der DELIS-Lexikonrepräsentation und der lexikalischen Beschreibung der Zielanwendungen definiert wird.

Das Anwendungsszenarium des Suchwerkzeugs (in DELIS: "Search Condition Generator") kann man sich wie folgt vorstellen: der Lexikograph arbeitet an der Entwicklung eines Wörterbuchs, welches Subkategorisierungsbeschreibungen von Verben enthalten soll. Eine der Arbeitsgrundlagen ist ein linguistisch annotiertes Textcorpus. Eines der Ziele bei der Lexikonerstellung ist es, sicherzustellen, daß das Wörterbuch ein möglichst großes bzw. ein möglichst relevantes Fragment abdeckt. Das Werkzeug soll dazu dienen, die Abdeckung anhand der im Corpus vorliegenden Beispiele zu überprüfen. Ausgehend von einer gegebenen Subkategorisierungsbeschreibung im Wörterbuch sollen Belege gesucht werden, welche die im Wörterbuch beschriebenen Eigenschaften des betreffenden Verbs illustrieren.

Man kann sich auch vorstellen, daß die Arbeit auf der syntaktischen Beschreibung einzelner Beispielsätze aufsetzt, welche der Lexikograph im Corpus gefunden und als besonders relevant identifiziert hat. Anstatt große Mengen von Corpustext von Hand durchsehen zu müssen, soll der Lexikograph mithilfe des Werkzeugs automatisch analoge Beispiele zu denjenigen erhalten, die er bereits beschrieben hat. Umgekehrt ist es notwendig, daß der Lexikograph Aufschluß darüber erhält, zu welchem Zeitpunkt seine Beschreibungen relativ zu den im Corpus vorkommenden Verwendungen eines gegebenen Verbs vollständig sind.

In diesem Fall werden all diejenigen Belege aus dem Corpus extrahiert, für die im Wörterbuch noch keine Beschreibung existiert. Das Anwendungsszenarium ist schematisch in der Graphik 1.24 dargestellt.

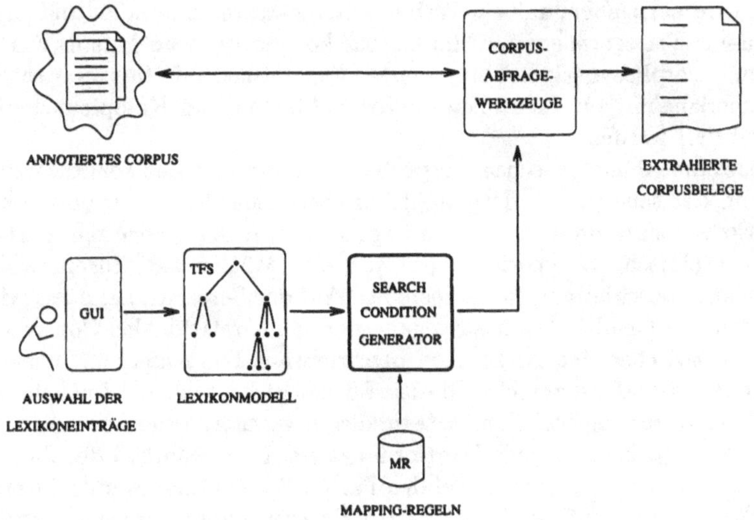

Abbildung 1.24: Szenarium der Anwendung des "Search Condition Generators"

Abbildungsregeln zwischen DELIS-Beschreibungen und Corpusannotationen

Eines der Probleme bei dem Versuch, die lexikalische Beschreibung hinsichtlich ihrer Fragmentabdeckung mit Material aus annotierten Corpora zu vergleichen, besteht darin, daß die linguistischen Beschreibungen in Lexika und Corpora sich erheblich unterscheiden, sowohl hinsichtlich der linguistischen Ebenen, für die überhaupt Beschreibungen im Wörterbuch bzw. im Corpus angegeben werden, als auch hinsichtlich der jeweils verwendeten Beschreibungssysteme.

Im folgenden wird der Gegenstandsbereich der Verbsubkategorisierung als Beispielfall verwendet. Wörterbücher beschreiben die Subkategorisierung in der Regel durch Angabe von Prädikat-Argument-Strukturen oder von lexikalisch-semantischen Rollenkonstellationen, wie sie z.B. in DELIS vorkommen. Hinzu kommt ggf. eine Beschreibung der Subkategorisierung anhand von grammatischen Funktionen und, im Falle von DELIS nach syntaktischen Kategorien.

In Corpora werden dagegen in der Regel zunächst Wortformen identifiziert und kategorial und morphosyntaktisch annotiert. Ein "tagged corpus" enthält in der Regel kategoriale und morphosyntaktische Annotationen für die einzelnen Wortformen. Auf der Grundlage dieser Annotationen können "Part-of-Speech-Shapes" von phrasenstrukturellen Konstrukten identifiziert werden. Als "Part-of-Speech-Shapes" bezeichnen wir Sequenzen von kategorial und morphosyntaktisch annotiertem Material. Ähnlich wie in distributionellen

Ansätzen, kann man für die Zwecke der Corpusanalyse Muster solcher Sequenzen identifizieren und als Anhaltspunkte für das Vorliegen beispielsweise von Nominalphrasen, Präpositionalphrasen, etc. verwenden.

Eine Möglichkeit der Abbildung zwischen Corpus und Lexikon ergibt sich typischerweise auf der Ebene der Part-of-Speech-Shapes für phrasenstrukturelle Konstrukte: im Wörterbuch wird angegeben, daß ein Verb eine Subjektsnominalphrase und eine Objektsnominalphrase subkategorisiert, und im Corpus können typische Muster von Sequenzen kategorial und morphosyntaktisch annotierter Wortformen mit bestimmten Merkmalen (z.B. Kasusmerkmalen, zur Identifikation von Subjekten und Komplementen im Deutschen) identifiziert werden.

Dieser Zusammenhang zwischen Corpusbeschreibung und Lexikonbeschreibung ist in der Abbildung 1.25 schematisch dargestellt: die ebenenspezifischen Annotationen von Lexikon und Corpus sind einander gegenübergestellt. Auf der Ebene der Part-of-Speech-Shapes für syntaktische Kategorien ergibt sich eine Möglichkeit, Zusammenhänge zwischen den beiden Beschreibungen herzustellen. Auf der Seite des Lexikons wird, zumindest im Modell von DELIS, davon ausgegangen, daß die relationalen Constraints, welche die Interaktion zwischen den im Lexikon beschriebenen linguistischen Ebenen kodieren, eine konsistente Abbildung zwischen diesen Ebenen sicherstellen.[74] Im Falle der Corpora ist der Zusammenhang zwischen kategorialer bzw. morphosyntaktischer Annotation und Wortformen fest kodiert (jede Wortform hat ein Tag), während der Zusammenhang zwischen dem annotierten Material und den Part-of-Speech-Shapes mithilfe eines Corpusabfragewerkzeugs überprüft wird. Die Part-of-Speech-Shapes werden als Anfragemuster für ein Konkordanzprogramm verwendet.

Im Fall des in DELIS realisierten Abbildungswerkzeugs liegt gegenüber dem in der Abbildung 1.25 angegebenen Schema eine Vereinfachung vor, weil im Corpus zusätzlich zur kategorialen und morphosyntaktischen Annotation auf Wortformenebene auch Anhaltspunkte für die Identifikation grammatischer Funktionen gegeben sind. Dies ist darauf zurückzuführen, daß die verwendeten Corpora mit der English Constraint Grammar, ENGCG, von [Voutilainen et al., 1992] annotiert worden sind. In ENGCG werden an denjenigen Formen in den Corpussätzen, die die Funktion des Kopfs von Phrasen haben, Symbole für die grammatischen Funktionen annotiert, welche die Phrasen einnehmen. Das Funktioneninventar ist dem der Lexikalisch Funktionalen Grammatik, LFG, relativ ähnlich. Die Annotation ist jedoch rein linear, d.h. es gibt keine Markierung von grammatischen Abhängigkeiten (außer der Angabe, ob beispielsweise das Bezugsnomen einer attributiven Phrase links oder rechts vom Kopf der Attributphrase gesucht werden muß. Die Ausdehnung von Phrasen wird nicht markiert; es gibt also keine Angabe darüber, wo eine Subjektsnominalphrase beginnt und wo sie aufhört. Die Verfügbarkeit solcher Annotationen ist jedoch außerordentlich nützlich, weil sie die Abbildung zwischen den Lexikonbeschreibungen und den im Corpus annotierten Phänomenen stark vereinfacht.[75]

Die Abbildung zwischen der DELIS-Subkategorisierungsbeschreibung und den Annotationen im Stil von ENGCG kann durch relationale Ausdrücke in TFS beschrieben werden. Die nachfolgend angebene Teilstruktur aus der DELIS-Beschreibung (für einen Satz wie

[74] Die Abbildungen sind in der Regel vom Typ n:m, und bei der Abfrage mit lexikalisch-semantischen Rollenkonstellationen ist u.U. mit Rauschen ("Noise") zu rechnen.

[75] Parallel zur Abbildung auf der Basis von ENGCG wurde jedoch auch eine Abbildung auf der Ebene von Part-of-Speech-Shapes realisiert.

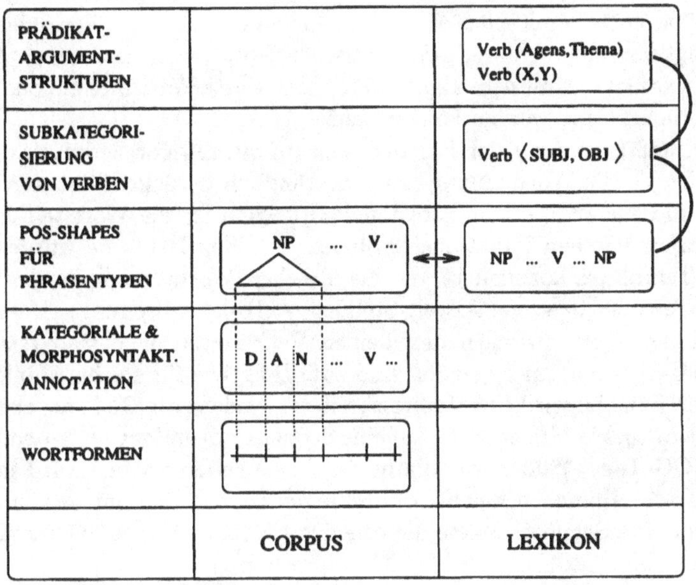

Abbildung 1.25: Abbildung zwischen Lexikon und Corpus: die linguistischen Beschreibungsebenen

EN *this substance tastes like apples*) enthält eine Beschreibung nach Rollen, grammatischen Funktionen und Phrasenstrukturtypen, sowie (unter dem Attribut "EXPR(ession)") ein Zitat der jeweils relevanten Textstücke aus dem vom Lexikographen exemplarisch annotierten (oder konstruierten) Beispielsatz (im Lexikoneintrag fehlt natürlich dieses Zitat).

$$
{}_{sent}\begin{bmatrix}
\text{LEMMA: } \textit{taste} \\
\text{FEG: } \left\langle {}_{fe}\begin{bmatrix} \text{ROLE } \textit{percept} \\ \text{FUNC } \textit{subject} \\ \text{PHR-T } \textit{np} \\ \text{EXPR } \textit{this substance} \end{bmatrix}, {}_{fe}\begin{bmatrix} \text{ROLE } \textit{judgement} \\ \text{FUNC } \textit{predicative} \\ \text{PHR-T } \textit{pp (like)} \\ \text{EXPR } \textit{like apples} \end{bmatrix} \right\rangle
\end{bmatrix}
$$

Die Sequenz von Annotationen, mit denen in einem ENGCG-annotiertem Corpus Belegmaterial für die durch den Beispielsatz illustrierte Konstruktion gesucht wird, ist im folgenden als Sequenz von drei Teilanfragen wiedergegeben:

```
[tag=".*@SUBJ.*"]
[lemma="taste" & pos=V]
[lemma="like"  & tag=".*@ADVL.*"]
```

Der Suchausdruck enthält eine Anfrage nach einem mit dem grammatischen Funktionsnamen "@SUBJ" annotierten Textstück, gefolgt von einer beliebigen Form des Verbs *taste*, wiederum gefolgt von einer mit der grammatischen Funktionsbezeichnung "@ADVL" annotierten Sequenz, wobei die mit dem Tag "@ADVL" annotierte Wortform auf das Präpositions-Lemma *like* zurückgeführt werden können muß.

Es fällt auf, daß gegenüber der Beschreibung im Subkategorisierungslexikon von DELIS in den Anfragen die Wortstellung selbstverständlich berücksichtigt werden muß. Für das Englische und für andere konfigurationale Sprachen ist die Wortstellung zur Identifikation der grammatischen Funktionen hilfreich. Für das Deutsche wurden für analoge Anfragetypen Templates konstruiert, die die üblichen Wortstellungsvarianten des Deutschen (Verb in initialer bzw. Verb-zweit-Stellung, Verb-letzt-Stellung) erfassen.

Die Abbildungsregeln zwischen den beiden Repräsentationen sind relationale Constraints der TFS-Sprache. Im folgenden sind zwei Beispiele für solche Abbildungen angegeben: im ersten Beispiel wird eine Teilbeschreibung, welche die Rolle `experiencer`, realisiert durch eine Subjekts-NP, enthält, auf eine Sequenz abgebildet, in der eine Annotation mit dem ENGCG-Tag "@SUBJ" vorkommt. In vergleichbarer Weise wird in der zweiten Abfrage eine Beschreibung, in welcher die Rolle `percept` vorkommt, realisiert durch eine Objekts-NP, auf eine Sequenz abgebildet, die das ENGCG-Tag "@OBJ" enthält.

$$\mathit{map}\left(v,\ {}_{\mathit{fe}}\begin{bmatrix}\text{ROLE } \mathit{experiencer}\\ \text{FUNC } \mathit{subject}\\ \text{PHR-T } \mathit{np}\end{bmatrix},\ \texttt{"[tag=".*@SUBJ.*"]"}\right)$$

$$\mathit{map}\left(v,\ {}_{\mathit{fe}}\begin{bmatrix}\text{ROLE } \mathit{percept}\\ \text{FUNC } \mathit{obj}\\ \text{PHR-T } \mathit{np}\end{bmatrix},\ \texttt{"[tag=".*@OBJ.*"]"}\right)$$

Weitere Beispiele für vollständige Anfragen für einige der oben diskutierten Lesarten von EN *taste*, im Format des für das Werkzeug verwendeten Corpusanfrageprozessors (vgl. z.B. [Schulze, 1994], [Christ, 1993]) sind im folgenden angegeben:

```
[tag=".*@SUBJ.*"] [lemma="taste"] [tag=".*@OBJ.*"]
[tag=".*@SUBJ.*"] [lemma="taste"] [lemma="of" & tag=".*@ADVL.*"]
[tag=".*@SUBJ.*"] [lemma="taste"] [lemma="like" & tag=".*@ADVL.*"]
[tag=".*@SUBJ.*"] [lemma="taste"] [tag=".*@PCOMPL-S.*"]
```

Die Abbildungen, welche Annotationen im Format von ENGCG benutzen, sind in der Regel relativ einfach zu formulieren, weil die Beschreibungsmittel von DELIS und von ENGCG kompatibel sind. Wären in ENGCG keine grammatischen Funktionen vorhanden, so könnte dennoch auf der Grundlage von Part-of-Speech-Shapes für die Phrasentypen, durch welche die grammatischen Funktionen realisiert werden, eine Abbildung gefunden werden. Solche Abbildungen wurden in [Jauss, 1994] formuliert und parallel zu den Abbildungen auf der Grundlage der ENGCG-Annotationen getestet. Weitere Beispiele für solche Zuordnungen sind in der Tabelle 1.26 angegeben; die Tabelle geht von den in DELIS verwendeten Rollen aus, sowie von den grammatischen Funktionen, welche im

DELIS-Lexikon benutzt werden (rechte Hälfte der Tabelle 1.26). Diesen Beschreibungen werden die Annotationen von ENGCG (linke Spalte) gegenübergestellt.

ENGCG	Beispiel	DELIS	Rollen
@ SUBJ	*The man* ran.	`subj, np`	..., `exper`, ...
@ OBJ	He tastes *the soup*.	`comp, np`	..., `pct`, ...
@ IOBJ	I gave *the man* a book.	`comp, np`	n.r.
@ APP	Helsinki, *the capital* of Finland, ...	`np`	n.r.
@ PCOMPL-S	He is *a teacher*.	`predi-s, np`	..., judgem., ...
@ PCOMPL-O	I consider him *a fool*.	`predi-o, np`	..., judgem., ...
@ <P	He looks like *a fool*.	`predi-s, pp`	..., judgem., ...
@ O-ADVL	He ran *two miles*.	`comp, advl`	n.r.

Abbildung 1.26: Abbildungen zwischen DELIS und ENGCG für den Bereich der Subkategorisierung (Beispiele aus [Voutilainen et al., 1992])

Der Vergleich zwischen der Lexikon↔Corpus-Abbildung auf der Ebene subkategorisierter grammatischer Funktionen, mit der Abbildung auf der Ebene von Part-of-Speech-Shapes für Phrasentypen hat ergeben, daß zwar ein Informationsverlust eintritt, wenn die Phrasenebene als Grundlage für die Abbildung gewählt wird, daß aber durchaus auch die Abbildung auf der Phrasenebene sinnvoll für die Identifikation von Beispielmaterial in Corpora eingesetzt werden kann.

Anwendungen des Suchwerkzeugs

Nachfolgend werden Beispiele für die Ergebnisse gegeben, die mit Hilfe der automatischen Erzeugung von Corpusanfragen auf der Grundlage lexikalischer Beschreibungen erzielt werden können; es handelt sich um einen Ausschnitt aus den Belegen für die Kombination des Verbs *taste* mit prädikativen Adjektivphrasen.

```
30578: han price . with all 26 < wines tasted available > for under a fiver , however , and one
34595: han fish . others swore < they tasted fine > , if only you could find an army of
34986:  tastes real horrible . < it tastes horrible > and i spit it out . the food tastes pretty
35003: etty good though . this < coffee tastes good > , and i 'm feeling better already .
35088: ight , and even ollie's < coffee tasted different > to him . gower dredged up a compliment for
35106: fee , although in truth < it tasted vile > without his usual complement of
35129: oucester and , although < it tastes creamy > , is relatively low in fat . it is also
35230: my fingers . chateau    < saintjustin tasted thin > , raw , and hardly meriting canonisation .
35258: only good for you , but < which tastes good > too . it would be a waste , and it would
35394:  any bird you can buy . < these tasted nutty > and smelt somewhat of turmeric .
35457: varieties more earthy . < they tasted woody > , the fluid strands of trotter punctuated
35646: ill taste sweeter . the < milk tasted vile > , as=if it were milk from a cow who had
35679: r she was a poor cook , < it tasted good > . it had no perceptible effect on
35741: stes delicious . jacket < potatoes taste great > , but part-boil them first to speed up
35949: do organically-grown    < vegetables taste better > ? with french beans , the tasters could
35975: anic or inorganic beans < which tasted sweeter > . foods rich in dietary fibre taste a
36025: t . you may notice that < food tastes different > when you are pregnant . '' because it
36035: re pregnant . ''because < it tastes revolting > when you kiss me . '' with jo , she went
```

Die Vorteile der Verwendung des automatischen Suchwerkzeugs bestehen darin, daß der Lexikograph mit sehr viel weniger Aufwand als bei manueller Durchsicht von Konkordanzen Belegmaterial für syntaktische Beschreibungen finden kann. Das Werkzeug erlaubt es, einerseits ähnliches Material zu dem schon Beschriebenen zu identifizieren, andererseits durch Komplementbildung diejenigen Belege zu finden, die noch nicht von der Lexikonbeschreibung erfaßt sind.[76]

Der hauptsächliche Vorteil des Werkzeugs liegt im Zeitgewinn für den Lexikographen. Die manuelle Durchsicht von Corpusbelegen ist sehr zeitaufwendig. Es gibt bis heute kaum Computerunterstützung für die Gruppierung von Belegmaterial in Corpora. Wenn der Lexikograph anhand der syntaktischen Eigenschaften eines Lexems beschreiben kann, welche Teilmenge von Belegen er aus dem Corpus extrahieren möchte, und wenn er entsprechende Belege automatisch extrahieren kann, so entfällt ein großer Teil der manuellen Sortier- und Gruppierungsarbeit. Das Werkzeug funktioniert natürlich umso besser, je mehr linguistische Annotation (von je höheren Beschreibungsebenen) vorhanden ist. Außerdem ist die Qualität der Ergebnisse von der Qualität der linguistischen Annotation abhängig.[77]

Die Formulierung der Abbildungsregeln erfolgt analog zur Formulierung von Abbildungsregeln für den Export. Die Regeln müssen interaktiv vom Linguisten definiert werden. Da sie sich jedoch, ebenso wie die Exportregeln, auf die Bausteine der linguistischen Beschreibung in den DELIS-Wörterbüchern beziehen, nicht auf die Kombination der Bausteine in einem gegebenen Lexikon-Modell, sind die Abbildungsregeln von Änderungen des DELIS-Lexikonmodells relativ unabhängig. Nur wenn neue grammatische Funktionen oder neue Beschreibungen von Phrasen eingeführt werden, müssen auch neue Abbildungsregeln formuliert werden.

1.2.4 Zusammenfassung und Ausblick

Dieser Artikel beschreibt die Architektur der DELIS-Wörterbücher und die formalen Eigenschaften des TFS-Formalismus, soweit sie für den Export von lexikalischer Information aus DELIS-Wörterbüchern relevant sind. Zwei Exportanwendungen wurden beschrieben: die interaktive Auswahl von Informationen für den Export in ein anwendungsspezifisches Zielformat und, zweitens, die Überprüfung lexikalischer Beschreibungen im Corpus anhand automatisch generierter Corpusanfragen.

Beide Anwendungen beruhen auf Abbildungsregeln, die für jedes Zielformat interaktiv definiert werden müssen, in ähnlicher Weise wie dies bei der Korrelationsanalyse im Rahmen des Osnabrücker Konzepts notwendig ist. Allerdings ist im Fall von DELIS eine sehr detaillierte Formulierung der Abbildung notwendig, die sämtliche Zielkategorien berücksichtigt, weil es keine Lernalgorithmen und keine automatischen Vergleichsroutinen (Ähnlichkeitsbestimmung) gibt. Auf der Seite der Quellbeschreibung (DELIS) wird jedoch darauf geachtet, daß Änderungen der lexikalischen Beschreibungen nicht sofort

[76] Hierzu wird zunächst aus dem Corpus, welches die Grundlage der Überprüfung darstellt, eine Teilmenge von Sätzen extrahiert, welche relevante Verbformen enthält (beispielsweise alle Sätze, in denen das Verb *taste* vorkommt). Auf diesem "Subcorpus" werden alle Anfragen ausgeführt, die aus den vorhandenen lexikalischen Beschreibungen generiert werden können. Die Belege aus dem Subcorpus, welche die einzelnen Anfragen erfüllen, werden aus dem Subcorpus gelöscht. Diejenigen Belege, die nach Abarbeitung sämtlicher derartigen Anfragen übrigbleiben, werden durch keine der im Lexikon vorhandenen Beschreibungen (und durch keine der aus ihnen ableitbaren Suchanfragen) erfaßt und stellen folglich die Restmenge der vom Lexikographen nochmals manuell zu überprüfenden und ggf. noch zu kodierenden Materialien dar.

[77] In der Liste der Beispiele für *taste* und subkategorisierte prädikative Adverbialphrasen wird das erste Beispiel deswegen identifiziert, weil es vom ENGCG-System falsch annotiert worden ist (*with all 26 wines tasted available for under a fiver*).

Änderungen der Exportregeln nötig machen: die Abbildungsregeln für die Exportanwendungen benutzen die Bausteine der DELIS-Beschreibungen (Rollen, grammatische Funktionen, Phrasenstruktur-Typen). Es wird angenommen, daß diese Bausteine sich relativ selten ändern (wegfallen, ersetzt oder modifiziert werden). Die Kombination der Bausteine, durch die einzelne lexikalische Klassen definiert sind, ebenso wie die Klassifikation einzelner Lesarten, ändern sich dagegen häufig bei der Erweiterung bzw. Modifikation von Lexika. Solange keine neuen Beschreibungsbausteine eingeführt werden, bleiben Lexikonmodifikationen ohne Auswirkungen auf die Exportwerkzeuge.

Die Anwendung von Exportwerkzeugen, speziell des Search Condition Generators, ist für die lexikographische Praxis relevant. Ein Problem, das der weiteren Verwendung eines solchen Werkzeugs entgegensteht, ist das Fehlen von Corpora mit morphosyntaktischen Annotationen, für viele Sprachen. Für Englisch steht mit ENGCG ein syntaktisches Annotationswerkzeug für Corpora zur Verfügung. Gleichermaßen detaillierte Annotationen derselben Abstraktionsebene fehlen z.B. für Deutsch. Mit der Benutzung von Part-of-Speech-Shapes müßte jedoch die Realisierung eines vergleichbaren Werzeugs für Deutsch möglich werden.

Für das Abbildungswerkzeug selbst läßt sich mehr Generalität erzielen, wenn zwischen den DELIS-Lexikonbeschreibungen und den Abbildungen in anwendungsspezifische (d.h. corpusspezifische) Beschreibungen eine "abstrakte Corpusanfrage" als Zwischenrepräsentation eingezogen wird.

2 Ein äquilibristisches und dynamisches Strukturierungskonzept zur Unterstützung der Wiederverwertung lexikalischer Informationen

Wilfried Hötker

Siegfried Kanngießer

Petra Ludewig

Ein Großteil der Aktivitäten im Bereich der computergestützten Lexikologie läßt sich zwei Arbeitsbereichen zuordnen:

1. der computergestützten Wiederverwertung lexikalischer Informationen und

2. der Bereitstellung von Theorien zur Repräsentation lexikalischen Wissens.

Obwohl in beiden Arbeitsbereichen durchaus bemerkenswerte Ergebnisse erzielt wurden, werden die unterschiedlichen Lexikontheorien durch die vorhandenen, auf Standardisierung basierenden lexikalischen Datenbanken (Lexical Data Bases (LDBs)) bzw. lexikalischen Wissensbasen (Lexical Knowledge Bases (LKBs))[1] nur unzureichend unterstützt.

Die Idee, solche LKBs in Form multifunktionaler Objekte zu entwickeln [Calzolari, 1989], wurde bereits Anfang der 80er Jahre geboren. Das Ziel dieser LKBs besteht darin, den Bedürfnissen so unterschiedlicher Benutzer wie sprachverarbeitende Systeme, Lexikographen, Linguisten - insbesondere Lexikologen - und Wörterbuchbenutzer im traditionellen Sinne nachzukommen [Calzolari, 1992]. In diesem Kontext wird bzw. wurde in einer Anzahl von Projekten wie GENELEX (EUREKA-Projekt), CELEX [CELEX, 1988], ACQUILEX [Calzolari et al., 1990; Copestake et al., 1993], MULTILEX [Kunze, 1992], Lexical System Projekt der IBM [Byrd et al., 1989], [Lenders, 1990; Lenders, 1993], [Weber, 1993], und [Heyn, 1992] versucht, Methoden bereitzustellen, mit denen das in bereits vorhandenen lexikalischen Ressourcen enthaltene Wissen herausgefiltert und in standardisierter Form repräsentiert werden kann, um es dann neuen Benutzern zur Verfügung zu stellen. Trotz des generellen Einvernehmens über die Notwendigkeit, kooperativ erarbeitete LKBs gemeinsam zu nutzen, wird auf die derzeit verfügbaren LKBs kaum zurückgegriffen. Hauptverantwortlich für diese Diskrepanz ist eine LKB-Konzeption, die zu Unrecht annimmt, daß standardisierte Repräsentationen in allen Theorien und Anwendungen verwendbar sind. Da aber bislang keine universelle Lexikontheorie existiert,

[1] Die Begriffe LDB und LKB werden wie üblich im folgenden synonym verwendet. Genau genommen sind sie aber dahingehend zu unterscheiden, daß sich LDBs eher auf sprachliches Wissen im engeren Sinne beschränken, wohingegen LKBs zusätzlich auch stärker außersprachliches Wissen umfassen.

die als Grundlage für eine solche Normierung bzw. Standardisierung lexikalischer Repräsentationen herangezogen werden könnte, ist es unklar, wie ein Repräsenationsschema aussehen muß, das bereits existierende lexikalische Repräsentationen integrieren und auf die speziellen Anforderungen neuer lexikalischer Anwendungen eingehen kann.

Die entwickelten standardisierten Repräsentationsschemata können somit nur als Hypothesen für multifunktionale Repräsentationen betrachtet werden. Die Integration neuer lexikalischer Quellen und Veränderungen in bereits integrierten Quellen können zu Änderungen im Repräsentationsschema führen. Häufig muß man erkennen, daß nicht sämtliche in neu zu integrierenden lexikalischen Quellen enthaltenen Informationen in dem vorgegebenen Schema repräsentierbar sind, z.B. weil diese Informationen theorie- bzw. benutzerspezifisch sind. Eine Vereinheitlichung in einem vorgegebenen Schema kann in diesem Fall also nur um den Preis eines Verlustes an Informationen vorgenommen werden. Will man diesen Informationsverlust nicht in Kauf nehmen, muß das vorgegebene Schema bestenfalls an die neu zu integrierende Quelle angepaßt werden. Dabei hat jede Veränderung des Schemas einen Neuaufbau der Repräsentationsebene zur Folge.[2] Dazu müssen dann die entsprechenden Compiler bzw. Konverter der Import-und Exportebene, die den Import bzw. den Export realisieren, an das veränderte Repräsentationsmodell angepaßt werden.

Entgegen bisherigen LKB-Konzeptionen innerhalb eines Wiederverwertungsszenarios, die auf dem Standardisierungsprinzip beruhen, wird in diesem Kapitel ein neuer, auf dem Dynamisierungsprinzip basierender Ansatz vorgestellt.

In welcher Hinsicht sich das Dynamisierungsprinzip vom Standardisierungsprinzip unterscheidet wird dabei in Abschnitt 2.1 erläutert. Eine Standardisierung von lexikalischen Informationen unterschiedlicher Herkunft macht nur dann Sinn, wenn das Ziel darin besteht, lexikalische Informationen zu vereinheitlichen. Anhand von Beispielen wird belegt, daß eine Vereinheitlichung heterogener lexikalischer Informationen nicht immer möglich ist. Vereinheitlichungen, die nicht auf der Grundlage einer universellen Theorie durchgeführt werden, haben eine Normierung zur Folge, die eine Weiterentwicklung der einzelnen Theorien eher hemmt. Eine Repräsentation lexikalischer Informationen in einem Wiederverwertungsszenario muß demzufolge in der Lage sein, neue Erkenntnisse inkrementell zu bisherigen Erkenntnissen in Beziehung zu setzen, was zwangsläufig zu einer Dynamisierung der Repräsentationsebene führen muß.

Welche Konsequenzen sich aus einer solchen Dynamisierung der Repräsentationsebene für Organisation lexikalischen Wissens in einem Wiederverwertungsszenario ergeben, wird in Abschnitt 2.2 besprochen. Es wird gezeigt, wie mit Hilfe einer erweiterten Wissenspaketstrukturierung eine dynamische Organisation von lexikalischem Wissen in einer LKB erreicht werden kann. Dazu wird die Strukturierung in Wissenspakete (WPs), wie sie [Gust, 1986] und [Wachsmuth, 1987; Wachsmuth, 1989] bzw. [Wachsmuth und Gängler, 1991] postulieren, an den speziellen Anwendungsbereich der Wiederverwertung lexikalischer Ressourcen angepaßt und um Konversionsvorrichtungen, sowie ein Reversibilitätsprinzip ergänzt. Aufbauend auf die in [Wachsmuth, 1989] vorgeschlagenen Rahmenprinzipien werden Prinzipien entwickelt, nach denen die Informationen eines Lexikoneintrages auf Wissenspakete verteilt werden. Die Dynamik der aus diesen Prinzipien resultierenden WP-Struktur verschafft der LKB die Möglichkeit, die Organisation des in ihr abgelegten

[2]Zur Verdeutlichung betrachte man die Architektur eines auf Standardisierung basierenden Wiederverwertungsszenarios in Abbildung 0.1 der Einleitung dieses Buches.

lexikalischen Wissens, automatisch an neue Erkenntnisse (Identifikation weiterer Invarianzen und falscher Korrelationshypothesen) und Anforderungen (Berücksichtigung neu hinzukommender Lexikonlieferanten und -kunden) anzupassen. Die Verwaltung einer solchen WP-Struktur kann dabei nicht dem Nutzer der LKB überlassen werden, sondern muß automatisch erfolgen. Eine zu diesem Zweck vorgenommene graphentheoretische Analyse der Wissenspaketstrukturen, die durch Anwendung der Strukturierungsprinzipien generiert werden, führt zum Konzept der normalisierten Ebenenstruktur. Für diese Subklasse der reflexiven Graphen mit speziellen Eindeutigkeits- und Normalisierungsbedingungen können strukturelle Komplexitätsabschätzungen vorgenommen werden. Darüber hinaus erlaubt diese Subklasse der reflexiven Graphen eine formale Beschreibung strukturerhaltender Einfüge- und Löschoperationen, auf deren Grundlage eine automatische Verwaltung solcher Strukturen realisiert werden kann.

In Abschnitt 2.3 werden schließlich theoretische und praktische Anwendungen des äquilibristisches und dynamisches Strukturierungskonzeptes beschrieben. In einer Feldstudie zur Kodierung transitiver und intransitiver Verben in CUG-, GPSG, HPSG- und LFG-Lexika geht es darum

- den mit der Strukturierung einhergehenden Integrationsprozeß zu veranschaulichen,
- die lexikologischen Erkenntnisse anzudeuten, die mit dem Strukturierungskonzept gewonnen werden können, und
- maschinelle Verfahren zum datenbasierten Aufdecken interlexikalischer Invarianzen vorzubereiten.

Neben den theoretischen Perspektiven, die sich aus dem Strukturierungskonzept ergeben, scheint das Sprachlehrszenario besonders geeignet zu sein, um die praktischen Perspektiven aufzuzeigen. Das Strukturierungskonzept dient hier zur Unterstützung des Lexikonaufbaus und der Lexikonwartung.

2.1 Zwei Prinzipien des Lexikonimports und Lexikonexports

Siegfried Kanngießer

2.1.1 Lexikalische Mächtigkeit und lexikalische Wiederverwertung

Es ist wohl unbestritten, daß in der Computerlinguistik (CL) und der sprachorientierten Künstlichen Intelligenz (KI) mit Nachdruck das Ziel verfolgt werden muß, sprachbeherrschende Computersysteme zu entwickeln, deren Mächtigkeit in etwa der Mächtigkeit wohletablierter Datenbanksysteme vergleichbar ist. Nur dann, wenn dieses Ziel erreicht wird, ist die Anwendungsrelevanz, die beide Disziplinen für sich reklamieren, faktisch gegeben. Unbestritten ist wohl auch, daß dieses Ziel nur dann erreicht werden kann, wenn bei seiner Verfolgung auf die Ergebnisse der vorgängig betriebenen Forschung systematisch zurückgegriffen werden kann. Dies gilt, da jedes sprachbeherrschende Computersystem über ein Lexikon verfügen muß, auch bezüglich der Ergebnisse der CL/KI-Lexikologie - was bedeutet, daß bei der Entwicklung mächtiger Systeme dieser Art auf bereits verfügbare lexikalische Repräsentationen zurückgegriffen werden muß. Die Wiederverwertung dieser Repräsentationen sollte, auf den ersten Blick hin, unproblematisch sein; der zweite, genauere Blick zeigt jedoch, daß sie es nicht ist, da die Repräsentationen, die zur Wiederverwertung anstehen, unter teilweise hochgradig voneinander verschiedenen Prämissen gewonnen wurden und entsprechend divergieren. Diese Divergenz ist es, die die Wiederverwertung lexikalischer Informationen zu einem Problem macht. Dieses Problem fällt sehr wohl ins Gewicht, denn es ist nicht zu erwarten, daß die Divergenz der verfügbaren lexikalischen Ressourcen zu einem Ende kommen wird; die Diversifikationen, zu denen es in der lexikologischen Forschung stets erneut kommt, haben zwangsläufig die Diversifikation der resultierenden lexikalischen Repräsentationen zur Folge. Insofern ist das Wiederverwertungsproblem, weil es sich aus der Konsequenz der Dynamik der Forschung ergibt, ein permanentes Problem; CL und KI in praktischer Absicht zu betreiben, heißt somit immer auch, mit diesem Problem konfrontiert zu sein.

Selbstverständlich fehlt es nicht an Versuchen, das Wiederverwertungsproblem einer Lösung zuzuführen. Allen diesen Versuchen ist gemein, daß in ihrem Rahmen für die Verwendung einer Repräsentationssprache optiert wird, die hinreichend mächtig ist, um beliebige lexikalische Informationen ausdrücken zu können. Derartige Sprachen gibt es, und eine Option für sie ist sicher unerläßlich. Aber die Option für eine Sprache ist noch keine Lösung des Wiederverwertbarkeitsproblems. Entscheidend ist, wie von ihr im Zuge der Versuche, diesem Problem beizukommen, Gebrauch gemacht wird. Entscheidend ist, welche Prinzipien diese Versuche bestimmen.

2.1.2 Standardisierungsprinzip der Lexikonwiederverwertung

Das Wiederverwertbarkeitsproblem ist das Problem der Integration divergenter lexikalischer Repräsentationen. Ersichtlich entfällt dieses Problem - und zwar vollständig -, wenn diese repräsentionellen Divergenzen beseitigt werden, und aus dieser Einsicht heraus resultiert ein Prinzip, das nahezu allen Versuchen, die Wiederverwertung lexikalischer Information zu ermöglichen, zugrundeliegt; es ist dies das Prinzip der Wiederverwertung durch vereinheitlichende Standardisierung. Die Standardisierung besteht - grob, aber nicht vergröbernd gesagt - darin, daß die divergente lexikalische Information in ein einheitliches Repräsentationsformat überführt wird. Ein Wiederverwertungsversuch, der diesem Prinzip entsprechend ins Werk gesetzt wird, geht in etwa wie folgt vonstatten: Es wird eine endliche Menge von zur Wiederverwertung anstehenden lexikalischen Ressourcen - Corpora, maschinenlesbare Wörterbücher, lexikalische Datenbanken oder theoriespezifisch aufgebaute CL/KI-Lexika - verfügbar gemacht. Die in ihnen enthaltenen lexikalischen Informationen werden auf der Basis eines generellen Repräsentationsschemas in die gewählte Repräsentationssprache überführt; diese Überführung wird durch Compiler beziehungsweise Konverter ermöglicht und durch die Verwendung einschlägiger Werkzeuge unterstützt. Dem so erreichten Lexikonimport, dem die Vereinheitlichung der Ausgangsinformationen inhärent ist, steht ein Lexikonexport gegenüber, der darin besteht, daß die vereinheitlichte lexikalische Repräsentation in anwendungsspezifische, nach Möglichkeit benutzerfreundliche Repräsentationen überführt wird, wobei Compiler oder Konverter und einschlägige Werkzeuge wiederum die Rolle spielen, die sie beim Lexikonimport spielen. Schematisch läßt sich diese Konzeption des Lexikonimports und Lexikonexports wie in Abbildung 0.1 in der Einleitung dieses Buches veranschaulichen.

Ein Vorgehen wie das in Abbildung 0.1 charakterisierte scheint auf den ersten Blick hin unproblematisch möglich zu sein. Aber auch hier zeigt der zweite, genauere Blick, daß keine Rede davon sein kann, daß ein solches Vorgehen keine Probleme in sich birgt - es ist vielmehr hochgradig problemanfällig.

Dies ist deshalb der Fall, weil das Standardisierungsprinzip Voraussetzungen beinhaltet, von denen einerseits nicht sicher ist, ob sie haltbar sind, und von denen andererseits unklar ist, ob sie adäquaterweise eingegangen werden können, um lexikalische Informationen wiederverwertbar zu machen.

2.1.3 Interlexikalische Invarianzen und interlexikalische Divergenzen

Eine Schwäche des Standardisierungsprinzips der Lexikonwiederverwertung dürfte offensichtlich sein: seine Anwendung führt zwangsläufig zu Informationsverlusten. Durch die Vereinheitlichung geht die Information über die Herkunft der importierten Lexika definitiv verloren; insofern ist die Vereinheitlichung nur dann adäquaterweise möglich, wenn die Annahme zutrifft, daß die Information über die Quelle der lexikalischen Information im Lexikonexport keine Rolle spielt. Entsprechendes gilt für die Information über interlexikalische Divergenzen, die durch die Vereinheitlichung ebenfalls hinfällig wird. Es kann aber sehr wohl - und zwar auch und gerade im Rahmen von CL/KI-Anwendungen - der Fall sein, daß es Lexikonexporte gibt, die nur dann relevant sind, wenn der Ursprung der zur Verfügung gestellten lexikalischen Information erkennbar bleibt und Auskunft darüber gegeben wird, wie sich diese Information von anderen, vergleichbaren lexikalischen Informationen unterscheidet. Insofern kann das Standardisierungsprinzip zu Inadäquatheiten des Lexikonexports führen. Aber der Hinweis auf diese offenkundige, letztlich wohl auch behebbare Schwäche ergibt keinen grundsätzlichen Einwand gegen dieses Prinzip. Gegen grundsätzliche Einwände ist das Standardisierungsprinzip jedoch durchaus nicht gefeit. Diese Einwände, die sehr wohl zu Buche schlagen, werden möglich, weil die Grundannahmen, unter denen das Prinzip zur Anwendung kommt, keineswegs so gesichert sind, daß sie unproblematisch vorausgesetzt werden könnten.

Das Prinzip der Standardisierung setzt es offenkundig voraus, daß die lexikalischen Repräsentationen, die interlexikalisch divergieren, stets und unproblematisch - also ohne Verlust an lexikonspezifischer Information - vereinheitlicht werden können. Diese Voraussetzung ist sehr stark, und sie dürfte in einer Mehrzahl von Fällen kaum haltbar sein. Denn ersichtlich kann die Spezifik von zwei beliebigen Lexika so ausgeprägt sein (und nicht in allen, aber eben doch in einer Vielzahl von Fällen ist sie so ausgeprägt), daß die konsistente und vollständige Vereinheitlichung dieser Lexika nicht möglich ist. Diesem Problem ist nicht dadurch beizukommen, daß gewisse, stark vereinheitlichungsresistente Lexika aus dem Wiederverwertungsprozeß ausgeschlossen werden - ein solcher Ausschluß würde die Vereinheitlichung unvollständig und damit unecht machen. Ihm kann auch nicht dadurch beigekommen werden, daß die Vereinheitlichung dadurch erzwungen wird, daß resistente interlexikalische Divergenzen vernachlässigt werden; die Informationsverluste, die diese Vernachlässigung zur Folge hat, würden die Vereinheitlichung wiederum unecht machen. Die generelle Geltung des Standardisierungsprinzips kann also, da das Problem des Auftretens starker interlexikalischer Divergenzen nicht aus der Welt geschafft werden kann, sehr wohl in Zweifel gezogen werden.

Sie kann nicht nur in Zweifel gezogen werden; sie muß sogar in Zweifel gezogen werden. Lexikalische Wiederverwertung ist, im Kern, die Wiederverwertung von Lexikoneinträgen, also - grob, aber nicht vergröbernd gesagt - von Paaren $\langle \alpha, str \rangle$ wobei ein α ein vokabulares Element und *str* ein Strukturindex ist, der angibt, wie sich α grammatisch verhält. Das grammatische Verhalten von α ist jedoch, trivialerweise, keine unabhängig gegebene Größe, sondern stets ein Verhalten relativ zu einer Grammatik Γ; es wird somit bestimmt von den Prinzipien, die Γ strukturieren, sowie von der Architektur, die sich den Strukturierungsprinzipien entsprechend ergibt. Der Strukturindex reflektiert diese Determination des grammatischen Verhaltens des vokabularen Elementes; er ist somit - unbestreitbar und wohl auch unbestritten - eine theorieabhängige Größe. Wenn Paare $\langle \alpha, \mathrm{ART} \rangle$ $\langle \beta, \mathrm{N} \rangle$, $\langle \gamma, \mathrm{V} \rangle$ unter Wiederverwertungsgesichtspunkten betrachtet werden, betrachtet man also nicht einfach als Artikel, Nomen und als Verb kategorisierte vokabulare Elemente, sondern es werden vokabulare Elemente betrachtet, die modulo Γ als ART, N und V kategorisiert wurden. Die grob gefaßte Feststellung, daß lexikalische Wiederverwertung die Wiederverwertung von Paaren $\langle \alpha, str \rangle$ ist, besagt also in ausdifferenzierter Form, daß es um die Wiederverwertung des grammatischen - insbesondere des syntaktischen, morphologischen und semantischen - Verhaltens von α geht, das durch *str* modulo Γ festgelegt ist. Die Standardisierung, die lexikalische Wiederverwertung ermöglichen soll, muß somit in erster Instanz, die Standardisierung eines theorierelativ festgelegten grammatischen Verhaltens sein; sie ist damit, in letzter Instanz, Theoriestandardisierung, also Theorievereinheitlichung. Die lexikalische Wiederverwertung im Modus der Standardisierung ist demzufolge genau in dem Gerade möglich, in dem es möglich ist, Grammatiken und die ihnen zugrundeliegenden Theorien - die Grammatiktheorien - zu vereinheitlichen. Diese Vereinheitlichungsmöglichkeit ist jedoch nicht uneingeschränkt gegeben; sie ist versperrt -

und zwar systematisch versperrt -, wenn Grammatiken ins Blickfeld geraten, die auf einander zumindest partiell wechselseitig ausschließenden theoretischen Annahmen beruhen und in deren Konsequenz empirische Aussagen beinhalten, die inkonsistent miteinander sind. Zusammenfassend gesagt: die lexikalische Wiederverwertung durch Vereinheitlichung ist genau dann nicht uneingeschränkt gegeben, wenn sie in einer Situation, in der Theorien miteinander konfligieren - kurz: in einer K-Situation -, ins Werk gesetzt werden soll.

Derartige Situationen treten, wie von [Kanngießer, 1993] demonstriert und auch von [Hötker et al., 1994] dargelegt wurde, regulär auf. Man kann geradezu sagen, daß das Fortschreiten der linguistischen Erkenntnis in Folgen von aufgelösten K-Situationen besteht. Diese Auflösung aber - die nicht umstandslos möglich ist, sondern sich in Konsequenz tiefgehender und weitreichender theoretischer und empirischer Arbeit ergibt - führt ihrerseits wiederum zur Entstehung neuer K-Situationen: Fortschritt der Erkenntnis ermöglicht weiteren Erkenntnisfortschritt; der aber resultiert, da er nicht in gerader Linie verläuft, aus der Entstehung und Auflösung von K-Situationen. Eben dies macht die Nicht-Abgeschlossenheit der Wissenschaften aus, und diese Nicht-Abgeschlossenheit ist es, die einen abschließenden Erfolg der angesprochenen Vereinheitlichungsversuche letztendlich unmöglich macht. Sie macht es damit auch unmöglich, das Problem der Wiederverwertung lexikalischer Informationen im Modus der Standardisierung abschließend lösen zu können.

Diese Feststellungen - die im übrigen keinerlei neue methodologischen Einsichten beinhalten, sondern eher als methodologische Gemeinplätze zu betrachten sind - sind zwar sehr allgemein gefaßt, aber sie lassen sich geradezu mühelos konkretisieren. Eine Grammatik Γ_1, die auf Grund einer bestimmten und guten Hypothese über die Struktur von Wortarten vierzig direkt terminierende syntaktische Kategorien umfaßt, und eine Grammatik Γ_2, die auf Grund einer bestimmten anderen, ebenfalls guten Hypothese über die Struktur von Wortarten lediglich vierzehn derartige Kategorien enthält, können offenkundig und trivialerweise nicht abschließend vereinheitlicht werden. Eine Grammatik Γ_3, in der auf Grund von generellen und gut begründeten Annahmen über syntaktische Strukturen die englische Vokabel „to" in „to swim" als synkategoriales Element betrachtet wird, und eine Grammatik Γ_4, in der eben dieses „to" auf Grund subtiler syntaxtheoretischer Überlegungen als Verb, und zwar als Anhebungsverb, behandelt wird (genauso wird „to" in der HPSG, genauer: in der von [Pollard und Sag, 1994] angegebenen HPSG-Version, und in der von [Gazdar et al., 1985] charakterisierten GPSG kategorisiert), können nicht abschließend vereinheitlicht werden: „to" ist entweder ein Anhebungsverb oder ein synkategorematisches Element; es ist unmöglich, diese beiden „to"-Konzepte vereinheitlichend auf einen Nenner zu bringen. Eine Grammatik Γ_5, die das Wortartenkonzept von Γ_1 und das „to"-Konzept von Γ_3 beinhaltet, und eine Grammatik Γ_6, die das Wortartenkonzept von Γ_2 und das „to"-Konzept von Γ_4 inkorporiert - Grammatiken dieser Art sind offenkundig möglich -, sind einer abschließenden Vereinheitlichung mit Sicherheit nicht zugänglich. Eine Grammatik Γ_6, in der syntaktische Information und morphologische Information separat kodiert werden, und eine Grammatik Γ_7, in der die morphologische Struktur nach dem Vorbild der von [Chomsky, 1981] begründeten GB-Konzeption der Grammatik syntaktisch aufgelöst wird, sind architektonisch so stark voneinander verschieden, daß es unmöglich ist, diese beiden Grammatiken zu vereinheitlichen; folglich ist es auch unmöglich, die Γ_6-Lexikoneinträge und die Γ_7-Lexikoneinträge im Modus der Standardisierung informationserhaltend auf einen Nenner zu bringen. - Allgemein gesagt: es gibt divergierende Grammatiken und divergierende Grammatiktheorien; je ausgeprägter die Divergenz zwischen irgendzwei Grammatiken und den zugrundeliegenden Grammatiktheorien ist, desto geringer ist die Möglichkeit, die Vereinheitlichung dieser Grammatiken und Grammatiktheorien mit abschließendem Erfolg ins Werk setzen zu können. HPSG und GB lassen sich nicht zu einem konsistenten theoretischem System HPSG/GB zusammenfassen; die strukturierenden Prinzipien und die Architektur von HPSG einerseits und GB andererseits sind so grundlegend verschieden voneinander, daß eine derartige Integration nicht möglich ist - und weil sie nicht möglich ist, sind GB und HPSG vereinheitlichungsresistent gegeneinander. Aus den nämlichen Gründen ist die von [Bresnan und Kaplan, 1982] systematisierte LFG vereinigungsresistent gegenüber beiden; dasselbe gilt in der umgekehrten Richtung - folglich ist es nicht möglich, die Gesamtmenge der LFG-Lexikoneinträge, HPSG-Lexikoneinträge und GB-Lexikoneinträge abschließend zu vereinheitlichen. Damit aber ist der Wiederverwertung der einschlägigen lexikalischen Information im Modus der Standardisierung eine nicht überschreitbare Grenze gesetzt. Dies gilt auch in Ansehung semantischer Tatbestände; die von [Montague, 1973] entwickelte Semantik und die von [Kamp, 1981] in Form der DRT konzipierte Semantik sind - unerachtet des Umstandes, daß die DRT eine Weiterentwicklung der Montague-Semantik ist - strikt prämissenverschieden voneinander. Diese Prämissenverschiedenheit manifestiert sich unter anderem darin, daß die DRT nicht-kompositionell, die Montague-Semantik dagegen auf rigide Art kompositionell ist. Diese beiden Theorieeigenschaften schließen einander wechselseitig aus, trivialerweise; folglich sind Montague-Semantik und DRT vereinheitlichungsresistent gegeneinander - mit allen Konsequenzen, die dies für die generelle Gültigkeit des Standardisierungsprinzips der lexikalischen Wiederverwertung hat. Wie limitiert seine Anwendungsmöglichkeiten sind, erhellt sich zumal dann, wenn man die von [Suppes, 1973] und [Suppes, 1976] entwickelte relationale Semantik mit in die Betrachtung einbezieht: diese Semantik ist, im Gegensatz zur Montague-Semantik und zur DRT, variablenfrei aufgebaut, und es dürfte auf der Hand liegen, daß Semantiken, bei deren Entwicklung in zentraler Hinsicht von Variablen Gebrauch gemacht wird, und eine Semantik, die den Gebrauch von Variablen nicht vorsieht, sich nicht konsistent vereinheitlichen lassen - und diese Unmöglichkeit der Vereinheitlichung impliziert selbstverständlich, daß das Standardisierungsprinzip der lexikalischen Wiederverwertung im betrachteten Fall nicht einmal zur Anwendung kommen kann. Es gibt also Grenzen, an denen jeder Versuch, das Problem der Wiederverwertung lexikalischer Information auf der Basis des Standardisierungsprinzips abschließend zu lösen, zu seinem definitiven Ende kommt. Die nachfolgende Exemplifizierung führt in einiger Detailliertheit vor Augen, wo eine dieser Grenzen genau verläuft.

Exemplifizierung 1. Auxiliare werden im GB-Rahmen als Elemente der Kategorie INFL - kurz: I - betrachtet. Entsprechend wird dem Satz „Kim can go“ eine Baumstruktur wie die in Abbildung 2.1 angegebene zugeordnet.

Unter HPSG-Bedingungen dagegen müssen Auxiliare als Verben begriffen werden. Dem genannten Satz ist demzufolge eine Struktur wie die in Abbildung 2.2 angegebene zuzuweisen.

Es ist offensichtlich, daß die Strukturen in Abbildungen 2.1 und 2.2 einander in wesentlichen Hinsichten korrespondieren. Diese Korrespondenz könnten zu der Annahme verleiten, daß es unter dem Gesichtspunkt der Wiederverwertung lexikalischer Informa-

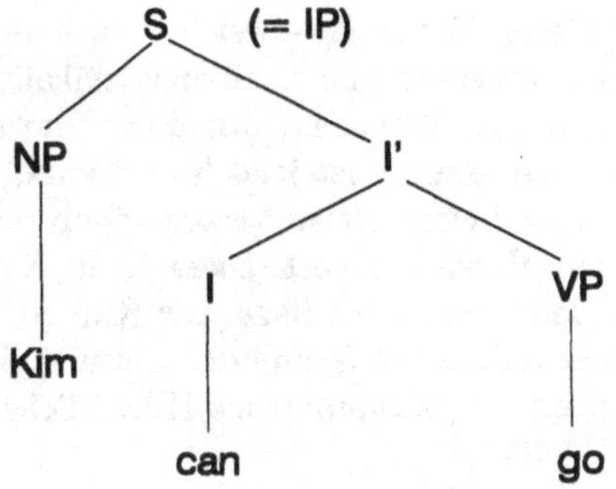

Abbildung 2.1: Kim can go - Strukturanalyse gemäß GB

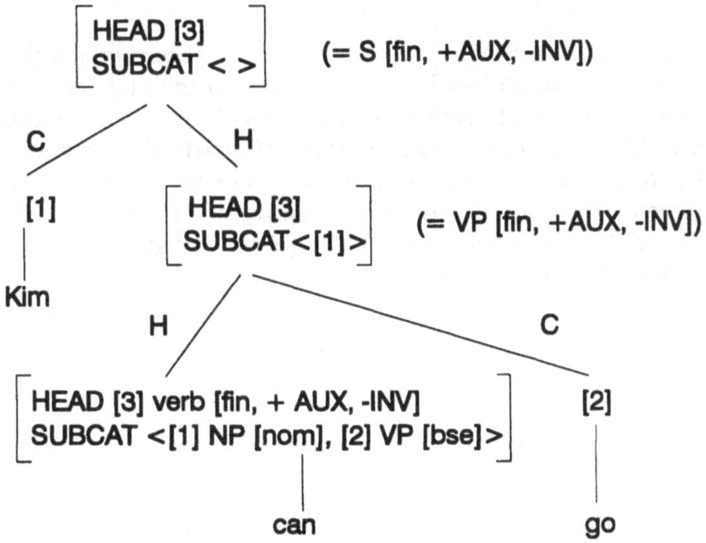

Abbildung 2.2: Kim can go - Strukturanalyse gemäß HPSG

tion zulässig sei, die Differenzen, die zwischen der GB-Analyse und der HPSG-Analyse bestehen, zu vernachlässigen, und die beiden Analysen, von den Subkategorisierungsdetails absehend, im Kern als Notationsvarianten voneinander zu betrachten und den lexikalischen Gehalt einer dieser Varianten - welcher auch immer - als den Standardfall auszuzeichnen, der der Wiederverwertung auxiliarer lexikalischer Information zugrundegelegt werden kann. Ein solches Vorgehen, das durch die angesprochene Strukturkorrespondenz nahegelegt werden könnte, ist jedoch inadäquat, denn die Information über Auxiliare, die die GB-Analyse liefert, ist keineswegs äquivalent mit der Information, die die HPSG-Analyse in dieser Hinsicht liefert. Diese Nicht-Äquivalenz wird beispielsweise dann deutlich, wenn man den invertierten Satz „can Kim go" betrachtet. Im Rahmen der HPSG ergibt sich, daß diesem Satz auf Grund der Geltung eines hier nicht näher zu spezifizierenden Saturationsprinzipes, formuliert als HPSG-Schema 3, die folgende Struktur zugeordnet werden muß:

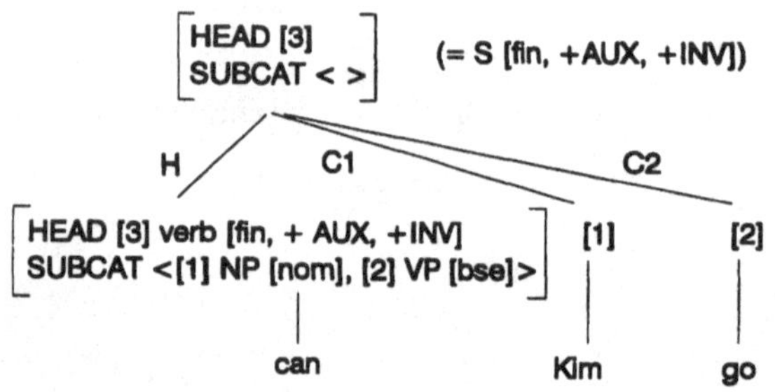

Abbildung 2.3: Can Kim go - Strukturanalyse gemäß HPSG

Ersichtlich handelt es sich bei Abbildung 2.3 um eine hochgradig abgeflachte Struktur, die es nicht zuläßt, „can go" als Konstituente oder „can" und „go" zumindest als Elemente von Konstituenten - sie können voneinander verschieden sein - zu betrachten (wobei „Konstituente" hier selbstverständlich in einem nicht-trivialen Sinn zu verstehen ist). Dieser Tatbestand wird unmittelbar deutlich, wenn man bei der HPSG-Analyse die Darstellung der internen kategorialen Struktur des lexikalischen Kopfes vernachlässigt; dann nämlich zeigt sich, daß die in Abbildung 2.4 angegebene Struktur der Kern der Struktur ist, die in Abbildung 2.3 mitgeteilt wurde:

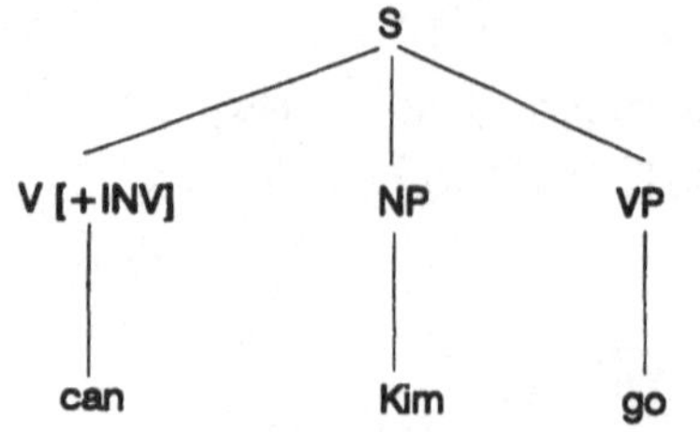

Abbildung 2.4: Can Kim go - Strukturanalyse gemäß HPSG

Im GB-Rahmen gibt es kein Gegenstück zum HPSG-Schema 3. Der invertierte Satz „can Kim go“ wird üblicherweise vielmehr unter der Voraussetzung der Kopfbewegung von I nach COMP - kurz: C - analysiert.; das Ergebnis einer solchen Analyse ist - in einer groben, hier jedoch ausreichenden Näherung - in Abbildung 2.5 angegeben:

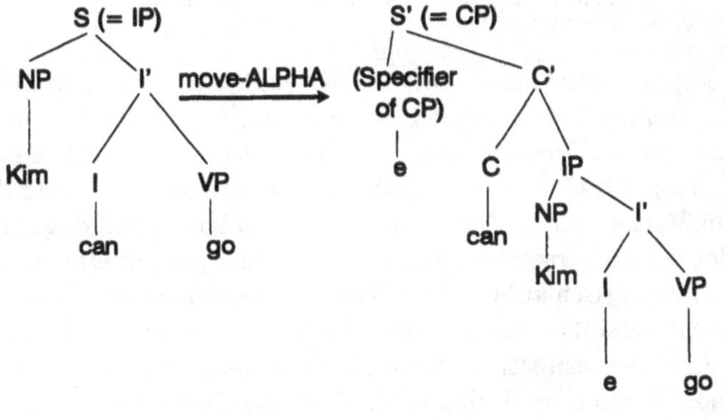

Abbildung 2.5: Can Kim go - vereinfachte Strukturanalyse gemäß GB

Ersichtlich führt diese Analyse zu einer Struktur, die reicher verzweigt als die entsprechende HPSG-Struktur in Abbildung 2.4 und insofern auch sehr viel tiefer ist als diese letztgenannte Struktur. Zwar gibt es auch in Abbildung 2.5 keine unmittelbare Konstituente „can go“ - wohl aber sind „can“ und „go“ in Abbildung 2.5 in einem nicht-trivialen Sinn Elemente von Konstituenten: in der größeren strukturellen Tiefe, die Abbildung 2.5 gegenüber Abbildung 2.4 aufweist, wird deutlich, daß die GB-Analyse zu mehr konstituentieller Organisation als die HPSG-Analyse führt.

Das Fazit, das aus diesen Betrachtungen unter dem Gesichtspunkt der Wiederverwertung lexikalischer Information - die ja, wie ausgeführt, implizit, aber unvermeidlich immer auch Wiederverwertung grammatischer und grammatiktheoretischer Information ist - zu ziehen ist, ist leicht gezogen. Die GB-Analyse von Auxiliaren einerseits und die HPSG-Analyse von Auxiliaren andererseits beruhen auf Prinzipien, die auf gravierende Art voneinander verschieden sind; die beiden Analysen führen zu Ergebnissen, die in diversen Hinsichten auf nicht triviale Art differieren und in diesen Hinsichten nicht auf einen Nenner gebracht werden können. Entsprechend beinhalten die einschlägigen Lexikoneinträge strukturell differierende Informationen. Diese Einträge sind - nicht vollständig detailliert, aber in einer hier ausreichenden Näherung - nachfolgend in den Abbildungen 2.6 und 2.7 angegeben.

$$\langle \textbf{can, I} \rangle$$

Abbildung 2.6: GB-Eintrag „can“

< can, [HEAD verb [fin, + AUX]
SUBCAT <[1] NP [nom], VP [bse]>] >

Abbildung 2.7: HPSG-Eintrag „can“

Daß diese Einträge grundverschieden voneinander sind, ist nicht unmittelbar ersichtlich - ebensowenig, wie unmittelbar ersichtlich ist, auf welche Art die Abbildungen 2.6 und 2.7 differieren. Aber an der Existenz dieser Differenz sollte nunmehr kein Zweifel mehr bestehen. In Abbildung 2.6 enthält die I-Kategorisierung von „can“ modulo GB implizit die Information, daß „can“ nach C versetzbar ist; Abbildung 2.7 dagegen enthält eine Information die eine solche Versetzbarkeit und damit auch jede intermediäre Umkategorisierung von „can“ systematisch ausschließt. Damit ergibt sich unmittelbar, daß Abbildung 2.6 und 2.7 sich nicht vereinheitlichen lassen. Es ist, anders gesagt, im Fall der Auxiliare nicht möglich, die GB-spezifischen und die HPSG-spezifische lexikalische Information konsistent zu standardisieren, und eine solche Standardisierungsmöglichkeit ist, zusammenfassend gesagt, deshalb nicht gegeben, weil HPSG und GB sich nicht vereinheitlichen lassen, da unter den Prinzipien, auf denen HPSG und GB beruhen, auch solche sind, die nicht zugleich miteinander gelten können. - *Ende der Exemplifizierung.*

Die Exemplifizierung und die ihr vorausgehenden allgemeinen Bemerkungen dürften deutlich gemacht haben, daß es interlexikalische Divergenzen gibt, die durch Standardisierung nicht aus der Welt geschafft werden können. Das aber heißt, daß innerhalb der lexikologischen Forschung K-Situationen existieren; ihr Auftreten aber unterwirft die Anwendbarkeit des Standardisierungsprinzips strikten Einschränkungen. Seine Reichweite ist somit begrenzt; damit aber ist auch der praktische Nutzen des Prinzips durchaus fraglich.

Schließlich und vor allem aber verhält es sich so, daß die Integration neuer lexikalischer Ressourcen, die ein wesentliches Element des Wiederverwertungsprozesses ausmacht, auf der Basis des Standardisierungsprinzips in vielen Fällen nur mit einem extremen Aufwand möglich ist - wenn sie sich denn überhaupt als möglich erweisen sollte. Neue lexikalische Ressourcen sind solche Ressourcen, deren zielgerichtete und zweckbestimmte Wiederverwertung noch nicht in Angriff genommen wurde - sei es deshalb, weil die Zielsetzung und Zweckbestimmung der Wiederverwertung ihre erneute Verwendung noch nicht erforderlich gemacht hatten, oder sei es deshalb, weil diese Ressourcen als Ergebnis neuester Forschung vorliegen, so daß ihre Wiederverwertung noch kein Thema sein konnte. Jede dieser neuen Ressourcen stellt an die Vereinheitlichung spezielle Ansprüche, die tiefgehend und weitreichend sein können (und dies jedenfalls dann sind, wenn sie das Auftreten des Problems der starken interlexikalischen Divergenzen zur Folge haben). Diesen Ansprüchen wird man zwar in vielen, aber mit Sicherheit nicht in allen Fällen im Rahmen der bereits erbrachten Vereinheitlichungsleistung gerecht werden können; insbesondere kann es sich zeigen, daß das zugrundegelegte generelle Repräsentationsschema für die Vereinheitlichung unzureichend ist und entsprechend abgeändert werden muß. Dieser Abänderungsfall kann sukzessive, mit der Integration einer jeden neuen lexikalischen Ressource, auftreten - die Notwendigkeit einer sukzessiven Veränderung des Schemas kann nicht ausgeschlossen werden. Jede derartige Abänderung muß die Abdeckungsbreite des Schemas ausweiten und die Konsistenz mit den bisherigen Abdeckungen erhalten - ein zweifellos aufwendiger Vorgang, der zudem sehr kostenintensiv sein kann, weil es in seiner Konsequenz möglich werden kann, daß sämtliche zum Import und Export verwendeten Compiler abgeändert und neue einschlägige Werkzeuge entwickelt werden müssen. Der Umstand, daß das Erfordernis einer sukzessiven Veränderung des Repräsentationsschemas nicht ausgeschlossen werden kann, macht insbesondere deutlich, daß die intendierte Vereinheitlichung nicht abschließend vorgenommen werden kann; ihr Abschluß ist nicht möglich, weil sich das Problem der Integration neuer lexikalischer Ressourcen stets neu stellt.

Dieses Problem stellt sich deshalb stets erneut, weil die Grammatiktheorien und die auf ihnen beruhenden Grammatiken, um Fortschritte der linguistischen Erkenntnis und Erkenntnisfortschritte im CL/KI-Rahmen erzielen zu können, beständig weiterentwickelt, also vertieft und ausdifferenziert werden müssen; folglich entstehen, im Zuge der Entwicklung neuer lexikalischer Ressourcen, immer wieder K-Situationen, die eine abschließende Vereinheitlichung divergierender Lexika ausschließen. Die folgende, an im Stuttgarter SFB 340 durchgeführte Forschungen anschließende Exemplifizierung - die im Gegensatz zur ersten Exemplifizierung nicht syntaktische, sondern semantische Tatbestände betrifft - stellt vergleichsweise detailliert vor Augen, wie Entwicklungen im theoretischen Bereich zur Entstehung einer neuen lexikalischen Ressource führen können, die so beschaffen ist, daß es nicht möglich ist, sie und bereits verfügbare lexikalische Ressourcen abschließend zu vereinheitlichen.

Exemplifizierung 2. Die HPSG, auf die in der ersten Exemplifizierung bezug genommen wurde - sie soll, da sie in der von [Pollard und Sag, 1994] vorgelegten HPSG einen Vorläufer hat, als HPSG-II bezeichnet werden - umfaßt eine Satzsemantik, bei der es sich um eine vereinfachte Form der von [Barwise und Perry, 1983] entwickelten Situationssemantik handelt. Im Rahmen der HPSG-II-Semantik wird so verfahren, daß denotative Ambiguitäten von Sätzen, die ihren Grund in unterschiedlichen Geltungsbereichen von unterschiedlichen Quantoren haben, ausmultipliziert werden. Entsprechend werden dem Satz „Every student knows a poem" die beiden in Abbildung 2.8 und 2.9 mitgeteilten semantischen Strukturen zugeordnet, die die beiden Lesarten des Satzes repräsentieren, wobei die in Abbildung 2.10 angegebenen Spezifizierungen gelten.

Die Semantik der HPSG-II ist, wie die Abbildungen 2.8 bis 2.10 klar vor Augen stellen, eine Semantik, die der Frege/Tarski-Tradition der semantischen Forschung verpflichtet ist: sie ist kompositionell, und sie ist wahrheitsfunktional; insofern entspricht sie den Anforderungen, die in der Linguistik wie auch im Rahmen der CL und KI üblicherweise (aber, um dies bereits vorab zu sagen, durchaus nicht mit zwingender Notwendigkeit) geltend gemacht werden, wenn es um den Aufbau einer Semantik geht. Dessen ungeachtet ist die HPSG-II-Semantik, wie jede andere verfügbare Semantik auch, gegen Einwände nicht gefeit. Allgemein kann gegen sie eingewendet werden, daß sie von begrenzter Reichweite ist: die HPSG-II-Semantik ist, wie zuvor bereits angemerkt wurde, eine reine Satzsemantik; entsprechend kann im Rahmen dieser Semantik etwas nicht geleistet werden, das etwa im DRT-Rahmen sehr wohl geleistet werden kann - nämlich die Repräsentation textsemantischer Strukturen. Ein derartiger Reichweitemangel kann als gravierend eingestuft werden, und in Konsequenz einer solchen Einstufung liegt es dann nahe zu versuchen, in die HPSG-II eine Semantik zu integrieren, vermöge derer textsemantische Zusammenhänge repräsentiert werden können.

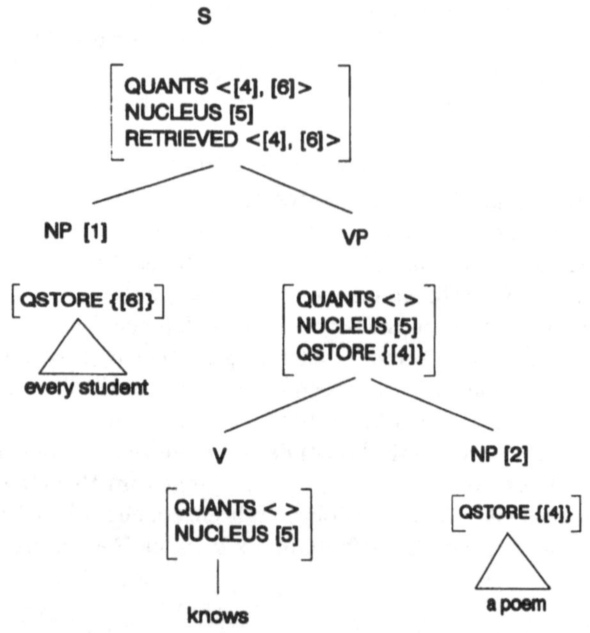

Abbildung 2.8: Every student knows a poem - 1. HPSG-Analyse

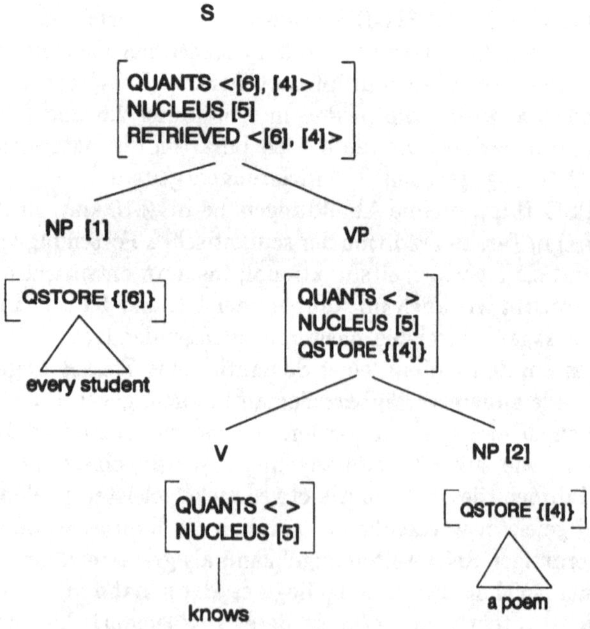

Abbildung 2.9: Every student knows a poem - 2. HPSG-Analyse

$$[6] = (\forall x_1 \mid \{student(x_1)\})$$
$$[4] = (\exists x_2 \mid \{poem(x_2)\})$$

Abbildung 2.10: Spezifizierungen der HPSG-Analyse

Natürlich sind auch spezielle Einwände möglich; einer von ihnen betrifft die in Abbildung 2.8 bis 2.10 angegebene, durch die Verwendung des Cooper-Speichers ermöglichte Modellierung, die zwar üblichen Vorgehensweisen entspricht, aber durchaus nicht unbestreitbar ist. In technischer Hinsicht läßt sich einwenden, daß die Methode des Ausmultiplizierens von Skopusrelationen zu einer kombinatorischen Explosion in der semantischen Repräsentation führen kann und vielen Fällen auch führt. Insofern ist das durch Abbildung 2.8 bis 2.10 instantiierte Repräsentationskonzept kritisierbar. Weiterhin verhält es sich so, daß dieses Ausmultiplizierungs-Konzept, wie unmittelbar evident sein dürfte, unter kognitiven Aspekten inadäquat ist. Es ist durchaus nicht notwendigerweise der Fall, daß ein Sprecher/Hörer des Englischen den Satz „Every student knows a poem“ entweder wie in Abbildung 2.8 angegeben oder wie in Abbildung 2.9 angegeben verstehen und diese Verstehensalternative situationsspezifisch entscheiden muß - tertium datur: er kann diesen Status auch diesseits oder jenseits der Verstehensalternative, also unterbestimmt verstehen. Der Satz hat also noch eine dritte Lesart, die durch die unterspezifizierte Denotation des Satzes gegeben ist. Die aber kann im Rahmen der HPSG-II-Semantik, da sie auf das Konzept des Ausmultiplizierens verpflichtet ist, nicht repräsentiert werden. Dieses Repräsentationsdefizit - denn um ein solches handelt es sich zweifellos - weist die DRT dagegen nicht auf, denn in ihr können die intermediären Elemente der semantischen Repräsentation - die Diskursrepräsentationsstrukturen, kurz: die DRSen beziehungsweise die Boxen - unterbestimmt konzipiert werden. Unterbestimmte DRSen - kurz: UDRSen - sind im Prinzip nichts anderes als Graphen, die Halbordnungen zwischen Knoten wiedergeben. Die unterspezifizierte Denotation des Satzes „Jedes Kind kennt einen Reim“ der dem bislang betrachteten englischen Satz strukturell offenbar vollständig entspricht, ist durch die in Abbildung 2.11 angegebene Boxenkonfiguration repräsentierbar:

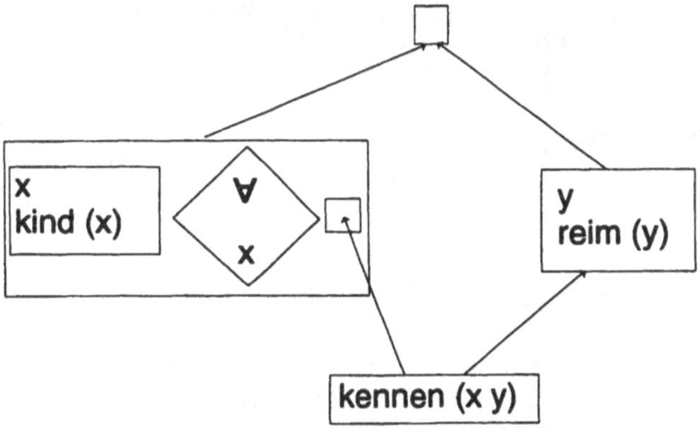

Abbildung 2.11: Jedes Kind kennt einen Reim - DRS-Repräsentation

Die voll spezifizierten Lesarten können dann modulo Abbildung 2.11 entwickelt werden, indem - auf eine hier nicht zur Debatte zu stellende Art - spezielle Subordinationsinformation in die Repräsentation integriert wird.

Die Hinweise auf die Kapazitätsunterschiede und Adäquatheitsdifferenzen, die zwischen der HPSG-II-Semantik und der DRT bestehen, könnten den Versuch als lohnenswert erscheinen lassen, die HPSG-II zu einer HPSG-III weiterzuentwickeln, in der die DRT die Rolle spielt, die die Situationssemantik in der HPSG-II spielt. Um diesen Versuch realisieren zu können, müssen die UDRSen in Form von getypten Merkmalstrukturen, die bestimmten semantischen Prinzipien genügen, an die HPSG-II-Syntax angeschlossen werden. Dies ist im Prinzip möglich (cf. [Frank und Reyle, 1992] einerseits, [König, 1994] andererseits); entsprechend ist die HPSG-III in der avisierten Form möglich. In ihr fungieren die UDRSen als Werte des CONT-Merkmals. Dabei ist es erforderlich, die Bedingungen, denen die unterspezifizierten Boxen genügen müssen, sowie die zwischen diesen Bedingungen bestehenden Halbordnungsrelationen explizit anzugeben. Dies kann, wie den genannten Arbeiten zu entnehmen ist, dadurch ermöglicht werden, daß sogenannte Label vergeben werden, bezüglich derer die in Rede stehende Relation „≤“ erklärt ist. Ferner werden, wie nachfolgend in Abbildung 2.12 vor Augen gestellt, ausgezeichnete Label für UDRSen als Ganzes vergeben:

$$\left[\text{CONT}\left[\begin{array}{l}\text{SUBORD}\{l \leq l', \ldots\}\\ \text{UDRS}\left[\begin{array}{l}\text{LS} = \text{distinguished label}\\ \text{CONDS}\{\gamma_1, \ldots\}\end{array}\right]\end{array}\right]\right]$$

Abbildung 2.12: UDRSen als Werte des CONT-Merkmals

Damit ist, wenngleich nur in einer allerersten Näherung, die DRT-basierte HPSG-III-Semantik in ihren Grundzügen umrissen. Der Lexikoneintrag, der im Rahmen dieser Semantik für das vokabulare Element „jeder“ zu formulieren ist, ist in Abbildung 2.13 mitgeteilt:

$$\left\langle \text{jeder}, \left[\text{LOC}\left[\begin{array}{l}\text{CAT}\left[\begin{array}{l}\text{HEAD} = \text{quant}\\ \text{SUBCAT} = \langle[\text{LOC}\,[\text{CONT}\,[\text{UDRS}\,[\text{COND}\,\{[\text{LABEL} = l_{11}]\}]]]]\rangle\end{array}\right]\\ \text{CONT}\left[\begin{array}{l}\text{SUBORD} = \{l_1 \geq l_{11}, l_1 \geq l_{12}\}\\ \text{UDRS}\left[\begin{array}{l}\text{LS}\left[\begin{array}{l}\text{L-MAX} = l_1\\ \text{L-MIN} = l_{12}\end{array}\right]\\ \text{COND}\left\{\left[\begin{array}{l}\text{LABEL} = l_1\\ \text{REL} = \textit{every}\\ \text{RES} = l_{11}\\ \text{SCOPE} = l_{12}\end{array}\right]\left[\begin{array}{l}\text{LABEL} = l_{11}\\ \text{DREF} = x\end{array}\right]\right\}\end{array}\right]\end{array}\right]\end{array}\right]\right]\right\rangle$$

Abbildung 2.13: HPSG-III-Eintrag „jeder“

Der angedeutete Weg, der von der HPSG-II zu einer HPSG-III führt, ist ersichtlich beschreitbar (und er wird, wie bereits angemerkt, im SFB 340 beschritten). Die Frage, ob es sinnvoll ist, diesen Weg einzuschlagen, steht hier nicht zur Debatte - hier ist allein der Tatbestand von Interesse, daß dann, wenn dieser Weg gegangen wird, unvermeidlich eine neue, durch Abbildung 2.13 exemplarisch verdeutlichte lexikalische Ressource entsteht.

Mit deren Entstehung aber ist der Wiederverwertungsvorgang vor eine weitere Anforderung gestellt, denn durch ihn muß - trivialerweise - auch diese neu entstandene lexikalische Ressource erfaßt und in Systeme von bereits wiederverwendeter lexikalischer Informationen integriert werden. Die Frage ist, ob dies auf der Basis des Standardisierungsprinzips uneingeschränkt möglich ist.

Diese sehr allgemein gefaßte Frage läßt sich spezialisiert stellen. In der spezialisierten Fassung lautet sie: ist es möglich, die situationstheoretisch fundierte HPSG-II-Semantik und die DRT-fundierte HPSG-III Semantik zu vereinheitlichen? Es dürfte evident sein, daß die Antwort auf diese Frage nur negativ ausfallen kann. Sicher ist eine Wissenschaftsentwicklung denkbar, die zu einer Theorie führt, die die Vorzüge der DRT und der situationstheoretischen Semantik in sich vereint - aber diese Entwicklung kann, trivialerweise, nicht in einem Vereinheitlichungsprozeß bestehen. Es ist leicht einzusehen, daß es nicht möglich ist, die HPSG-II-Lexikoneinträge und die HPSG-III-Lexikoneinträge, soweit sie semantische Tatbestände betreffen, strukturerhaltend in ein einheitliches Format zu bringen. Die durch Abbildung 2.8 bis 2.10 induzierten HPSG-II-Einträge für „every" beziehungsweise „jeder" - worin auch immer sie bestehen mögen - und der entsprechende HPSG-III-Eintrag in Abbildung 2.13 können nicht konform miteinander sein, denn der HPSG-III-Eintrag ist durch eine Box gegeben, und Boxen sind keine HPSG-II-Entitäten. Ihre Integration in die HPSG-II-Semantik impliziert deren Weiterentwicklung zur HPSG-III-Semantik, und eine solche Weiterentwicklung ist alles andere als eine Vereinheitlichung. Die strukturerhaltende Vereinheitlichung der in Rede stehenden Einträge ist somit nicht möglich. Dies gilt auch deshalb, weil der HPSG-III-Eintrag in Abbildung 2.4, im Gegensatz zu den von Abbildung 2.8 bis 2.10 induzierten HPSG-II-Einträgen, unterbestimmte semantische Information liefert. Diese Unterbestimmtheit macht, wenn die voll spezifizierte semantische Information abgeleitet werden soll, die angedeuteten DRT-spezifischen Mechanismen des Ausmultiplizierens von Skopusrelationen erforderlich, und diese Mechanismen können keine HPSG-II-Mechanismen sein, da es in der HPSG-II nicht möglich und auch nicht erforderlich ist, semantische Information unterbestimmt zu lassen. Die Information in Abbildung 2.13, auf die der DRT-Subordinationsmechanismus zugreift, kann somit keine Information sein, die in einen HPSG-II-Eintrag konsistent integrierbar ist; insofern ist die Vereinheitlichung der zur Debatte stehenden HPSG-II-Einträge und HPSG-III-Einträge nicht möglich. Das aber heißt auch, daß ihre Wiederverwertung im Modus der Vereinheitlichung nicht möglich ist. Der besprochene HPSG-Fall bringt somit eine der Grenzen ins Blickfeld, die der Anwendbarkeit des Standardisierungsprinzips gesetzt sind: die Entstehung neuer lexikalischer Ressourcen kann zu einer Situation führen, in der das Prinzip versagen muß.

Zuvor wurde festgestellt, daß das Standardisierungsprinzip problemanfällig ist. Die voranstehenden Bemerkungen dürften deutlich gemacht haben, warum dies so ist: es ist problemanfällig, weil die dem Prinzip inhärenten Allgemeinheitsansprüche nicht erfüllbar sind, und dies insbesondere deshalb nicht, weil das Prinzip ein statisches Prinzip ist und auf seiner Basis demzufolge nicht der Dynamik Rechnung getragen werden kann, der bei der Wiederverwertung lexikalischer Information deshalb Rechnung getragen werden muß, weil es sich bei ihr nicht nur um die Wiederverwertung bereits verfügbarer lexikalischer Ressourcen handeln kann, sondern auch und gerade die Wiederverwertung neu entstehender beziehungsweise neu entstandener lexikalischer Ressourcen umfassen muß. -*Ende der Exemplifizierung.*

Die bisher angestellten Betrachtungen könnten die Annahme nahelegen, daß die Welt der Lexika eine Welt der interlexikalischen Divergenzen ist. Nun kann die Existenz solcher Divergenzen sicher nicht in Abrede gestellt werden, und die Probleme, die sich aus ihr für den Lexikonimport und Lexikonexport ergeben, sind keine Pseudoprobleme, sondern ins Gewicht fallende Probleme, deren Lösung dringend erforderlich ist. Um dieser Lösung näher kommen zu können, ist es angebracht, sich des Tatbestandes zu versichern, daß es eben nicht nur interlexikalische Divergenzen, sondern - komplementär zu ihnen - auch interlexikalische Invarianzen gibt. Allgemeiner gesagt: die lexikologische Forschung, die im Rahmen der Linguistik und der CL und KI betrieben wird, hat nicht nur zur Entstehung unauflösbarer K-Situationen geführt - sie hat auch K-Situationen erzeugt, die zumindest partiell auflösbar sind. In dem Umstand, daß diese partielle Auflösbarkeit gegeben ist, kommt zum Ausdruck, daß es einen Grundbestand an - in unterschiedlichen Graden gesicherten - lexikologischen Einsichten und mit ihnen verbundenen grammatischen und grammatiktheoretischen Erkenntnissen gibt, der auch unter den Bedingungen der K-Situationen nicht mehr in Frage gestellt werden kann. Daß es einen solchen Grundbestand als gesichert zu bezeichnendes Wissen gibt, verdeutlicht hinlänglich, daß die Forschung in der Tat zum Erkenntnisfortschritt geführt hat. Im Bereich der Lexikologie manifestiert sich dieser Fortschritt unter anderen in der Existenz interlexikalischer Invarianzen; genauer: in der Existenz von Lexikoneinträgen, die - obschon sie unter differierenden theoretischen Vorgaben formuliert wurden - zumindest partiell auf einander abbildbar sind. Diese partielle Abbildbarkeit ist deshalb gegeben, weil die Einträge Elemente enthalten, die invariant gegenüber den Vorgabedifferenzen sind. Diese Elemente beinhalten somit eine bei aller Verschiedenheit der Ansätze übereinstimmende theoretische und empirische Information, und eben dies macht ihre Invarianz aus. Sie können, entsprechend der Verschiedenheit der Ansätze, unterschiedlich codiert sein, aber Codierungsdifferenzen allein induzieren keine interlexikalischen Divergenzen, denn sie besagen nichts gegen die Äquivalenz der Gehalte. Codierungsdifferenzen sind, wie schon im ersten Abschnitt angedeutet wurde, im Rahmen einer hinreichend ausdrucksstarken Repräsentationssprache im Prinzip überbrückbar - gewiß nicht trivialerweise, aber doch uneingeschränkt überbrückbar.

Es liegt auf der Hand, daß die Existenz interlexikalischer Invarianzen die Wiederverwertung lexikalischer Information in eben dem Umfang begünstigt, in dem das Auftreten interlexikalischer Divergenzen sie beeinträchtigt. Bevor jedoch versucht wird, eine Resultante aus dieser Binsenwahrheit zu ziehen, soll knapp expliziert werden, auf welche Art solche Invarianzen - die es insbesondere möglich machen, interlexikalische Korrelationen zwischen Einträgen festzustellen - gegeben sind.

Exemplifizierung 3. Eine Alternative zur HPSG ist die LFG. Der syntaktische Teil eines Lexikoneintrages für das Verb „gab", wie es beispielsweise in dem Satz „Der Junge gab dem Mädchen das Buch" vorkommt, könnte sich im Rahmen der LFG - in der hier durchgängig verwendeten Quasi-Normalform für Lexikoneinträge - wie nachfolgend in Abbildung 2.14 angegeben formulieren lassen; der entsprechende HPSG-Eintrag könnte von der in Abbildung 2.15 angeführten Form sein:

⟨ gab, V
(↑TENSE) = PAST
(↑PRED = „GEBEN⟨(↑ SUBJ)(↑ OBJ)(↑ OBJ2)⟩“
(↑SUBJ CASE = NOM)
(↑OBJ CASE = ACC)
(↑OBJ2 CASE = DAT) ⟩

Abbildung 2.14: LFG-Eintrag „gab“

$$\langle \text{gab}, \boxed{5} \left[\text{SYN} \left[\begin{array}{l} \text{LOC:} \left[\begin{array}{l} \text{HEAD:} \boxed{1} \left[\begin{array}{l}\text{VFORM :FIN}\\ \text{TNS : PAST}\end{array}\right] \\ \text{SBCT:} \langle \boxed{3}\,\text{NP[acc]}, \boxed{2}\,\text{NP[dat]}\rangle \\ \text{SUBJ:} \langle\boxed{4}\,\text{NP[nom]}\rangle \end{array}\right] \\ \text{SLASH : } \langle\rangle \end{array}\right]\right]\rangle$$

Abbildung 2.15: HPSG-Eintrag „gab“

Offenkundig bestehen zwischen Abbildung 2.14 und 2.15 diverse, an dieser Stelle allerdings nicht weiter interessierende theoriebedingte Unterschiede. Offenkundig ist jedoch auch, daß diese Unterschiede weitaus weniger gewichtig sind als die Übereinstimmung, die zwischen Abbildung 2.14 und 2.15 bestehen. Mit beiden Einträgen ist, wenngleich auf unterschiedliche Art, zum Ausdruck gebracht, daß „gab“ ein transitives Verb ist - die Transitivitätsinformation ist in Abbildung 2.14 durch die PRED-Gleichung und deren anschließende Ausdifferenzierung gegeben; sie wird in Abbildung 2.15 durch die SUBCAT-Liste und die Subjektkennzeichnung geliefert. Die beiden Einträge sind zwar codierungsdifferent voneinander, aber das ändert nichts daran, daß sie, was ihren Gehalt angeht, definitiv Invarianzen aufzeigen.

Es ist wesentlich zu sehen, daß die Invarianz zwischen Abbildung 2.14 und 2.15 eine partielle Invarianz ist. Wenn die invariante Information aus ihnen extrahiert wird, bleibt divergente, theoriespezifisch differierende Information zurück, so etwa die Pfeilinformation und die HEAD-Information. Die Invarianz, die zwischen irgendzwei theoriespezifisch voneinander verschiedenen Lexikoneinträgen nachweisbar ist, ist also keinesfalls notwendigerweise vollständige Invarianz; im Gegenteil: der Normalfall, den Abbildung 2.14 und Abbildung 2.15 vor Augen stellen, ist der Fall der partiellen Invarianz. Diese Invarianz ist zudem keine Invarianz, die sich bezüglich einer und nur einer Strukturierungsebene nachweisen läßt; sie kann vielmehr ebenenspezifisch variieren. So kann sie - um diesen Gesichtspunkt zu verdeutlichen - bezüglich zweier Einträge A und B hinsichtlich des Subkategorisierungsverhaltens des Verbs gegeben sein, im Hinblick auf den Eintrag B und einen Eintrag C jedoch in Anbetracht der Verbflexion feststellbar sein, und fernerhin kann es der Fall sein, daß A und C nicht signifikante Invarianzen aufweisen. Es gibt somit, zusammenfassend gesagt, nicht nur ein und nur ein Strukturelement, bezüglich dessen sich Invarianzen zwischen Lexikoneinträgen nachweisen lassen, sondern es gibt eine durchaus heterogene Menge solcher Elemente: Invarianzen kommen nicht absolut, sondern relativ zu Strukturierungsebenen zustande. - *Ende der Exemplifizierung.*

Zuvor wurde bereits festgestellt, daß die Existenz interlexikalischer Invarianzen die Möglichkeit der Wiederverwertung lexikalischer Information begünstigt. Es dürfte sich erübrigen, diese Feststellung zu begründen; sie gilt evidentermaßen. Evident ist auch, daß es die Existenz solcher Invarianzen - und nur sie - ist, die es erlaubt, das Standardisierungsprinzip begründet anzuwenden. Diese seine begründete Anwendung ist dann allerdings nichts anderes als der Abgleich von Codierungsdifferenzen im Modus einer Standardisierung der Codierung lexikalischer Informationen. Auch eine solche begründete Anwendung des Standardisierungsprinzips ist nicht umstandslos möglich und nicht von uneingeschränkter Reichweite: sie ist von begrenzter Reichweite, weil die Invarianzen partielle Invarianzen sind, und sie ist nicht umstandslos möglich, weil der ebenenspezifischen Varianz der Invarianzen nicht ohne weiteres Rechnung getragen werden kann. Dennoch - nämlich dann, wenn günstige Bedingungen gegeben sind - eröffnet das Standardisierungsprinzip einen Weg, auf dem die Wiederverwertung lexikalischer Information möglich wird.

Allerdings führt dieser Weg nicht weit. Er endet genau an der Stelle, an der die interlexikalischen Divergenzen ins Blickfeld geraten. Diese Divergenzen - die im übrigen, trivialerweise, ebenfalls und zwar komplementär zu den Invarianzen ebenenspezifisch variieren - erzwingen den Abbruch eines jeden Vereinheitlichungsversuches; sie machen sein Scheitern unumgänglich. Der Tatbestand, daß es eben nicht nur lexikalische Invarianzen, sondern auch - und zwar nicht nur am Rande - lexikalische Divergenzen gibt, macht es somit erforderlich, nach Möglichkeiten der Wiederverwertung lexikalischer Informationen zu suchen, die nicht dem Konzept der Standardisierung und damit dem Prinzip der Vereinheitlichung verpflichtet sind. Eine dieser Möglichkeiten ist es, die im folgenden, abschließenden Abschnitt dieser Studie knapp umrissen wird.

2.1.4 Dynamisierungsprinzip der Lexikonwiederverwertung

Ein Prinzip, das alternativ zum Prinzip der Standardisierung geltend gemacht werden kann, ist das Prinzip der dynamischen Wiederverwertung lexikalischer Repräsentationen, kurz: das Dynamisierungsprinzip. Was es besagt, bleibt auszuführen; in diesem Zusammenhang vermag dann auch klar zu werden, warum auf der Basis dieses Prinzips mehr geleistet werden kann, als unter Voraussetzung des Standardisierungsprinzips zu erreichen ist.

Die Wiederverwertung lexikalischer Information unterliegt unvermeidlich den Bedingungen, die sich aus der Existenz interlexikalischer Invarianzen und Divergenzen ergeben; ein Wiederverwertungskonzept, dem Effizienz attestiert werden kann, muß es überdies gestatten, neu entstandene lexikalische Ressourcen in den Wiederverwertungsvorgang zu integrieren - schon allein deshalb ist ein dynamisches Konzept von lexikalischer Wiederverwertung unabdingbar.

Es liegt auf der Hand, daß jeder Versuch einer Wiederverwertung lexikalischer Informationen von dem in der dritten Exemplifizierung besprochenen Tatbestand ausgehen muß: es muß aus irgendzwei Lexika, die invariante Information extrahiert werden. Das Extraktionsergebnis - ein gegenüber den Divergenzen invariantes System lexikalischer Strukturen oder, in einer auf [Wachsmuth und Gängler, 1991] zurückgehenden, in [Hötker et al., 1994] etablierten Terminologie, ein Paket invarianten lexikalischen Wissens - ergibt ein Element in einer Hierarchie lexikalischer Wissenspakete, in der es den Lexika, aus denen es extrahiert wurde, übergeordnet ist.

Um diesen Ansatz, der durch die dritte Exemplifizierung nahegelegt ist, zu verdeutlichen, sei angenommen, daß eine erste Menge wiederverwertbarer Lexika wie in Abbildung 2.16 angeführt gegeben ist:

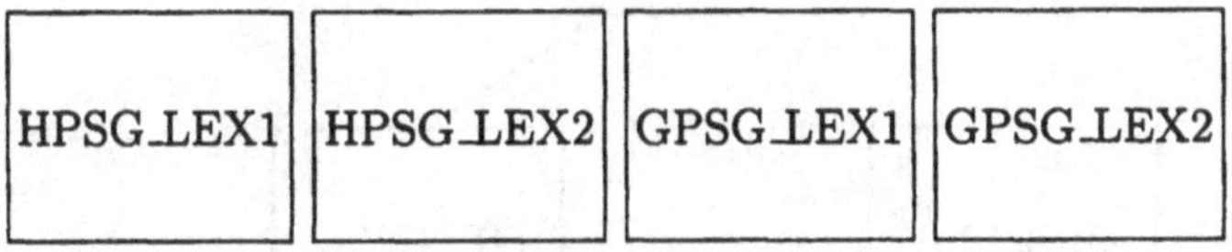

Abbildung 2.16: Erste Menge wiederverwertbarer Lexika

Durch einen Extraktionsvorgang wie den bereits angesprochenen - also durch das Aufsuchen interlexikalischer Korrelationen - kann aus HPSG_LEX1 und HPSG_LEX2 ein Wissenspaket HPSG_Inv entwickelt werden, das diejenigen lexikalischen HPSG-Informationen enthält, die gegenüber den Divergenzen, die zwischen HPSG_LEX1 und HPSG_LEX2 bestehen, invariant ist. Entsprechend läßt sich die in Abbildung 2.17 angegebene Hierarchie aufbauen:

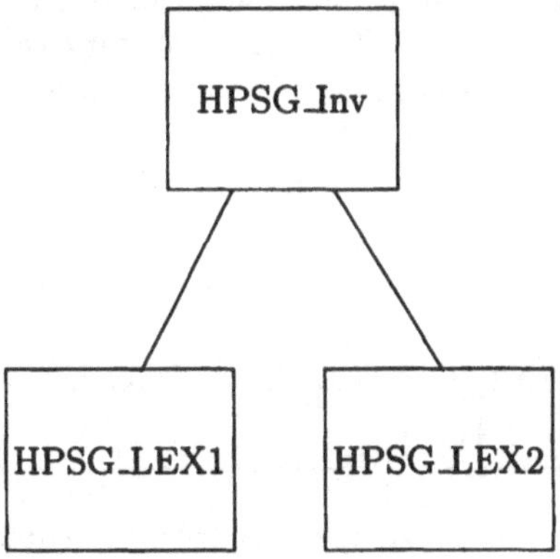

Abbildung 2.17: Lexikalische HPSG-Hierarchie

Es dürfte einleuchtend sein, daß ein solches Verfahren - wenn es denn systematisch möglich sein sollte - nicht nur auf HPSG-Lexika, sondern auch auf GPSG-Lexika anwendbar ist. Es dürfte ebenfalls einleuchtend sein, daß dieses Verfahren - seine systematische Möglichkeit vorausgesetzt - nicht nur auf Lexika, sondern auch auf Extraktionsergebnisse angewendet werden kann. Das aber bedeutet, daß relativ zu der ersten Menge zur Wiederverwertung anstehender Lexika die in Abbildung 2.18 angegebene Hierarchie entwickelt werden kann, deren Elemente zunehmend generellere Pakete invarianten lexikalischen Wissens sind:

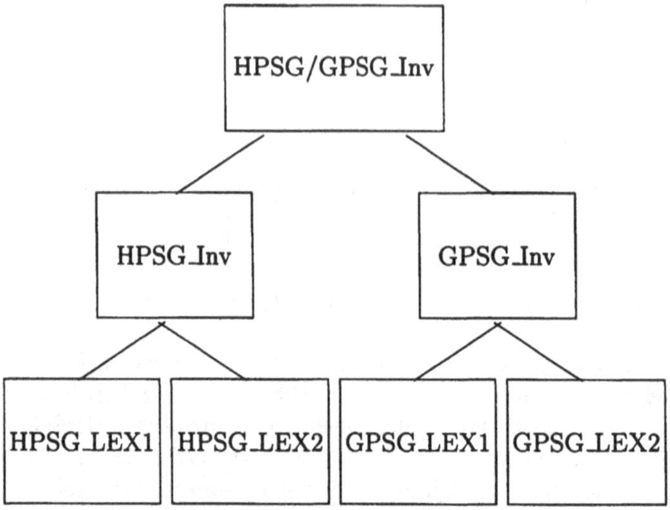

Abbildung 2.18: Lexikalische Hierarchie

Ein solches Vorgehen ist offenkundig auch dann möglich, wenn der Menge der zur Wiederverwertung anstehenden Lexika ein weiteres Lexikon hinzugefügt wird - etwa der in Abbildung 2.16 angegebenen Lexika-Menge ein LFG-Lexikon, so daß sich die in Abbildung 2.19 angegebene Lexika-Menge ergibt:

Abbildung 2.19: Zweite Menge wiederverwertbarer Lexika

Selbstverständlich ist das LFG-Lexikon ohne weiteres in den Hierarchisierungsprozeß integrierbar. Dieser Hinweis beinhaltet, wie unmittelbar einsichtig sein dürfte, auch die Feststellung, daß es zu jeder Zeit möglich ist, neue - neu zugänglich gemachte oder neu entstandene - lexikalische Ressourcen in den Prozeß einzubeziehen. Insofern ist mit dem Ansatz, der hier näherungsweise umrissen wurde, von vornherein der lexikalischen Dynamik - der Dynamik der lexikologischen Forschung - Rechnung getragen.

Der Ansatz macht es im übrigen nicht erforderlich, daß die Hierarchie als Baumstruktur aufgebaut wird. Es ist somit möglich, auf unterschiedlichen Ebenen der Hierarchie unterschiedlich granulare Invarianzen zu extrahieren. Die folgende Abbildung - sie enthält einen Ausschnitt aus der in der Einleitung angegebenen Hierarchie - dokumentiert diese Möglichkeit an Hand der Einbeziehung von LFG_LEX1 in den Hierarchisierungsprozeß:

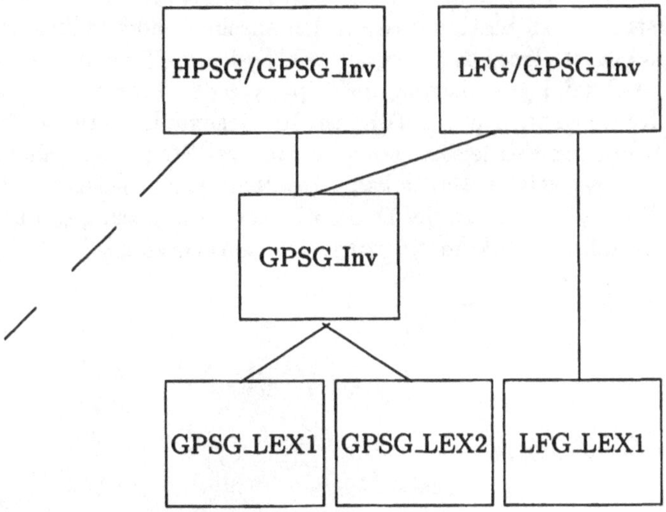

Abbildung 2.20: Lexikalische Teilhierarchie

Der hier der Idee nach umrissene Ansatz besteht im Kern ersichtlich darin, daß Lexika unterschiedlicher Art auf hierarchisch geordnete Wissenspakete verteilt werden. Zu klären ist nunmehr, wie dieser Ansatz realisiert werden kann, und was mit ihm für die Lösung des Wiederverwertbarkeitsproblems - also des Problems des Lexikonimports und Lexikonexports - gewonnen ist. Die folgenden Hinweise beinhalten eine knappe Antwort auf diese Fragen.

Um den Ansatz realisieren zu können, ist es erforderlich, das System der Wissenspakete um lokale und reversible Konverter zu erweitern; dabei ist sicherzustellen, daß die Struktur des Systems die Sichtbarkeitsbedingungen und Konsistenzbedingungen der in einer lexikalischen Datenbank abgelegten Daten wiedergibt. Die Datenbankinformationen werden - in Abhängigkeit von ihrer durch eine Korrelationsanalyse festgestellten Ableitbarkeit - auf die verschiedenen Wissenspakete verteilt. Im Rahmen dieser Konstruktion lassen sich sowohl lexikalische Divergenzen als auch lexikalische Invarianzen erfassen. Die Dynamik des Systems wird, wie es zu erwarten war, darin deutlich, daß die Integration neuer lexikalischer Ressourcen problemlos ins Werk gesetzt werden kann; sie wird möglich, weil das System Veränderungen der Systemstruktur von vornherein ermöglicht. Sie kann soweit gehen, daß auch dem System inhärente Annahmen über interlexikalische Invarianz, die relativ zu einer neu zu integrierenden lexikalischen Information nicht mehr zu halten sind, rückgängig gemacht werden können, da die Herkunft der zur Invarianzannahme führenden lexikalischen Information reproduzierbar ist - die Konsistenz des Systems wird durch einen solchen Revisionsvorgang nicht beeinträchtigt. Das Problem des Imports und Exports, das - wie gesagt - den Kern des Wiederverwertungsproblems ausmacht, ist dann durch einen von unten nach oben propagierten Umstrukturierungsprozeß lösbar, der mit der Dynamik der Repräsentation lexikalischer Daten einhergeht.

Sicher, die Darstellung des Prinzips der Dynamisierung und der Systemkonstruktion, die es erforderlich macht, war überaus kompakt. Aber diese Kompaktheit ist vertretbar, da der Ansatz, der von diesem Prozeß bestimmt ist, in den anschließenden Abschnitten 2.2 und 2.3 detailliert dargestellt ist. Trotz der Kompaktheit der Darstellung dürfte es jedoch deutlich geworden sein, daß das Dynamisierungsprinzip nicht den Problemen ausgesetzt ist, für die das Standardisierungsprinzip so anfällig ist. Im Gegenteil: es ermöglicht exakt eine Lösung dieser Probleme, und es leistet zudem an anderer Stelle mehr als vermöge des Standardisierungsprinzips geleistet werden kann. Insofern besteht jeder Anlaß zu der Annahme, daß auf der Basis des Prinzips der Dynamisierung eine Lösung des Problems der Wiederverwertung lexikalischer Informationen erreicht werden kann.

2.2 Dynamische Repräsentation interlexikalischer Invarianzen und Divergenzen in normalisierten Ebenenstrukturen

Wilfried Hötker

2.2.1 Einleitung

Die bisherige Strategie bei der Entwicklung von LKBs zeichnet sich dadurch aus, daß auf der Grundlage der zu importierenden Quellen ein Schema zur Repräsentation lexikalischer Informationen entwickelt wird. Es wird also eine gewisse Normierung bzw. Standardisierung lexikalischer Informationen vorgegeben. Mittels Compiler bzw. Konverter, werden die lexikalischen Informationen der unterschiedlichen Quellen der Importebene in dieses Repräsentationsschema überführt. Redundanzen zwischen den aus heterogenen Quellen stammenden lexikalischen Informationen werden beseitigt. Eine solche Standardisierung macht - wie im Beitrag von Siegfried Kanngießer in Abschnitt 2.1 motiviert wurde - allerdings nur dann Sinn, wenn das Ziel darin besteht, lexikalische Informationen zu vereinheitlichen. Da man einerseits zur Entwicklung eines universellen Modells zur Vereinheitlichung lexikalischer Informationen auf eine universelle Lexikontheorie angewiesen ist, andererseits aber eine solche Theorie nicht erreichbar scheint (siehe Abschnitt 2.1), hat eine Standardisierung immer zur Folge, daß inkonsistente bzw. theorie- bzw. benutzerspezifische Varianten lexikalischer Informationen (interlexikalische Divergenzen) auf eine Ebene mit theorieübergreifend interpretierbaren lexikalischen Informationen (interlexikalischen Invarianzen) gestellt werden. Dadurch sind interlexikalische Divergenzen als solche nicht mehr erkennbar. Müssen Teilbereiche des Repräsentationsschemas auf der Grundlage neuer Erkenntnisse umstrukturiert werden, besteht dadurch nicht mehr die Möglichkeit, die entsprechenden multifunktional repräsentierten lexikalischen Informationen automatisch ihren Ursprüngen wieder zuzuordnen, da die Compiler bzw. Konverter nicht invertierbar sind. Außerdem ist nicht automatisch erkennbar, welche Quellen der Import- und Exportebene von Veränderungen im Repräsentationsschema betroffen sind. Eine auf Standardisierung basierende Organisation von lexikalischen Wissen, die interlexikalische Divergenzen und interlexikalische Invarianzen nicht unterscheidet und keine Aussagen über den Ursprung der Information macht, kann auf dynamische Veränderungen der Repräsentationsebene nicht angemessen reagieren.

Deshalb muß von dem Standardisierungsprinzip Abstand genommen werden und zu einer Dynamisierung der Repräsentationsebene im Sinne des in Abschnitt 2.1 eingeführten Dynamisierungsprinzips übergegangen werden. Es muß auf der Grundlage der auf Importebene existieren Quellen und der Anforderungsprofile der Exportebene versucht werden, inkrementell möglichst viele interlexikalische Invarianzen aufzudecken und in einer Weise zu organisieren, die es erlaubt, theorie- bzw. benutzerspezifische Informationen von invarianten lexikalischen Informationen zu unterscheiden. Überdies muß gewährleistet sein, daß Rückschlüsse über den Ursprung der Information gezogen werden können, um Veränderungen im Repräsentationsmodell automatisch vornehmen zu können.

Ein anderes Problem bei bisherigen LKB-Konzeptionen sind die Abbildungen zwischen den Repräsentationsmodellen der Importebene und der Repräsentationsebene bzw. der Repräsentationsebene und der Exportebene. Diese Abbildungsproblematik tritt also in zweifacher Hinsicht auf.

1. Wenn neue lexikalische Quellen integriert werden sollen und dabei die Beziehungen zu bereits integrierten lexikalischen Informationen aufgedeckt werden müssen.

2. Wenn neue Anwendungen auf der Exportebene ihr Anforderungsprofil in Beziehung setzen müssen zu der in der LKB vorhandenen Informationsvielfalt.

Bisher existieren keine Tools, die diese Abbildungproblematik unterstützen. Die entsprechenden Abbildungen werden auf der Basis einer manuellen Analyse der lexikalischen Repräsentationen vorgenommen. An dieser Stelle würden Tools, die den Nutzer bei diesem Abbildungsproblem unterstützen, den Service erhöhen und damit den Aufwand des Nutzers erheblich verringern. Verfahren, die dabei sowohl beim Lexikonimport als auch beim Lexikonexport eingesetzt werden können, würden auf die in [Heid, 1991] aufgestellte Forderung, beide Sichtweisen in ein Szenario zu integrieren, angemessen reagieren.

Zusammenfassend ergeben sich aus dem Dynamisierungsprinzip folgende Anforderungen an ein Wiederverwertungsszenario für lexikalische Informationen:

1. Das lexikalische Wissen muß auf der Repräsentationsebene so organisiert werden, daß zwischen interlexikalischen Invarianzen und interlexikalischen Divergenzen unterschieden werden kann.

2. Die lexikalische Wissensorganisation muß reversibel und inkrementell erweiterbar sein.

3. Es müssen Tools entwickelt werden, die die Abbildungsproblematik unterstützen.

Im folgenden soll nun das theoretische und praktische Handwerkzeug vorgestellt werden, mit dem die unter Punkt 1. und 2. aufgestellten Anforderungen an ein Wiederverwertungsszenario realisiert werden können.[3]

Dazu werden die lexikalischen Informationen entsprechend ihren interlexikalischen Zusammenhängen dynamisch strukturiert. Durch eine solche Strukturierung lexikalischer Informationen können sowohl interlexikalische Divergenzen als auch interlexikalische Invarianzen „geeignet“ repräsentiert werden.

Die Dynamik in der Strukturierung kommt dadurch zum Ausdruck, daß die Integration neuer lexikalischer Quellen und Veränderungen in den bereits integrierten lexikalischen Quellen eine Modifikation der lexikalischen Wissensstrukturierung bewirken können. Da die Herkunft der lexikalischen Information reproduzierbar ist, können invariante Repräsentationen rückgängig gemacht werden. Weiter wird durch eine solche Strukturierung unterstützt, daß die Benutzer der LKB auch auf solche Informationen zugreifen können,

[3]Erste Überlegungen zur Entwicklung von Tools zur Lösung der Abbildungsproblematik werden in dem Beitrag von LUDEWIG in Abschnitt 2.3 präsentiert.

die nicht unbedingt von ihnen in die LKB eingebracht wurden, die aber für sie relevant und interpretierbar sind. Durch die Definition von Sichtbarkeitsbereichen kann der einzelne Benutzer nicht auf inkompatible, d.h. auf für ihn nicht interpretierbare oder erkannte inkonsistente Informationen anderer Ressourcen zugreifen. Dadurch erhält man mehrere, möglicherweise zueinander inkompatible Sichten auf eine LKB (Viewsystem).

Als Mechanismus für eine solche dynamische Organisation von lexikalischem Wissen verwenden wir den Mechanismus der Wissenspakete (WPs) [Gust, 1986; Wachsmuth, 1987; Wachsmuth, 1989; Wachsmuth und Gängler, 1991]. In Abschnitt 2.2.2 werden zur Beschreibung des dynamischen Strukturierungskonzepts Prinzipien zur Strukturierung lexikalischer Wissensbestände unterschiedlicher theoretischer und praktischer Provenienz formuliert und motiviert. Die Integration neuer lexikalischer Informationen und die Anpassung an neue Anforderungsprofile führt in der Regel zu Veränderungen der lexikalischen Wissensstrukturierung. Die Realisierung dieser Veränderungen kann dabei nicht der Import- bzw. Exportebene überlassen werden, sondern muß automatisch erfolgen. Deshalb müssen unter anderem Operationen definiert werden, die die Veränderungen auf Strukturebene - d.h. das Einfügen und Löschen von WPs und die damit verbundene Reorganisation der Sichtbarkeitsbeziehungen - automatisch durchführen. Da die möglichen Strukturalternativen durch die Prinzipien beschränkt sind, wird in Abschnitt 2.2.3 eine graphentheoretische Analyse der in unserem neuen Wiederverwertungsszeanrio generierbaren WP-Strukturen vorgestellt. Dazu werden WP-Strukturen als reflexive Graphen interpretiert. Eine Subklasse der reflexiven Graphen - die normalisierten Ebenenstrukturen -, die definiert ist durch spezielle Eindeutigkeitsbedingungen der Knoten und Normalisierungseigenschaften der Kanten beschreibt dann graphentheoretisch die Klasse der in unserem Wiederverwertungsszenario generierbaren WP-Strukturen. Über dieser Subklasse der reflexiven Graphen können Komplexitätsbeweise geführt und in einfacher Art und Weise strukturerhaltende Einfüge- und Löschoperationen definiert werden. Durch eine automatische Reorganisation der Sichtbarkeitsbeziehungen hinsichtlich der Normalisierungseigenschaft und durch Überprüfung der Eindeutigkeitsbedingung der Knoten kann eine Automatisierung der Reorganisation der WP-Strukturen erreicht werden. Es werden dabei nur die wirklich benötigten WPs eingeführt und auch nur die wirklich benötigten Sichtbarkeitsbeziehungen verwaltet. In Abschnitt 2.2.3.2 wird das graphentheoretische Modell vorgestellt. Beispiele und Gegenbeispiele für Ebenenstrukturen bzw. normalisierte Ebenenstrukturen findet man in Abschnitt 2.2.3.3. Abschnitt 2.2.3.4 zeigt dann welche Komplexitätsaussagen bzw. Eigenschaften für Ebenenstrukturen bzw. normalisierte Ebenenstrukturen bewiesen werden können. Schließlich wird in Abschnitt 2.2.3.5 noch darauf eingegangen, welchen praktischen Nutzen die graphentheoretischen Überlegungen für ein Wiederverwertungsszenario haben, in dem heterogene lexikalische Informationen unter Anwendung des Wissenspaketmechanismus dynamisch strukturiert werden.

Zusätzlich zu den Veränderungen auf Strukturebene sind Veränderungen auf der Datenebene durchzuführen, um eine Wissensorganisation auf der Grundlage der Prinzipien zu gewährleisten.

Mit Hilfe eines bewußt einfach gehaltenen Beispiels,[4] daß nur den Zweck verfolgt, darzustellen wie eine solche Dynamik auf der Datenebene realisiert werden kann, wird in Abschnitt 2.2.4 gezeigt,

- wie ein Transfer invarianter Repräsentationen in ein übergeordnetes WP erfolgen kann,
- welche Informationen benötigt werden um Reversibilität zu gewährleisten,
- wie auf strukturierte lexikalische Informationen zugegriffen wird und
- wo neue lexikalische Informationen auf der Basis einer bereits existierenden Wissensstrukturierung lokalisiert werden.

In einem abschließenden Ausblick werden Perspektiven aufgezeigt, die sich aus dem vorgestellten dynamischen Strukturierungskonzept und der Entwicklung von Tools zur Unterstützung der Abbildungsproblematik ergeben.

2.2.2 Der Wissenspaketmechanismus als Mittel zur Strukturierung lexikalischer Informationen

Die Verwendung des Wissenspaketmechanismus zur Organisation von Wissensbeständen ist nicht neu. Er wurde erstmalig im Kontext der Strukturierung von Hintergrundwissen angewendet [Gust, 1986; Wachsmuth, 1987; Wachsmuth, 1989; Wachsmuth und Gängler, 1991]. In [Wachsmuth, 1989] wird beschrieben, wie empirische Untersuchungen über den Erwerb und Einsatz von bereichsspezifischem Wissen mathematiklernender Schüler zu theoretischen Überlegungen über die Organisation von langzeitlich gespeichertem Wissen herangezogen werden können. Als Resultat dieser Überlegungen wurden in diesem Zusammenhang Grundprinzipien für ein kognitiv begründetes Modell von Wissensstrukturen gewonnen, das bestimmte kognitive Phänomene erklären kann. Ausgehend davon wurde ein Modell, das Richtlinien für den Entwurf künstlicher wissensbasierter Systeme vorgibt, formuliert. Die Entwicklung der in diesem Zusammenhang vorgestellten Prinzipien zur Wissensorganisation erfolgte dabei auf der Grundlage der gewonnenen empirischen Ergebnisse. Durch eine vorhandene mengensprachliche Reformulierung erreichte man eine saubere Beschreibung und Präzisierung der Prinzipien, die einerseits eine Überprüfung ermöglicht und andererseits die Möglichkeit einer formal-theoretischen Auseinandersetzung mit dem Thema in anderen Arbeiten und Kontexten zuläßt.

Im LILOG-Projekt der IBM Deutschland GmbH [Herzog und Rollinger, 1991] wurden die von Wachsmuth vorgestellten Prinzipien zur Strukturierung von linguistischem und Hintergrundwissen aufgegriffen und experimentell erforscht [Wachsmuth und Gängler, 1991]. Durch die Integration des Wissenspaketmechanismus in die Wissensrepräsentationssprache L_{LILOG} [Pletat, 1991] stand hier eine formale Sprache zur Verfügung, die es erlaubt, Wissensentitäten in WP-Strukturen zu organisieren.
Die Strukturierung eines Wissensbestandes unter Anwendung des Wissenspaketmechanismus erfordert die Zusammenfassung von Wissenselementen zu WPs, die spezifische Bereiche des Gesamtwissens abgrenzen. Dabei werden die Kriterien, die zur Abgrenzung

[4]Komplexere, linguistisch relevantere Beispiele werden in dem Beitrag von LUDEWIG im Abschnitt 2.3 gegeben.

der Wissenselemente führen, nicht fest vorgegeben. Nach [Wachsmuth, 1989] kommen für eine solche Abgrenzung logisch exakte Methoden nicht in Frage. Stattdessen wird vorgeschlagen, Kriterien für die Bedeutung von Wissenselementen im Hinblick auf spezielle Aufgabenbereiche für die Abgrenzung der Wissenselemente zu verwenden.

Da die Kriterien zur Strukturierung des Wissens durch den Aufgabenbereich bestimmt werden, sind die in [Wachsmuth, 1989] vorgeschlagenen Prinzipien als Rahmenprinzipien zu verstehen, die beschreiben, wie die Wissenselemente einer Wissensbasis zu organisieren sind und wie strukturiertes Wissen zugänglich gemacht und einem System zur Bearbeitung von Aufgaben zur Verfügung gestellt werden kann. Es wird dabei durchaus zugelassen, daß noch zusätzliche Prinzipien formuliert werden können oder bezogen auf den speziellen Aufgabenbereich nicht jedes der Prinzipien eine Rolle spielt.

Bei Anwendung des Wissenspaketmechanismus in einem Wiederverwertungsszenario müssen demnach folgende Fragen geklärt werden:

1. Welches Kriterium soll für die Strukturierung von lexikalischen Wissenselementen aus heterogenen Ressourcen zugrundegelegt werden?

2. Welche der Rahmenprinzipien können angewendet werden, und wie sind sie an den speziellen Aufgabenbereich anzupassen?

3. Welche zusätzlichen Prinzipien müssen noch formuliert werden?

Das Kriterium für die Strukturierung der lexikalischen Wissenselemente ist die interlexikalische Invarianz der repräsentierten Information. Dabei werden die Informationen eines Lexikoneintrages - in Abhängigkeit ihrer Beziehungen zu lexikalischen Informationen anderer Ressourcen - über die Wissenspaketstruktur verteilt. Lokale Konverter vermitteln zwischen den unterschiedlichen Repräsentationen hierarchisch direkt übergeordneter WPs. In Relation zu den in [Wachsmuth, 1989] vorgeschlagenen Rahmenprinzipien werden nun die Prinzipien vorgestellt, nach denen lexikalische Informationen heterogener Ressourcen in einem Wiederverwertungsszenario zu organisieren sind und wie das so strukturierte Wissen wieder zugänglich gemacht werden kann.

Das erste Prinzip setzt sich mit der Propagierung interlexikalischer Invarianzen in ein übergeordnetes WP auseinander.

- **Prinzip der Repräsentation interlexikalischer Invarianzen**

  Als invariant erkannte lexikalische Informationen eines Wissenspaketes - darunter faßt man lexikalische Informationen zusammen, aus denen lexikalische Informationen anderer WPs abgeleitet werden können - sind in ein diesen Wissenspaketen übergeordnetes WP zu transferieren und dort einheitlich zu repräsentieren.

Dieses Prinzip ist in Abbildung 2.21 visualisiert. Es wird immer lokal, bezogen auf nicht in einer hierarchischen Nachfolger- bzw. Vorgängerbeziehung stehende Wissenspakete, angewendet.

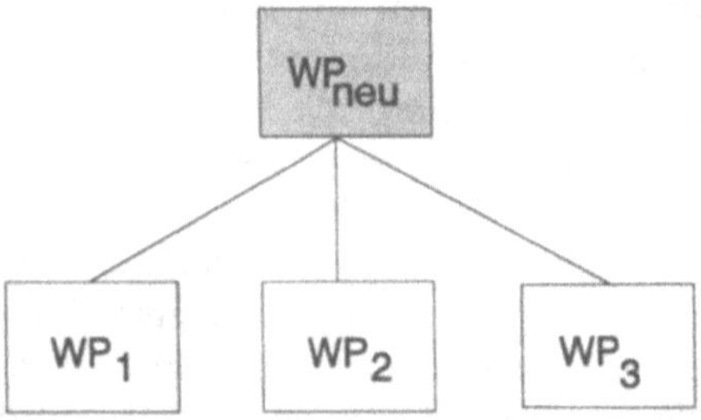

Abbildung 2.21: Prinzip der Repräsentation interlexikalischer Invarianzen

Enthalten die Wissenspakete WP_1, WP_2 und WP_3 in Abbildung 2.21 bezüglich der jeweils anderen WPs invariante lexikalische Informationen, so werden diese Informationen nicht in ihnen, sondern in einem diesen WPs übergeordneten, unter Umständen neu zu generierenden Wissenspaket (hier WP_{neu}) einheitlich repräsentiert.

Das zweite Prinzip hängt mit dem ersten Prinzip insofern zusammen, als das zweite beschreibt, welche lexikalischen Informationen auf keinen Fall in ein übergeordnetes WP transferiert werden dürfen, während das erste Prinzip dokumentiert, wann lexikalische Informationen in ein übergeordnetes WP überführt werden können. Es läßt sich wie folgt formulieren:

- **Prinzip der Repräsentation interlexikalischer Divergenzen**

  Interlexikalische Divergenzen - aus theoretischen oder praktischen Gründen inkompatible lexikalische Informationen - sind in parallelen (d.h. in keiner hierarchischen Vorgänger- bzw. Nachfolgerbeziehung zueinander stehenden) WPs zu lokalisieren.

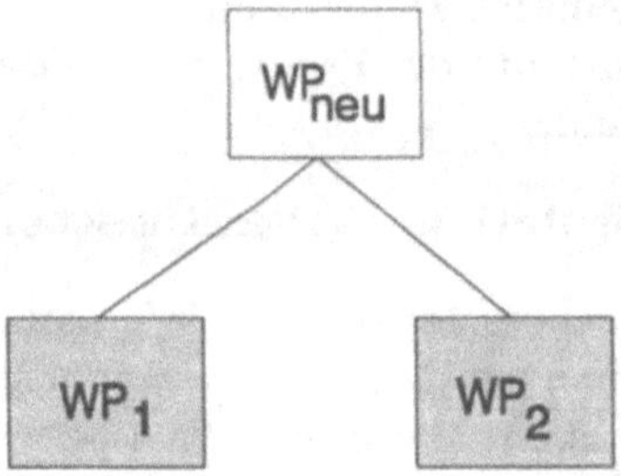

Abbildung 2.22: Prinzip der Repräsentation interlexikalischer Divergenzen

Graphisch veranschaulicht wird dieses Prinzip in Abbildung 2.22. Dabei verbleiben die zwischen WP_1 und WP_2 divergenten lexikalischen Informationen in diesen zueinander parallelen WPs und werden nicht in das übergeordnete Paket WP_{neu} transferiert.

Auf den ersten Blick könnte man nun den Eindruck gewinnen, daß die beiden bisher beschriebenen Prinzipien in gewisser Weise mit den üblichen Vorgängen der Generalisierung und Spezialisierung, die von Wissensrepräsentationssystemen unterstützt werden - wie z.B. von TFS (siehe Beitrag von U. Heid in Abschnitt 1.2) - gleichgesetzt werden können. Sicher läßt sich die Transferierung in ein übergeordnetes WP als eine Art von Generalisierung interpretieren. Diese Generalisierung unterscheidet sich aber von der Art der Generalisierung, die von gängigen Wissensrepräsentationssystemen unterstützt wird. Die Generalisierungen bzw. Spezialisierungen, die von Wissensrepräsentationssystemen unterstützt werden, beziehen sich auf einen Repräsentationsansatz. Es handelt sich also um intralexikalische Generalisierungen bzw. Spezialisierungen. Die beiden vorgestellten Prinzipien hingegen beschreiben Generalisierungs- bzw. Spezialisierungsvorgänge zwischen zumindest partiell inkompatiblen unterschiedlichen lexikalischen Repräsentationsansätzen. Es werden also interlexikalische Generalisierungen bzw. Spezialisierungsvorgänge beschrieben. Um eine Gleichsetzung mit dieser Art von Generalisierung bzw. Spezialisierung zu vermeiden, wurde bei den Prinzipien darauf verzichtet von Generalisierung bzw. Spezialisierung zu sprechen.

Das Prinzip der Sichtbarkeit lexikalischen Wissens regelt den Zugriff auf die über Wissenspakete verteilten lexikalischen Informationen.

- **Prinzip der Sichtbarkeit lexikalischen Wissens**

  Neben den lexikalischen Informationen, die direkt einem WP zugeordnet sind, kann aus diesem WP heraus auch auf die lexikalischen Informationen der ihm übergeordneten WPs zugegriffen werden. Mittels lokaler Konverter werden die lexikalischen Informationen der hierarchisch übergeordneten WPs in das Repräsentationsformat des WPs konvertiert, aus dem der Zugriff erfolgt.

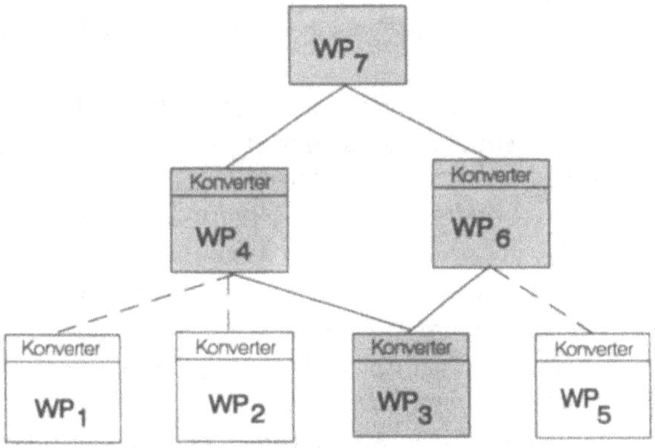

Abbildung 2.23: Prinzip der Sichtbarkeit lexikalischen Wissens

Fokussiert man in Abbildung 2.23 auf das Wissenspaket WP_3, dann kann aus diesem WP heraus zusätzlich auf die Informationen aus WP_4, WP_6 und WP_7 zugegriffen werden, jedoch nicht auf die Informationen der Wissenspakete WP_1, WP_2 und WP_5. Sichtbar hingegen sind in WP_3 natürlich nur die in das Repräsentationsformat von WP_3 konvertierten Einträge aus WP_4, WP_6 und WP_7, wobei die sichtbaren Informationen redundanzfrei repräsentiert sein müssen.

Das vierte Prinzip spiegelt die Forderung wieder, daß lexikalische Informationen bezüglich einer Anwendung konsistent sein sollen und ergibt sich eigentlich implizit durch Anwendung der ersten drei Prinzipien.

- **Prinzip der lokalen Konsistenz lexikalischen Wissens**

  Die von einem Wissenspaket aus sichtbaren lexikalischen Informationen müssen konsistent sein.

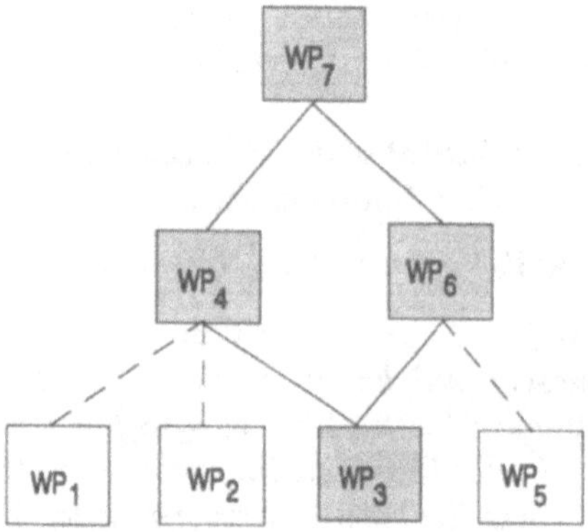

Abbildung 2.24: Prinzip der lokalen Konsistenz lexikalischen Wissens

Es müssen demnach sowohl interlexikalische wie auch intralexikalische Inkonsistenzen aufgedeckt werden.

Von interlexikalischer Inkonsistenz spricht man, wenn Inkonsistenzen zwischen lexikalischen Informationen unterschiedlicher Quellen auftreten, z.B. dadurch, daß die Theorien der zugrundeliegenden lexikalischen Quellen teilweise zueinander inkonsistent sind. Intralexikalische Inkonsistenzen bezeichnen inkonsistente lexikalische Informationen einer lexikalischen Quelle, die z.B. dadurch auftreten können, daß in einem Wörterbuch die angegebenen Beispiele nicht zur Kategorieinformation eines Wortes passen.

In dem vorherigen Prinzip wird im Unterschied zu bisherigen Ansätzen keine globale Konsistenz der LKB verlangt, sondern die Konsistenzprüfung beschränkt sich auf wohldefinierte Teilmengen von lexikalischen Informationen.

Dadurch wird die Möglichkeit alternativer (auch zueinander inkonsistenter) Sichten auf eine LKB unterstützt. Gemäß diesem Prinzip müssen in Abbildung 2.24 sämtliche lexikalische Informationen in WP_3 zueinander konsistent sein. Diese Informationen müssen aber auch zu den in das Repräsentationsformat von WP_3 konvertierten und damit aus WP_3 heraus sichtbaren Informationen der Wissenspakete WP_4, WP_6 und WP_7 konsistent sein. Dabei können WP_4 und WP_6 durchaus inkonsistente Informationen enthalten, die allerdings aus WP_3 heraus nicht sichtbar sein dürfen. Existiert z.B. in WP_4 und WP_6 eine unterschiedliche Klassifizierung von transitiven und intransitiven Verben, obwohl Verben in beiden WPs gleich klassifiziert werden, und sind diese unterschiedlichen Klassifizierungen durch die Konversionsspezifaktionen in WP_3 nicht sichtbar, da hier keine weitere Subklassifizierung von Verben vorgenommen wird, so wird das Prinzip der lokalen Konsistenz nicht verletzt, da die von WP_3 aus sichtbaren lexikalischen Informationen konsistent sind. Auf jeden Fall wird aber durch dieses Prinzip toleriert, daß WP_1, WP_2 und WP_5 zu WP_3 inkonsistente lexikalische Informationen enthalten dürfen.

Das Prinzip der lokalen Konsistenz von lexikalischem Wissen steht in einem engen Zusammenhang zu dem Prinzip der Sichtbarkeit lexikalischen Wissens. Beide Prinzipien zusammen gewährleisten, daß zu jeder Zeit über eine Benutzersicht der LKB (View) auch nur auf konsistente und auch richtig interpretierbare lexikalische Informationen zugegriffen werden kann. Durch eine Kombination dieser beiden Prinzipien wird eine multiple und monotone Verbung von als invariant erkannten lexikalischen Informationen realisiert. Damit die lexikalischen Informationen im Repräsentationsformat des fokussierten WPs sichtbar sind, werden die Repräsentationen der übergeordneten WPs mittels lokaler Konversionsspezifikationen in die Repräsentationen der ihnen direkt untergeordneten WPs überführt.

Das fünfte Prinzip reflektiert die Tatsache, daß ein dem Dynamisierungsprinzip verpflichtetes Wiederverwertungsszenario auch in der Lage sein muß, Hypothesen über interlexikalische Invarianzen zu verwerfen, z.B. als Folge intralexikalischer Veränderungen.[5]

- **Prinzip der Reversibilität der Strukturierung**

  Die hinsichtlich der oben genannten Prinzipien durchgeführte Strukturierung muß reversibel sein.

Die auf der Grundlage der ersten vier beschriebenen Prinzipien vorgenommene Strukturierung entsteht auf der Basis von Hypothesen über Invarianzen zwischen lexikalischen Informationen unterschiedlicher Herkunft. Neu hinzukommende lexikalische Informationen oder geänderte lexikalische Informationen können bewirken, daß einige Hypothesen über Invarianzen aufgrund des geänderten Datenbestandes verworfen und die betreffenden lexikalischen Informationen wieder hierarchisch tieferliegenden WPs zugeordnet werden müssen. Dabei kann es vorkommen, daß WPs aus der Struktur gelöscht werden müssen. Dieses Prinzip kommt außerdem zum Tragen, wenn lexikalische Quellen aus der LKB zurückgezogen werden.

2.2.3 Automatische Reorganisation der WP-Strukturen

Eine Reorganisation der WP-Strukturen auf der Grundlage der in Abschnitt 2.2.2 vorgestellten Prinzipien aufgebauten WP-Struktur kann nicht dem Nutzer der LKB überlassen werden, sondern muß automatisch erfolgen. Dazu werden Einfüge- und Löschoperationen benötigt, die eine solche Reorganisation automatisch durchführen. Diese Operationen müssen dabei automatisch die Sichtbarkeitsbeziehungen zwischen den WPs auf die veränderte Struktur anpassen. Um nun wohldefinierte, strukturerhaltende Operationen

---

[5] Unter intralexikalischen Veränderungen sind Veränderungen innerhalb einer lexikalischen Quelle, z.B. durch Hinzufügen von Lexikoneinträgen oder Verändern von existierenden Einträgen, zu verstehen.

definieren und implementieren zu können, erfolgt in diesem Abschnitt eine graphentheoretische Analyse der WP-Strukturen unseres Wiederverwertungsszenarios. Es zeigt sich, daß solche WP-Strukturen bestimmten Normalisierungs- und Eindeutigkeitsbedingungen genügen. Zur Beschreibung solcher Strukturen wird das Modell einer Ebenenstruktur und der normalisierten Darstellung einer Ebenenstruktur (kurz: normalisierte Ebenenstruktur) entwickelt. Dazu sind Wissenspaketstrukturen als reflexive Graphen zu interpretieren. Die Ebenenstrukturen werden dann durch die Formulierung bestimmter Eindeutigkeitsbedingungen als Subklasse der reflexiven Graphen definiert. Definiert man darüber hinaus noch gewisse Normalisiertheitseigenschaften die zusätzlich für die Kanten von Ebenenstrukturen gelten sollen, wird hierdurch eine Subklasse der Ebenenstrukturen, die normalisierten Ebenenstrukturen festgelegt.

Ausgehend von dem Modell einer normalisierten Ebenenstruktur wird untersucht, mit welcher Funktionalität wohldefinierte, d.h. strukturerhaltende Lösch- und Einfügeoperationen über solchen normalisierten Ebenenstrukturen ausgestattet sein müssen. Auf der Grundlage einer solchen Funktionalitätsbeschreibung können dann, bezogen auf die Nutzung von normalisierten Ebenenstrukturen zur Strukturierung lexikalischer Informationen unterschiedlicher Herkunft, Operationen implementiert werden, die z.B. automatisch entscheiden, ob ein WP eingeführt werden muß oder ein bereits existierendes WP genutzt werden kann, um neu analysierte Invarianzen zu repräsentieren. Darüber hinaus kann gewährleistet werden, daß nur eine minimale Anzahl von Sichtbarkeitsbeziehungen verwaltet werden muß, die ausreicht, um die Reversibilität der Wissensorganisation und die Sichtbarkeit des lexikalischen Wissens zu gewährleisten.

Außerdem können für die Klasse der Ebenenstrukturen Komplexitätsaussagen bewiesen werden. In diesem Zusammenhang läßt sich eine obere Schranke für die maximale Anzahl der Knoten einer Ebenenstruktur angeben, wenn die Anzahl der Blätter bekannt ist. Diese Überlegungen sind im Hinblick auf das hier vorgestellte Wiederverwertungsszenario insofern von Interesse, als sich die Anzahl der Blätter in gewisser Weise mit der Anzahl der importierten und exportierten lexikalischen Quellen einer LKB identifizieren läßt.

Um darzulegen, daß es sich bei den folgenden Überlegungen um allgemeine graphentheoretische Erkenntnisse handelt, wird keine Identifikation der Knoten mit WPs vorgenommen. Dadurch wird die Voraussetzung geschaffen, die gewonnenen Erkenntnisse losgelöst vom Anwendungsbereich zu betrachten und auf andere Kontexte zu übertragen. Allerdings wird in Abschnitt 2.2.3.5, im Anschluß an die graphentheoretischen Überlegungen, darauf eingegangen, welche Beziehungen zwischen den graphentheoretischen Überlegungen und den WP-Strukturen existieren, die auf der Grundlage der in Abschnitt 2.2.2 vorgestellten Prinzipien generiert werden können.

2.2.3.1 Einige Begriffe aus der Graphentheorie

Um die WP-Strukturen graphentheoretisch beschreiben zu können, werden einige grundlegende Begriffe benötigt, die in diesem Abschnitt zusammenfassend präsentiert werden.

(Graph, Inzidenzabbildung): *Ein Graph G besteht aus einer nichtleeren Menge V(G) und einer Menge E(G) mit* $V(G) \cap E(G) = \emptyset$ *sowie einer auf E(G) definierten Abbildung* ω *(Inzidenzabbildung), die jedem Element aus E(G) genau ein Paar* x_i *und* x_j *von Elementen aus V(G) zugeordnet.*

Ist das jedem Element $y_k \in E(G)$ zugewiesene Paar von Elementen aus V(G) nicht geordnet, so bezeichnet G einen ungerichteten Graphen; die Elemente von E(G) werden Kanten genannt.
Ist das jedem Element $y_p \in E(G)$ zugewiesene Paar von Elementen aus V(G) geordnet, so bezeichnet G einen gerichteten Graphen; die Elemente von E(G) werden Pfeile genannt. Die Elemente von V(G) werden als Knoten bezeichnet .

(Anfangsknoten, Endknoten): *Seien nun x_i und x_j die einem Pfeil p zugeordneten Knoten mit $\omega(p) = (x_i, x_j)$ (vereinfachte Schreibweise $p=(x_i,x_j)$). Man nennt x_i Anfangs- und x_j Endknoten von p.*

(reflexiver Graph): *Man nennt einen gerichteten Graphen G(V,E) reflexiv, wenn für alle Knoten $x_i \in V(G)$ ein Pfeil $(x_i, x_i) \in E(G)$ existiert.*

(Pfad, Länge eines Pfades): *Ein Pfad ist ein Graph G der Form $V(P) = \{x_0, x_1, ..., x_l\}$, $E(P) = \{(x_0, x_1), (x_1, x_2), ..., (x_{l-1}, x_l)\}$ - wobei jedes Element in E(P) nur einmal vorkommt - und wird mit $(x_0, x_1, ..., x_l)$ bezeichnet. x_0 ist der Anfangs- und x_l der Endknoten von P und l=e(P) die Länge von P. Die Länge eines Pfades (x_i, x_i) wird in diesem Zusammenhang auf 0 gesetzt.*

2.2.3.2 Ebenenstrukturen und normalisierte Ebenenstrukturen

Nun werden die WPs einer Wissenspaketstruktur als Knoten eines gerichteten Graphen interpretiert. Die Kanten dieses gerichteten Graphen werden über die zur reflexiven Sichtbarkeitsrelation[6] inversen Erreichbarkeitsrelation definiert. Man kann sich nun die Frage stellen, warum die Erreichbarkeitsrelation und nicht die Sichtbarkeitsrelation für die graphentheoretische Beschreibung verwendet wird. Es wird die Erreichbarkeitsrelation verwendet, weil die Bedingungen, durch die letztendlich die Subklasse der Ebenenstrukturen und die Subklasse der normalisierten Ebenenstrukturen definiert werden, mit Hilfe der Erreichbarkeitsrelation besser beschrieben werden können.

Bemerkung 1 (erreichbar, sichtbar) *Existiert ein Pfad der Länge $l \geq 0$ von Knoten x_i nach Knoten x_j, so sagt man, x_j ist von x_i aus erreichbar, bzw. x_i ist von x_j aus sichtbar.*

Fokussiert man auf einen speziellen Knoten x_i des Graphen, so läßt sich die Menge aller von x_i aus erreichbaren Knoten (Erreichbarkeitsbereich von x_i) bzw. die Menge aller von x_i aus sichtbaren Knoten (Sichtbarkeitsbereich von x_i) bestimmen.

Definition 1 (Erreichbarkeitsbereich) *Der Erreichbarkeitsbereich eines Knoten $x_i \in V(G)$ eines gerichteten Graphen G ($EB_G(x_i)$) ist die Menge aller $x_j \in V(G)$, die von x_i aus erreichbar sind. ($EB_G(x_i)) = \{x_j \in V(G) | x_j$ ist von x_i aus erreichbar$\}$).*

Definition 2 (Sichtbarkeitsbereich) *Der Sichtbarkeitsbereich eines Knoten $x_i \in V(G)$ eines gerichteten Graphen G ($SB_G(x_i)$)ist die Menge aller $x_j \in V(G)$, die von x_i aus sichtbar sind ($SB_G(x_i) = \{x_j \in V(G) | x_j$ ist von x_i aus sichtbar$\}$).*

[6] Die Sichtbarkeitsrelation zwischen den WPs ergibt sich aus dem „Prinzip der Sichtbarkeit lexikalischen Wissens“ in Abschnitt 2.2.2.

Die nächsten beiden Definitionen werden zur Beschreibung der Klasse der Ebenenstrukturen bzw. normalisierten Ebenenstrukturen benötigt.

Definition 3 (Blatt eines reflexiven Graphen) *Sei G ein reflexiver Graph und* $x_i \in V(G)$*. Dann ist* x_i *genau dann ein Blatt des Graphen G* ($x_i \in Bl(G)$)*, wenn* $EB_G(x_i) = \{x_i\}$ *gilt. D.h. der Erreichbarkeitsbereich von* x_i *besteht nur aus* x_i *selbst.*

Die Blätter eines gerichteten Graphen spielen eine zentrale Rolle bei der Definition von Strukturierungsebenen. Die Anzahl der im Erreichbarkeitsbereich eines Knoten liegenden Blätter (Ursprungsmenge) bilden den Schlüssel für die Zuordnung dieses Knoten zu einer Strukturierungsebene.

Definition 4 (Ursprungsmenge) *Sei* x_i *ein Knoten eines reflexiven Graphen G. Dann definieren wir die Ursprungsmenge von* x_i (U_{x_i}) *wie folgt:*
$U_{x_i} = \{x_j \in V(G) | x_j \in EB_G(x_i) \text{ und } x_j \in Bl(G)\}$

Definition 5 (Strukturierungsebene) *Unter einer Strukturierungsebene innerhalb eines reflexiven Graphen G ist die Menge aller Knoten von G mit gleicher Mächtigkeit der Ursprungsmenge zu verstehen. Mit Strukturierungsebene i eines Graphen G wird eine Menge von Knoten beschrieben, wobei alle Knoten genau i Blätter im Erreichbarkeitsbereich haben* ($ST_i = \{x_j \in V(G) | \; |U_{x_j}| = i\}$)*.*

Ist n die Anzahl der Blätter von G, so existieren also maximal n Strukturierungsebenen. Durch eine solche Zuordnung erhält man eine eindeutig bestimmte Zerlegung der Menge der Knoten von G.

Durch die Forderung, daß jeder Knoten eines reflexiven Graphen durch seine Ursprungsmenge eindeutig bestimmt sein soll, kann nun die Klasse der Ebenenstrukturen beschrieben werden.

Definition 6 (Ebenenstruktur) *Ein reflexiver Graph G heißt Ebenenstruktur genau dann, wenn folgende zusätzliche Bedingung gilt:*

Für alle Knoten $x_i, x_j \in V(G)$*, mit* $x_i \neq x_j$ *gilt* $U_{x_i} \neq U_{x_j}$*.*

Diese eine Ebenenstruktur definierende Bedingung soll im folgenden als *Eindeutigkeitsbedingung* bezeichnet werden. Da diese Bedingung für Knoten unterschiedlicher Strukturierungsebenen trivialerweise erfüllt ist, reicht es, wenn nur Knoten gleicher Strukturierungsebenen auf Eindeutigkeit ihrer Ursprungsmengen überprüft werden.

Werden nun noch die Pfade der Länge 1 zwischen Knoten x_i und x_j einer Ebenenstruktur eliminiert, wenn ein Pfad zwischen diesen Knoten mehrstufig über Pfade der Länge 1 durch Berechnung der transitiven Hülle konstruiert werden kann (transitiven Anteile), so läßt sich dieser Prozeß als eine Art von Normalisierung des zugrundeliegenden Graphen auffassen. Der resultierende reflexive Graph soll daher als normalisierte Ebenenstruktur bezeichnet werden.

Definition 7 (normalisierte Ebenenstruktur) *Eine Ebenenstrukur G heißt normalisierte Ebenenstruktur genau dann, wenn folgende Bedingung gilt:*

> *Sei $(x_0, \ldots, x_{i-1}, x_i)$, $i \geq 2$, ein Pfad P mit $V(P) \subset V(G)$ und $E(P) \subset E(G)$, in dem jeder Knoten nur einmal vorkommt. Dann darf kein Pfad $Q=(x_0, x_i)$ mit $V(Q) \subset V(P)$ und $E(Q) \subset E(G)$ existieren.*

Die eine normalisierte Ebenenstruktur charakterisierende obige Eigenschaft wird im folgenden als *Normalisiertheitseigenschaft* bezeichnet.

2.2.3.3 Beispiele und Gegenbeispiele für Ebenenstrukturen bzw. normalisierte Ebenenstrukturen

Nachdem formal entwickelt wurde, was unter Ebenenstrukturen bzw. normalisierten Ebenenstrukturen zu verstehen ist, sollen jetzt einige Beispiele bzw. Gegenbeispiele solcher Strukturen präsentiert werden.

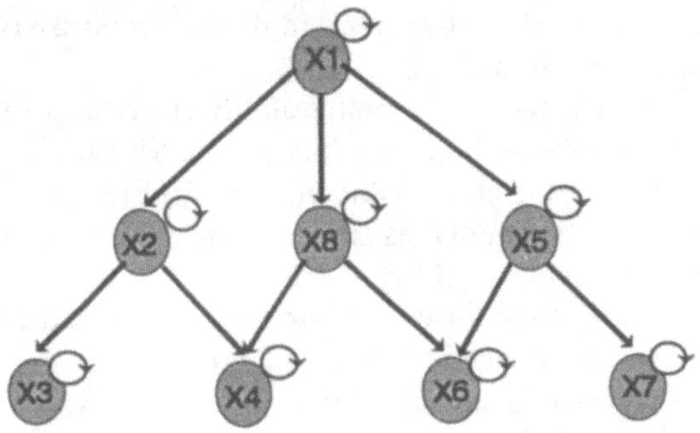

Abbildung 2.25: Beispiel für eine normalisierte Ebenenstruktur

Abbildung 2.25 zeigt einen reflexiven Graphen. Zur Überprüfung, ob es sich bei diesem Graphen um eine Ebenenstruktur handelt, muß die von den Knoten geforderte Eindeutigkeitsbedingung hinsichtlich der Ursprungsmenge überprüft werden. Dazu werden sämtliche mögliche Strukturierungsebenen gebildet:

Strukturierungsebene 4	$\{x_1\}$
Strukturierungsebene 2	$\{x_2, x_8, x_5\}$
Strukturierungsebene 1	$\{x_3, x_4, x_6, x_7\}$

Auf der Grundlage der Aufteilung der Knoten auf Strukturierungsebenen ist nun zu überprüfen, ob es Knoten der Strukturierungsebenen 1, 2 und 4 gibt, die die Eindeutigkeitsbedingung verletzen. Für die Strukturierungsebenen 1 und 4 ist das offensichtlich nicht der Fall. Es muß also nur die Strukturierungsebene 2 betrachtet werden. Dazu werden die Ursprungsmengen der entsprechenden Knoten gebildet.

U_{x_2}	$\{x_3, x_4\}$
U_{x_8}	$\{x_4, x_6\}$
U_{x_5}	$\{x_6, x_7\}$

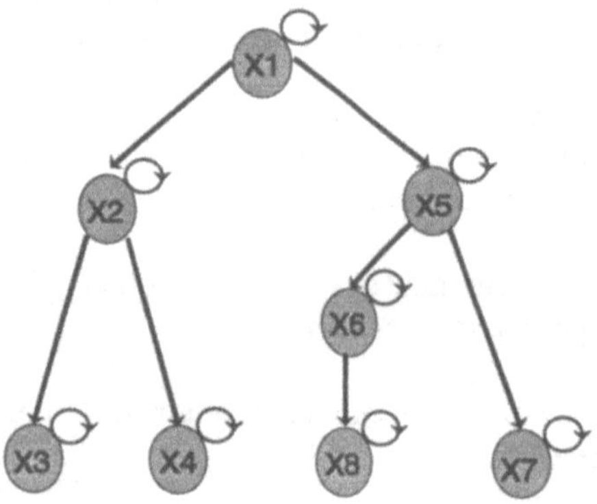

Abbildung 2.26: Ein reflexiver Graph, der nicht die von einer Ebenenstruktur geforderte Eindeutigkeitsbedingung erfüllt

Aus den Ursprungsmengen ist ersichtlich, daß auch in dieser Strukturierungsebene keine identischen Ursprungsmengen existieren.

Um nun die an normalisierte Ebenenstrukturen gestellte zusätzliche Bedingung zu garantieren, dürfen in dem Graphen keine Pfade der Länge 1 existieren, die auch mehrstufig über Pfade der Länge 1 konstruiert werden können. Da die Ebenenstruktur in Abbildung 2.25 solche Pfade nicht enthält, handelt es sich bei dem dort dargestellten reflexiven Graphen um eine normalisierte Ebenenstruktur.

In Abbildung 2.26 wird ein reflexiver Graph präsentiert, der nicht die von den Knoten einer Ebenenstruktur geforderte Eindeutigkeitsbedingung erfüllt.

Dazu betrachte man die Knoten x_6 und x_8 dieser Abbildung. Beide Knoten gehören der Strukturierungsebene 1 an und haben die gleiche Ursprungsmenge $\{x_8\}$. Also wird die Eindeutigkeitsbedingung verletzt. Somit ist der in Abbildung 2.26 dargestellte reflexive Graph keine Ebenenstruktur.

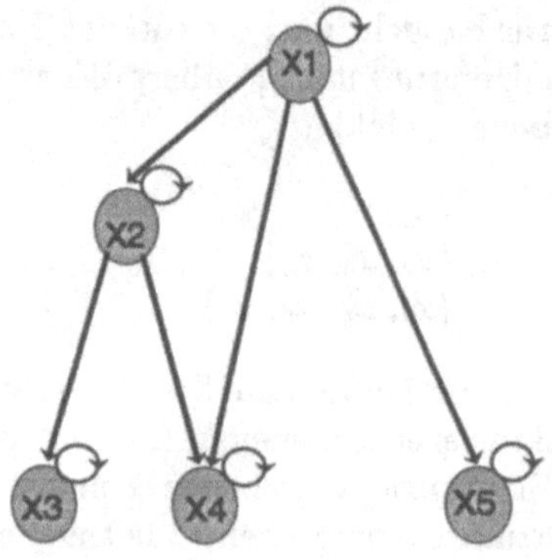

Abbildung 2.27: Eine Ebenenstruktur, die die Normalisiertheitseigenschaft verletzt

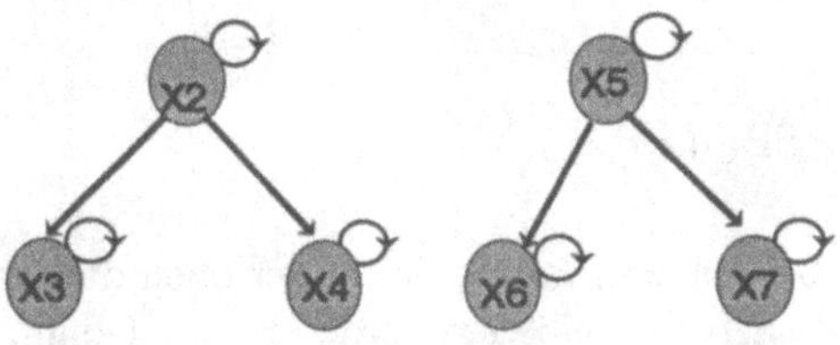

Abbildung 2.28: Eine normalisierte Ebenenstruktur ohne eindeutig bestimmtes Topelement

Abbildung 2.27 zeigt eine Ebenenstruktur, die nicht normalisiert ist. Die von den Knoten geforderte Eindeutigkeitsbedingung hinsichtlich der Ursprungsmenge ist zwar erfüllt, allerdings enthält die Ebenenstruktur noch einen Pfad zwischen x_4 und x_1, der mehrstufig über die Pfade zwischen x_4 und x_2 und x_2 und x_1 konstruiert werden kann.

Zum Schluß soll noch bemerkt werden, daß normalisierte Ebenenstrukturen nicht notwendigerweise ein eindeutig bestimmtes Topelement haben müssen. Als Beispiel betrachte man Abbildung 2.28. Es können folgende Strukturierungsebenen gebildet werden:

Strukturierungsebene 2	$\{x_2, x_5\}$
Strukturierungsebene 1	$\{x_3, x_4, x_6, x_7\}$

Die Eindeutigkeitsbedingung hinsichtlich der Ursprungsmenge ist für die Knoten der Strukturierungsebene 1 trivialerweise gewährleistet. Es muß also nur noch überprüft werden, ob x_2 und x_5 die gleiche Ursprungsmenge haben. Da aber x_2 als Ursprungsmenge $\{x_3, x_4\}$ und x_5 die Ursprungsmenge $\{x_6, x_7\}$ besitzt, gilt die Eindeutigkeitsbedingung auch für die Knoten der Strukturierungsebene 2. Überdies ist auch die Normalisiertheitseigenschaft erfüllt. Damit ist aber der in Abbildung 2.28 dargestellte reflexive Graph ohne eindeutig bestimmtes Topelement eine normalisierte Ebenenstruktur.

2.2.3.4 Eigenschaften von Ebenenstrukturen

Satz 1 *Jede Ebenenstruktur G kann in eine eindeutig bestimmte normalisierte Ebenenstruktur G', mit V(G)=V(G') überführt werden, ohne daß sich die Sichtbarkeitsbereiche der einzelnen Knoten ändern.*

Beweis:

Eine Ebenenstruktur G kann auf folgende Weise normalisiert werden:
Für jeden Pfad $P=(x_0, \ldots, x_{i-1}, x_i)$, $i \geq 2$ mit $V(P) \subset V(G)$ und $E(P) \subset E(G)$, zu dem ein Pfad $Q=(x_0, x_i)$ mit $V(Q) \subset V(P)$ und $E(Q) \subset E(G)$ existiert, lösche den Pfad Q. Durch das Löschen sämtlicher solcher Pfade Q werden die transitiven Kanten der Ebenenstruktur gelöscht. Dies geschieht in eindeutiger Weise.

Zu zeigen ist dann:

$\forall x_j \in V(G') \; (SB_G(x_j) = SB_{G'}(x_j))$

Dazu wähle man einen beliebigen Pfad Q, der in der oben dargestellten Weise beim Übergang von G nach G' gelöscht wurde. Es muß dann gezeigt werden, daß sich die Sichtbarkeitsbereiche sämtlicher Knoten aus V(G) durch das Löschen von Q nicht verändern. Es wird folgende Fallunterscheidung vorgenommen:

1. $x_j \in EB_{G'}(x_0)$
   (a) $x_j = x_0$
   Da in G ein Pfad $Q=(x_0, x_i)$ existiert, gilt $SB_G(x_i) \subset SB_G(x_0)$. Wird nun der Pfad Q gelöscht, dann müssen sämtliche von x_0 aus über Q sichtbaren Knoten auch in $SB_{G'}(x_0)$ liegen, damit $SB_G(x_0) = SB_{G'}(x_0)$ gilt. Es muß also $SB_G(x_i) \subset SB_{G'}(x_0)$ gezeigt werden.
   Da sich das Löschen von Q auf den Sichtbarkeitsbereich von x_i nicht auswirkt, weiß man $SB_G(x_i) = SB_{G'}(x_i)$. Außerdem existiert in G' immer noch der Pfad $P=(x_0, \ldots, x_{i-1}, x_i)$, so daß $x_i \in SB_{G'}(x_0)$ und damit $SB_{G'}(x_i) = SB_G(x_i) \subset SB_{G'}(x_0)$ gilt.
   (b) $x_j \neq x_0$
   Aus $x_j \in EB_{G'}(x_0)$ folgt $x_0 \in SB_{G'}(x_j)$ und damit $SB_{G'}(x_0) \subset SB_{G'}(x_j)$. Da aber nach 1a) $SB_{G'}(x_0) = SB_G(x_0)$ gilt und nur der Pfad $Q = (x_0, x_i)$ gelöscht wird, erhält man $SB_{G'}(x_j) = SB_G(x_j)$.
2. $x_j \notin EB_{G'}(x_0)$
   In diesem Fall wirkt sich das Löschen von Q nicht auf den Sichtbarkeitsbereich von x_j aus.

Die resultierende Struktur G' erfüllt nun die Normalisiertheitseigenschaft. Darüber hinaus gilt V(G)=V(G'), da keine Knoten gelöscht wurden. Außerdem wurde gezeigt, daß sich bei einer Normalisierung die Sichtbarkeitsbereiche der Knoten nicht verändern. Damit die resultierende Struktur G' nun aber auch eine normalisierte Ebenenstruktur ist, muß sie auch weiterhin die Eindeutigkeitsbedingung erfüllen. Da sich, wie gezeigt wurde, die Sichtbarkeitsbereiche der Knoten in G' nicht verändert haben, sind gegenüber G in G' auch die Erreichbarkeitsbereiche der Knoten identisch geblieben. Das hat wiederum zur Folge, daß die Ursprungsmengen und damit auch die Eindeutigkeitsbedingungen der Knoten im resultiernden reflexiven Graphen G' erhalten bleiben. Also erfüllt G' auch die Eindeutigkeitsbedingung und ist somit eine normalisierte Ebenenstruktur.

In Abbildung 2.29 wird ein Übergang von einer Ebenenstruktur zu einer normalisierten Ebenenstruktur dargestellt.

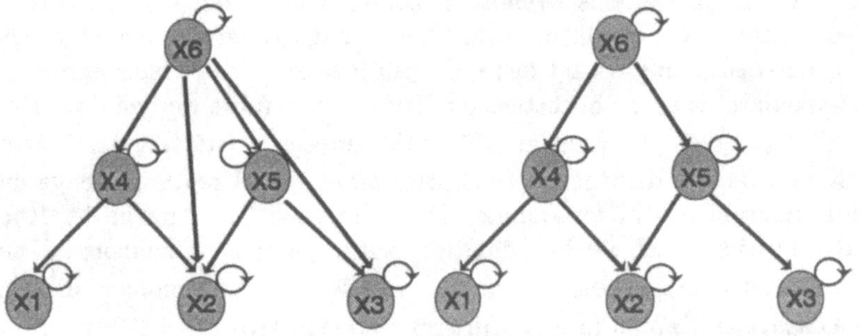

Abbildung 2.29: Übergang von einer Ebenenstruktur zu einer normalisierten Ebenenstruktur

Die nächsten beiden Sätze beschäftigen sich mit der Mächtigkeit von Ebenenstrukturen. Dabei ist besonders von Interesse, wieviele Knoten in jeder Strukturierungsebene maximal existieren können. Daraus läßt sich dann eine Formel für die maximal erzeugbaren Knoten einer Ebenenstruktur ableiten.

Satz 2 *Sei n die Anzahl der Blätter einer Ebenenstruktur. Die maximale Anzahl der Knoten in Strukturierungsebene i (Kn_i) einer Ebenenstruktur läßt sich dann durch die Formel* $Kn_i = \binom{n}{i}$ *berechnen.*

Beweis:

Der Beweis wird durch Induktion über die Anzahl n der Blätter einer Ebenenstruktur geführt.

n = 1

Die zugrundegelegte Ebenenstruktur besitzt nur einen Knoten. Somit kann auch nur die Strukturierungsebene 1 mit genau diesem Knoten gebildet werden. Also ist $Kn_1 = 1 = \binom{1}{1}$

n ⇒ (n+1)

Es wird vorausgesetzt, daß die Behauptung für eine Ebenenstruktur mit n Blättern gilt, d.h. die maximale Anzahl der Knoten einer Ebenenstruktur in Strukturierungsebene i (Kn_i) läßt sich durch die Formel $Kn_i = \binom{n}{i}$ berechnen.

Demnach muß gezeigt werden, daß, wenn man ein Blatt zu einer Ebenenstruktur mit n Blättern hinzufügt, sich die maximale Anzahl der Knoten dieser Ebenenstruktur in Strukturierungsebene i (i=1,..,n+1) durch die Formel $\binom{n+1}{i}$ berechnen läßt.

Durch das neueingeführte Blatt gibt es, da eine Ebenenstruktur vorliegt, höchstens $\binom{n}{i-1}$ Möglichkeiten, einen neuen Knoten in die Strukturierungsebene i einzuführen. Jeder neueinzuführende Knoten muß das neueingeführte Blatt und i-1 von den bereits existierenden n Blättern im Erreichbarkeitsbereich enthalten, damit er der Strukturierungsebene i zugeordnet werden kann. Die Eindeutigkeitsbedingung besagt dann, daß für jede mögliche Ursprungsmenge dieser Struktrierungsebene höchstens ein Knoten eingeführt werden darf. Nun gibt es aber $\binom{n}{i-1}$ verschiedene Möglichkeiten aus n Blättern i-1 Blätter auszuwählen, die mit dem neuen Blatt zusammen eine Ursprungsmenge der Strukturierungsebene i bilden können. D.h., die maximale Anzahl der Knoten in Strukturierungsebene i erhöht sich, wenn ein Blatt hinzukommt, um $\binom{n}{i-1}$. Besitzt eine Ebenenstruktur n+1 Blätter, beträgt demnach die maximale Anzahl der Knoten in Strukturierungsebene i (Kn_i)

$$
\begin{aligned}
K_i &= \binom{n}{i} + \binom{n}{i-1} \\
&= \frac{n!}{(n-i)!*i!} + \frac{n!}{(n-(i-1))!*(i-1)!} \\
&= \frac{n!*(n+1-i)}{((n+1)-i)!*i!} + \frac{n!*i}{((n+1)-i)!*(i)!} \\
&= \frac{n!*(n+1-i)+n!*i}{(n-i)!*i!} \\
&= \frac{n!*(n+1)}{(n-i)!*i!} \\
&= \frac{(n+1)!}{(n-i)!*i!} \\
&= \binom{n+1}{i}.
\end{aligned}
$$

Satz 3 *Sei n die Anzahl der Blätter einer Ebenenstruktur. Dann können maximal 2^n-1 Knoten generiert werden.*

Beweis:

Der Beweis ergibt sich direkt aus Satz 2, indem man die in den einzelnen Strukturierungsebenen maximal generierbaren Knoten (Kn_i, i=1,...,n) aufaddiert .

$$
\begin{aligned}
\textstyle\sum_{i=1}^{n} Kn_i &= \textstyle\sum_{i=1}^{n} \binom{n}{i} \\
&= (\textstyle\sum_{i=0}^{n} \binom{n}{i}) - 1 \\
&= 2^n - 1 \quad (\textstyle\sum_{i=0}^{n} \binom{n}{i} \text{ ist die Reihenentwicklung von } 2^n)
\end{aligned}
$$

2.2.3.5 Automatische Verwaltung von normalisierten Ebenenstrukturen in einem Wiederverwertungsszenario

Nachdem nun graphentheoretisch beschrieben wurde, was unter Ebenenstrukturen und normalisierten Ebenenstrukturen zu verstehen ist, soll dieser Abschnitt die Verbindung zwischen den graphentheoretischen Überlegungen und der ganz konkreten Anwendung des dynamischen Strukturierungskonzeptes in einem Wiederverwertungsszenario schaffen. Es soll motiviert werden, warum es gerade die normalisierten Ebenenstrukturen sind, die in dem beschriebenen Wiederverwertungsszenario generiert werden. Dazu sind die Knoten des reflexiven Graphen wieder mit WPs zu identifizieren. Durch die gerichteten Kanten wird die in Abschnitt 2.2.2 beschriebene Erreichbarkeitsrelation dargestellt.

In dem hier vorgestellten auf dem Dynamisierungsprinzip basierenden Wiederverwertungsszenario wird nun für jede neue Quelle auf der Importebene und jedes neue Anforderungsprofil auf der Exportebene ein neues WP auf der Repräsentationsebene eingeführt. Zu Beginn steht dieses WP in keinerlei Beziehung zu den anderen WPs. D.h. es hat keine weiteren WPs in seinem Erreichbarkeits- und Sichtbarkeitsbereich. Diese neu eingeführten WPs - genannt Ursprungs-WPs - bilden nun die Basis für die Umstrukturierung der lexikalischen Wissensbestände in hierarchiehöhere Wissenspakete. Interpretiert man WP-Strukturen graphentheoretisch als reflexive Graphen, die über die Erreichbarkeitsrelation gebildet werden, so lassen sich diese Ursprungs-WPs als Blätter des entsprechenden reflexiven Graphen interpretieren.

Nach welcher Strategie ein neues Ursprungs-WP mit den bereits existierenden WPs der WP-Struktur korreliert wird, ob z.B. top-down, bottom-up oder nach speziellen heuristischen Regeln, hängt insbesondere von der Art der betrachtetenden Quelle oder des Anforderungsprofils ab [Hötker et al., 1994]. Das Kriterium für die Einführung eines neuen WPs kann dabei unabhängig von der gewählten Strategie formuliert werden. Ein neues WP wird in dem beschriebenen Wiederverwertungsszenario nur dann eingeführt, wenn noch kein WP existiert, auf das *genau* die lexikalischen Quellen zugreifen können, zwischen denen die invarianten Informationen erkannt wurden. Es existiert also höchstens ein WP, das für eine vorgegebene Menge von lexikalischen Quellen der LKB im Sichtbarkeitsbereich *genau* dieser Quellen liegt. Interpretiert man nun die WP-Strukturen graphentheoretisch, so ist diese Bedingung äquivalent zur Eindeutigkeitsbedingung, die die Klasse der Ebenenstrukturen als Subklasse der reflexiven Graphen definiert. Damit kann man die Eigenschaften von Ebenenstrukturen auf die WP-Strukturen im beschriebenen Wiederverwertungsszenario übertragen. Es läßt sich demnach eine obere Schranke für die maximale Anzahl der WPs solcher Strukturen angeben (2^n-1), wenn n lexikalische Quellen, die lexikalische Informationen importieren und exportieren, an der LKB beteiligt sind.

Durch Überprüfung der Eindeutigkeitsbedingung kann darüber hinaus ein automatisches Einfügen und Löschen von WPs gewährleistet werden. Da der Prozeß des Aufdeckens interlexikalischer Invarianzen ein inkrementeller Prozeß ist, - denn neue oder veränderte Daten in bereits integrierten Quellen können möglicherweise dazu führen, daß neue Invarianzen erkannt werden können - ist bei der Transferierung invarianter Informationen in ein übergeordnetes WP zu entscheiden, ob bereits ein übergeordnetes WP existiert, in das die invarianten Informationen in einheitlicher Form repräsentiert werden können oder ob ein neues WP generiert werden muß. Da man aber auf der Grundlage der Eindeutigkeitsbedingungen der WPs zwischen denen invariante lexikalische Informationen erkannt wurden, die Eindeutigkeitsbedingung berechnen kann, die das übergeordnete WP haben muß, kann automatisch durch Überprüfung der Eindeutigkeitsbedingung direkt übergeordneter WPs entschieden werden, ob bereits ein WP existiert, in das die als invariant erkannten lexikalischen Informationen transferiert und einheitlich repräsentiert werden können.

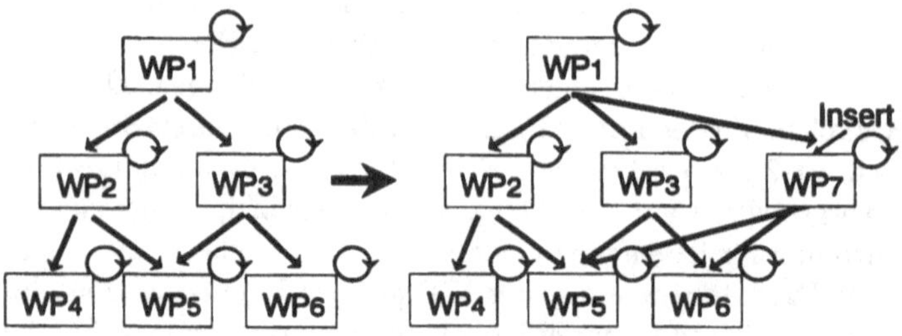

Abbildung 2.30: Überprüfung der Eindeutigkeitsbedingung beim Einfügen eines WPs

Z.B. darf in Abbildung 2.30 WP_7 nicht eingefügt werden, da WP_3 und WP_7 die gleiche Ursprungsmenge $\{W_5, W_6\}$ besitzen und deshalb nicht eindeutig bestimmt sind. Auf unser Wiederverwertungsszenario bezogen, würde die Einführung von WP_7 bedeuten, daß zwei WPs in der Struktur existieren, die bezüglich WP_5 und WP_6 invariante Informationen enthalten. Da aber zur Realisierung der Prinzipien (siehe Abschnitt 2.2.2) ein WP ausreicht, in das bezüglich WP_5 und WP_6 invariante Informationen aus WP_5 und WP_6 transferiert werden können, darf WP_7 nicht eingeführt werden.

Das Löschen eines WPs kann dadurch realisiert werden, daß die direkten Nachfolgerbeziehungen auf die direkten Vorgänger des zu löschenden WPs -sofern direkte Vorgänger und Nachfolger existieren - übertragen werden. Die Eindeutigkeitsbedingung kann dabei nur dann verletzt werden, wenn ein direkt übergeordnetes WP des zu löschenden WPs der Strukturierungsebene 2 angehört. Diese Situation wird in Abbildung 2.31 dargestellt.

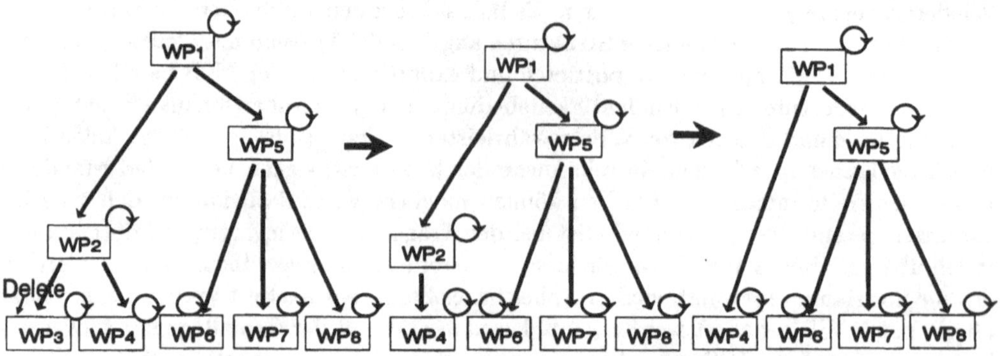

Abbildung 2.31: Verletzung der Eindeutigkeitsbedingung beim Löschen eines WPs

Z.B. wird durch das Löschen von WP_3 die Eindeutigkeitsbedingung verletzt. WP_2 und WP_4 besitzen durch das Löschen von WP_3 die gleiche Ursprungsmenge $\{WP_4\}$. Auf unser Wiederverwertungsszenario bezogen, läßt sich diese Situtation so interpretieren, daß sowohl WP_2 als auch WP_4 bzgl. WP_4 invariante Informationen enthalten. Es macht also zur Realisierung der Prinzipien keinen Sinn, daß beide WPs erhalten bleiben. Die Informationen können genauso gut in einem WP zusammengefaßt werden, was in Abbildung 2.31 visualisiert wird.

Darüber hinaus läßt sich die Eigenschaft nutzen, daß Ebenenstrukturen durch normalisierte Ebenenstrukturen verwaltet werden können. Dadurch kann gewährleistet werden, daß keine überflüssigen Sichtbarkeitsbeziehungen bzw. Konversionsspezifikationen generiert und verwaltet werden müssen. Entsprechende Normalisierungsoperationen müssen dann natürlich nach jeder Einfüge- bzw. Löschoperation durchgeführt werden, um zu gewährleisten, daß aus einer Operation wieder eine normalisierte Ebenenstruktur resultiert. Die Normalisiertheitseigenschaft kann dabei nur lokal verletzt werden, indem durch das Einfügen des neuen WPs in der Vereinigungsmenge der direkten Vorgänger- mit den direkten Nachfolger-WPs sowie dem neuen WP - die im folgenden mit V bezeichnet wird - Sichtbarkeits- bzw. Erreichbarkeitsbedingungen zwischen 2 WPs aus V eingeführt werden oder bereits existieren, die eliminiert werden können, ohne daß sich die Erreichbarkeitsbereiche und Sichtbarkeitsbereiche der WPs der Struktur ändern. Das Löschen solcher Beziehungen kann dann automatisch erfolgen und führt wieder zu einer normalisierten Ebenenstruktur.

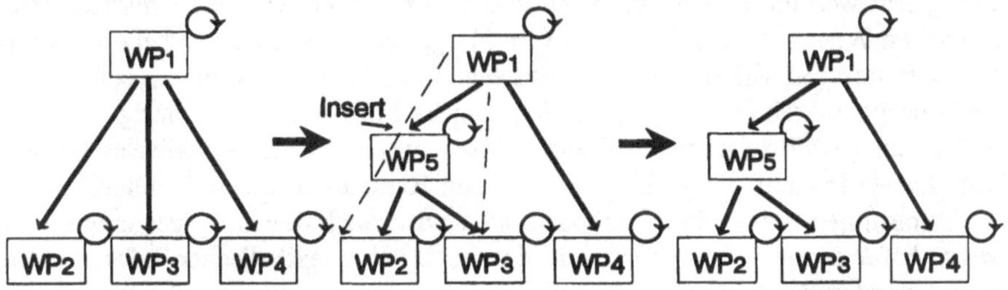

Abbildung 2.32: Automatische Normalisierung beim Einfügen eines WPs

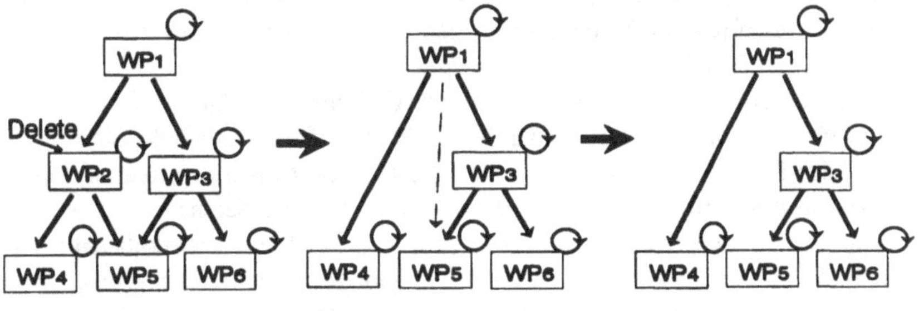

Abbildung 2.33: Automatische Normalisierung beim Löschen eines WPs

In Abbildung 2.32 wird das Wissenspaket WP_5 neu eingefügt. Die Menge V besteht hier aus den WPs WP_5, WP_2, WP_3 und WP_1. Wird nun WP_5 eingefügt und die damit verbundenen Erreichbarkeits- und Sichtbarkeitsbeziehungen eingeführt, können die zwischen WP_2 und WP_1 bzw. zwischen WP_3 und WP_1 existierenden Beziehungen gelöscht werden, da sich dadurch die Erreichbarkeits- und Sichtbarkeitsbereiche der WPs nicht verändern. Werden diese Beziehungen eliminiert, ist die Normalisiertheitseigenschaft wieder erfüllt.

Beim Löschen kann die Normalisiertheitseigenschaft nur in der Vereinigungsmenge der direkten Vorgänger- und Nachfolgerknoten verletzt werden.

In Abbildung 2.33 wird ein solcher Löschvorgang dargestellt. Beim Löschen von WP_2 wird durch eine Übertragung der Erreichbarkeitsbeziehungen und Sichtbarkeitsbeziehungen ein Pfeil zwischen WP_5 und WP_1 eingeführt. Diese so erzeugte Beziehung muß allerdings nicht verwaltet werden, sondern kann getilgt werden, da sich durch das Löschen der Beziehung die Erreichbarkeitsbereiche und Sichtbarkeitsbereiche der WPs nicht ändern. Der korrespondierende reflexive Graph erfüllt dann wieder die Normalisiertheitseigenschaft.

2.2.4 Dynamische Aspekte der lexikalischen Wissenstrukturierung

Nachdem nun gezeigt wurde, wie durch eine graphentheoretische Interpretation die in dem präsentierten Wiederverwertungsszenario erzeugten WP-Strukturen automatisch reorganisiert werden können, soll in diesem Abschnitt eine datenorientierte Sicht auf solche WP-Strukturen gelegt werden. Es wird unter anderem beschrieben, wie eine Umstrukturierung der lexikalischen Wissensbestände auf der Grundlage erkannter Invarianzen erfolgen kann, wie der Import und der Export von lexikalischen Informationen in einem solchen Strukturierungskonzept aufgefaßt werden kann und welche Informationen benötigt werden, um Reversibilität zu gewährleisten. Zu diesem Zweck werden zwei lexikalische Ressourcen betrachtet. Es werden nur einige Einträge aus den Ressourcen mit ausschließlich syntaktischen Informationen verwendet. Darüber hinaus wird noch davon ausgegangen, daß sich die LKB im Anfangszustand befindet, d.h. daß noch keine lexikalischen Informationen in ihr verwaltet werden.

Zuerst werden nun die lexikalischen Informationen der beiden zugrundeliegenden Ressourcen in den Formalismus der Datenbank konvertiert. Da in die LKB lexikalische Informationen unterschiedlicher Theorien einfließen, muß der verwendete Formalismus so ausdrucksmächtig sein, daß alle potentiellen Nutzer der LKB die in ihren spezifischen Formalismen dargestellten Informationen auch ohne Informationsverlust repräsentieren können.

Diese Anforderung wird z.B. vom Stuttgarter Typen-Unifikationsformalismus STUF [Seiffert und Dörre, 1991b; Seiffert und Dörre, 1991a] erfüllt. Es wird deshalb im Beispiel auch eine stuf-ähnliche Notation verwendet. Lexikalische Informationen zu einem Lemma werden als Templatedefinitionen für Merkmalstrukturen repräsentiert.

Die in Merkmalstrukturen konvertierten Einträge der beiden lexikalischen Ressourcen werden neuen Wissenspaketen WP_1 und WP_2 zugeordnet (siehe Abbildung 2.34). Zu diesem Zeitpunkt sind noch keine Beziehungen zwischen den lexikalischen Informationen aus WP_1 und WP_2 aufgedeckt. In einem weiteren Schritt gilt es deshalb, die Ableitbarkeitsrelationen, die zwischen den durch Merkmalstrukturen repräsentierten lexikalischen Informationen dieser beiden Wissenspakete existieren, aufzudecken. Dazu werden die Merkmal-

WP1

interagieren:=syntax:pos:v
alt:=syntax:pos:j
klar:=syntax:pos:j
Prädikat:=syntax:gen:n
langsam:=syntax:pos:j
beugen:=syntax:pos:v
Eimer:=syntax:gen:m
Frucht:=syntax:gen:f
voll:=syntax:pos:j
Hose:=syntax:gen:f
Hotel:=syntax:gen:n
belanglos:=syntax:pos:j
Gärtner:=syntax:gen:m
ungesund:=syntax:pos:j
Haus:=syntax:gen:n
unifizieren:=syntax:pos:v
Bauer:=syntax:gen:m
Buch:=syntax:gen:n
wiegen:=syntax:pos:v
grasen:=syntax:pos:v
Brille:=syntax:gen:f

WP2

Fleisch:=cat:n
Hotel:=cat:n
marschieren:=cat:vi
Frucht:=cat:n
langsam:=cat:adj
scheinen:=cat:vi
Gärtner:=cat:n
ungesund:=cat:adj
Bauer:=cat:n
schön:=cat:adj
Prädikat:=cat:n
alt:=cat:adj
Hose:=cat:n
wiegen:=cat:vt
grasen:=cat:vi
beugen:=cat:vt
Brille:=cat:n
klar:=cat:adj
schnell:=cat:adj
aufwerten:=cat:vt

Abbildung 2.34: Anfangszustand der LKB

strukturen aus WP_1 und WP_2 mit dem Ziel verglichen, Hypothesen über solche Ableitbarkeitsrelationen zu postulieren. Wünschenswert wären an dieser Stelle (semi)automatische Verfahren, die Hypothesen über solche Ableitbarkeitsrelationen aufdecken. Vorüberlegungen zu solchen Verfahren werden allerdings gesondert im letzten Aufsatz dieses Kapitels angestellt. Um dem Leser das dynamische Strukturierungskonzept näherbringen zu können, reicht es zu diesem Zeitpunkt aus, wenn die entsprechenden Ableitbarkeitsrelationen, die Invarianzen zwischen den entsprechenden Merkmalstrukturen beschreiben, informell dargestellt werden. Eine solche informelle Darstellung der Ableitbarkeitsrelationen wird im folgenden gegeben und in Abbildung 2.35 graphisch dargestellt:

- Jedes Auftreten eines Lemmas mit Merkmalstruktur syntax:pos:j in WP_1 impliziert das Auftreten einer Merkmalstruktur cat:adj bezüglich des gleichen Lemmas in WP_2. Andererseits impliziert aber auch jedes Auftreten eines Lemmas mit Merkmalstruktur cat:adj das Auftreten einer Merkmalstruktur syntax:pos:j bezüglich des gleichen Lemmas in WP_1. Man kann also eine gegenseitige Ableitbarkeitsrelation postulieren, die besagt, daß die Merkmalstruktur syntax:pos:j aus WP_1 aus der Merkmalstruktur cat:adj aus WP_2 ableitbar ist und umgekehrt. Die Informationen syntax:pos:j und cat:adj können demnach als invariant betrachtet werden und dürfen somit nach dem Prinzip der Repräsentation interlexikalischer Invarianzen in ein WP_1 und WP_2 übergeordnetes Wissenspaket transferiert und einheitlich und redundanzfrei bezüglich des von WP_1 und WP_2 aus sichtbaren Wissens repräsentiert werden. Um die Information allerdings in WP_1 bzw. WP_2 interpretieren zu können, sind

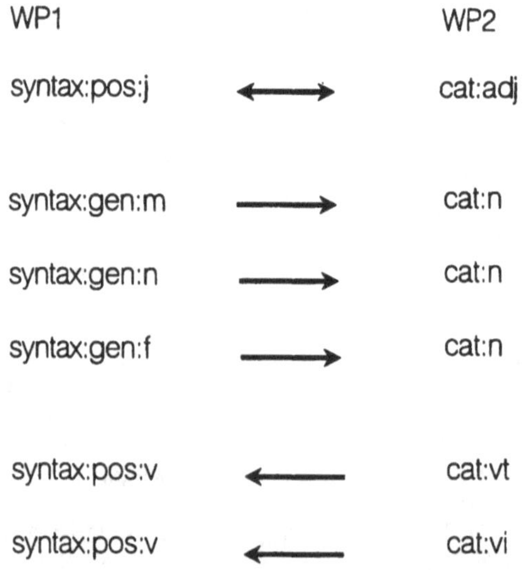

Abbildung 2.35: Erkannte Invarianzen

Konversionsspezifikationen einzuführen, die die einheitlichen Repräsentationen des übergeordneten WPs in das Repräsentationsformat von WP_1 bzw. WP_2 überführen.

- Neben den Hypothesen über gegenseitige Ableitbarkeitsrelationen können noch Ableitbarkeitsrelationen postuliert werden, die nur in einer Richtung zu verstehen sind. In dem hier behandelten Beispiel lassen sich Hypothesen über solche „einseitigen Ableitbarkeitsrelationen" unter anderem zwischen den Merkmalstrukturen syntax:gen:m, syntax:gen:n, syntax:gen:f aus WP_1 und der Merkmalstruktur cat:n aus WP_2 erkennen. Diese einseitigen Ableitbarkeitsrelationen besagen, daß jede Information syntax:gen:m oder syntax:gen:n oder syntax:gen:f aus WP_1, auch wenn es in WP_2 keinen Lexikoneintrag mit dem entsprechenden Lemma gibt, in WP_2 genutzt werden kann, um die Information cat:n abzuleiten. In der anderen Richtung macht die Generierung einer Hypothese nur dann Sinn, wenn die Nutzer des Wissenspaketes WP_1 die Information, daß ein Eintrag eine Genusinformation f, m oder n enthält, interpretieren können. Gemäß dem „Prinzip der Repräsentation interlexikalischer Invarianzen" wurden also die Informationen syntax:gen:m, syntax:gen:n und syntax:gen:f als invariant erkannt und dürfen daher, einheitlich repräsentiert, einem WP_1 und WP_2 übergeordneten Wissenspaket zugeordnet werden. Konversionsspezifikationen vermitteln wieder zwischen den Repräsentationen hierarchisch übergeordneter WPs.

- Neben Hypothesen, die die Nutzung von lexikalischen Informationen aus WP_1 in WP_2 erlauben, kann auch eine Ableitbarkeitshypothese generiert werden, die die Informationen cat:vt oder cat:vi aus WP_2 in WP_1 nutzbar macht, wenn man diese Informationen auf die entsprechende Merkmalstruktur syntax:pos:v aus WP_1 abbildet.

Nachdem nun die Hypothesen über Ableitbarkeitsrelationen zwischen durch Merkmalstrukturen repräsentierten, lexikalischen Informationen aus WP_1 und WP_2 gebildet wurden, wird ein neues, WP_1 und WP_2 übergeordnetes Wissenspaket WP_{neu} generiert, in dem die als invariant erkannten lexikalischen Informationen in generalisierter Form repräsentiert werden (siehe Abbildung 2.36).

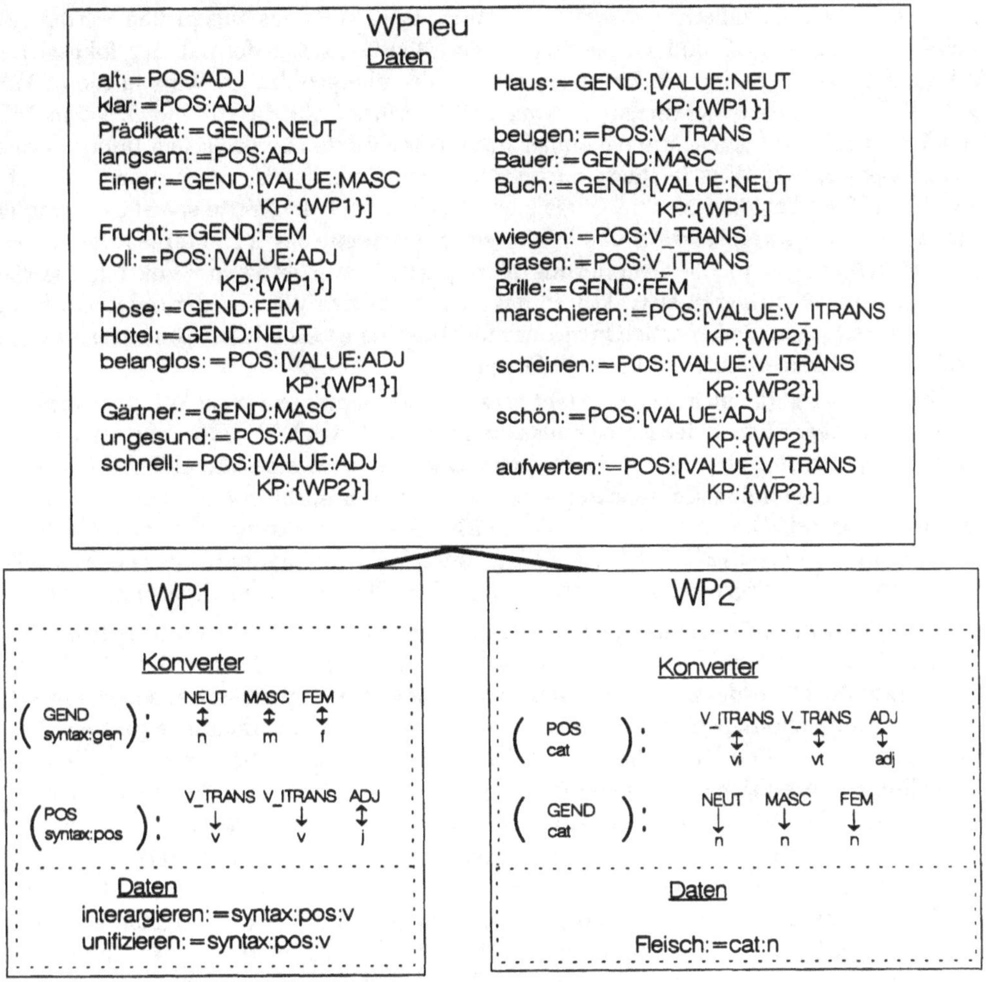

Abbildung 2.36: WP-Struktur nach vorgenommener Strukturierung

Zur Repräsentation der generalisierten Informationen werden im Beispiel neue Merkmalstrukturen eingeführt.[7] Dabei werden - zumindest für Informationen, die ihren Ursprung nicht in allen untergeordneten WPs haben - die ausgezeichneten Attribute „KP“ und „VALUE“ eingeführt. Der Wert des Merkmals „VALUE“ repräsentiert dann den eigentlichen Wert eines Attributes, während der Wert des Merkmals „KP“ die Information über die Herkunft der unter dem Merkmal „VALUE“ abgelegten Information zur Verfügung stellt.

Auf die in WP_{neu} gespeicherten lexikalischen Informationen kann nun nach dem Prinzip der Sichtbarkeit lexikalischen Wissens von WP_1 bzw. WP_2 aus zugegriffen werden. Da Sichtbarkeit als Zugriff und Konversion in das Repräsentationsformat des fokussierten WPs aufzufassen ist, sind die Repräsentationen der übergeordneten WPs in die in WP_1 bzw. WP_2 bekannten Merkmalstrukturen zu überführen. Zu diesem Zweck ist in WP_1 und WP_2 noch anzugeben, wie die einheitlich repräsentierten lexikalischen Informationen des übergeordneten WPs in ihnen zu interpretieren sind. Die Interpretation muß dabei sowohl auf der Ebene der Merkmale als auch auf der Ebene der Werte spezifiziert werden. Um die richtige Interpretation der Werte eines Featurepfades im untergeordneten WP zu gewährleisten, wird die Generierung einer partiell invertierbaren Funktion zwischen den entsprechenden Merkmalstrukturen des übergeordneten WP und der untergeordneten WPs vorgeschlagen. Jede partiell invertierbare Funktion ist als lokaler Konverter zwischen zwei direkt übergeordneten WPs aufzufassen.

Informationen, die nicht als invariant erkannt und damit nicht nach WP_{neu} transferiert wurden, die aber mittels der Konversionsspezifikationen aus WP_{neu} rekonstruiert werden können, werden in WP_1 und WP_2 gelöscht. Dadurch wird erreicht, daß die sichtbaren Informationen redundanzfrei repräsentiert werden. Z.B. braucht in Abbildung 2.36 die Information cat:n des Lemmas „Hotel“ nicht mehr in WP_1 repräsentiert werden, da sie aus dem Eintrag Hotel:=GEND:NEUT in WP_{neu} unter Anwendung der Konversionsspezifikation $\left(\begin{smallmatrix}\text{GEND}\\ \text{cat}\end{smallmatrix}\right)$: $\begin{smallmatrix}\text{NEUT}\\ \downarrow\\ \text{n}\end{smallmatrix}$ rekonstruiert werden kann. Ein Pfeil in beiden Richtungen zwischen einer Merkmalstruktur des übergeordneten und des untergeordneten WPs stellt in Abbildung 2.36 die Invertierbarkeit der Konversionsspezifikation dar. Existiert nur ein Pfeil von der Merkmalstruktur des übergeordneten zur Merkmalstruktur des untergeordneten WPs, so ist die Konversionsspezifikation nicht invertierbar. Diese so vorhandene partielle Invertierbarkeit der lokalen Konversionsspezifikationen sorgt dafür, daß neue oder geänderte lexikalische Informationen der beteiligten Quellen unter Beachtung bereits existierender Hypothesen über interlexikalische Invarianzen im richtigen WP lokalisiert werden.

Gelangt so neue durch eine Merkmalstruktur repräsentierte Information nach WP_1 oder WP_2 und existiert eine invertierbare Konversionsspezifikation nach WP_{neu}, so ist die Information nach WP_{neu} zu transferieren und durch die in der invertierbaren Konversionsspezifikation angegebenen Merkmalstuktur aus WP_{neu} zu repräsentieren. Existiert zwar eine Konversionsspezifikation zwischen Merkmalstrukturen, die aber nicht invertierbar ist, so kann die Konversionsspezifikation zwar genutzt werden, um eine Information aus WP_{neu} abzuleiten, allerdings kann aus dieser Information keine Information in dem anderen WP abgeleitet werden. Demnach muß eine solche Merkmalstruktur in WP_1 oder WP_2 lokalisiert werden. Um Redundanzen zu beseitigen, können die Merkmalstrukturen

[7]Bei der konkreten Implementierung wird man bei der einheitlichen Repräsentation im übergeordneten WP auf Featureterme der untergeordneten WPs zurückgreifen und nur für Konfliktfälle (z.B. doppelte Features in einem WP) eine Umbenennung der Featurenamen vorsehen.

allerdings gelöscht werden, wenn die Information bereits aus übergeordneten WPs ableitbar ist. Schließlich kann es auch noch vorkommen, daß keine Konversionsspezifikation zwischen der neuen Merkmalstruktur und einer Merkmalstruktur aus WP_{neu} existiert. Solange keine Beziehungen zu Merkmalstrukturen anderer WPs aufgedeckt werden, verbleiben solche neuen Informationen in WP_1 bzw. WP_2.

Die Reversibilität der WP-Struktur, d.h. die Möglichkeit, die einheitlich repräsentierten Informationen den hierarchisch untergeordneten WPs wieder zuzuordnen, wird durch die Generierung der Konversionsspezifikationen in Verbindung mit der beim Feature KP abgelegten Herkunftsinformationen gewährleistet. Im Beispiel werden dabei nur die Informationen um ein solches Feature ergänzt, die nicht sämtlichen an der Korrelationsanalyse beteiligten WPs wieder zugeordnet werden müssen. Somit bleibt die Herkunft dieser Informationen reproduzierbar. Die in WP_{neu} mit einem KP-Feature versehenen lexikalischen Informationen bedeuten für WPs, von denen aus eine Kante zu WP_{neu} existiert und die nicht als Wert dieses Features auftauchen, einen Informationsgewinn. In Abb. 2.36 kann z.B. aus WP_1 heraus auf die Information zugegriffen werden, daß der „part of speech (syntax:pos)" des Lemmas „aufwerten" Verb (v) ist, obwohl diese Information nicht von WP_1 eingebracht wurde. Allerdings stellt WP_1 für WP_2 aber die Information zur Verfügung, daß die Kategorie des Lemmas „belanglos" Adjektiv ist (cat:adj). Es wird also deutlich, daß jedes WP zum einen lexikalische Informationen importieren, zum anderen aber auch lexikalische Informationen exportieren kann. Über die entsprechenden Konversionsspezifikationen werden die Repräsentationen des übergeordneten WPs WP_{neu} in das entsprechende Repräsentationsformat der untergeordneten WPs transformiert. In den Konversionsspezifikationen tauchen dabei die ausgezeichneten Features „VALUE" und „KP" nicht auf. Eine solche Unterscheidung zwischen dem eigentlichen Wert und der Herkunft der Information dient lediglich dazu, die Reversibilität der Strukturierung zu gewährleisten. Der Wert des Features „KP" kann auch verwendet werden, um einem WP mitzuteilen, wenn es auf Informationen zugreift, die von anderen WPs geerbt wurden.

Da es bisher keine globalen Verfahren zur Aufdeckung von Inkonsistenzen in einem Wiederverwertungsszenario existieren, kann man nicht ausschließen, daß eine automatische Korrelationsanalyse falsche Invarianzbildungen durchführt. Solche falschen Invarianzbildungen können nun dazu führen, daß von einem WP aus doch auf inkonsistente Informationen zugegriffen werden kann. Damit wird allerdings das „Prinzip der lokalen Konsistenz lexikalischen Wissens" verletzt. Da durch die Forderung nach Reversibilität der lexikalischen Wissensstrukturierung die Möglichkeit besteht, die Herkunft geerbter inkonsistenter Informationen zu rekonstruieren, können die Invarianzbildungen herausgefunden werden, die für einen solchen Zugriff auf inkonsistente Information verantwortlich sind. Da einzelne Invarianzbildungen durch die vorhandene Reversibilität der lexikalischen Wissensstrukturierung zurückgenommen werden können, besteht in dem hier vorgestellten Wiederverwertungsszenario die Möglichkeit - durch Korrektur als falsch erkannter Invarianzbildungen -, dem Prinzip der lokalen Konsistenz dadurch gerecht zu werden, daß aufgetretene Inkonsistenzen automatisch lokalisiert und korrigiert werden können.

2.2.5 Ausblick

Die Integration bereits vorhandener Lexika (Lexikonimport) und die Anpassung an neue Anforderungsprofile (Lexikonexport) führen in der Regel zu Veränderungen in der Wissenspaketstruktur. Die Umstrukturierung der Wissensbestände erfolgt in beiden Fällen durch einen Prozeß, bei dem invariante lexikalische Daten generalisiert und entsprechend in hierarchiehöhere WPs transferiert werden [Hötker et al., 1994]. Das Ziel besteht darin, diesen Umstrukturierungsprozeß soweit wie möglich zu automatisieren. Dazu haben neue Anwendungen beispielhaft Lexikonspezifikationen anzugeben, auf deren Grundlage Beziehungen zu lexikalischen Informationen anderer Quellen ermittelt werden können. Zu diesem Zweck sind unter anderem Verfahren zu entwickeln, die Hypothesen über interlexikalische Invarianzen generieren. Diese Hypothesen bilden dann die Basis für eine Umstrukturierung der lexikalischen Wissensbestände.

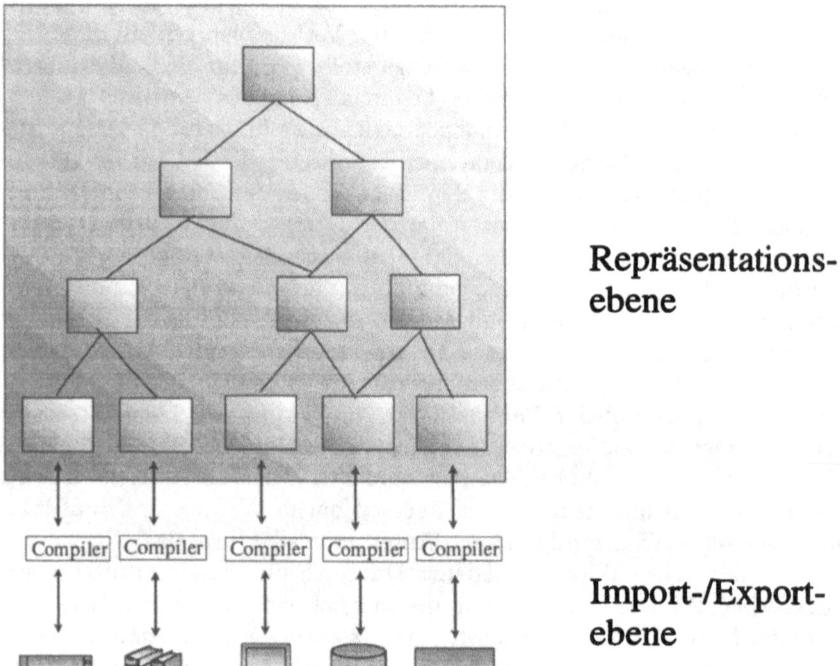

Abbildung 2.37: Verschmelzung der Import- und Exportebene

Erste Überlegungen zur Entwicklung von Verfahren zur Aufdeckung interlexikalischer Invarianzen finden sich in Abschnitt 2.3. Durch die Nutzung identischer Verfahren bei der Integration bereits vorhandener Lexika (Lexikonimport) und der Anpassung an neue Anforderungsprofile (Lexikonexport) und durch die Tatsache, daß jede Quelle sowohl als Importeur als auch als Exporteur von lexikalischen Informationen auftreten kann (vergl. Abschnitt 2.2.4), wird auf die in [Heid, 1991] aufgestellte Forderung, die Sichtweise des Lexikonimports und die des Lexikonexports in ein Szenario zu integrieren, angemessen reagiert. Außerdem wird die Architektur eines Wiederverwertungsszenarios insofern verändert, als die üblicherweise getrennt gehaltenen Import- und Exportebenen, wie in Abbildung 2.37 dargestellt, zu einer Ebene verschmelzen.

Für den Anfang scheint es zweifellos sinnvoll, sich bei den Korrelationsanalysen und Konvertern auf die morphologischen und syntaktischen Angaben von Lexika zu konzentrieren. Längerfristig dürfen bedeutungsspezifizierende Lexikonangaben allerdings nicht ausgespart bleiben. Unter der Prämisse, daß es relevante Überschneidungen zwischen Bedeutungs- und Wissensrepräsentationen gibt, kann durch eine Integration der semantischen Angaben unterschiedlicher lexikalischer Ressourcen vielleicht auch ein maßgeblicher Beitrag zur Wiederverwendung von Weltwissen in (sprachverarbeitenden) KI-Systemen geleistet werden und damit auch zur Überwindung des generellen knowledge acquisition bottlenecks, wie er im Zusammenhang mit der Erstellung anwendungsrelevanter Systeme immer wieder auftritt.

Über ein systematisches Relationieren bedeutungsspezifizierender Angaben unterschiedlicher Herkunft kann Einsicht darin gewonnen werden, welchen Transformationen das Wissen zu unterwerfen ist, um es für neue Aufgaben und Anwendungsgebiete zu adaptieren. Die auf diesem Wege erlangten Erkenntnisse dürften daher auch für den Forschungsbereich der Wissensrepräsentation, insbesondere für den der Wiederverwertung von Wissensbasen [Collet et al., 1991; Czedik, 1992; Neches et al., 1991], relevant sein. Damit wäre ein Zueinander-in-Beziehung-setzen semantischer Informationen aus unterschiedlichen Lexika nicht nur von technologischem, sondern auch von erkenntnistheoretischem Interesse.

2.3 Exemplarische Anwendungen des Strukturierungskonzepts

Petra Ludewig

2.3.1 Einleitung

Die Integration unterschiedlicher lexikalischer Ressourcen in eine umfassende lexikalische Wissensbasis (Lexical Knowledge Base, LKB) ist in zweifacher Hinsicht von Interesse. Erkenntnistheoretisch gesehen stellt die Integrierbarkeit von Lexika eine notwendige Voraussetzung für die Wissenschaftlichkeit lexikologischer Forschung dar. Die Wiederverwertbarkeit von Wissen ist ein klarer Indikator für die Konsistenz und Stringenz dieses Wissens; in ihr dokumentiert sich, daß Erkenntnisse gewonnen wurden, die als gesichert zu betrachten sind. In dieser Hinsicht soll eine Lexikonintegration sicherlich die Akkumulation lexikalischen Wissens fördern, ohne die Fortschritte in der Lexikologie undenkbar sind. Das erkenntnistheoretische Interesse an der Lexikonintegration gilt aber insbesondere auch den Beziehungen zwischen den unterschiedlichen lexikalischen Repräsentationen bzw. den sich in ihnen manifestierenden linguistischen Theorien.

Aus praktischer Sicht soll die Lexikonintegration dazu dienen, das Problem des „lexical acquisition bottleneck“ [Boguraev und Briscoe, 1989] bei der Entwicklung sprachverarbeitender Computersysteme einzudämmen. In letzter Zeit hat man zunehmend erkannt, wie dringlich, anspruchsvoll sowie zeit- und kostenintensiv der Aufbau lexikalischer Wissensbasen ist [Ludewig, 1993]. Eine LKB, die Lexika unterschiedlichen Ursprungs integriert, schafft damit eine notwendige Voraussetzung, um Verfahren der Computerlinguistik im großen Rahmen empirisch überprüfen und in anwendungsrelevante Systeme einbinden zu können.

Da es eine Vielzahl von durchaus unterschiedlichen, für die Lexikologie relevanten Theorien und ferner durchaus unterschiedliche Benutzerbedürfnisse gibt, kann es nicht überraschen, daß es auch eine Vielzahl von teilweise hochgradig disparaten Lexikonkonzeptionen und relativ zu ihnen eine Vielzahl von disparaten Arten lexikalischen Wissens gibt. Der Versuch einer Vereinheitlichung dieses lexikalischen Wissens, das auf gleichberechtigte, aber konkurrierende linguistische Theorien und/oder Bedürfnisse zurückgeht, von denen - zumindest zum gegenwärtigen Zeitpunkt - keine gegenüber der anderen ausgezeichnet werden kann, muß aus systematischen Gründen scheitern (s. Kanngießer Abschnitt 2.1 und [Kanngießer, 1993]).

Damit aber ist die Wiederverwertbarkeit des bereits gewonnenen lexikalischen Wissens nicht grundsätzlich in Frage gestellt. In Abschnitt 2.2 wird von Hötker eine relativ zu [Gust, 1986] und [Wachsmuth, 1987; Wachsmuth, 1989] bzw. [Wachsmuth und Gängler, 1991] erweiterte Wissenspaketstrukturierung beschrieben, die über Konversionsvorrichtungen und reversibilitätserhaltende Mechanismen verfügt. Es besteht die berechtigte Hoffnung, daß mit Hilfe dieser auf den speziellen Anwendungsbereich der Wiederverwertung lexikalischer Ressourcen angepaßten Wissenspaketstrukturierung (vgl. Hötker Abschnitt 2.2 in diesem Band und [Hötker et al., 1994]) hinreichend Äquilibrationsmechanismen bereitstehen, um

- die innerhalb eines Anwendungsszenarios auftretenden Wiederverwertungs- und Integrationsprobleme lösen zu können und

- interlexikalische Invarianzen und Divergenzen in einer Form repräsentieren zu können, die Hinweise auf Gemeinsamkeiten und Unterschiede der zugehörigen linguistischen Theorien zu geben vermag.

Entsprechend der epistemologischen und der technologischen Sichtweise auf die Lexikonintegration betrachtet der vorliegende Beitrag zwei Anwendungen des äquilibristischen und dynamischen Strukturierungskonzeptes. Die erste Anwendung stellt eine Fallstudie zur Verbkodierung dar und ist der Demonstration des theoretischen Nutzens gewidmet. Die zweite Anwendung beschäftigt sich mit Lexika intelligenter Sprachlehrsysteme und soll die praktische Relevanz aufzeigen.

2.3.2 Eine erkenntnistheoretisch relevante Anwendung

Im folgenden soll versucht werden, mit Hilfe einer Korrelation von Einträgen transitiver bzw. intransitiver Verben aus Lexika der unifikationsbasierten Kategorialgrammatik (CUG), der Generalized Phrase Structure Grammar (GPSG), der Head-Driven Phrase Structure Grammar (HPSG) und der Lexical-Functional Grammar (LFG) erste Antworten auf folgende Fragen zu geben:

- Wie mächtig sollte ein ausdrucksfähiger LKB-interner Repräsentationsformalismus sein?

- Wie sollte die zwischen den verschiedenen Darstellungsweisen vermittelnde Konversionssprache gestaltet sein?

- Über welche Heuristiken und welches grammatische Hintergrundwissen sollte ein maschinelles Verfahren zur Korrelationsanalyse als Vorwissen verfügen, um gezielt relevante Zusammenhänge zwischen Lexikoneinträgen unterschiedlicher Herkunft aufdecken zu können?

- Wie hängt die um Konversionsmechanismen erweiterte Wissenspaketstruktur der LKB mit dem Beziehungsgeflecht der hinter den integrierten Lexika stehenden linguistischen Theorien zusammen?

Ein Problem wird dabei sein, daß es nicht das CUG-Lexikon bzw. das GPSG-, das HPSG- oder das LFG-Lexikon schlechthin gibt. Vielmehr zeigt sich immer wieder, daß es selbst innerhalb eines Grammatikansatzes unterschiedliche Möglichkeiten gibt, transitive bzw. intransitive Verben zu kodieren (s.a. Kanngießer Abschnitt 2.1).[8] Ein daraus resultierendes Problem in den Abschnitten 2.3.2.3.1 und 2.3.2.3.3 besteht darin, daß dort zwar eine datengetriebene Korrelationsanalyse simuliert werden soll, aber in der Tat von Annahmen über interlexikalische Zusammenhänge ausgegangen wird, die zum Teil von konkreten Lexikonausprägungen abstrahieren.

Nach einer einleitenden Präsentation der Behandlung transitiver und intransitiver Verben in den verschiedenen Grammatikansätzen[9] (Abschnitt 2.3.2.1) werden in Abschnitt 2.3.2.2 exemplarische Einträge aus den jeweiligen Lexika in einen auf dem Prolog-System G_LOG basierenden Repräsentationsformalismus überführt. Auf der Grundlage dieser Transkriptionen erfolgt in Abschnitt 2.3.2.3 die eigentliche Korrelationsanalyse. Dabei geht es nicht so sehr darum, bisher unbekannte Invarianzen aufzudecken, die zwischen Lexika unterschiedlicher theoretischer Fundierung bestehen, als vielmehr darum, maschinelle Verfahren vorzubereiten, mit denen diese lokalen Invarianzen auf der Basis lexikalischen Datenmaterials aufgedeckt werden können. Gleichzeitig soll skizziert werden, wie um Konversionsmechanismen erweiterte Wissenspaketstrukturen Aussagen über das Beziehungsgeflecht aus unterschiedlichen Theorien stammender Lexika machen.

2.3.2.1 Die verschiedenen Grammatikansätze

In modernen NLP-Systemen verwendete „constraint-basierte" Grammatiktheorien weisen dem Lexikon eine zentrale Rolle in der Sprachverarbeitung zu, indem sie einen Großteil ihrer Beschreibungen in das Lexikon verlagern.

2.3.2.1.1 Categorial Unification Grammar

Die Kategorialgrammatik (KG) beschreibt die natürliche Sprache ausschließlich mit lexikalischen Mitteln. Sämtliche grammatische Information wird in Form von kategorialgrammatischen Kategorien ausgedrückt. Dabei werden zwei Kategorietypen unterschieden, die Grund- und die Funktorkategorien. Die Funktorkategorien beschreiben die kombinatorischen Möglichkeiten. Sie geben Auskunft über die Art und die Anzahl der vom Funktor benötigten Argumente sowie über die Art des bei der Kombination (Funktorapplikation) entstehenden Ergebnisses. Argument- und Ergebniskategorie können sowohl vom Typ einer Grund- als auch vom Typ einer Funktorkategorie sein.

[8] An dieser Stelle scheint eine begriffliche Anmerkung angebracht. Im Grunde besagt die Transitivitätseigenschaft von Verben, daß diese ein direktes Objekt nach sich ziehen und ein persönliches Passiv bilden können, wohingegen intransitive Verben kein direktes Objekt haben und entsprechend auch kein persönliches Passiv bilden. Da sich die vorliegende Studie auf das Deutsche bezieht und im Deutschen direkte Objekte über Akkusativobjekte realisiert werden, ist im folgenden meist vereinfachend von Akkusativobjekten die Rede. Offensichtlich sind nicht nur solche Verben transitiv, die nur ein Akkusativobjekt fordern („reparieren"), sondern z.B. auch Verben mit obligatorischer Dativ- und! Akkusativergänzung („schenken"). Entsprechend zählen nicht nur „objektlose" Verben wie „schlafen" zu den intransitiven Verben, sondern z.B. auch solche Verben, die zwar kein Akkusativobjekt erlauben, wohl aber ein Dativobjekt fordern („danken"). Im weiteren werden der Transitivitäts- und der Intransitivitätsbegriff zwar der besseren Handhabbarkeit halber überwiegend in der einschränkenden Interpretation verwendet, in dem Sinne, daß transitive Verben ausschließlich Akkusativobjekte erfordern und intransitive Verben gar keine Objekte zulassen. An bestimmten Stellen soll allerdings auch aufgezeigt werden, inwieweit die verschiedenen Grammatikansätze eine Spezifikation der generalisierenden Verwendungsweise dieser Begriffe unterstützen.

[9] Die Grammatikübersicht, die [Renz, 1993] ihren Überlegungen zu Adverbien im Deutschen voranstellt, war eine große Hilfe bei der Erarbeitung dieser Einführung.

Denkbare Grundkategorien wären z.B. S für Satz und N für Nominalkonstituente. S|N spezifiziert dann eine Funktorkategorie, die die Kombination mit einem Argument der Kategorie N fordert, um mit ihm eine komplexe Konstituente der Grundkategorie S zu bilden. Mit Hilfe einer solchen Kategorie läßt sich z.B. das syntaktische Verhalten intransitiver Verben in erster Näherung beschreiben. (S|N)|N steht für eine Funktorkategorie, die ein Argument der Kategorie N fordert, um als Ergebnis eine Konstituente der gerade erläuterten Funktorkategorie S|N zu liefern. Die Funktorkategorie (S|N)|N trägt hiermit zur groben syntaktischen Beschreibung transitiver Verben bei.

Diese zunächst einmal richtungsindifferenten Funktorkategorien, die keine Aussage darüber machen, ob das Argument eines Funktors nun links oder rechts von diesem Funktor positioniert ist, lassen sich nun dahingehend erweitern, daß sie zusätzlich Informationen über die Direktionalität enthalten. Der Backslash (\) besagt dann, daß das Argument links vom Funktor stehen muß (S\N); der Slash bedeutet, daß das Argument rechts vom Funktor zu stehen hat ((S\N)/N).[10]

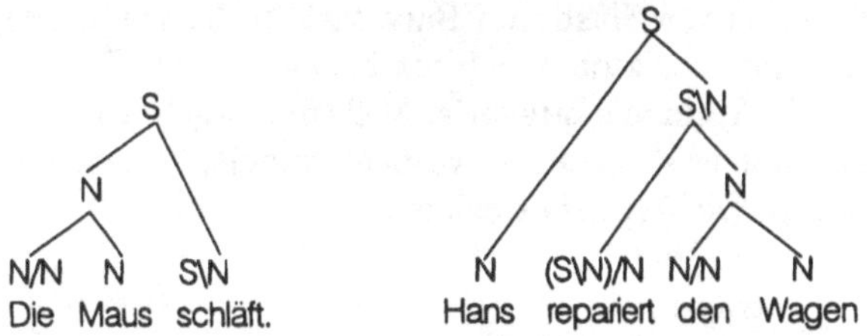

Offensichtlich fehlt der Kategorisierung transitiver und intransitiver Verben noch die Kasusinformation sowie eine Differenzierung in Nominalkonstituenten unterschiedlichen Levels (ein Verb kann mit Nominalphrasen und nicht mit Nomina schlechthin kombiniert werden), so daß entsprechende Verfeinerungen vorzunehmen sind.

intransitive Verben	transitive Verben
S\NP_nom	(S\NP_nom)/NP_akk

Ferner sind aus der Sicht einer featuretermbasierten LKB die in dieser klassischen Repräsentation der Kategorialgrammatik fehlenden Merkmalsstrukturen relevant, wenngleich sie - wie sich schnell zeigen läßt - kein echtes Problem darstellen. Eine Weiterentwicklung der Kategorialgrammatik, in der diese in einen unifikationsbasierten Grammatikformalismus eingebettet wird und alle kombinatorischen Informationen der Kategorien über Merkmalsstrukturen ausgedrückt werden, erfolgte bereits in Arbeiten von [Zeevat et al., 1986] und [Uszkoreit, 1986]. Der in der Categorial Unification Grammar verwendete Repräsentationsmechanismus kann nun natürlich auch zur Spezifikation nichtkombinatorischer (z.B. klassifikatorischer oder semantischer) Informationen genutzt werden. In diesem Sinne gibt Bouma ([Bouma, 1988] S.33) folgende Kategoriendefinition:

[10]Es existiert eine von der hier verwendeten Notation verschiedene Kodierungsvariante, derzufolge links vom Funktor positionierte Argumente auch in der Kategorienspezifikation links stehen [Kratzer et al., 1973]. In dieser Notation werden intransitive Verben als N\S kodiert und transitive Verben als (N\S)/N. Beide Notationsvarianten sind gleichwertig.

1. $$\begin{bmatrix} \text{CAT} : \text{b} \\ \text{FEATS} : \text{f} \end{bmatrix}$$
   is a category if b $\in \{B_1,\ldots,B_n\}$;[11]

2. $$\begin{bmatrix} \text{CAT} : \begin{bmatrix} \text{VAL} : \text{V} \\ \text{DIR} : \text{D} \\ \text{ARG} : \text{A} \end{bmatrix} \\ \text{FEATS} : \text{f} \end{bmatrix}$$
   is a category if V and A are categories and D $\in$ {left, right};

3. C is a category if it subsumes a category;

4. nothing else is a category.

CAT erfaßt die kombinatorischen Merkmale, FEATS die nichtkombinatorischen Merkmale. „DIR: D" übernimmt hier die Funktion von Slash und Backslash in der traditionellen Notation, kann aber auch Richtungsindifferenz zum Ausdruck bringen, wenn D eine Variable ist. Das Attribut ARG liefert die Argumentkategorie, VAL die Ergebniskategorie. „FEATS: [MAJ: V, AUX: –]" besagt, daß es sich um Vollverben handelt. Transitive und intransitive Verben lassen sich dann z.B. wie folgt spezifizieren:[12]

intransitiv:

$$\begin{bmatrix} \text{CAT} : \begin{bmatrix} \text{VAL} : \text{S} \\ \text{DIR} : \text{left} \\ \text{ARG} : \text{NP} \end{bmatrix} \\ \text{FEATS} : \begin{bmatrix} \text{MAJ} : \text{V} \\ \text{AUX} : - \end{bmatrix} \end{bmatrix}$$

transitiv:

$$\begin{bmatrix} \text{CAT} : \begin{bmatrix} \text{VAL} : \begin{bmatrix} \text{CAT} : \begin{bmatrix} \text{VAL} : \text{S} \\ \text{DIR} : \text{left} \\ \text{ARG} : \text{NP} \end{bmatrix} \end{bmatrix} \\ \text{DIR} : \text{right} \\ \text{ARG} : \text{NP} \end{bmatrix} \\ \text{FEATS} : \begin{bmatrix} \text{MAJ} : \text{V} \\ \text{AUX} :- \end{bmatrix} \end{bmatrix}$$

2.3.2.1.2 Generalized Phrase Structure Grammar

Die Generalized Phrase Structure Grammar [Gazdar et al., 1985] unterscheidet sich im wesentlichen in zweifacher Hinsicht von den traditionellen kontextfreien Phrasenstrukturgrammatiken: Die syntaktischen Kategorien werden nicht mehr durch atomare Symbole (z.B. „V" und „VP"), sondern durch Mengen von Merkmalsspezifikationen repräsentiert. Ein komplexes Geflecht von zusammenwirkenden Regeln unterschiedlichen Typs tritt an die Stelle der Phrasenstrukturregeln:

- Feature Cooccurrence Restrictions (FCRs) schränken die Menge der potentiellen Kategorien ein, indem sie angeben, welche Merkmalsspezifikationen in einer Kategorie gemeinsam vorkommen müssen bzw. nicht zusammen auftreten dürfen.

---

[11] Die B_i sind Basiskategorien (Anmerkung der Autorin).

[12] NP steht hier als Kürzel für eine entsprechende Grundkategorie. Grundkategorien zeichnen sich dadurch aus, daß die Attribute DIR und ARG leer sind (vgl. [Kiss, 1991]).

- Feature Specification Defaults (FSDs) geben Merkmalsspezifikationen an, die einer Kategorie zugeordnet werden, sofern nicht über eine Regel oder ein Prinzip eine markierte Merkmalsspezifikation eingeführt wird.
- Immediate Dominance (ID-) Regeln repräsentieren die hierarchische Konstituenzbeziehung zwischen Mutter- und Tochterknoten.
- Linear Precedence (LP-) Regeln beschreiben die Abfolge der Tochterknoten.
- Die Head Feature Convention (HFC) bewirkt, daß Mutter- und Kopftochterknoten bezüglich ausgewählter (HEAD-) Merkmale übereinstimmen.
- Das Foot Feature Principle (FFP) sorgt unter anderem für den Merkmalsabgleich diskontinuierlicher Konstituenten.
- Das Control Agreement Principle (CAP) regelt insbesondere Kongruenzbeziehungen.

Zur Beschreibung des Subkategorisierungsverhaltens wird ein Feature SUBCAT mit einem Wertebereich der Gestalt {1, ..., n} eingeführt. Entsprechende FCRs gewährleisten, daß SUBCAT nur in solchen Kategorien mit [BAR 0] (im Sinne der X-bar Syntax von Chomsky [Chomsky, 1970]) bzw. bei ~BAR, d.h. BAR undefiniert, auftauchen kann. Konstituenten mit BAR-Level größer 0 verfügen über kein Subkategorisierungsmerkmal und sind damit gesättigt. Die Grammatik enthält dann ID-Regeln der Form

VP → H[1],
VP → H[2], NP.

Dabei stellt VP eine verkürzte Schreibweise für [[- N] [+ V] [BAR 2]] bzw. [[N -] [V +] [BAR 2]] dar. H ist ein Kürzel (Template) für die Kopftochterkategorie (der VP). H[i] steht dann für H[SUBCAT i], d.h. eine Headkategorie mit dem zusätzlichen Feature [SUBCAT i], die sich in diesem Kontext aufgrund der HFC zu [[N -] [V +] [BAR 0] [SUBCAT i]] expandieren läßt ([BAR 0] deswegen, weil [SUBCAT i] keinen anderen BAR-Level zuläßt). AUX ist hier ein zweiwertiges Merkmal zur Identifikation von Hilfsverben. Das Lexikon enthält nun als Spezifikation für

intransitive Verben	und	transitive Verben
[[N -] [V +] [BAR 0] [AUX -] [SUBCAT 1]]		[[N -] [V +] [BAR 0] [AUX -] [SUBCAT 2]]

Diese Repräsentation hat zwar den Vorteil, daß keine vollständig verschiedenen Kategorien für Verben unterschiedlicher Subkategorisierung gefordert werden (z.B. atomare Kategorien INTR und TR), und daß damit Generalisierungen über sämtliche Verben möglich sind. Jedoch lassen sich Generalisierungen über Verben, die im weiteren Sinne intransitiv bzw. transitiv sind, bei dieser Kodierung nicht innerhalb des Lexikons vollziehen, da die Beziehung zwischen Verben und Nominalphrasen dem Lexikon alleine nicht entnommen werden kann. Die arbiträren Integer-Werte von SUBCAT sind als Pointer auf die ID-Regeln zu verstehen, die eine Einführung der entsprechenden lexikalischen Einheit rechtfertigen. In der Regel beinhalten GPSG-Lexika darüber hinaus sogar noch stärker komprimierte Notationen syntaktischer Beschreibungen, die dann mit Hilfe von FCRs und FSDs expandiert werden. Verdichtete Kodierungen könnten z.B. wie folgt lauten:

intransitive Verben	transitive Verben
[[AUX -] [SUBCAT 1]]	[[AUX -] [SUBCAT 2]]

Daraus resultiert, daß die Lexikoneinträge der GPSG aufgrund ihrer verkürzten Kodierung und ihres SUBCAT-Features nur mit Grundkenntnissen bzgl. der Grammatik vollständig interpretierbar sind.[13]

2.3.2.1.3 Head-Driven Phrase Structure Grammar

Die Head-Driven Phrase Structure Grammar [Pollard und Sag, 1987] greift viele Ideen der GPSG und der CUG auf, unterscheidet sich aber insofern von den einfachen unifikationsbasierten Grammatikformalismen, als sie auch Listen, Mengen und Funktionen als Featurewerte zuläßt. Dabei betrachtet die HPSG nicht nur Lexeme und Phrasen als sprachliche Zeichen, sondern auch die Regeln und Prinzipien, die für sie gelten. Letztere stellen dann natürlich sehr unterspezifizierte Zeichen dar. Die lexikalischen Zeichen haben die Grundstruktur

PHON
SYN
SEM

mit den Informationen über Lautstruktur, syntaktische Eigenheiten und Bedeutung. Jedes dieser Merkmale ist weiter spezifiziert und typisiert. Für SYN gilt:

$$\begin{bmatrix} \text{SYN} \begin{bmatrix} \text{LOC} \begin{bmatrix} \text{HEAD} \\ \text{SUBCAT} \\ \text{LEX} \end{bmatrix} \\ \text{BIND} \begin{bmatrix} \text{SLASH} \\ \text{REL} \\ \text{QUE} \end{bmatrix} \end{bmatrix} \end{bmatrix}$$

SYN läßt sich in zwei Merkmalsstrukturen (LOC und BIND) unterteilen. LOC beinhaltet lokale Informationen und ist damit für die Charakterisierung transitiver und intransitiver Verben von Bedeutung; BIND beschreibt die diskontinuierliche Konstituenz. Die lokale Information ist in drei Features unterteilt. HEAD spezifiziert die Eigenschaften, die das betreffende Lexem mit all seinen Projektionen teilt. Dazu zählt insbesondere die mit

[13] Die GPSG blendet das Lexikon in seinen Betrachtungen weitgehend aus und verfügt zunächst einmal über keine Theorie des Lexikons. Eine die GPSG ergänzende Lexikonkonzeption, auf die an dieser Stelle jedoch nicht weiter eingegangen wird, basiert auf DATR [Evans und Gazdar, 1990].

dem Attribut MAJOR (kurz MAJ) festgehaltene Wortklassenzugehörigkeit. Aber auch das der Unterscheidung von Hilfs- und Vollverben dienende Feature AUX fällt unter die HEAD-Merkmale. SUBCAT liefert eine Liste der notwendigen Verbergänzungen, d.h. der von dem Lexem regierten sprachlichen Zeichen. Mit Hilfe von LEX wird zwischen lexikalischen und phrasalen Zeichen unterschieden. Die syntaktische Spezifikation transitiver und intransitiver Verben gestaltet sich dann wie folgt:

intransitiv:

$$SYN|LOC\begin{bmatrix} \text{HEAD}\begin{bmatrix}\text{MAJ} & \text{V}\\ \text{AUX} & -\end{bmatrix}\\ \text{SUBCAT}\langle\ \text{NP}\ \rangle\\ \text{LEX+}\end{bmatrix}$$

transitiv:

$$SYN|LOC\begin{bmatrix} \text{HEAD}\begin{bmatrix}\text{MAJ} & \text{V}\\ \text{AUX} & -\end{bmatrix}\\ \text{SUBCAT}\langle\ \text{NP},\quad \text{NP}\ \rangle\\ \text{LEX+}\end{bmatrix}$$

Danach subkategorisieren intransitive Verben eine NP, die Subjekt-NP, und transitive Verben zwei NPs, eine Subjekt- und eine Akkusativobjekt-NP. Im weiteren Sinne zeichnen sich transitive Verben dadurch aus, daß ihre Merkmalsstrukturen mit der unterspezifizierten Merkmalsstruktur

$$SYN|LOC\begin{bmatrix} \text{HEAD}\begin{bmatrix}\text{MAJ} & \text{V}\\ \text{AUX} & -\end{bmatrix}\\ SUBCAT\langle\ \text{NP[akk]}\ldots,\text{NP[nom]}\ \rangle\\ \text{LEX+}\end{bmatrix}$$

verträglich sind. Wichtig ist in diesem Zusammenhang das universelle Subkategorisierungsprinzip [Pollard und Sag, 1987], S. 148:

$$[\text{DTRS}_{\textbf{headed-structure}}[]] \Rightarrow$$

$$\begin{bmatrix} \text{SYN|LOC|SUBCAT} & 2\\ \text{DTRS} & \begin{bmatrix}\text{HEAD\_DTR|SYN|LOC|SUBCAT} & \text{append}(\ 1\ ,\ 2\ )\\ \text{COMP\_DTRS} & 1\end{bmatrix}\end{bmatrix}$$

Es besagt, daß eine komplexe Struktur, die aus einer Head-Tocher und einer Komplement-Tochter besteht, dann wohlgeformt ist, wenn die Komplement-Tochter mit dem ersten Element der SUBCAT-Liste der Head-Tochter unifiziert. Die zusammengesetzte Struktur hat als SUBCAT-Wert die um das erste Element verkürzte SUBCAT-Liste der Head-Tocher.

Insgesamt wird deutlich, daß die HPSG hinsichtlich der Darstellung des kombinatorischen Potentials der CUG näher steht als der GPSG. Zum einen werden die Verbergänzungen sowohl in der HPSG als auch in der CUG explizit in den Lexikoneinträgen aufgeführt. In der GPSG muß für die Explizierung von Verbergänzungen auf ID-Regeln zugegriffen werden. Zum anderen behandeln sowohl die CUG als auch die klassische Fassung der HPSG das Subjekt aus lexikalischer Sicht als Verbergänzung.[14] Die listenartige Erfassung der Verbergänzungen in der HPSG erscheint jedoch transparenter und bequemer als die kaskadenartige Repräsentation mittels Ergebnisattributen in der CUG, bei der die Valenz über verschiedene VAL-Pfade verteilt wird (vgl. [Kiss, 1991]).

[14]In der überarbeiteten Version der HPSG [Pollard und Sag, 1994] wird das Subjekt allerdings aus der SUBCAT-Liste herausgenommen und einem eigenen Feature zugewiesen [Pollard und Sag, 1987].

2.3.2.1.4 Lexical-Functional Grammar

Die Lexical-Functional Grammar [Bresnan und Kaplan, 1982] zeichnet sich dadurch aus, daß die syntaktischen Strukturen nicht indirekt - d.h. unter Zuhilfenahme von Transformationen - und auf einer Ebene - und zwar der Ebene der Konstituenz - repräsentiert werden, sondern direkt und auf zwei Ebenen. Die LFG ordnet jedem sprachlichen Ausdruck eine Konstituentenstruktur und eine funktionale Struktur zu. Die K-Struktur und die F-Struktur beschreiben gemeinsam die Struktur eines sprachlichen Ausdrucks.

Die K-Struktur entspricht den üblichen Baumdiagrammen kontextfreier Grammatiken. Ihre Knoten sind lexikalische Kategorien (z.B. N und V) und Konstituentenkategorien (z.B. NP und VP), die Projektionen der lexikalischen Kategorien sind. Die Kanten beschreiben die Dominanzbeziehungen; die Anordnung der Endknoten gibt die Präzedenzbeziehungen wieder.

Die F-Struktur eines sprachlichen Ausdrucks entsteht unter Rückgriff auf Informationen aus der jeweiligen Konstituentenstruktur und den Lexikoneinträgen der beteiligten Wörter und ist ihrerseits wieder Eingabe für die semantische Interpretation. Sie umfaßt im wesentlichen die den beteiligten Wörtern entsprechenden Prädikate (z.B. HANS für Hans), die Spezifikation der Nominalphrasen (Determination des Nomens) und die relevanten grammatischen Funktionen (z.B. SUBJ, OBJ), wie sie aus dem Subkategorisierungsverhalten (z.B. transitiv/intransitiv) der beteiligten Lexeme resultieren. Kennzeichnend für die LFG ist dabei, daß die grammatischen Funktionen als Primitive behandelt werden und eine auf ihnen aufgebaute zusätzliche (funktionale) Ebene angenommen wird.

Zwecks Aufbau der F-Struktur generieren die Phrasenstrukturregeln, die die K-Strukturen erzeugen, gleichzeitig den Konstituenten zugeordnete Annotationen, sogenannte funktionale Schemata. Diese spezifizieren, welche syntaktische Funktion die betreffende Konstituente im sprachlichen Ausdruck innehat. Die EGO-Variable „↓“ zeigt auf die funktionale Information, die mit der zugehörigen (Teil-)Konstituente verknüpft ist. Die Muttervariable „↑“ referiert auf die F-Struktur des Mutterknotens. Die Gleichung bedeutet, intuitiv gesprochen, daß die funktionale Information vom Tochter- an den Mutterknoten weiterzugeben ist. Steht hinter der Muttervariablen „↑“ eine grammatische Funktion (z.B. SUBJ), so besagt dies, daß die hochzureichende F-Struktur im Mutterknoten unter dem betreffenden Slot (z.B. SUBJ) einzufügen ist.

$$\begin{array}{lll} S \rightarrow & NP & VP \\ & (\uparrow SUBJ)=\downarrow & \uparrow=\downarrow \end{array}$$

$$\begin{array}{lll} VP \rightarrow & V & NP \\ & \uparrow=\downarrow & (\uparrow OBJ)=\downarrow \end{array}$$

$$\begin{array}{ll} VP \rightarrow & V \\ & \uparrow=\downarrow \end{array}$$

Diesen Regeln zufolge ist die unmittelbar von S dominierte NP das Subjekt des Satzes und die unmittelbar von einer VP dominierte NP das Objekt des Satzes. Aus der Konstituentenstruktur des Satzes „Hans repariert den Wagen“ ergibt sich nun, daß der Satz über ein Subjekt und ein direktes Objekt verfügt.

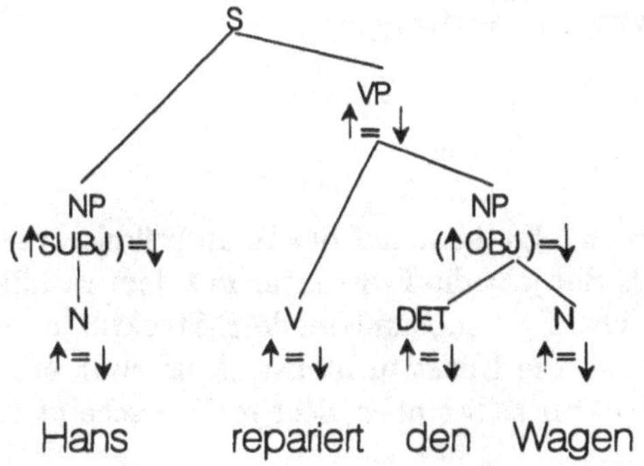

Das Lexikon spezifiziert das Subkategorisierungsverhalten von Lexemen mit Hilfe sogenannter lexikalischer oder semantischer Formen. Dabei handelt es sich um Prädikate, denen grammatische Funktionen als Argumente zugeordnet sind, und nicht syntaktische Kategorien wie im CUG- und im HPSG-Lexikon. In unserem Fall gibt das Lexikon an, daß „repariert" ein Subjekt und ein Objekt als Argumente nimmt, wohingegen „schläft" ausschließlich ein Subjekt fordert. Die Repräsentation des Subkategorisierungsverhaltens im Lexikon der LFG weist insofern Ähnlichkeit mit der in der HPSG auf, als die Argumente explizit repräsentiert werden, das Subjekt als Verbergänzung behandelt wird und der Argumentrahmen listenartig dargestellt wird.[15]

Hans: N,
(↑PRED) = „HANS"
...

Wagen: N,
(↑PRED) = „WAGEN"
...

repariert: V,
(↑PRED) = „REPARIEREN <(↑SUBJ) (↑OBJ)>"
(↑SUBJ NUM) = SG
(↑SUBJ PERS) = 3
(↑TENSE) = PRESENT

[15] Allerdings unterscheidet die LFG zwischen semantisch relevanten Argumenten, die eine thematische Rolle übernehmen, und semantisch irrelevanten (d.h. nicht-thematischen) Argumenten, indem letztere außerhalb der spitzen Klammern aufgeführt werden.

Bsp.: Es scheint, daß Hans den Wagen repariert.
scheint: V, (↑PRED) = „SCHEINEN <(↑XCOMP)> (↑SUBJ)"

schläft: V,
(↑PRED) = „SCHLAFEN <(↑SUBJ)>“
(↑SUBJ NUM) = SG
(↑SUBJ PERS) = 3
(↑TENSE) = PRESENT

Aus K-Struktur und Lexikon zusammen folgt dann, daß das Hauptprädikat des obigen Satzes „REPARIEREN“ ist, welches als Subjekt die F-Struktur mit dem Prädikat „HANS“ und als Objekt die das Prädikat „WAGEN“ subsumierende F-Struktur nimmt. An dieser Stelle wird nochmals deutlich, daß die Konstituentenstruktur zwar am Aufbau der F-Struktur beteiligt ist, in der F-Struktur selber aber nicht mehr erscheint.

Damit lassen sich im engeren Sinne intransitive und transitive Verben gemäß der LFG wie folgt spezifizieren:[16]

intransitiv:	transitiv:
V,	V,
(↑PRED)= „PRÄDIKAT<(↑SUBJ))>“	(↑PRED)= „PRÄDIKAT<(↑SUBJ) (↑OBJ)>“
oder	oder
V,	V,
(↑PRED)= „PRÄDIKAT<> (↑SUBJ)“	(↑PRED)= „PRÄDIKAT<(↑OBJ)> (↑SUBJ)“

Im weiteren Sinne transitive Verben können im Rahmen der LFG demnach charakterisiert werden durch

(↑PRED)= „PRÄDIKAT<... (↑OBJ)... >“.

2.3.2.2 Konversion in ein allgemeines Datenformat

Der erste Schritt zur Zusammenführung von Einträgen transitiver und intransitiver Verben aus CUG-, GPSG-, HPSG- und LFG-Lexika in eine mittels Wissenspaketen (WPs) strukturierte LKB ist die Transkription der betreffenden Einträge in den LKB-internen Repräsentationsformalismus, auf dessen Basis dann die tatsächliche Lexikonintegration stattfinden kann [Hötker et al., 1991; Hötker et al., 1994]. Dieser Arbeitsschritt stellt eine der eigentlichen Integration vorgeschaltete Maßnahme dar, die im Grunde einer syntaktischen Vorstrukturierung der Einträge gleichkommt. Im Kontext von Lexikonprojekten wie z.B. dem Lexical System Project der IBM [Byrd et al., 1989] wurden bereits in ausreichendem Maße Techniken erarbeitet, die diesen Arbeitsschritt unterstützen.

An dieser Stelle macht es jedoch insofern Sinn, sich Gedanken zur Konvertierung konkreter Lexikoneinträge in einen allgemeinen Repräsentationsformalismus zu machen, als der LKB-interne Formalismus so mächtig und ausdruckskräftig sein muß, daß möglichst viele der zu integrierenden lexikalischen Informationen in ihm auch strukturell adäquat darstellbar sind. Angesichts der Tatsache, daß

[16] „PRÄDIKAT“ ist hier als Variable für Prädikate wie SCHLAFEN, REPARIEREN etc. zu verstehen.

- die Wissenspaketverwaltung des in Abschnitt 2.2 entworfenen Strukturierungskonzepts bereits in dem Prolog-System G_LOG implementiert ist,[17]
- G_LOG über eine Datenstruktur für Graphen verfügt, die es erlaubt, Featuretermstrukturen zu verarbeiten,
- in G_LOG Terme mit relativ differenzierter Struktur repräsentierbar sind und
- die skizzierten Probleme aufgrund ihrer Allgemeinheit auf andere Featureterm-orientierte Repräsentationsformalismen wie z.B. STUF [Seiffert und Dörre, 1991a] direkt übertragbar sind,

bietet es sich an, die G_LOG [Gust, 1992b] zugrundeliegenden Möglichkeiten der Termspezifizierung als Arbeitshypothese für den LKB-internen Repräsentationsformalismus zu wählen. Im folgenden gilt es dann zu zeigen, wie die in Abschnitt 2.3.2.1 skizzierten Lexikoneinträge gemäß der Termspezifikationsmöglichkeiten von G_LOG formuliert werden können und was bei der Transkription zu beachten ist.

2.3.2.2.1 Termspezifikationen in G_LOG

G_LOG ist ein Prolog-Interpreter mit integrierter Programmierumgebung und einer fensterorientierten Bedienungsoberfläche [Gust und Enders, 1992]. Die Syntax von G_LOG ist LISP-ähnlich. Die Basisausdrücke sind strukturierte Tupel, deren Komponenten durch Leerzeichen getrennt sind. Daten und Klauseln unterscheiden sich in ihrer syntaktischen Struktur nicht voneinander. Variablen (und Funktionale Terme) werden durch einen „*“ markiert.

Grammatiktheorien wie GPSG, HPSG, LFG verwenden als Repräsentationsmittel Featureterme. In G_LOG wurden deshalb offene und geschlossene Featureterme als Basisdatentypen implementiert. Unifikation von Featuretermen erfolgt in der üblichen Art und Weise. Die syntaktischen Konstrukte von Featuretermen lassen sich in G_LOG wie folgt beschreiben [Gust, 1992a]:

Term	TERM	::=	VAR; RAT; ART; IVL; CON; TUP; LST; FET; CFT; FUN; BVR; GVR ...
Variable	VAR	::=	*NAME; *INT
Name	NAME	::=	Zeichenfolge, die mit einem Alphazeichen beginnt und aus Alphazeichen und Ziffern besteht.
Integer	INT	::=	0; 1; -1; 2; -2 ...

[17]In G_LOG ist ein Modularisierungskonzept integriert, das sich an dem Konzept der Wissenspaketstrukturen [Gust, 1986; Wachsmuth, 1989; Wachsmuth und Gängler, 1991] orientiert und Module in einem azyklischen Graphen organisiert, der über eine Nachfolgerrelation gebildet wird. Die Nachfolger eines Moduls entsprechen den sichtbaren Wissenspaketen. Es sind demnach von einem Modul aus alle Klauseln der Nachfolgermodule sichtbar.

<table>
<tr><td>rationale Zahl</td><td>RAT</td><td>::=</td><td>INT; INT/INT; ∞; $-\infty$</td></tr>
<tr><td>arithm. Ausdrücke</td><td>ART</td><td>::=</td><td>:(ATERM OP ATERM)</td></tr>
<tr><td>arithm. Operatoren</td><td>OP</td><td>::=</td><td>+; -; x; /; //</td></tr>
<tr><td>arithm. Terme</td><td>ATERM</td><td>::=</td><td>RAT; ART</td></tr>
<tr><td>Intervall</td><td>IVL</td><td>::=</td><td>#(RAT RAT); #[RAT RAT); #(RAT RAT]; #[RAT RAT];
#(CON CON) #[CON CON); #(CON CON]; #[CON CON]</td></tr>
<tr><td>Konstante</td><td>CON</td><td>::=</td><td>NAME;
Zeichenfolge, die
a) aus Sonderzeichen ohne die Zeichen
„ “, „(“, „)“, „{“, „}“, „[“, „]“, „|“, „*“ besteht oder
b) in „“ eingeschlossen ist, dabei steht
\r für „Return“
\n für „Zeilenvorschub“
\f für „Seitenvorschub“
\\ für „\“
\INT für ein beliebiges ascii-Zeichen.
(C-Konvention:dezimal, oktal 0.., hexadezimal x...)</td></tr>
<tr><td>Tupel</td><td>TUP</td><td>::=</td><td>(TERM ... TERM) ohne Kommata</td></tr>
<tr><td>Liste</td><td>LST</td><td>::=</td><td>[TERM ... TERM]; [TERM ... TERM | VAR] (VAR referiert auf die Restliste); [] ohne Kommata</td></tr>
<tr><td>Feature-term</td><td>FET</td><td>::=</td><td>{NAME:TERM ... NAME:TERM}, {} ohne Kommata, ein Attributname darf höchstens einmal vorkommen</td></tr>
<tr><td>geschlossener Feature-term</td><td>CFT</td><td>::=</td><td>{|NAME:TERM ... NAME:TERM|}</td></tr>
<tr><td>Funktionaler Term</td><td>FUN</td><td>::=</td><td>*(NAME TERM ...)</td></tr>
<tr><td>Beschränkte Variable</td><td>BVR</td><td>::=</td><td>VAR$\wedge$AUSSAGE</td></tr>
<tr><td>Gleichung</td><td>GVR</td><td>::=</td><td>VAR=TERM</td></tr>
</table>

Im folgenden wird stellenweise eine verkürzte Schreibweise für Featureterme verwendet. Beispielsweise steht

SYN: LOC: HEAD: MAJ: V

für

{SYN: {LOC: {HEAD: {MAJ: V}}}} .

Featureterme lassen sich als Constraints auffassen. Da in G_LOG Featureterme und Intervalle als Basisdatentypen vorhanden sind und von der Unifikationsroutine direkt behandelt werden, sind für diese Datentypen Techniken der Constraint-Propagation nicht erforderlich. Bzgl. funktionaler Terme und beschränkter Variablen ist in G_LOG eine einfache Form von Constraint-Propagation implementiert.

2.3.2.2.2 Umkodierung in G_LOG

Die Umkodierung in den LKB-internen Repräsentationsformalismus stellt einen der eigentlichen Lexikonintegration vorangestellten Arbeitsschritt dar und schafft gewissermaßen die technischen Voraussetzungen für die Zusammenführung von Lexika. Zweck der Transkription ist die einheitliche Wiedergabe der syntaktischen Strukturen von Lexikoneinträgen unterschiedlichen Ursprungs. Die logischen Konstrukte der zu korrelierenden Lexika, z.B. Listen und Attribut-Wert-Paare etc., sind explizit zu machen und uniform darzustellen. Z.B. werden Listen nunmehr generell durch eckige Klammern begrenzt, wobei die einzelnen Elemente lediglich durch Leerstellen voneinander abgegrenzt sind. Damit ist diese globale Konvertierung völlig anderer Natur als die lokalen, LKB-internen Konvertierungen, die zwischen den konkreten Formaten der verschiedenen WPs vermitteln. Gegenstand der zwischen zwei WPs geschalteten lokalen Konverter ist die semantische Struktur von Lexikoneinträgen. Entsprechend bilden diese Konverter nicht-logische Ausdrücke wie „wortart“, „Substantiv“ und „cat“, „N“ aufeinander ab.

Im Rahmen der globalen Konvertierung werden z.B. für HPSG-Einträge die eckigen Klammern („[“, „]“), die ursprünglich die Attribut-Wert-Paare begrenzen, durch geschweifte „FET“-Klammern („{“, „}“) ersetzt und zwischen Attributname und -wert der Separator „:“ eingefügt. Die senkrechten Striche „|“ kennzeichnen den Beginn eines mit geschweiften Klammern zu markierenden Featureterms. Die in der HPSG zunächst mit spitzen Klammern („<“, „>“) gekennzeichneten Listen erhalten nunmehr eckige Klammern. Die Kommata, die die Listenelemente voneinander abgrenzen, werden getilgt. Für den HPSG-Eintrag von „reparieren“ bedeutet das:

```
Anwendungsspezifischer Formalismus      LKB-interner Formalismus

SYN|LOC [HEAD     [MAJ V                 {SYN: {LOC: { HEAD:     {MAJ: V
                   AUX -]                                         AUX: -}
         SUBCAT   <NP, NP>]                           SUBCAT:    [NP NP]}}}
```

In diesem Sinne lassen sich die grammatikspezifischen Lexikoneinträge LKB-intern wie folgt repräsentieren:

INTRANSITIV TRANSITIV

CUG

```
schlafen:
 {CAT:    {VAL: S
           DIR: left
           ARG: NP}
  FEATS:  {MAJ: V
           AUX: -}}
```

```
reparieren:
 {CAT:    {VAL: {CAT: {VAL: S
                       DIR: left
                       ARG: NP}}
           DIR: right
           ARG: NP}
  FEATS:  {MAJ: V
           AUX: –}}
```

GPSG

```
schlafen:
 {N: –
  V: +
  BAR: 0
  AUX: –
  SUBCAT: 1}

(VP → H[1])
```

```
reparieren:
 {N: –
  V: +
  BAR: 0
  AUX: –
  SUBCAT: 2}

(VP → H[2], NP)
```

HPSG

```
schlafen:
 {SYN: {LOC:  {HEAD:    {MAJ: V
                         AUX: –}
               SUBCAT:  [NP]
               LEX:     +}}}
```

```
reparieren:
 {SYN: {LOC: {HEAD:     {MAJ: V
                         AUX: –}
              SUBCAT:   [NP NP]
              LEX:      +}}}
```

LFG

```
schlafen:
 {CAT: V
  ↑PRED: (SCHLAFEN [↑SUBJ])}
```

```
reparieren:
 {CAT: V
  ↑PRED: (REPARIEREN [↑SUBJ ↑OBJ])}
```

Wenn „↑“ in Attribut- und Wertebezeichner inkorporiert wird, wie dies oben geschehen ist, geht natürlich für die Korrelationsanalyse die implizit in den Einträgen enthaltene Information verloren, daß bestimmte Attribute bzw. Attributwerte die Eigenschaft teilen, mit Muttervariablen in Verbindung gebracht zu werden. Man könnte dieses Wissen aber durchaus explizit zu dem linguistischen Wissen der LKB hinzufügen.[18]

---

[18]Eine informationserhaltende Modellierungsmöglichkeit, auf die aber der Einfachheit halber im folgenden verzichtet wird, wäre
{PRED:{typ: ↑ wert:(schlafen [(↑ SUBJ)])}}.

An dieser Stelle darf nicht unerwähnt bleiben, daß es natürlich grundsätzlich mehr als eine Möglichkeit gibt, in einem anwendungsspezifischen Formalismus kodierte Lexikoneinträge in den LKB-internen Formalismus, hier G_LOG-Notation, umzukodieren. Eine weitere, mehr oder minder gleichwertige Möglichkeit zur Umkodierung des LFG-Eintrages von „reparieren" wäre z.B.

```
reparieren: {CAT:    V
             ↑PRED:  {PRED_NAME: REPARIEREN
                      THEM_ARGS: [↑SUBJ ↑OBJ] }}
```

Hier wird statt mit Tupel per Featureterm modelliert, daß sich die lexikalische Form von „reparieren" aus einem Prädikatsnamen und einer Liste der thematisch relevanten Argumente zusammensetzt. Eine weitere Variante des LFG-Eintrages von „reparieren" könnte lauten:

```
reparieren: {CAT:    V
             ↑PRED:  „REPARIEREN <(↑SUBJ) (↑OBJ])>"}
```

Hier ist der Wert der lexikalischen Form direkt übernommen und als String kodiert. Diese Formulierung sieht vielleicht auf den ersten Blick für einen LFG-Experten ansprechender aus als die eingangs gewählte Variante. Sie hat allerdings einen gravierenden Nachteil. Von der für die Integration ausschlaggebenden Korrelationsanalyse wird der Wert des Attributs „↑PRED" nunmehr als nicht weiter analysierbarer, da nicht explizit strukturierter, atomarer Wert aufgefaßt. Damit kann die Korrelationsanalyse in diesem Falle z.B. nicht mehr aufdecken, daß immer dann, wenn in einem LFG-Eintrag in der lexikalischen Form die Argumente (↑SUBJ) und (↑OBJ) vorkommen, der entsprechende HPSG-Eintrag für SUBCAT den Wert einer aus einer Nominativ- und einer Akkusativ-NP bestehenden Liste annimmt.[19]

Im Prinzip gibt es für einen anwendungsspezifischen Lexikoneintrag sogar unendlich viele Transkriptionsmöglichkeiten. Der bereits in G_LOG umformulierte LFG-Eintrag von „reparieren" könnte z.B. auch wie folgt lauten:

```
reparieren: {wortart:  VERB
             lex_form: (REPARIEREN [SUBJ OBJ])}
```

Es erscheint allerdings wenig sinnvoll, ja sogar eher hinderlich, anläßlich eines Lexikonimportes die ursprünglich verwendeten nicht-logischen Ausdrücke bei der Umkodierung durch andere zu ersetzen. Vielmehr ist es gerade Zweck der lokalen Konverter in der von Hötker in Abschitt 2.2 und [Hötker et al., 1994] verfolgten LKB-Konzeption, den LKB-Benutzer dieser Arbeit zu entledigen. Er soll sich z.B. keine Gedanken darüber machen müssen, ob die Wortart eines Lexems LKB-intern mit einem Attribut namens „cat" oder „pos" kodiert wird bzw. ob Substantive mit „noun", „N" oder anders spezifiziert werden.

2.3.2.3 Zur eigentlichen Korrelationsanalyse

Im folgenden sollen nun Zusammenhänge zwischen den G_LOG Transkriptionen von CUG-, GPSG-, HPSG- und LFG-Einträgen transitiver und intransitiver Verben formuliert werden, um erste Hinweise zu erhalten hinsichtlich

[19] Die klassischen Wörterbuchdefinitionen können z.B. sowohl als „atomarer" String als auch als Liste repräsentiert werden. Letzteres hat den Vorteil, daß im Rahmen einer (teil)automatisierten Korrelationsanalyse auf einzelne Wörter von Definitionen zugegriffen werden könnte.

1. der benötigten Ausdrucksstärke der Konversionssprache,
2. geeigneter Verfahren zur Identifikation korrelationsmäßig erfolgversprechender Merkmalskonstellationen und
3. der Wiedergabe der interlexikalischen Zusammenhänge durch Wissenspaketstrukturen, die über Konversionsmechanismen verfügen.

Dabei werden zum Teil Generalisierungen vorgenommen, die über den Rahmen der hier fokussierten transitiven und intransitiven Verben hinausgehen.

2.3.2.3.1 Anforderungen an die Ausdruckskraft von Konversionsspezifikationen

Die konvertiblen Featurestrukturen werden über Pfeile zueinander in Beziehung gesetzt, die an Implikations- und Äquivalenzpfeile erinnern. Sie unterscheiden sich jedoch insofern von den Implikations- und Äquivalenzpfeilen der Prädikatenlogik, als sie - wie von Hötker in Abschnitt 2.2 dargestellt - lediglich Hypothesen über interlexikalische Invarianzen repräsentieren,

- die aufgrund von Veränderungen des vorhandenen lexikalischen Datenmaterials unter Umständen wieder zurückgenommen werden müssen oder
- die gewissermaßen defaultartig für zwei Einträge zu ein und demselben Lemma gelten, solange nichts Gegenteiliges von ihnen behauptet wird.

Entgegen den Subkategorisierungsspezifikationen in der HPSG machen die der GPSG implizite Aussagen über die Wortklassenzugehörigkeit. Entsprechend kann aus „SUBCAT: 1“ im GPSG-Lexikon zwar für das HPSG-Lexikon auf „SUBCAT: [NP]“ geschlossen werden, umgekehrt aber aus „SUBCAT: [NP]“ im HPSG-Lexikon keine Aussage über die Subkategorisierungskategorie im GPSG-Lexikon abgeleitet werden; auch Präpositionen haben in der HPSG den SUBCAT-Wert [NP]. Eine Äquivalenz kann erst durch Hinzunahme des HEAD-MAJ-Features erzielt werden.

GPSG/HPSG			
SUBCAT: 1	$\Longrightarrow$	SYN: LOC:	SUBCAT: [NP]
SUBCAT: 1	$\Longleftrightarrow$	SYN: LOC:	{SUBCAT: [NP]
			HEAD: {MAJ: V}}

In diesem Sinne wird es bei der Integration von Lexika, die unterschiedliche Theorien verkörpern, nicht selten erforderlich sein, komplexe Merkmalsstrukturen per Konverter zueinander in Beziehung zu setzen.

Die um Konverter erweiterte Wissenspaketstrukturierung zielt nicht nur auf die Gewinnung immer abdeckungsmächtigerer Lexika ab, sondern mit ihr wird auch die adäquate Erfassung systematischer Invarianzen und Divergenzen von theoretisch fundierten Lexika angestrebt. Daher sind die Konversionsspezifikationen nicht nur in Hinblick auf die Datenmengen zu betrachten, die sie zwischen verschiedenen Lexika auszutauschen erlauben. Vielmehr sind die Konversionsspezifikationen auch auf das Ausmaß interlexikalischer

Zusammenhänge hin zu bewerten, das sie zu repräsentieren vermögen. Vor diesem Hintergrund kann es Sinn machen, mehrere Korrelationen zwischen zwei Lexika mittels Generalisierung zu einer Korrelation zusammenzufassen. Die zusammenfassende Korrelation erlaubt zwar nicht, den Informationsfluß zwischen den betreffenden Lexika zu steigern; aber sie erlaubt die Formulierung tiefergehender Aussagen über die Beziehungen zwischen den Repräsentationsformen dieser Lexika.

Generalisierungsmöglichkeiten bzw. -stufen, die man sich in diesem Zusammenhang bei den Konversionsbeschreibungen wünschen könnte, lassen sich durch einen Vergleich der Subkategorisierungsspezifikationen von HPSG und CUG illustrieren:[20]

HPSG/CUG

1. SYN: LOC: SUBCAT: [NP | ∗R] $\Longleftrightarrow$ CAT: ARG: NP
2. SYN: LOC: SUBCAT: [∗K | ∗R] $\Longleftrightarrow$ CAT: ARG: ∗K
3. SYN: LOC: SUBCAT: [∗X NP | ∗R] $\Longleftrightarrow$ CAT: VAL: CAT: ARG: NP
4. SYN: LOC: SUBCAT: [∗X ∗K | ∗R] $\Longleftrightarrow$ CAT: VAL: CAT: ARG: ∗K
5. SYN: LOC: SUBCAT: [∗X1 ...∗Xi NP | ∗R] $\Longleftrightarrow$ (CAT : VAL :)$^{i-1}$ CAT: ARG: NP (i=(1,)2,...)
6. SYN: LOC: SUBCAT: [∗X1 ...∗Xi ∗K | ∗R] $\Longleftrightarrow$ (CAT : VAL :)$^{i-1}$ CAT: ARG: ∗K (i=(1,)2,...)

Die erste Korrelation zwischen CUG- und HPSG-Lexikon zeigt, daß auch Featurestrukturen mit komplexen Attributwerten (z.B. Listen und Tupeln) relationierbar sein müssen, wobei auch unterspezifizierte Terme verwendbar sein sollten. Beim Übergang von der 1. zur 2. Äquivalenz wird von der konkreten Kategorie des fokussierten Arguments abstrahiert, indem die Konstante NP durch die Variable ∗K ersetzt wird. Beim Übergang von der 1. und 3. Äquivalenz zur 5. Korrelation wird eine Generalisierung bzgl. der Position des fokussierten Elements im Argumentrahmen vorgenommen. Die Häufigkeit, mit der der Teilpfad „CAT: VAL:“ in einem Pfad eines CUG-Eintrages vorkommt, der mit „CAT: ARG“ endet und als Wert eine Konstituente hat, erlaubt Aussagen über die Position in der SUBCAT-Liste, an der die (korrespondierende) Konstituente im HPSG-Eintrag steht, und umgekehrt. Die 6. Korrelation generalisiert bzgl. Position und Argumenttyp.

[20]Grundsätzlich beinhalten die kaskadenartigen CUG-Repräsentationen der Subkategorisierung mehr strukturelle Informationen als die entsprechenden listenartigen HPSG-Repräsentationen. Daß an dieser Stelle dennoch eine Äquivalenz zwischen den Subkategorisierungsspezifikationen beider Lexika angenommen wird, ist dadurch motiviert, daß die lineare Ordnung der SUBCAT-Liste in der HPSG strukturelle Bedeutung trägt. Sie drückt die Nähe zum Verb aus und wird u. a. für die Bindungsbehandlung genutzt [Pollard und Sag, 1987]. Diese Informationen müssen innerhalb der CUG strukturell repräsentiert werden. Bei der LFG ist die Anordnung der thematisch relevanten Argumente semantisch motiviert. „... the constancy of semantic arguments is encoded in the order of the arguments in the predicate argument structure (between < >) of the lexical entries: ...“ (Wescoat & Zaenen 1991, S. 122.)

Parallel zu den Anforderungen an die Konversionsbeschreibungssprache zeigen diese Korrelationen, daß nicht bei allen Grammatiken die gleichen Generalisierungsgrade möglich sind. Zwar können die SUBCAT-Listen [NP] und [NP NP] in HPSG-Einträgen sowohl zu CUG- als auch zu GPSG-Spezifikationen in Beziehung gesetzt werden. Bei der Korrelation mit Einträgen aus GPSG-Lexika können jedoch keine Generalisierungen bzgl. Position und Typ des betrachteten Arguments vorgenommen werden.

HPSG/GPSG
SYN: LOC: {SUBCAT: [NP] $\Longleftrightarrow$ SUBCAT: 1
HEAD:{ MAJ: V}}
SYN: LOC: {SUBCAT: [NP NP] $\Longleftrightarrow$ SUBCAT: 2
HEAD:{ MAJ: V}}

Die GPSG-Kodierung des SUBCAT-Features als „numerischer" Pointer auf Dominanzregeln verhindert die Möglichkeit höherer Generalisierungsgrade bei der Korrelation mit GPSG-Lexika. Der numerische Wert des SUBCAT-Features ist willkürlich und erfährt seine Semantik außerhalb des Lexikons. Hinzu kommt, daß selbst die Einbeziehung von Dominanzregeln der Form „VP $\rightarrow$ H[i], ..." Generalisierungen über Listenpositionen nicht erlaubt, da die lineare Anordnung von Konstituenten in der GPSG maßgeblich von Präzedenzregeln bestimmt wird.

In Abschnitt 2.2 bündelt Hötker die Konversionsspezifikationen zwischen zwei in einer direkten Nachfolge zueinander stehenden Wissenspaketen in Abhängigkeit der betroffenen Attribute bzw. Pfadspezifikationen. Es werden in gewisser Weise sowohl die Attribute bzw. Pfadspezifikationen als auch die betroffenen Werte zueinander in Beziehung gesetzt. In diesem Sinne lassen sich z.B. für HPSG/GPSG

{SYN: {LOC: {HEAD: {MAJ: V}}}} $\Longleftrightarrow$ {N:– V:+}
{SYN: {LOC: {HEAD: {MAJ: N}}}} $\Longleftrightarrow$ {N:+ V:–}

bündeln zu

$$\begin{pmatrix} \text{SYN : LOC : HEAD : MAJ} \\ \Updownarrow \\ (\text{N}\quad \text{V}) \end{pmatrix} \quad \begin{matrix} \text{V} & \text{N} \\ \Updownarrow & \Updownarrow \\ (-\quad +) & (+\quad -) \end{matrix}$$

Auf diese Weise kommt zum Ausdruck, daß das, was in einem Wissenspaket HPSG-artig über den Pfad „SYN: LOC: HEAD: MAJ" spezifiziert wird, im anderen Wissenspaket GPSG-artig mittels des Attribut-Paares „(N V)" beschrieben wird.[21] Lassen sich die Werte zweier zueinander in Beziehung gesetzter Pfade alle identisch aufeinander abbilden, könnte man das z.B. wie folgt kodieren:

$$\begin{pmatrix} \text{SYN : LOC : HEAD : MAJ} \\ \Updownarrow \\ \text{FEATS : MAJ} \end{pmatrix} \quad \begin{matrix} *\text{X} \\ \Updownarrow \\ *\text{X} \end{matrix}$$

[21] Neu gegenüber Hötkers Beispiel in Abschnitt 2.2 ist hier lediglich die Tupelbildung von Pfaden bzw. Werten.

Die gebündelte Form der Repräsentation von Konvertern wirft allerdings Probleme auf, wenn es wie für die Generalisierungsversuche bei der Korrelation von HPSG- und CUG-Einträgen (s. o.) die Beziehung zwischen Pfadstrukturen und Listenpositionen darzustellen gilt (vgl. Abb. 2.38).

2.3.2.3.2 Relevante Vorkenntnisse

Welche Erkenntnisse und Annahmen können nun dabei behilflich sein, den Alternativenraum der in der computergestützten Korrelationsanalyse zu berücksichtigenden Merkmalsstrukturen vorab geschickt einzuschränken bzw. die vorrangig zu betrachtenden Merkmalsstrukturen zu identifizieren?

Hier spielen unter anderem Überlegungen eine Rolle, die für Korrelationsanalysen generell gelten und nicht nur im Kontext von Lexikonanalysen wichtig sind. Dazu zählen insbesondere die folgenden Heuristiken.

- Überprüfe Pfade mit identischen Werten.

  Bsp.: CUG/LFG
  FEATS: MAJ: V ⟺ CAT: V

- Betrachte Pfad „a" und „b", wenn der Wert des Pfades „a" Teil des Wertes von Pfad „b" ist.

  Bsp.: CUG/HPSG
  CAT: ARG: NP ⟺ SYN: LOC: SUBCAT: [NP | *R]

- Inspiziere Pfade mit identischen Bezeichnern für Teilpfade.

  Bsp.: GPSG/HPSG
  SUBCAT: 1 ⟹ SYN: LOC: SUBCAT [NP]

- Gilt pfad_a: *va ⟹ pfad_b: *vb, aber nicht die Umkehrung (pfad_a: *va ⟸ pfad_b: *vb), so teste, ob sich durch Hinzunahme eines weiteren Pfades pfad_b1 für die rechte Seite eine „Aquivalenz" erzielen läßt.[22]

  Bsp.: GPSG/HPSG
  SUBCAT: 1 ⟹ SYN: LOC: SUBCAT [NP]
  ↓
  SUBCAT: 1 ⟺ SYN: LOC: {SUBCAT [NP]
  HEAD:{MAJ: V}}

[22] An dieser Stelle verschärfen sich die Suchraumprobleme natürlich massiv. Eine Möglichkeit, die Suche effizient zu gestalten, besteht in der Hinzunahme zusätzlichen Wissens über die interne Struktur von Lexika, z.B. daß die Subkategorisierungsspezifikationen von GPSG-Lexika implizite Aussagen über Wortarten machen.

- Gilt pfad_a: *va ⟹ pfad_b: *vb, aber nicht die Umkehrung (pfad_a: *va ⟸ pfad_b: *vb) und stellt *va einen komplexen Attributwert dar (z.B. eine Liste oder einen Featureterm), so teste, ob sich durch Unterspezifikation von *va eine Äquivalenz erzielen läßt.[23]

Bsp.: CUG/HPSG

```
{CAT: {VAL: S          ⟹  SYN: LOC: SUBCAT: [NP]
       DIR: left
       ARG: NP}}
                        ↓
{CAT: {ARG: NP}}        ⟺  SYN: LOC: SUBCAT: [NP | *R]
```

- Die nach Pfaden gebündelte Repräsentation von Konvertern, wie sie am Ende des vorangegangenen Abschnitts praktiziert wird, läßt es plausibel erscheinen, nach erfolgreicher Korrelation zweier Pfad-Wert-Paare „pfad_a: a1" und „pfad_b: b1" diese beiden Pfade für weitere Werte auf Korrelierbarkeit zu überprüfen.

Bsp.: HPSG/GPSG

```
SYN: LOC: HEAD: MAJ: V  ⟺  {N:– V:+}
                        ↓
SYN: LOC: HEAD: MAJ: N  ⟺  {N:+ V:–}
                        ↓
SYN: LOC: HEAD: MAJ: A  ⟺  {N:+ V:+}
```

Darüber hinaus lassen sich an dieser Stelle aber auch allgemeine Kenntnisse über Grammatiken und Lexika nutzbringend verwenden:

- Lexika unterscheiden zwischen verschiedenen linguistischen Beschreibungsebenen:

  Phonologie
  Morphologie
  Syntax
  Semantik
  Pragmatik

[23] Vergleicht man z.B. CUG- und HPSG-Einträge, so kann man in einem ersten Versuch das kombinatorische Feature CAT der CUG-Einträge mit dem SUBCAT-Feature der HPSG-Einträge vergleichen. Die Tatsache, daß es sich hier um eine „Implikation" und keine „Äquivalenz" handelt, macht deutlich, daß das kombinatorische Merkmal CAT über die Subkategorisierung der HPSG hinausgehende Eigenschaften spezifiziert. Die zur SUBCAT-Liste der HPSG korrespondierende Eigenschaft wird bei der CUG im Grunde genommen durch das Attribut ARG wiedergegeben. Werden nun die Richtungsspezifikation und die Ergebniskategorie der CUG-Einträge weggelassen, d.h. beschränkt sich die Betrachtung auf das Merkmal {CAT: {ARG: NP}}, so weiß man natürlich nicht mehr, ob das betreffende Lexem noch weitere Argumente fordert. - Aus {CAT: {VAL: S}} resultierte, daß genau ein Argument gefordert wird. - Entsprechend kann man auf der HPSG-Seite nicht länger von {SUBCAT: [NP]} ausgehen, sondern muß zu [NP | *R] generalisieren, d.h. zu den SUBCAT-Listen, die mit einer NP beginnen. *R kann sowohl die leere Liste als auch eine ein- oder mehrelementige Liste sein.

Um nicht darauf zu verfallen, „Äpfel mit Birnen zu vergleichen", macht es Sinn, bei den interlexikalischen Korrelationsanalysen innerhalb einer Beschreibungsebene zu bleiben. In diesem Sinne sollten z.B. die syntaktischen Merkmalsstrukturen einer lexikalischen Ressource in erster Linie zu den syntaktischen Merkmalsstrukturen anderer Lexika in Beziehung gesetzt werden und nicht zu deren phonologischen Angaben etc. Was die oben behandelten Beispieleinträge betrifft, ist im Grunde genommen schon vorab die Entscheidung getroffen worden, sich auf die Betrachtung syntaktischer Merkmale zu beschränken.

- Grundkenntnisse über zentrale linguistische Begriffe könnten dazu genutzt werden, die verschiedenen Beschreibungsebenen von Lexikoneinträgen automatisch zu identifizieren und Hypothesen über einschlägige notationelle Varianten aufzustellen. Derartige linguistische Grundkenntnisse könnten z.B. umfassen, daß das Stichwort „AUX" üblicherweise der syntaktischen Beschreibungsebene angehört und „CAT", „WORTART" und „POS" (part of speech) mehr oder minder als notationelle Varianten voneinander verwendet werden.

  Ersteres erleichtert das Einhalten linguistischer Beschreibungsebenen. Letzteres erlaubt es, die unter den allgemeinen Heuristiken erwähnten Richtlinien dahingehend zu erweitern, daß nicht nur Merkmalsstrukturen mit identischen Werten oder Teilpfaden verglichen werden, sondern auch solche, deren Werte oder Teilpfade als notationelle Varianten voneinander interpretierbar sind.

  Diese notationellen Grundkenntnisse könnten natürlich in Abhängigkeit der im Laufe der Lexikonintegration aufgedeckten Korrelationen inkrementell erweitert werden.

2.3.2.3.3 Eine erkenntnistheoretische Interpretation einer Wissenspaket-basierten Repräsentation interlexikalischer Beziehungen

In diesem Abschnitt gilt es nun darzulegen, wie man aus konvertierenden Wissenspaketstrukturen Aussagen über interlexikalische Beziehungsgeflechte ableiten kann. Die Beziehungen zwischen Lexika bzw. den sich in ihnen manifestierenden linguistischen Theorien kommen zum Ausdruck

- in der Anordnung der entsprechenden Wissenspakete
- in dem Umfang der von Lexika gemeinsam sichtbaren Spezifikationen sowie
- in den Konversionsspezifikationen selbst.

Dies soll anhand der Wissenspaketstrukturen erläutert werden, die durch die Integration von CUG und HPSG (Abb. 2.38) sowie von GPSG und HPSG (Abb. 2.39) entstehen.

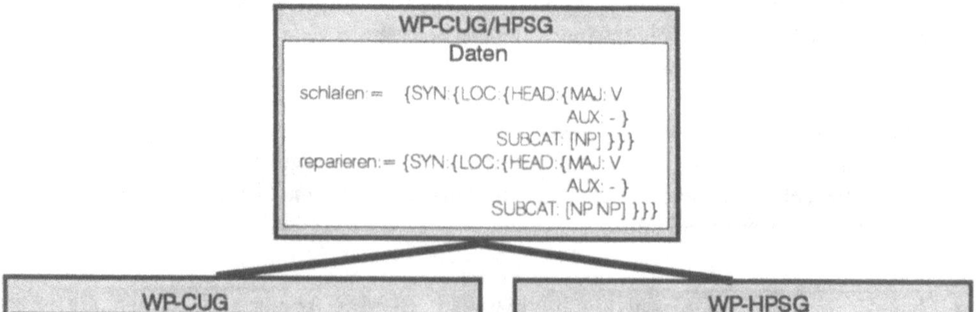

Abbildung 2.38: Integration von CUG- und HPSG-Lexikon

Woraus aber ergeben sich die in den übergeordneten Wissenspaketen verwendeten Pfad-Wert-Spezifikationen. Hötker (Abschnitt 2.2) geht in seinem Beispiel von neuen Bezeichnern für Attribute und Werte im übergeordneten Wissenspaket aus. Auf den Informationsfluß in der Wissenspaketstruktur hat diese Annahme keine Auswirkung. Aus erkenntnistheoretischer Sicht scheint es jedoch durchaus Sinn zu machen, bewährte Notationen und Strukturierungen existenter Lexika zu bewahren. Wie sich die Wahl optimaler Repräsentationsformen für übergeordnete Wissenspakete operationalisieren läßt, ist allerdings zum gegenwärtigen Zeitpunkt noch nicht klar. Hierzu bedarf es weitergehender Betrachtungen. Die Korrelationen zwischen HPSG- und CUG-Lexikon

$$\{SYN: \{LOC: \{HEAD: \{MAJ: V\}\}\}\} \Longleftrightarrow \{FEATS: \{MAJ{:}V\}\}$$
$$\{SYN: \{LOC: \{HEAD: \{MAJ: N\}\}\}\} \Longleftrightarrow \{FEATS: \{MAJ{:}N\}\}$$

könnten z.B. Anlaß zu der Vermutung geben, daß die in dem zugrundegelegten HPSG-Lexikon verzeichneten Lexikoneinträge bezüglich der Lokalisierung der Wortartspezifikation innerhalb der Einträge stärker strukturiert sind als die diesbezüglich etwas flacher gehaltenen CUG-Einträge, und daß es im Hinblick auf die Erarbeitung einer universellen Lexikontheorie angebracht ist, möglichst differenzierte Strukturierungen von Lexikoneinträgen zu erhalten. Aus diesem Grunde wird in Abbildung 2.38 für das übergeordnete Wissenspaket WP-CUG/HPSG die HPSG-artige Repräsentationsform gewählt.

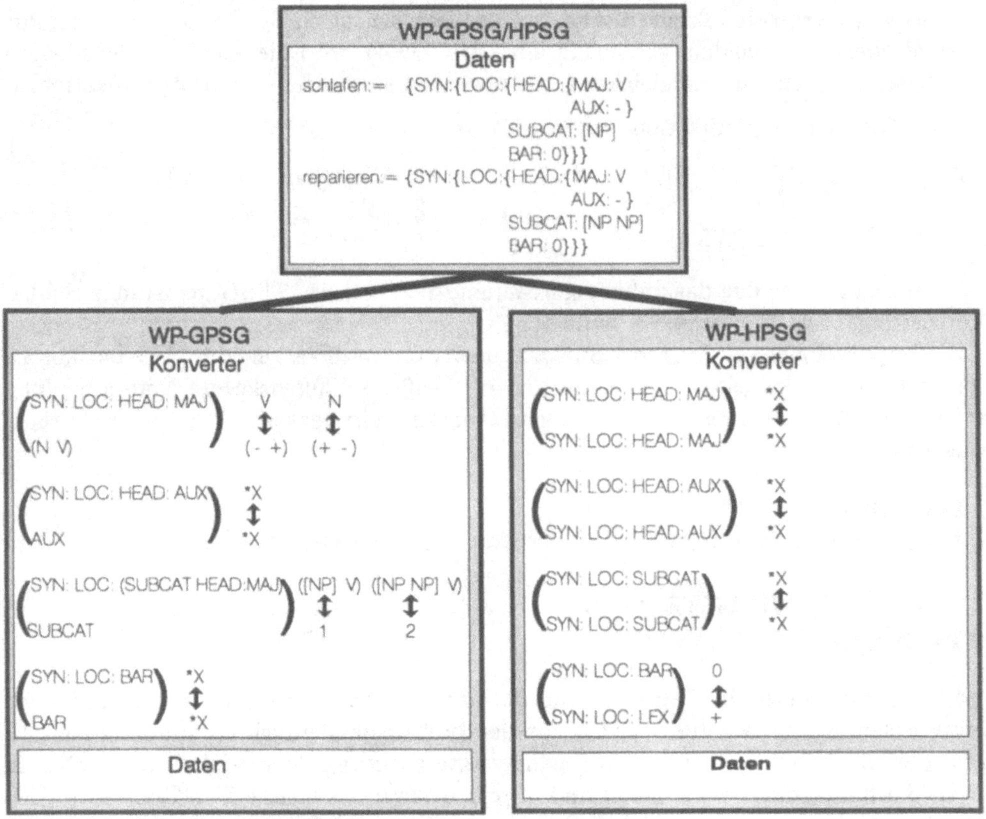

Abbildung 2.39: Integration von GPSG- und HPSG-Lexikon

Die Abbildungen 2.38 und 2.39 zeigen, daß die HPSG und die GPSG hinsichtlich der Informationsbreite mehr Gemeinsamkeiten haben als die HPSG und die CUG, indem das Wissenspaket WP-GPSG/HPSG auch über Featureterme der Form „{SYN: {LOC: {BAR:0}}}" verfügt, wohingegen das Wissenspaket WP-CUG/HPSG lediglich Wortart-, Auxiliar- und Subkategorisierungsangaben beinhaltet.

Bei den Korrelationen ist grob zwischen solchen zu unterscheiden, die die Wortklasseneinteilung betreffen, und solchen, die sich auf die Spezifikation der Kombinatorik beziehen. Was die Kodierung der Wortart betrifft, hebt sich die GPSG insofern von den übrigen Grammatiken ab, als sie die Spezifikation der Wortart über zwei binäre Attribute „N", „V" verteilt. Das HPSG-, das CUG und das LFG-Lexikon verwenden hierfür nur ein Merkmal.

CUG, GPSG und HPSG nehmen eine explizite Unterteilung der Verbklasse in Hilfsverben und Vollverben vor,[24] die mit Hilfe eines binären Attributs AUX explizit kodiert wird (identische Abbildung von „... AUX: *X“ auf „... AUX: *X“ in Abb.: 2.38 bzw. 2.39) und die bei den LFG-Einträgen fehlt.[25]

Aus den Konvertern zur Handhabung der Wortart- und Auxiliar-Spezifikationen (Abb. 2.38 bzw. 2.39) geht weiterhin hervor, daß diese Merkmale im HPSG-Lexikon tief in der Merkmalshierarchie lokalisiert sind, wohingegen sie im GPSG-Lexikon auf oberster Merkmalsebene abgehandelt werden. In allen drei Lexika wird die Auxiliar-Spezifikation hierarchisch gesehen auf dem gleichen Level abgehandelt wie die Wortart-Spezifikationen.

Aus der Konversionsspezifikation

$$\begin{pmatrix} \text{SYN : LOC : (SUBCAT HEAD : MAJ)} \\ \Updownarrow \\ \text{SUBCAT} \end{pmatrix} \quad \begin{matrix} \text{([NP] V)} \\ \Updownarrow \\ 1 \end{matrix} \quad \begin{matrix} \text{([NP NP] V)} \\ \Updownarrow \\ 2 \end{matrix}$$

geht deutlich hervor, daß das Subkategorisierungsmerkmal der GPSG im Grunde Subkategorisierungs- und Wortangaben bündelt.

Die Implikationen, die bzgl. der Subkategorisierungspezifikation vom LFG-Lexikon zu allen anderen Lexika gelten, sind unter anderem auf die differenziertere Unterscheidung der LFG zwischen thematisch relevanten und thematisch irrelevanten Argumenten zurückzuführen:

LFG/CUG
↑PRED: (*PRÄD [↑SUBJ | *R]) ⟹ CAT: {ARG: NP
DIR: left}
↑PRED: (*PRÄD *LISTE [↑SUBJ]) ⟹ CAT: {ARG: NP
DIR: left}

Darüber hinaus führt die Tatsache, daß die LFG grammatische Funktionen und keine syntaktischen Kategorien zur Spezifikation des Subkategorisierungsverhaltens heranzieht, dazu, daß die Implikation in die entgegengesetzte Richtung Schwierigkeiten bereitet. In der HPSG haben die Verben „find“ und „become“ zwar die gleiche SUBCAT-Liste ([NP NP]). In der LFG hat „find“ jedoch die semantische Form „↑PRED: (find [↑SUBJ ↑OBJ])“, wohingegen „become“ die semantische Form „↑PRED: (become [↑SUBJ ↑XCOMP])“ zugewiesen wird (s.a. Wescoat & Zaenen 1991).

[24] In der LFG gilt für Hilfsverben „↑PRED: (*PRÄD [↑SUBJ ↑XCOMP])“ [Bauer et al., 1995]. Allerdings kann, wie das Beispiel von [Wescoat und Zaenen, 1991] weiter unten zeigen wird, umgekehrt aus dieser semantischen Form nicht auf die Eigenschaft geschlossen werden, ein Hilfsverb zu sein.

[25] Implikationshypothesen der Gestalt
CUG/GPSG
FEATS: AUX: – ⟹ {N:– V:+}
FEATS: MAJ: V ⟸ AUX: –
würden letztendlich nichts anderes besagen, als daß das Merkmal „AUX: –“ nur für Lexeme der Verbklasse definiert ist, sprich, daß das Vorhandensein dieses Merkmals die Wortart Verb impliziert. Damit sind diese interlexikalischen Korrelationen intralexikalisch motiviert.

2.3.3 Eine praxisrelevante Anwendung

Der praktische Nutzen, den eine auf dem Äquilibristik- und dem Dynamikprinzip beruhende Integration von Lexika unterschiedlichen Typs für die Bereitstellung sprachverarbeitender Systeme mit sich bringt, soll exemplarisch anhand des Szenarios des computergestützten Fremdsprachenlernens aufgezeigt werden.

Aus gesellschaftlicher Sicht drängt sich die Domäne des Sprachenlernens aufgrund ihrer Relevanz für eine auf zunehmende Vernetzung ausgerichtete Kommunikationsgesellschaft auf. Entsprechend existiert bereits unter dem Stichwort CALL ein eigenständiger Forschungs- und Entwicklungsbereich zum Thema „Computer Aided Language Learning".

Aus der Sicht von Computerlinguistik (CL) und Künstlicher Intelligenz (KI) hat diese Domäne gegenüber anderen Anwendungen (z.B. Maschinelle Übersetzung) bemerkenswerte Vorteile [Kronenberg und Ludewig, 1995; Kronenberg et al., 1994b; Bauer et al., 1995]. Die Beschränkung auf einen fest und relativ eng umrissenen Sprachausschnitt muß hier nicht als Manko der zu transferierenden Technologie gedeutet werden. Lexikalische, grammatische und situative Beschränkungen stellen geradezu ein methodisches Kernprinzip der Fremdsprachenlehre dar. Entsprechend sind die Chancen für einen Übergang von experimentellen zu einsatzfähigen Systemen hier größer als bei anderen Sprachanwendungen. Gleichzeitig ist aber zu erwarten, daß in dieser abgegrenzten Domäne wiederum alle grundlegenden, d.h. theoretisch relevanten Probleme sprachverarbeitender Systeme auftreten, nun allerdings in einer überschaubaren Form. So kann es z.B. bei Sprachlehrsystemen nach wie vor Sinn machen, zwecks Aufbau des Analyselexikons auf bewährte Lexika zurückzugreifen und Mechanismen bereitzustellen, die eine Verarbeitung von Wörtern bzw. Wortverwendungsweisen erlauben, die jenseits des modellierten Wortschatzkerns liegen (zur lexikalischen Robustheit vgl. [Gust und Ludewig, 1989; Ludewig, 1991]).

Ferner spielen lexikalische Fragestellungen bei der Entwicklung intelligenter Sprachlehrsysteme offensichtlich eine besondere Rolle. Zum einen verlagern neuere linguistische Theorien einen Großteil ihrer Beschreibungen ins Lexikon, und man erkennt zunehmend, in welch hohem Maße Lexika die analytische Kompetenz sprachverarbeitender Systeme determinieren [Ludewig, 1993]. Zum anderen ist das in letzter Zeit massiv in Mißkredit geratene, weil als Lernen von Wortgleichungen mißverstandene Vokabellernen zu rehabilitieren, indem der Begriff des Vokabellernens dahingehend erweitert wird, daß das Lernen eines zielsprachlichen Wortes auch den Aufbau geeigneter Zugriffsstrukturen (lexikalische Assoziationen) und den angemessenen Umgang mit dem Wort umfaßt [Kronenberg et al., 1994a]. Darüber hinaus erfordert der inkrementelle, an Situationen und Lektionen gebundene Worterwerb eine entspechend differenzierte Strukturierung des Lexikons.

Ausschlaggebend für die Wahl des Sprachlehrszenarios zwecks Illustration der praktischen Relevanz des äquilibristischen und dynamischen Strukturierungskonzeptes ist aber letztendlich die Erkenntnis, daß die Spezifika erhaltende Lexikonintegration eine diesem Anwendungsbereich inhärente Forderung darstellt. Ein Desiderat leistungsfähiger Sprachlehrsysteme besteht darin, Schülereingaben morphologisch, syntaktisch und semantisch zu analysieren und übungsbegleitend die Konsultation eines elektronischen Lexikons anzubieten. Wenn diese Aufgabe ernstgenommen wird, stößt man dabei jedoch unweigerlich auf Probleme der Lexikonorganisation. Und zwar benötigt das Sprachlehrsystem unter diesen Umständen zwei partiell aufeinander abgestimmte Lexika:

- Die Analysekomponenten des Sprachlehrsystems und der Sprachenschüler unterscheiden sich bzgl. der Anforderungen an die Form der lexikalischen Repräsentation. Die Analysekomponenten des Systems fordern formale Lexikonspezifikationen, die auf den systeminternen Grammatikformalismus abgestimmt sind. Der mit dem Programm arbeitende menschliche Sprachenlerner benötigt zwar eine strukturierte, aber eher an die natürliche Sprache angelehnte Darstellungsweise.

- Das sprachverarbeitende System und sein menschlicher Benutzer benötigen zum Teil unterschiedliche lexikalische Angaben. Anders als beim Parser sind für einen Fremdsprachenlerner unter anderem Beispiele für die Verwendung eines Wortes, muttersprachliche Äquivalente und graphische Bedeutungsexplikationen bzw. Zugriffsmöglichkeiten hilfreich.

- Parser und Schüler benötigen zum Teil Auskunft über identische lexikalische Informationstypen. Z.B. brauchen beide Lexikonbenutzer Subkategorisierungsspezifikationen.

- Damit sich das System für den Schüler transparent verhält, müssen Konsultations- und Analyselexikon das gleiche Sprachfragment abdecken. D. h. beide Lexika müssen bzgl. der von ihnen erfaßten Lemmata und deren Verwendungsweisen (Subkategorisierungen) aufeinander abgestimmt sein.

PROMISE (PROjekt Mediengestütztes Interaktives Sprachenlernen Englisch) war ein Studentenprojekt des Studiengangs Computerlinguistik und Künstliche Intelligenz der Universität Osnabrück,[26] in dem Studenten unter Anleitung[27] einen Prototyp eines intelligenten Sprachlehrsystems entwickelten [Bauer et al., 1995; John, 1994; Kronenberg und Ludewig, 1995].

In PROMISE werden Techniken des „Natural Language Processing" verwendet, um situativ eingebettete Dialogübungen zu realisieren. Dazu nutzt das in G_LOG implementierte System unter anderem PACO11G (PArser COmpiler für LFG) [Sauer, 1995a; Sauer, 1995b] und die Situationsbeschreibungssprache G_SBS [Gust und Krüger, 1994]. Die relativ zu einem fest umrissenen Sprachfragment und einer situativen Handlungsumgebung - z.B. eine Verkehrssituation - freien Schülereingaben werden syntaktisch, morphologisch und semantisch analysiert. Die Ergebnisse dienen als Grundlage für Fehlermeldungen an den Schüler und - unter Einbeziehung einer Dialogführung [Menzel, 1995] - für Reaktionen des simulierten Dialogpartners. Durch die Integration des CAVOL-Systems (Computer Assisted Vocabulary Learning) [Kronenberg et al., 1994a; Kronenberg et al., 1994b] ist durchgängig aus allen Übungen heraus ein flexibler, insbesondere auch inhaltsbasierter Zugriff auf ein elektronisches Lexikon möglich.

Die Erfahrungen, die in PROMISE mit der äquilibristischen und dynamischen Lexikonstrukturierung gemacht werden können, lassen sich für eine Validierung dieses Strukturierungskonzeptes heranziehen. Die Einbindung einer diesen Strukturierungsprinzipien

[26] Es wurde im Zeitraum von Oktober 1993 bis Oktober 1994 durchgeführt.

[27] Die Anleitung erfolgte durch Mitarbeiter des Instituts für Semantische Informationsverarbeitung sowie durch einen engagierten Englischlehrer und Experten für den Einsatz von Medien im Sprachunterricht - Mitglied der vom Niedersächsischen Kultusministerium geförderten Arbeitsgruppe Mediengestützter Unterrricht (MGSU).

genügenden LKB konnte aufgrund der begrenzten zur Verfügung stehenden Zeit in dem Studienprojekt lediglich vorbereitet werden. Es wird jedoch beabsichtigt, die Einbindung einer per Wissenspaketen strukturierten LKB in Anschlußarbeiten zu realisieren.

Die lexikalischen Informationen, die Schüler im PROMISE-System abrufen können, sind in Inhalt und Form weitgehend an herkömmliche Wörterbücher angelehnt. Die Stichwörter sind durch Grundformen gegeben. Um flexible Zugriffsstrukturen auf die Einträge des elektronischen Konsultationswörterbuchs zu gewährleisten, sind die in Wörterbucheinträgen implizit durch lineare Anordnung und typographische Kennzeichnungen vorgenommenen Strukturierungen nunmehr mittels Attribut-Wert-Strukturen expliziert. Darüber hinaus sind die Einträge über situative und sortale Verweise so mit Situationsgraphiken vernetzt, daß man einerseits durch Anklicken des Situationsmerkmals von Lexikoneinträgen zu Situationsdarstellungen gelangen kann, in denen entsprechende Objekte optisch hervorgehoben werden; andererseits aber auch durch Anklicken von Objekten in graphisch repräsentierten Situationen auf entsprechende Lexikoneinträge zugreifen kann [Kronenberg et al., 1994b]. Der Eintrag für „to drive“ präsentiert sich dem Schüler bzw. dem Entwickler des Konsultationslexikons wie folgt:

drive:	wortart:	Verb
	flexion:	drove, driven
	äquivalent:	fahren
	definition:	to operate a vehicle and direct its course
	subcat:	S_V_O, S_V
	beispiel:	he drives the car, can you drive?
	situation:	VERKEHR
	(sorte:	LENKEN).

Die Sortenangabe ist hier eingeklammert, weil es sich um ein technisches Merkmal handelt, das nur dem Lexikographen, nicht aber dem Schüler angezeigt wird. Für die Umkodierung in den LKB-internen Formalismus ist diese Unterscheidung jedoch irrelevant. Ferner wird weder der Anspruch erhoben, daß die Einträge all die Informationen erfassen, die für einen Englisch als Fremdsprache Lernenden relevant sind, noch der Anspruch, daß die gewählte Darstellungsform optimal ist. Z.B. kann der Attributname „subcat“ durchaus durch einen anderen, für Fremdsprachenschüler verständlicheren Ausdruck ersetzt werden; und statt Schemata von Verbmustern der Form S_V_O (Subjekt Verb Objekt) kann man sich durchaus auch eine Darstellung der Form „to drive sth“ vorstellen.

Wenngleich sich die Einträge aus dem Konsultationslexikon für den Schüler und den Lexikonentwickler wie oben objekt- bzw. wortorientiert repräsentieren, sind sie intern als verteilte Einträge abgelegt, um der lektionsorientierten Strukturierung besser gerecht werden zu können. Für die in diesem Beitrag zur Diskussion stehenden Fragestellungen ist dies jedoch nicht weiter von Bedeutung, da bereits ein zwischen objektorientierter und verteilter Repräsentation vermittelnder Compiler existiert (s.a. Abbildung 2.40). Eine Konvertierung der objektorientierten Repräsentation in Featureterme à la G_LOG (vgl. Abschnitt 2.3.2.2.1) könnte nun wie folgt aussehen:

```
drive: {wortart:      Verb
        flexion:      [drove driven]
        äquivalent:   [fahren]
        definition:   [to operate a vehicle and direct its course]
        subcat:       [[S V O] [S V]]
        beispiel:     [[he drives the car ] [can you drive?]]
        situation:    VERKEHR
        sorte:        LENKEN}
```

Das Analyselexikon wurde aufgrund der Vorgabe von PACO11G [Sauer, 1995a; Sauer, 1995b] in einem speziellen LFG-Format kodiert. Ein weiteres Argument für die Wahl des LFG-Formalismus beruht darauf, daß seine Behandlung von SUBJ, OBJ etc. als primitive grammatische Funktionen (vgl. Abschnitt 2.3.2.1.4 und 2.3.2.3.3) der Darstellungsweise von Schulbuchgrammatiken sehr entgegenkommt.

In PROMISE wird auf der Seite des Analyselexikons zwischen einem Lexikon im engeren Sinne (im folgenden als Kernlexikon bezeichnet), einem Flexionslexikon und einem Templatelexikon unterschieden. Die Items des Kernlexikons sind Wortstämme und Vollformen (z.B. „stand◇", „driv◇" und „drove"). „◇" signalisiert das Ende eines Wortstammes und läßt die Suffixe zu, die unter dem Merkmal „ßmorph" aufgelistet sind. Sofern Stamm- bzw. Vollform von der Grundform verschieden sind, ist unter dem Feature „ßGF" die zugehörige Grundform festgehalten. Die durch die einzelnen Suffixe eingebrachten Merkmale sind im Flexionslexikon spezifiziert, dessen Items durch Suffixe gegeben sind und das genaugenommen ein spezielles Templatelexikon darstellt. Templatelexika dienen der Strukurierung und erlauben es, komplexe Angaben, die in Einträgen des Kernlexikons immer wieder vorkommen, zu bündeln und kompakt zu repräsentieren.[28] Die im eigentlichen Templatelexikon spezifizierten Templates sind im Kernlexikon dem Feature „↓↓" zugeordnet. Bei der Kompilation des Lexikons in die lauffähige, aber für den Linguisten nur schwer verständliche Version, werden die Templates expandiert.[29]

Kernlexikon

```
driv◇ ::   V
           <↓↓ ßGF> = drive
           <↓↓ ßmorph> = [e es en ing]
           {/↓↓ = [&t TRANS_AK(LENKEN patiens)]
            /↓↓ = [&t INTR_AK(LENKEN)] /}
           <↑AKTIONSART> = dynamisch.

drove ::   V
           <↓↓ ßGF> = drive
           {/↓↓ = [&t TRANS_AK(LENKEN patiens)]
            /↓↓ = [&t INTR_AK(LENKEN)] /}
           <↓↓ ßGV> = aktiv.
```

[28] Mittels Templates könnten auch Generalisierungen über Listen potentieller Endungen formuliert werden (z.B. hinsichtlich eines eingefügen „e" in Präsensformen).

[29] Die Informationen des Flexionslexikons werden allerdings erst zur Laufzeit mit den Lexemen verknüpft.

Flexionslexikon

```
e ::  V
      {/<↑ MOOD> = inf
       /<↑ MOOD> = fin <↑ TENSE> = pres
        {/<↓ SUBJ PERS> ≠ III /<↓ SUBJ NUM> = pl /}/}.

es ::  V
      <↑ TENSE> = pres
      <↓ SUBJ PERS> = III
      <↓ SUBJ NUM> = sg.
```

Templatelexikon

```
TRANS_AK(*PRED *rolle_akk) :: V
      <↓ S_FORM> = <*PRED  ∃<↓ SUBJ>: aktor
                           ∃<↓ OBJ>: *rolle_akk>.

INTR_AK(*PRED) :: V
      <↓ S_FORM> = <*PRED  ∃<↓ SUBJ>: aktor>.

PAST :: V
      <↑ TENSE> = past
      <↑ MOOD> = fin
      {/<↓ SUBJ NUM> = sg / <↑ SUBJ NUM> = pl /}.
```

Die Besonderheit, daß die Lexikoneinträge nicht - wie für die LFG allgemein üblich - nur Muttervariablen (↑) enthalten (vgl. Abschnitt 2.3.2.2.2), sondern auch EGO-Variablen (↓) und doppelte Downpfeile (↓↓), braucht nicht weiter zu beunruhigen. Die Unterscheidung verschiedener Metavariablen ist insofern für das Parsing relevant, als diese den Aufbau der funktionalen Struktur steuern. Welche Variablen an welcher Stelle auftreten, kann jedoch mit Pattern-Matching-Methoden identifiziert werden.[30] Damit können die Metavariablen bei der globalen Transkription in das G_LOG-Format ignoriert werden, ohne daß die Rückübersetzbarkeit in Frage gestellt werden muß. Entsprechendes gilt für den Existenzquantor und die spitzen Klammerungen.

Der Ausdruck „{/X/Y/.../}“ repräsentiert die Disjunktion zwischen den Elementen X,Y,.... Disjunktionen lassen sich in G_LOG-Featuretermen mit Hilfe funktionaler Ausdrücke - d.h. Ausdrücken der Form *(NAME TERM ...) - formulieren (vgl. Abschnitt 2.3.2.2.1). Dieser zusätzliche Datentyp von G_LOG trägt maßgeblich zur Ausdrucksstärke von G_LOG-Featuretermen bei [Gust, 1992b]. Nun muß nur noch in G_LOG ein entsprechender Disjunktionsoperator definiert werden. Sei dies ein geeignetes Prädikat „DISJ“, so kann „{/X/Y/.../}“ umformuliert werden zu „*(DISJ [X Y ...])“. Entsprechend werde die Negation „X ≠ Y“ mittels des funktionalen Ausdrucks „*(NEQ X Y)“ ausgedrückt.

[30] Technische Merkmale werden mit „↓↓“, regierbare Funktionen mit „↓“ und alle anderen Merkmale mit „↑“ versehen.

Da Lexikoneinträge in G_LOG-Notation Featureterme sind und Featureterme die Struktur {NAME:TERM NAME:TERM ...} haben, sind die funktionalen Ausdrücke gegebenenfalls als Wert eines aus technischen Gründen einzuführenden Attributs anzugeben.

Damit bei der Konvertierung nach G_LOG möglichst viel Information und Struktur erhalten bleibt, sollten die Templates bei diesem Umkodierungsschritt expandiert werden. Andernfalls stellen die Templates (abgesehen von ihren optionalen Parametern) für die Korrelationsanalyse nicht tiefer analysierbare Strings dar. Allerdings sollte die Information bewahrt werden, welche Spezifikationen über Templates zusammengefaßt wurden. Sie kann dazu genutzt werden, den Alternativenraum der Spezifikationen geschickt zu durchsuchen, der auf Korrelierbarkeit überprüft werden sollen.

Ein zentrales Problem bei der Integration dieser speziellen Analyse- und Konsultationslexika, das aber durchaus auch bei anderen Lexika zum Tragen kommen kann, beruht darauf, daß in ersterem Stamm- und Vollformen als Ausgangspunkt gewählt werden und in letzterem Grundformen. Um eine Vergleichbarkeit beider Lexika zu erzielen,[31] könnte man die Einträge des Analyselexikons unter der korrespondierenden Grundform (siehe das Merkmal ßGF, sonst Stamm- bzw. Vollform identisch mit Grundform) ablegen.[32] Allerdings können nun mehrere partiell voneinander abweichende Einträge zu einer Grundform entstehen. So enthalten z.B. die Einträge, die auf ursprüngliche „Vollformeneinträge" zurückgehen, auch wortformenspezifische Features.

```
drive: {CAT: V
        ßSF: driv
        ßmorph: [{end: e    feat: *(DISJ [{MOOD: inf}
                                          {MOOD: fin TENSE: pres
                                           nil: *(DISJ [{SUBJ: *(NEQ PERS III)}
                                                        {SUBJ: {NUM: pl}}])}])}
                 {end: es   {TENSE: pres SUBJ: {PERS: III NUM: sg}}}
                 {end: en   ...}
                 {end: ing  ...} ]
        S_FORM:*(DISJ [(LENKEN [(SUBJ aktor) (OBJ patiens)])
                       (LENKEN [(SUBJ aktor)])])]
        AKTIONSART: dynamisch }.

drive: {CAT: V
        ßVF: drove
        S_FORM:*(DISJ [(LENKEN [(SUBJ aktor) (OBJ patiens)])
                       (LENKEN [(SUBJ aktor)])])]
        TENSE: past
        MOOD: fin
        nil:    *(DISJ [{SUBJ: {NUM: sg}} {SUBJ: {NUM: pl}}])
        ßGV: aktiv }.
```

[31] Welcher Eintrag bzw. welche Einträge des Analyselexikons sind mit welchem bzw. welchen der Einträge aus dem Konsultationslexikon zu korrelieren?

[32] Das Stichwort eines Lexikoneintrages kann ohnehin als ein spezielles Feature des den Gesamteintrag repräsentierenden Featureterms aufgefaßt werden.

Diese Mehrfacheinträge dürften bei der Korrelationsanalyse keine ernsten Probleme bereiten, da wortformenspezifische Merkmale wie „TENSE: past“ grundsätzlich nicht mit Merkmalen der Grundform korrelieren. Die wortformenübergreifenden Merkmale sind über die verschiedenen Einträge hinweg invariant.[33] Mehrfacheinträge können aber auch zu einem komplexen Eintrag zusammengeführt werden:

```
drive: {CAT: V
        S_FORM: *(DISJ [(LENKEN [(SUBJ aktor) (OBJ patiens)])
                        (LENKEN [(SUBJ aktor)])])
        AKTIONSART: dynamisch
        ßSF:     driv
        ßmorph: [{end: e    feat: *(DISJ [{MOOD: inf}
                                          {MOOD: fin TENSE: pres
                                           nil: *(DISJ [{SUBJ:*(NEQ PERS III)}
                                                        {SUBJ:{NUM: pl}}])}])}
                 {end: es   feat: {TENSE: pres SUBJ: {PERS: III NUM: sg}}}
                 {end: en   feat: ...}
                 {end: ing  feat: ...} ]
        ßVF:     {vform:drove feat: {ßGV: aktiv TENSE: past MOOD: fin
                                     nil: *(DISJ [{SUBJ: {NUM: sg}}
                                      {SUBJ: {NUM: pl}}])}.
```

Welche relevanten Beziehungen zwischen den Einträgen beider Lexika lassen sich nun formulieren?[34]

```
( wortart )  Verb   Substantiv
(    ⇕    )   ⇕        ⇕
(   CAT   )   V        N

( (CAT ßSF ßmorph : (end feat)) )  (V *X (*Y {MOOD: fin TENSE: past}))
(              ⇓                )                  ⇓
(      (wortart flexion)        )  (Verb [*(konkat *X *Y) *rest])

                                   (V *X (*Y {MOOD: part TENSE: past}))
                                                   ⇓
                                   (Verb [*kopf *(konkat *X *Y)])

( (CAT ßVF : (vform feat)) )  (V (*X {MOOD: fin TENSE: past})
(            ⇕             )                 ⇕
(    (wortart flexion)     )  (Verb [*X *partperf])

                              (V (*X {MOOD: part TENSE: past})
                                             ⇕
                              (Verb [*past *X])
```

---

[33] Schwierigkeiten könnten höchstens entstehen, wenn z.B. eine konkrete Wortform auch eine von den restlichen Ausprägungen des Wortes verschiedene Semantik oder Syntax aufweist. Einem solchen Phänomen müßte dann aber auch das Grundformenlexikon entsprechend gerecht werden.

[34] Hier entsteht die Forderung, die Konverter um Konkatenationsoperatoren zu erweitern.

$$\begin{pmatrix} \text{S\_FORM} \\ \Updownarrow \\ \text{subcat} \end{pmatrix} \quad \begin{matrix} \text{(*PRED [(SUBJ *subj\_rolle)])} \\ \Updownarrow \\ \text{[S V]} \end{matrix}$$

$$\begin{matrix} \text{(*PRED [(SUBJ *subj\_rolle) (OBJ *obj\_rolle)])} \\ \Updownarrow \\ \text{[S V O]} \end{matrix}$$

Diese Korrelationen können dazu genutzt werden, den Kodierungsaufwand bei der Entwicklung von Analyse- und Konsultationslexikon zu minimieren. Sie dienen aber auch dazu, die interlexikalische Konsistenz zwischen Analyse- und Konsultationslexikon zu überprüfen. Will man nun formale Bedeutungsrepräsentationen[35] und die im Konsultationslexikon unter dem Stichwort „definition" natürlichsprachlich wiedergegebene Bedeutungsexplikation korrelieren, kommt man um eine Erweiterung des bisher überwiegend auf Pattern Matching beruhenden Konversionskonzeptes in Richtung sprachverarbeitender Analyseprozesse nicht umhin.

Zwecks interlexikalischer Konsistenzhaltung erscheint es sinnvoll, zusätzlich die im Konsultationslexikon unter dem Attribut „beispiel" abgelegten Phrasen - die ja aus Parsersicht zunächst irrelevant sind - auf Analysierbarkeit mit dem LFG-Parser zu verifizieren. Sonst kann es passieren, daß Schülereingaben, die mit Beispielen des Konsultationslexikons identisch sind, vom System nicht als korrekt erkannt werden, weil sie z.B. ein jenseits des modellierten Wortschatzes liegendes Wort beinhalten. Dies wäre für den Lerner zu Recht unplausibel und uneinsichtig.

Obwohl sich Sprachlehrsysteme mit Fug und Recht auf ein fest umrissenes Sprachfragment bzw. einen fest umrissenen Wortschatz konzentrieren dürfen, muß bei relativ freien Schülereingaben, wie sie das PROMISE-System erlaubt, nach wie vor damit gerechnet werden, daß der zu analysierende Input auch Wörter bzw. Wortverwendungsweisen umfaßt, die jenseits des vom System modellierten Kernwortschatzes liegen. Es bietet sich an, zu diesem Zweck ein extensives, gegebenenfalls auch flacher modelliertes Hintergrundlexikon (z.B. das CELEX-Lexikon [CELEX, 1988]) einzubinden, auf das in solchen Fällen zurückgegriffen werden kann.[36]

Ferner konnte in PROMISE die Erfahrung gemacht werden, daß die Dynamik der um Konverter erweiterten Wissenspaketstrukturierung für die Entwicklung wissensbasierter Sprachtechnologie insofern von großem Vorteil ist, als Prototyping-Zyklen es immer wieder erforderlich machen, die Struktur und den Informationsgehalt von Lexikoneinträgen zu überarbeiten. Die Notwendigkeit, falsche Klassifikationen wieder zurücknehmen und Eintragsstrukturierungen verfeinern zu müssen, stellt für eine Systementwicklung keine Ausnahme, sondern den Normalfall dar.

Abbildung 2.40 faßt die aus den bisherigen Überlegungen resultierenden lexikonarchitektonischen Konsequenzen für PROMISE zusammen. Dazu wird zwischen Verwaltungs-, Kodierungs- und Programmebene unterschieden.[37]

---

[35] Das Prädikat der S_FORM stellt einen Pointer in einen Sortenverband dar, der das taxonomische Wissen des PROMISE-Systems repräsentiert.

[36] In diesem Fall muß der Parser natürlich mit partiellen Lexikoneinträgen arbeiten können.

[37] Obwohl das Hintergrundlexikon natürlich auch zum Konsultationslexikon in Beziehung gesetzt werden sollte, wird in der Abbildung aus Gründen der Übersichtlichkeit darauf verzichtet.

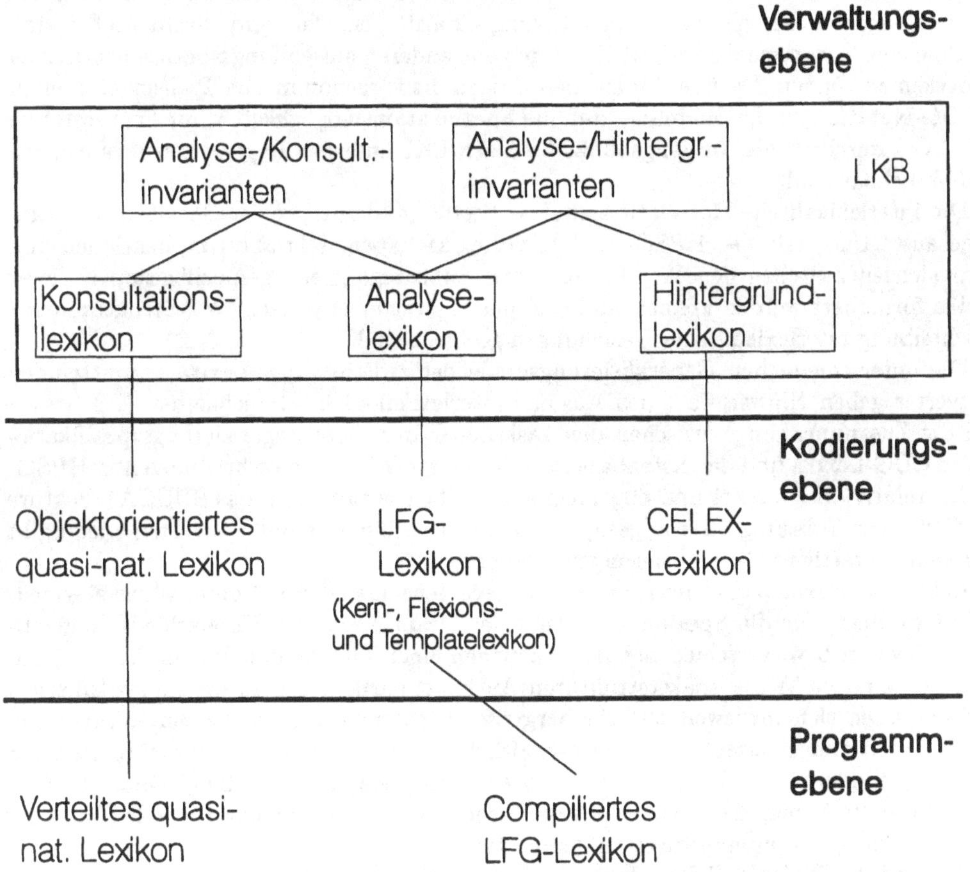

Abbildung 2.40: Architektur des PROMISE-Lexikons

2.3.4 Fazit

Aus der Studie zur Verbkodierung geht hervor, daß die Art der Transkription der anwendungsspezifischen Lexikoneinträge in den LKB-internen Repräsentationsformalismus Auswirkungen hat auf das Ausmaß der per automatisierter Korrelationsanalyse ermittelbaren Zusammenhänge zwischen den betreffenden Lexika und damit Einfluß auf den Grad ihrer Integrierbarkeit nimmt. Dabei werden auch solche Lexika (partiell) integrierbar, die von ihrer logisch-syntaktischen Struktur über den LKB-internen Repräsentationsformalismus hinausgehen, indem ihre syntaktischen Strukturen an den betreffenden Stellen flacher modelliert werden und damit hingenommen wird, daß gewisse Informationsstrukturen nicht explizit gemacht und somit einer computerunterstützten Korrelationsanalyse nicht mehr zugänglich sind.

Generell gilt: Je mehr von der logisch-syntaktischen Struktur der zu integrierenden Lexikoneinträge bei der globalen Umkodierung explizit gemacht wird, desto größer sind die Chancen, Zusammenhänge mit Einträgen aus anderen anwendungsspezifischen Lexika aufdecken zu können. Darüber hinaus berechtigen die vorgenommenen Transkriptionen in G_LOG-Notation zu der Hoffnung, daß die Spezifikationsmöglichkeiten für Featureterme in G_LOG durchaus als Ausgangspunkt für einen LKB-internen Repräsentationsformalismus brauchbar sind.

Die interlexikalische Korrelationsanalyse bestätigt, daß trotz der Spezifika, die Einträge aus CUG-, GPSG-, HPSG- und LFG-Lexika haben, relevante Implikationen und Äquivalenzen zwischen den Wortklassen- und Subkategorisierungsspezifikationen dieser Lexika formuliert werden können und daß um Konverter erweiterte WP-Strukturen zur Beschreibung interlexikalischer Beziehungen geeignet sind.

Die unterschiedlichen Generalisierungsgrade der zwischen den Lexika vermittelnden Konverter geben Hinweise auf das Ausmaß interlexikalischer Ähnlichkeiten. Z.B. lassen sich die Zusammenhänge zwischen den kaskadenartigen Subkategorisierungsspezifikationen in CUG-Lexika und den listenbasierten Subkategorisierungsbeschreibungen in HPSG-Lexika relativ differenziert und allgemein beschreiben, wohingegen das SUBCAT-Feature der GPSG die Subkategorisierungseigenschaften in Verbindung mit Wortarten wiedergibt und keine derartigen Generalisierungen erlaubt.

Lokale interlexikalische Invarianzen und Divergenzen stellen auf diese Weise eine zentrale Grundlage für die Spezifikation der Gemeinsamkeiten und Unterschiede linguistischer Theorien bzw. verschiedener Ausprägungen einer Theorie dar. Indem die um Konverter erweiterten Wissenspaketstrukturen Auskunft darüber geben, welche lexikalischen Informationen sich inwieweit theorieübergreifend interpretieren lassen, unterstützt dieses Strukturierungskonzept den wissenschaftlichen Fortschritt, der ja in der Regel nicht gradlinig, sondern über Diversifikation erzielt wird [Kanngießer, 1993]. Dabei besteht berechtigte Hoffnung, daß sich interlexikalische Invarianzen auf der Basis lexikalischer Datenbestände computergestützt aufdecken lassen.

Anhand des PROMISE-Sprachlehrsystems wurde gezeigt, daß die äquilibristische und dynamische Wissenspaketstrukturierung praktisch gesehen maßgeblich dazu beitragen kann

- für die Gewährleistung der im Sprachlehrszenario unverzichtbaren interlexikalischen Konsistenz von Analyse- und Konsultationslexikon zu sorgen,
- den Kodierungsaufwand bei der Lexikonerstellung drastisch zu minimieren (Eindämmung des lexical acquisition bottleneck),
- eine zentrale Grundlage für die lexikalische Robustheit der Analysekomponente sprachverarbeitender Systeme zu liefern und
- das Prototyping anwendungsrelevanter Systeme zu unterstützen.

3 Lexika vom Cobuild-Typ

Helmut Schnelle

Martin Hoelter

Frank Wegmann

Rolf Wilkens

In den drei folgenden Beiträgen wollen wir einen Weg zeigen, der von einer ganz bestimmten theoretischen Konzeption eines natürlichsprachlichen Lexikons über dessen inhärente logische Ordnung zu einer inferentiellen lexikalischen Wissensbasis für sprachverarbeitende Systeme und Online-Wörterbücher führt. Ausgehend vom *Collins Cobuild Student's Dictionary* (CCSD)[1] werden wir einen neuen, logischen Ansatz der lexikalischen Semantik und seine Abbildung auf eine integrative unifikationsbasierte Grammatik vorstellen und zeigen, welche Konsequenzen sich für die Praxis der Sprach- und Informationsverarbeitung aus unserer Theorie ergeben.

Im ersten Beitrag wird ein Ansatz der lexikalischen Semantik entwickelt, der im CCSD seine Illustration und praktische Ausprägung findet. Basierend auf dem Konzept des „lexikalischen Satzes" wird eine logische Analyse des Lexikons beschrieben, in dem lexikalische Angaben als Implikationsbeziehungen zwischen den Aussagen des Lexikons verstanden werden und nicht als eine lediglich alphabetisch geordnete Kollektion isolierter, atomistischer Definitionen von Wörtern. Die lexikalische Semantik wird als axiomatische Theorie formalisiert: die Lexikonangaben sind die Axiome, aus denen alle indirekt im Sprachwissen enthaltenen semantischen Zusammenhänge zwischen den Wörtern folgen. Im Gegensatz zu den meisten Ansätzen zur lexikalischen Semantik stützt sich die hier vorgestellte Theorie nur auf Begriffe der Logik (Implikation, Präsupposition etc.); sie benutzt keine sprachspezifischen semantischen Begriffe (DING, EREIGNIS, TEIL-VON etc.).

Der zweite Beitrag zeigt, wie die so analysierte lexikalisch-semantische Information des Cobuild-Wörterbuchs auf die Lexikonkomponente einer linguistischen Theorie, der Head-Driven Phrase Structure Grammar (HPSG), abgebildet werden kann. Vermittels unserer algorithmischen Umsetzung der implikativen Definitionssätze des Lexikons in die hierarchisch geordneten, sortierten Merkmalstrukturen der HPSG wird die Lexikoninformation für NLP-Systeme verfügbar. Ebenso liefert das Lexikon für diese linguistische Theorie und für auf ihr basierende sprachverarbeitende Systeme wichtige Informationen zu Selektionsrestriktionen, „kontextuellen" und pragmatischen Constraints. Hier werden wir uns

[1]Das CCSD ist im wesentlichen eine verkürzte und vereinfachte Fassung des *Collins Cobuild English Language Dictionary*. Hierbei steht „Cobuild" für „Collins Birmingham University International Language Database" - ein mittlerweile annähernd 200 Millionen Wörter umfassendes Korpus verschiedenster englischer Texte.

hauptsächlich auf die Hierarchisierung semantischer Information in der HPSG konzentrieren und zeigen, daß das Lexikon einer (schwachen partiellen) Ordnung unterliegt, die qua multipler Vererbung auch in NLP-Systemen zu sehr ökonomischer Wissensrepräsentation verwendet werden kann. Ebenso werden wir ein Verfahren schildern, das eine automatische Informationsextraktion aus dem CCSD ermöglicht, und das so gewonnene lexikalische Wissen für NLP-Applikationen verfügbar macht.

Der dritte Beitrag schließlich zeigt, welche Möglichkeiten sich für die moderne, elektronische Lexikographie und ihre zukünftige Entwicklung ergeben, wenn man eine implikationsbasierte Lexikonarchitektur sowie lexikographische Prinzipien und Verarbeitungsweisen wie bei Cobuild zugrundelegt. Wir konzentrieren uns hier auf die folgenden Aspekte:

- Korpora als empirische Datenbasis für moderne Wörterbücher
- Das Konzept eines „dynamischen" Lexikons oder eines Lexikons als virtuelle Maschine
- Multimedia-Lexika als schrittweise Erweiterung von Lexika zu Enzyklopädien
- Die Perspektiven der elektronischen Lexikographie im Internet

Setzt man Definitionsstrategien wie bei Cobuild voraus, ergibt sich die Wiederverwertbarkeit lexikalischer Informationen in NLP-Systemen und „intelligenten" Online-Wörterbüchern zwingend. Sie folgt aus der konsequenten Umsetzung eines logisch fundierten, theoretischen Ansatzes in eine praxis-orientierte lexikographische Entwicklungsumgebung, die strengen ergonomischen Kriterien für die Benutzerführung unterliegt. Letztlich führt also die hier skizzierte Konzeption des Lexikons zu der Aufhebung der Dichotomie zwischen Lexika für menschliche Nutzer versus Lexika für „maschinelle Nutzer": lexikalische Information wird mehrfach verwendbar durch formal-logische Architektur, aber (fast) natürlichsprachliche Repräsentation.

3.1 Zur Logik der lexikalischen Semantik

Helmut Schnelle

3.1.1 Einleitung

Ein Lexikon soll zur Wortlehre beitragen. Es soll die Kernangaben dazu machen, wie die Wörter einer Sprache verwendet werden: Auf welche Weise sind die Wörter *Zeichen*, d.h. Paare aus Lautung und Inhalt? Auf welche Weise spielen die Wörter (und Morpheme) zusammen: Wie *fungieren* sie *als Ausdrucksteile*, d.h. wie konstituieren sie größere Ganzheiten bzw. wie bilden sie Wortkombinationen? (Wie werden die Vollwörter untereinander zu anderen Vollwörtern verknüpft und wie werden sie mit umgebenden Morphemen und Partikeln verknüpft; wie werden die Vollwörter flektiert, abgewandelt, zusammengesetzt, durch umgebende Partikel spezifiziert oder substitutiert? Wie werden mit Vollwörtern Phrasen, Sätze und Diskurse gebildet?). Wie *fungieren* sie *als Parameter in Ausdrucks-Alternativen* (als ersetzte Teilwörter in größeren Kontexten wie Phrasen und Sätzen), d.h. wie drückt man mit anderen Wörtern (praktisch) dasselbe aus oder welche systematischen inhaltlichen Transformationen von Ausdrücken kommen aufgrund von Wortersetzungen zustande? (Wie ersetzt man Synonyma, definierte Wörter durch die definierenden, wie umschreibt oder paraphrasiert man? Welche allgemein wirksamen Bedeutungsrelationen gibt es?)

Wissenschaftliche Aufgabe der Lexika ist also die Bestimmung der Wortzeichen, der wortbestimmten Wort- und Phrasenkonstitution und der Paraphrasierung und wortmodifizierten (und dadurch semantischen) Transformationen.

Wir werden in diesem Beitrag die Analyse der lexikalischen Semantik im Lexikon von zwei Seiten aus angehen: einerseits, indem wir uns auf eine idealisierte Form des Lexikons im Lichte von Vorstellungen der formalen Logik beziehen, andererseits, indem wir von einem tatsächlich existierenden Lexikon, nämlich einem der Cobuild-Lexika, ausgehen.

3.1.2 Präzisierung der lexikalischen Wortlehre unter dem Gesichtspunkt der formalen Logik

3.1.2.1 Implizite Definition und Deutung als leitende Grundbegriffe

In welcher Form können semantische Spezifikationen durch ein passend konstruiertes Lexikon formal präzise unterstützt werden? Eine mögliche Orientierung für diese Aufgabe hat von alters her die Logik geboten. Sie unterscheidet *Begriffe*, *Urteile* und *Schlüsse*, wobei Begriffe durch *Termini*, Urteile durch *Sätze* und Schlüsse durch *Argumentationsketten* ausgedrückt werden. Als theoretische Basis gibt es drei Teile, die *Definitionslehre* zur Bestimmung der Begriffe, die *Satzlehre* zur Bestimmung der Formen der Urteile und die *Schlußlehre* als Basis der Bestimmung der gültigen Argumentationsketten. In klassischen Ansätzen zur sprachlichen Wortlehre hat man sie nach dem Muster der Behandlung von

Termini vorgelegt. Die Bestimmung der Wörter sollte, analog zu den Termini, mit Hilfe von Definitionen angegeben werden. Dies ist auch heute noch eine verbreitete Vorstellung in der Lexikographie: Wörter sind wie Termini; ihre Bedeutung sollte durch Definitionen angegeben werden.

Die moderne Logik hat an dieser klassischen Vorstellung viele Modifikationen angebracht. Besonders fruchtbar ist in unserem Kontext Hilberts Konzeption des *axiomatischen Systems* und der mit ihm verbundenen *impliziten Definitionen* und Gebrauchsdefinitionen von Termini sowie Carnaps Begriff der *Deutung* von Wörtern[2] im Unterschied zu deren Bezeichnung, Bedeutung und Sinn. Für das Verständnis unseres lexikologischen Ansatzes ist die Erläuterung dieser beiden Begriffe wichtig.

Zunächst zu Hilbert: Er zeigte anschaulich und präzise in seinem axiomatischen Aufbau der Geometrie, daß Termini nicht nur atomistisch in Form der klassischen Definitionen vorgelegt werden können, sondern auch holistisch aufgrund ihres kollektiven Beitrages zur Formulierung einer Theorie. Im Gegensatz zur klassischen Auffassung Euklids hängt die Entwicklung der Theorie nicht davon ab, daß *vor* der Formulierung der Sätze der Theorie (also vor den Urteilen) zunächst die Bedeutung der Begriffe (Punkt, Gerade, parallel usw.) definiert wird. Statt dessen bestimmt die Gesamtheit der Aussagen (z.B. die geometrische Theorie als Ganze) den Gebrauch und damit die Bedeutung der Begriffe. In dieser holistischen Auffassung ist es also die als Menge logisch verknüpfter Sätze formulierte Theorie, die alle in ihr vorkommenden Termini in ihrer Bedeutung festlegt. Es ist also das Netz der implikativ verbundenen Sätze und indirekt das *Netz der in den Sätzen eingebetteten* Begriffe, die die Deutungen der Wörter festlegen; Satzlehre und Schlußlehre erhalten also gegenüber der klassischen Definitionslehre Priorität.

In diesem Sinn kann man auch in der Lexikologie versuchen, von dem in einer Sprache ausgedrückten Wissen (dem System der Theoreme, d.h. der „Theorie") auszugehen und das Lexikon als die Teiltheorie aufzufassen, die die Deutung der Wörter ausreichend festlegt. Das *Lexikon* ist dann keine Kollektion von atomistischen Definitionen von Wörtern, sondern *ein axiomatisch vernetztes Gefüge von Aussagen*, das den Gebrauch der Wörter implizit festlegt.

Diese Auffassung leitet unsere Analyse des Lexikons. Das typische Lexikon, wie es dem Benutzer einer Sprache vorgelegt wird (zum Beispiel vom Cobuild-Team), stellt mit den in ihm angegebenen Erklärungen gewissermaßen *die Axiome* einer solchen Theorie heraus. Es geht davon aus, daß erstens jedem Wort soviele Axiome zugeordnet werden, wie das Wort Lesarten hat, und daß zweitens normalerweise jedes Axiom nur als Angabe genau einer Lesart eines Wortes vorkommt. Die Wörter korrelieren also mit einer Zerlegung der Axiome der Wortlehre in kleine Teilmengen von Axiomen (wobei jede Teilmenge die Menge der Lesarten eines Wortes ist). Zur Formulierung der Axiome werden, wie wir unten näher ausführen werden, Lesart-Bezeichnungen der Wörter als Termini eingeführt.

Diese Skizze der für die Lexikologie leitenden Vorstellungen aus der Logik bezieht sich allerdings praktisch ausschließlich auf die Semantik der Deutung der Wörter sowie auf die semantisch relevante Syntax, nicht dagegen auf die Morphologie und Phonologie. Es ist offensichtlich, daß in diesen Bereichen Erkenntnisse der Logik keine Modellfunktion haben.

[2] vgl. [Carnap, 1968], §62

Wir werden aus den Vorstellungen der Logik weitere Anregungen für den Aufbau der lexikalischen Semantik beziehen. Wir wollen zunächst die Orientierung am axiomatischen System nochmal zusammenfassen: Der lexikalisch-semantische Teil eines idealen Lexikons soll nicht als atomistische Angabe von Bedeutungsrepräsentationen zu Wörtern angesehen werden, sondern als indiziertes axiomatisches System, d.h. als eine Menge von Axiomen der Wortsemantik einer Sprache, also als Menge von Sätzen, aus denen Theoreme folgen, die in ihrer Gesamtheit das sprachlich-analytische Wissen der Sprecher einer Sprache wiedergeben und dadurch den Gebrauch der Wörter implizit definieren. Wir werden sehen, daß die Axiome zu den Wortformen ausschließlich *wenn... dann...*-Sätze sind. (Noch korrekter ist es, die in dieser Form ausgedrückten Axiome *nicht als Feststellungen* zu nehmen, sondern sie statt dessen in deduktive Basis-*Regeln* umzuformulieren, analog zur Interpretation von Gentzen;[3] sie können dann als Regeln zur Paraphrasierung verstanden werden.)

Die Wörter sind selbst bloß ein System von Indizierungen der Axiome. In den typischen Lexika ist es möglich, in jedem Axiom einen Primärterm anzugeben, der zu dem Wort, welches das Axiom indiziert, in „durchsichtiger" Beziehung steht. Eine typische Angabe eines idealen semantischen Lexikons ist eine Liste der Axiome, in der die genannten Indizes (Wörter) alphabetisch angeordnet sind und in dem die Axiome nach jedem Index aufgeführt werden.

Wir haben schon mehrfach den Begriff der *Deutung* benutzt. Er ist von Carnap folgendermaßen erläutert worden: In der klassischen Auffassung der Semantik kennt man die Bedeutung eines Wortes, wenn man weiß, auf welche Dinge oder Begriffe bzw. Konzepte - also auf welche außersprachliche Gegebenheiten - es sich bezieht. Carnap weist in [Carnap, 1968] auf eine andere, auch verbreitete Auffassung hin. Danach gibt man die Bedeutung eines fremdsprachigen Wortes oder Ausdrucks, indem man seine Übersetzung in die eigene Sprache angibt. Hier werden sprachliche Ausdrücke verschiedener Sprachen zueinander in Beziehung gesetzt. Unter systematischen Gesichtspunkten sollte es aber egal sein, ob man als Übersetzung eines Ausdrucks einen fremdsprachigen Ausdruck angibt oder einen Ausdruck derselben Sprache. Gibt man eine „Übersetzung" in der eigenen Sprache an, so nennt man dies allerdings nicht eine Übersetzung, sondern eine Gebrauchsdefinition oder Umschreibung (Paraphrase). Eine Übersetzung, eine Gebrauchserklärung oder eine Umschreibung sagen zwar *nicht, welche Dinge* in der Welt von den Wörtern *bezeichnet* werden (sie bestimmen also nicht die Referenz der Ausdrücke), sie sagen aber, wie man *(praktisch) dasselbe in anderen Worten sagen* kann. Hätte man nun eine Theorie, die bestimmt, wie die Ausdrücke einer Sprache in andere, die praktisch dasselbe besagen, übersetzt werden können, so würde dadurch zwar noch keine Theorie der sachbezogenen (d.h. ding-, konzept- oder wahrheitsbezogenen) Bedeutung, aber eine *Theorie der sprachlichen Deutung* angegeben.

Wir verbinden diesen Gedanken Carnaps mit dem Gedanken Hilberts, indem wir eine axiomatische Theorie der Übersetzung (genauer: der innersprachlichen Umschreibung oder Paraphrase) fordern. Ihre Theoreme sollten Aussagen der Art sein: Wenn jemand etwas mit dem Ausdruck A sagt, kann er praktisch dasselbe auch (wenn auch eventuell umständlicher) mit dem Ausdruck B sagen. Eine solche Theorie würde für jedes in den umschriebenen Ausdrücken vorkommende Wort implizit die Deutung festlegen. Die

[3] vgl. [Bibel und Eder, 1993], bes. §2.3ff

Angaben des Lexikons sollen auch hier die Axiome der Theorie wiedergeben, aus denen unter Beteiligung der Axiome der Grammatik die Theoreme der Paraphrasierung gewonnen werden können. Es ist zu erwarten, daß die lexikalischen Axiome selbst schon die Form von paraphrasierenden „Übersetzungen" haben, ja daß sie die „fundamentalen" Paraphrasierungen angeben.

Nach dem oben schon angedeuteten Muster von Gentzen kann man auch an eine äquivalente Theorie denken, in der nicht alle paraphrasierenden Äquivalenzaussagen aufgezählt werden, sondern in der zu jedem gegebenen Ausdruck (Satz) der Sprache alle Ausdrücke (Sätze) abgeleitet werden, die praktisch dasselbe besagen. Hier gibt die Ableitbarkeit die Deutung wieder.

Soviel zu den Grundideen, die unseren Ansatz leiten. Über den bisher formulierten grundlegenden Gesichtspunkt hinaus liefern Logik und Methodologie nämlich weitere Orientierungen für die lexikalisch-semantische Analyse. Ich will einige der wichtigsten jetzt in Form leitender Prinzipien für die lexikalische Semantik erläutern.

3.1.2.2 Prinzipien der formalen Organisation der lexikalischen Semantik

Voraussetzung 1:
Die zentrale Aufgabe der Linguistik ist die Beschreibung der Sprachbeherrschung des Menschen, d.h. der neuronalen und kognitiven Architektur des Gehirns, soweit sie die Sprachbeherrschung bestimmt. Der Ansatz gehört in den Rahmen eines methodologischen Naturalismus, der eine Integration der Erklärung sprachlicher Fakten im Rahmen des Kerns der Naturwissenschaften anstrebt. Im Unterschied zu Quines Programm der naturalisierten Erkenntnistheorie[4] und einer entsprechend naturalisierten Linguistik wird davon ausgegangen, daß linguistisch motivierte Hypothesen auch für die innere Architektonik und Grobstruktur der Morphologie des Gehirns formuliert werden können; die Sprache ist nicht nur eine organismus-externe Rahmenbedingung, der die Gehirnentwicklung der Menschen auf beliebige Weise genügen kann. Gegenüber den durch myelinisierte axonale Verbindungen „prä-natal fest verdrahteten" neuro-morphologischen Vernetzungen gibt es auch eine (postnatale) neuronale Plastizität und Variabilität im Gehirn, die es erlaubt, daß bei gleichen bio-morphologischen Rahmenbedingungen für die Sprache unterschiedliche Sprachen und Idiolekte in den Individuen realisiert werden. Diese Plastizität bezieht sich aber nur auf die neuronale Feinstruktur des kortikalen und subkortikalen Gewebes in lokal begrenzten Nachbarschaften in der Größenordnung von Zentimetern.

Voraussetzung 2:
Obwohl Forschungen nach Voraussetzung 1 im Zentrum meiner Interessen stehen, wird in diesem Beitrag vom Ziel der naturalisierten Linguistik abgesehen. Für das hier zu Erörternde gilt (wie bei Quine), daß wir im Gewirr der Beziehungen zwischen unseren Sinnesreizungen (und Muskelaktivierungen), und unserer wissenschaftlichen Theorie der Welt ein Segment aussortieren und klären können, ohne Neurologie, Psychologie, Psycholinguistik, Genetik und Geschichte untersuchen zu müssen. Es ist derjenige Teil, dessen wesentliche Grundzüge mittels wenig mehr als logischer Analyse schematisiert werden kann. Die formal-logische Analyse benutzt allein die Konfigurationalität von Strukturausdrücken und der auf sie bezüglichen symbolanalytischen Verfahren und Strukturprinzipien.

[4]vgl. [Kornbluth, 1994]

Voraussetzung 3:
Die formal-logische Analyse dient nicht nur als methodische Basis, sondern liefert (in gewissen in der formalen Logik verfolgten Prinzipien des methodischen Aufbaus bei der Behandlung komplexer sprachlicher Phänomene) den Leitfaden des systematischen Vorgehens.

Prinzip 1 oder *Prinzip der berechnungstheoretischen Analyse*:
Die Organisation einer Sprache wird (innerhalb des hier als vorläufig angesehenen Rahmens) in ihrem Kern als symbolanalytische Berechnungstheorie formuliert.

Prinzip 2 oder *Prinzip der Axiomatisierung der Semantik*:
Die Semantik einer Sprache wird als axiomatische Theorie formuliert (die die Logik und gewisse Teile der Syntax-Theorie in axiomatisierter Form voraussetzt).

Prinzip 3 oder *Prinzip der Priorität der Deutungstheorie der Semantik*:
Ob eine Sprache über irgendwelche wirklichen Dinge in der Welt redet oder ob sie von diesen Wahres sagt, kann erst in zweiter Linie analysiert werden. In erster Linie genügt es anzunehmen, daß unterschiedliche Ausdrücke Unterschiedliches besagen, daß aber einige von ihnen so ähnlich sind, daß sie praktisch in normalen Kontexten dasselbe besagen. Dies bedeutet, daß jeder Ausdruck durch die anderen Ausdrücke der Sprache (oder einer anderen Sprache), die praktisch dasselbe sagen, gedeutet wird. Die Theorie der Sprache, die diese Deutungszusammenhänge abzuleiten gestattet, bildet den Kern der sprachwissenschaftlichen Semantik.

Prinzip 4 oder *Prinzip der Subsprachen-Approximation*:
Das Verständnis der komplexen Sprachen - und somit aller natürlichen Sprachen - wird durch schrittweise Approximation in einer Folge von zunehmend komplexen Subsprachen angestrebt. Die ersten Glieder der Sequenz sollten sehr einfach sein. (Vgl. den Aufbau der Logik-Kalküle: Aussagenkalkül, Prädikatenkalküle, Modal-Kalküle usw. und der Versuch, sich dem Verständnis wissenschaftlich verwendbarer Kalküle - die Modalität, Kausalität etc. einschließen - auf diese Weise schrittweise zu nähern.)

> **Korollarium 4.1**
> Mit der Komplexität der Subsprachen wächst auch ihre *symbolanalytisch deskriptive Komplexität*. Die einfacheren Subsprachen kommen mit einem Minimum an Mitteln für Strukturschemata und grammatischer und kategorialer Begrifflichkeit aus. (Erster Typus: reine Konstituentenstrukturen: Lukasiewicz-Notation ohne Gliederungszeichen, Punktierungen oder Klammerungen, Aussagen- und Prädikatenlogik mit Gliederungszeichen; zweiter Typ: Markierte Konstituentenstrukturen oder einfach klassifikatorisch markierte Klammerungen; dritter Typ: einfache Merkmal-Konjunktionen bzw. Merkmalvektoren; vierter Typ: gestufte Merkmalstrukturen, wie sie z.B. in der HPSG verwendet werden; fünfter Typ: Modifikationen von Konstituentenstrukturen durch Bewegungen von Konstituenten, Transformationen usw.)
>
> **Korollarium 4.2**
> Im Sinne des Prinzips 3 werden in den einfacheren Subsprachen zunächst die *Deutungen einfacher Sätze und einfacher Satzverknüpfungen* angegeben. Deutungen komplexerer Sätze können auf der Grundlage der Deutung einfacher Sätze und einfacher Satzverknüpfungen eingeführt werden.

Prinzip 5 oder *Prinzip der impliziten Definitionen*:
Deutungen von Einzelwörtern sollten stets im Kontext von Sätzen vorgenommen werden. Will man die Deutungen als Definitionen verstehen, so kommen nur (satz-)kontextuelle Definitionen in Frage. Diese sind entweder durch isolierbare Sätze angebbare Gebrauchsdefinitionen oder implizite Definitionen.

Prinzip 6 oder *Prinzip der kategorematisch-synkategorematischen Distinktion*:
Wie in der Logik unterscheiden wir die kategorematisch deutbaren Vollwörter oder Wortkerne (Nomina, Adjektive, Verben, Präpositionen, gewisse Adverbien) von den synkategorematisch zu deutenden Partikeln und Flexionsmorphemen.

Prinzip 7 oder *Prinzip der Restriktion auf prädikative Verwendungsformen*:
Die Deutungen der kategorematisch deutbaren Vollwörter sollten in den primären Subsprachen Deutungen einer einzigen Verwendungsform der Termini betreffen, nämlich die prädikative Verwendungsform. Erst komplexere Subsprachen werden zeigen, wie auf der Grundlage der Deutungen prädikativ verwendeter Termini ihre referentiellen oder anderen Verwendungsformen bestimmt werden können. In vielen Fällen werden prädikative Verwendungsformen kategorematisch deutbarer Wörter/Termini in *isolierten Deutungsangaben* (z.B. in einzelnen lexikalischen Erklärungen) erfaßt werden können (im Sinne isolierbarer Gebrauchsdefinitionen). In diesem Sinn scheint es, als könne der *Holismus* durch die Isolierung der Axiome *aufgebrochen* werden.

Prinzip 8 oder *Prinzip der engeren holistischen Deutung der synkategorematischen Wörter*:
Die synkategorematisch deutbaren Partikel und Morpheme bilden relative kleine geschlossene Klassen von Wörtern, die im allgemeinen nur in *systematisch zusammengestellten Axiomengruppen* zusammen gedeutet werden können (im Sinne impliziter Definitionen). Ein Muster für die Deutung von Partikeln sind die Deutungen der Satzverknüpfer durch die Aussagenlogik. Sie sind also nicht im Sinne des Prinzips 7 isolierbar.

Die Grundzüge der Prinzipien 2 und 3 haben wir schon im ersten Abschnitt erläutert. Die Voraussetzungen 1 bis 3 und das Prinzip 1 sollten klar genug sein. Wir können daher zur Erläuterung der anderen Prinzipien 4 bis 8 übergehen. Dies geschieht unter Bezug auf einige Grundelemente der Logik-Kalküle.

3.1.2.3 Erläuterungen der Prinzipien durch die axiomatisch bestimmten impliziten Definitionen und Deutungen der aussagenlogischen Verknüpfungspartikel

In diesem Abschnitt soll gezeigt werden, wie schon in der einfachen Subsprache des Aussagenkalküls die Bedeutung der Verknüpfungspartikel durch implizite Definitionen im Rahmen von Sätzen gegeben werden. Wir haben so einen ersten Musterfall für die Deutungsangaben, die uns auch für das Lexikon umfangreicherer Subsprachen vorschweben.

Ich werde keine präzise Beschreibung der „Subsprachen" der formalen Logik geben, sondern nur an einige als bekannt vorausgesetzte Fakten erinnern, allerdings in einer nicht so bekannten Perspektive, die ein Licht auf unsere Intentionen zur Lexikologie wirft. Wir werden jeweils eine deutschsprachige Ausdrucksvariante und eine schematisch symbolische Variante aufeinander beziehen.

Will man bei der Darstellung der Aussagenlogik im Rahmen (quasi-) natürlichsprachiger Sätze bleiben, so führt man am besten indizierte Satzformen als ungegliederte Ganzheiten ein, d.h. als Gebilde, die als Ganze im „Lexikon" dieser Sprache aufzuführen sind. Ein möglicher Vorschlag zur deutschsprachigen Variante ist, als solche Einheit indizierte Satzschemata der Form

Etwas-i-ist-der-Fall.

zu verwenden, wobei an der Stelle des i Buchstaben wie p, q, r usw. stehen dürfen. Es ist bekannt, daß man in der schematisch-symbolischen Ausdrucksweise der formalen Logik anstelle dieser indizierten Sätze die einsetzbaren Schemabuchstaben selbst (d.h. p, q, r usw.) schreibt, um die Übersichtlichkeit zu erhöhen.

Das Mini-„Lexikon" der Aussagenlogik enthält neben den komplexen Einheiten dieser Form zum Beispiel die Wörter *und*, *oder* und *nicht*, eventuell aber auch weitere logischen Verknüpfungswörtern (z.B. *wenn ... dann ...*) bzw., in den schematisch symbolischen Ausdrucksweisen, die bekannten Symbole.

Man kann nun also komplexe Sätze bilden wie:

Wenn : . nicht: etwas-p-ist-der-Fall oder nicht: etwas-q-ist-der-Fall .
dann : nicht: . etwas-p-ist-der-Fall und etwas-q-ist-der-Fall .
(und umgekehrt)

Man erkennt schon, daß hier weitere Hilfsmittel zur Gliederung der Ausdrücke erforderlich wurden: Punkte oder Klammern. Ohne diese werden die Ausdrücke mehrdeutig. Die Klammerung oder Punktung ist aber das einzige syntaktische Darstellungsmittel zur Wiedergabe der Strukturbeschreibungen. Syntaktische Kategorien sind bei dieser einfachen Subsprache noch nicht erforderlich.

Der Übersichtlichkeit halber schreibt man in der schematisch symbolischen Variante:

$$\neg p \vee \neg q \longleftrightarrow \neg . p \wedge q.$$

Wichtig für die Diskussion des folgenden ist zu erkennen, daß auch gilt:

$$.p \vee q. \longleftrightarrow \neg . \neg p \wedge \neg q.$$

In Worten:

Wenn : etwas-p-ist-der-Fall oder etwas-q-ist-der-Fall
dann : nicht: . nicht: etwas-p-ist-der-Fall und nicht: etwas-q-ist-der-Fall .
(und umgekehrt)

Wir machen eine wichtige Entdeckung: Dieser (notwendig wahre Satz) sieht wie eine kontextuelle Angabe der Deutung von *oder* aus und ist es auch. D.h. wir haben keine Definition des Zeichens

$$\vee = Def \ldots$$

sondern eine kontextuelle Definition des Zeichens, d.h. eine implikative Erklärung der Gebrauchsweise des Zeichens im Kontext der beiden Sätze, die es verknüpft.

Man beachte aber, daß auch gilt:

$$.p \wedge q. \longleftrightarrow \neg . \neg p \vee \neg q.$$

In Worten:

> *Wenn* : etwas-p-ist-der-Fall und etwas-q-ist-der-Fall
> *dann* : nicht: . nicht: etwas-p-ist-der-Fall oder nicht: etwas-q-ist-der-Fall .
> (und umgekehrt)

In präziser logischer Analyse wird man sagen, daß diese Feststellungen notwendig wahre Aussagen sind. Man kann aus diesen aber auch Gebrauchsregeln gewinnen, und zwar auf ähnliche Weise, in der der Gentzen-Kalkül Regeln aus Aussagen gewinnt. Nach diesem macht man aus den Aussagen die Regeln

> *Wenn* : es wird behauptet: etwas-p-ist-der-Fall oder etwas-q-ist-der-Fall
> *dann* : es kann behauptet werden: nicht: . nicht: etwas-p-ist-der-Fall und nicht: etwas-q-ist-der-Fall .
> (und umgekehrt)

Entsprechend kann man die zweite Feststellung umformulieren. Der Lexikograph wird in abgewandelter Form vielleicht die Regel formulieren wollen:

> *Wenn* : gesagt wurde: etwas-p-ist-der-Fall oder etwas-q-ist-der-Fall
> *dann* : es kann statt dessen gesagt werden: nicht: nicht etwas-p-ist-der-Fall oder nicht etwas-q-ist-der-Fall
> (und umgekehrt)

Manchem Lexikographen mögen diese Erläuterungen als zirkulär und somit nutzlos vorkommen: *oder* wird unter Bezug auf eine Verknüpfung aus *und* und *nicht* definiert und *und* als Verknüpfung von *oder* und *nicht*. Sie sind aber nicht nutzlos, weil sie genau angeben, wie die Wörter wechselseitig voneinander abhängen, oder wie man das eine mit Hilfe des anderen ausdrücken kann. Mehr kann und sollte von der Angabe der Bedeutung der Wörter in einem Lexikon nicht verlangt werden. Wir werden darauf zurückkommen.

Inwiefern kommen wir durch diese Definitionen der *Bedeutung* der Verknüpfer *und* und *oder* näher? In der gängigen Auffassung ordnet man den Verknüpfern Wahrheitswertfunktionen zu und man zeigt, daß die Verknüpfung der Funktionen bei allen Bewertungen der Aussagenzeichen mit Wahrheitswerten den Wert wahr liefert.

Dies ist allerdings nicht die Vorstellung einer formalen *Deutung*, wie Carnap sie in der Logischen Syntax der Sprache angegeben hat. Gemäß dieser Deutung fassen wir die linke und rechte Seite in der *wenn ... dann ...* Verknüpfung als Übersetzungen oder Paraphrasen voneinander auf. Es ist klar, daß die Sätze dann besagen: $p \vee q$ kann übersetzt werden in (und somit gedeutet werden durch) $\neg.\neg p \wedge \neg q$. ganz wie wir oben, in Analogie zu Gentzen vorschlugen, daß die Aussage in eine Regel der folgenden Form übersetzt würde:

Wenn gesagt wurde p, dann kann statt dessen auch gesagt werden q

Die Formulierung q, die statt p auch gesagt werden kann, liefert die Deutung und dadurch die sprachimmanente semantische Bestimmung der Formulierung, die zunächst gegeben wird. Aus den beiden oben angegebenen Sätzen gewinnen wir also Paraphrasierungs- bzw. sprachinterne Übersetzungs-Regeln, die als formale Angaben der Deutungen für die kontextuell eingebetteten Wörter *oder* bzw. *und* anzusehen sind.

Bei strengerer Analyse des Aussagenkalküls müssen wir allerdings etwas genauer sein. *Und* und *oder* kommen nicht nur in den beiden angegebenen Sätzen oder Regeln vor, die den deMorganschen Gesetzen der Aussagenlogik entsprechen. Es gibt noch viele andere logisch wahre Gesetze der Aussagenlogik, in denen sich diese Verknüpfer finden und die außer den deMorganschen Gesetzen dazu beitragen, ihre Deutung festzulegen. Man kann auch die Gesamtheit der Sätze, in denen *und* vorkommt, kollektiv als Beitrag zur Deutung dieses Satzverknüpfers ansehen. Dies ist ein besonders deutliches Beispiel einer impliziten Definition.

Wir haben soeben die lexikalisch semantische Leistung der ersten Sub„sprache", des Aussagenkalküls, erläutert: der Kalkül legt die Deutungen der Satzverknüpfer fest. Gehen wir in der Hierarchie der Komplexion logischer Kalküle zur zweiten Ebene, dem Prädikatenkalkül erster Stufe, über. Für die meisten Logiker ist der Prädikatenkalkül insofern besonders bedeutsam, als er zeigt, wie generelle Aussagen behandelt werden können. Da die Aussagen der Wissenschaft im allgemeinen generelle Aussagen sind und die Hauptaufgabe der Logik die Grundlegung der Wissenschaftssprache ist, ist diese Einstellung verständlich.

Vom Standpunkt der lexikalischen Semantik aus ist die Sache etwas anders. Normale Texte, zum Beispiel Erzählungen, enthalten wenig generelle Aussagen. Um ihren Inhalt zu erfassen, genügt es, sich zu erinnern, wovon die Rede ist und was davon gesagt wird. Ist man, wie wir hier, an einem gestuften Zugang zu den Beschreibungsmitteln interessiert, so wird man sich zunächst die sprachlichen Ausdrucksmittel dafür vergegenwärtigen. Es sind die referierenden Ausdrücke, die sich auf das beziehen, wovon die Rede ist, und es sind die prädizierenden Ausdrücke, die differenzieren, was von ihnen gesagt wird. Es ist also nützlich, sich vor der Behandlung der die Generalisierung wiedergebenden Ausdrücke diese beiden Ausdruckstypen in einer Subsprache zu vergegenwärtigen, die noch vom vollen Prädikatenkalkül ausgesondert werden kann.

Die Subsprache wird so bestimmt, daß anstelle des komplexen unanalysierten aussagenlogischen Ausdrucks Ausdrücke der folgenden Form treten:

(P_{ij}-1) etwas-Y_i-wird von etwas-x_j-ausgesagt

(P_{ij}-2) etwas-Y_i-wird von etwas-x_j-und-etwas-$x_{j'}$-ausgesagt

(P_{ij}-3) etwas-Y_i-wird von etwas-x_j, etwas-$x_{j'}$-und-etwas-$x_{j''}$-ausgesagt

Diese Ausdrücke sollen imaginativ interpretiert werden: Derjenige, der den ersten von ihnen im Rahmen einer Erzählung hört, soll an ein noch unbestimmtes Etwas und eine (noch) unbestimmte Charakterisierung dieses Etwas denken. Entsprechend soll er bei den anderen an zwei, drei usw. Etwas denken. Ich gehe davon aus, daß man das kann; wenn zum Beispiel eine Erzählung beginnt: „Jemand trat in das Zimmer", so denkt man sich vorläufig, daß von irgendjemandem die Rede ist und von irgendeinem noch ziemlich unbestimmten Zimmer. Es ist klar, daß man diese noch nicht individuieren kann. Man nimmt an, daß der folgende Text weiteren Aufschluß geben wird.

Die neuen angegebenen Formen bestimmen die einzige Änderung gegenüber dem Aussagenkalkül. Satzverknüpfer sind jedenfalls nach wie vor verfügbar. Als eine Erweiterung ziehen wir in Betracht, daß an der Stelle von *etwas-*x_i auch *jemand-*x_i stehen darf.

Nun kommt ein wichtiger Schritt zur nächsten Subsprache. Diese enthält keine Schema-Ausdrücke *Etwas-*Y_i mehr, sondern an deren Stelle konstante Termini. Die Sprache wird durch eine endliche Menge von Termini bestimmt, indem wir jedem Terminus einen der

Ausdrücke der Form (P_{ij}) zuordnen, in dem allerdings das *Etwas-*Y_i durch den betreffenden Terminus ersetzt ist.

Wir nennen die Termini die lexikalischen *Elementarausdrücke* der Subsprache und die ihnen zugeordneten Schema-Sätze die *lexikalischen Sätze*. Der Begriff des lexikalischen Satzes ist ein zentraler Begriff für unseren Ansatz. Im Hinblick auf seine konkrete Anwendung bei der Formalisierung des Lexikons wollen wir schon hier bemerken, daß als Termini Bezeichnungen für die verschiedenen Lesarten vorkommen.

3.1.2.4 Beispiele

Zur Illustration stellen wir uns vor, daß als Termini lesartindizierte Wörter des Deutschen genommen werden - sagen wir *kochen.1*, *kochen.2*, *erhitzen.1* und *erhitzt-werden.1* und als lexikalische Sätze

kochen.1 wird von jemand-x_j und etwas-$x_{j'}$ ausgesagt
kochen.2 wird von etwas-x_j ausgesagt,
erhitzen.1 wird von jemand-x_j und von etwas-$x_{j'}$ ausgesagt
erhitzt-werden.1 wird von etwas-$x_{j'}$ ausgesagt.

In der Subsprache (die ja den Aussagenkalkül enthält) kommen auch Sätze vor wie

Wenn : kochen.1 wird von jemand-x_j und etwas-$x_{j'}$ ausgesagt
dann : erhitzen.1 wird von jemand-x_j und etwas-$x_{j'}$ ausgesagt

oder

Wenn : kochen.1 wird von jemand-x_j und etwas-$x_{j'}$ ausgesagt
dann : kochen.2 wird von etwas-$x_{j'}$ ausgesagt.

Wie man sieht, kommen wir hier in die Nähe von lexikalischen Erklärungen der Art

Wenn jemand etwas kocht, dann erhitzt er es und
Wenn jemand etwas kocht, dann kocht es.

Diese implikativen Sätze können zum Beispiel als Axiome der mit dem Lexikon ausgedrückten Theorie verstanden werden. Sie liefern die erste Stufe der Deutung, indem die prädikativ verwendeten beiden Lesarten zu *kochen* und eine Lesart zu *erhitzen* zueinander in implikative Beziehung gesetzt werden. Natürlich besagt *kochen* wesentlich mehr als bloß *erhitzen*, so daß zur vollständigen Deutung ausführlichere Sätze nach *dann* stehen müßten. Wir werden im nächsten Abschnitt zeigen, wie dies in einem gewöhnlichen Lexikon geschieht. Im bisher diskutierten Kontext der Logik kann man weiterhin davon ausgehen, daß die *wenn ... dann ...* Konstruktion im Sinne von Deutungs-Regeln zu verstehen sind, so daß die rechte Seite die Deutung der linken Seite liefert, indirekt also die prädikative Verwendung des Wortes auf der linken Seite durch das Wort auf der rechten Seite.

Der nächste Schritt besteht darin, auf der rechten Seite Satzverknüpfungen zu verwenden. In diesem Fall wird dann ein lexikalischer Satz durch eine Verknüpfung von lexikalischen Sätzen gedeutet, z.B.

Wenn jemand etwas:1 kocht, dann	erhitzt er es	und
	es ist in etwas:2	und
	etwas:2 ist Wasser	und
	etwas:2 siedet.	

Kochen wird also u.a. durch Erhitzen, Im-Wasser-sein und Sieden des Wassers gedeutet als auch durch die Konjunktion dieser Prädikationen.

Auch die linke Seite muß oft als Verknüpfung ausgedrückt werden. Z.B. Wenn ein Herrscher abdankt, dann tritt er zurück. Formeller:

Wenn : jemand dankt ab und er ist ein Herrscher
dann : er tritt zurück.

Durch die Satzverknüpfung auf der linken Seite wird ausgedrückt, daß Abdanken nur prädiziert werden kann, wenn derjenige, der abdankt, ein Herrscher ist.

Diese Beispiele deuten an, wie grundlegende Deutungsbeziehungen innerhalb einer Sprache ausdrückbar sind als implikative Beziehungen zwischen Verknüpfungen von einfachen lexikalischen Sätzen, also Sätzen, in denen die inhaltstragenden Wörter nur in prädikativer Verwendung vorkommen. Schematisch können wir also den Zusammenhang folgendermaßen ausdrücken: Lexikalische Angaben sind Implikationsbeziehungen. Sie deuten entweder lexikalische Sätze $S(P)$, in denen der Term P vorkommt, implikativ durch eine Satzverknüpfung von lexikalischen Sätzen, die an anderer Stelle des Lexikons selbst gedeutet werden

$$S(P) \rightarrow \texttt{Verkn}(S(Q_1), \ldots, S(Q_n))$$

oder der zu deutende Satz kann (wie im Beispielsatz zu „abdanken") nur in kontextuell spezifizierten Rahmen (nach „;" auf der linken Seite) gedeutet werden

$$\texttt{Verkn}(S(P_1); S(P_2), \ldots, S(P_m)) \rightarrow \texttt{Verkn}(S(Q_1), \ldots, S(Q_n)).$$

Wir wollen diese Aspekte im nächsten Abschnitt dieses Beitrages von der Seite der Praxis, nämlich ausgehend von dem konkreten Cobuild-Lexikon, erörtern. Da wir bisher aber nur eine Subsprachform der Sprache der Prädikatenlogik behandelt haben, wollen wir wenigstens noch andeuten, wie die bisherige Subsprachform zur Subsprachform der Prädikatenlogik erweitert wird: Wir ermöglichen einfach, daß vor alle Sätze Ausdrücke der Form

es-gibt-ein-etwas-x_j-derart-daß, für-alle-etwas-x_i-derart-daß

gesetzt werden können. Dies ist allerdings so bekannt, daß wir hier keine weiteren Erläuterungen zu geben brauchen.

3.1.2.5 Repräsentationsformate

Vor der konkreten Erläuterung der Zusammenhänge anhand des Cobuild-Lexikons soll noch der die formale Repräsentation betreffende Inhalt des Korollariums 4.1 besprochen werden. Die formale Logik dieses Jahrhunderts ging von der Betrachtung von Symbolketten aus, wobei die Terme als Einzelsymbole verstanden wurden und die Sätze als deren Verkettungen. Es zeigte sich aber, daß man mit einer so unstrukturierten Idee nicht weit kam. Minimale Angaben zur Syntax waren erforderlich, zum Beispiel die Klassifikation der Symbole in Konstanten und Variable (und auch Schema-Buchstaben), die

Subklassifikation beider in Satzverknüpferzeichen, Quantorenzeichen, Individuenzeichen und Prädikatszeichen. Zur formalen Repräsentation von Wohlgeformtheitsbedingungen von Sätzen mußten syntaktische Klassenzeichen - also Repräsentationen einfacher syntaktischer Kategorien - eingeführt werden. Dies reichte noch nicht aus; man brauchte auch Gliederungszeichen: Klammern oder Punktierungen. So konnten Sätze der Aussagenlogik und der Prädikatenlogik als markierte Konstituenten formal definiert und repräsentiert werden, wobei für die Inferenzregeln die Koreferenzbeziehungen zwischen den Vorkommen derselben Variablen eine zentrale Rolle spielten.

Die so eingeführten syntaktischen Darstellungsmittel waren alle auf die Gliederung von Sätzen bezogen. Durch die Klassifikation der Variablen und Terme konnte die Rolle der Terme in den Satzausdrücken bestimmt werden. Als minimale Strukturdarstellungsmittel waren also Klassenzeichen (syntaktische Kategorie-Repräsentationen), Gliederungszeichen (Klammern) und Koreferenzbeziehungen in Betracht zu ziehen. Folgendes ist entscheidend: Die Terme erhielten ihre formale Charakterisitik in bezug auf ihre Rollen im Satz. Ihre Deutung hing, wie wir schon beschrieben haben, von ihrer Rolle im Satz ab.

Durch sogleich zu besprechende neue darstellungstechnische Mittel wurde in den letzten Jahrzehnten eine folgenreiche neue Entwicklung eingeleitet, die heute fast zu einer Umkehr der Analyse formaler Zusammenhänge geführt hat: Indem man die formalen Eigenschaften der Terme nicht mehr nur durch einfache Klassenzeichen (einfache syntaktische Kategorien) ausdrückte, sondern durch zunehmend komplexe klassifikatorische Darstellungen (z.B. Merkmalstrukturen), versuchte man Terme direkt durch die ihnen zugeordneten Repräsentationen von komplexen Term-*Eigenschaften* auszudrücken. Sätze sollten nurmehr diejenigen Gebilde sein, die durch die allgemeinen *kombinatorischen Eigenschaften* der Terme impliziert sind.

Der eigentliche Umbruch wurde durch die Repräsentationen der sogenannten Subkategorisierung eingeleitet. Die Subkategorisierungsrepräsentation besagt, daß ein so markierter Term *in seiner Umgebung* die Präsenz von Ausdrücken der spezifizierten Kategorie *erfordert*. Man erkennt, daß eine derartige Angabe nicht mehr nur etwas über den Ausdruck selbst besagt, sondern auch über das Zusammenspiel mit Ausdrücken *an anderen Stellen* im Satz. Aussagen dieser kombinationsspezifizierenden Art waren aber ursprünglich allein die Domäne der kombinatorischen Syntaxregeln. Man geht nun in unifikationsbasierten Ansätzen davon aus, daß die komplexen Eigenschaften der Einzelzeichen zusammen mit allgemeinen (unifikatorischen) Kombinationsprinzipien die Kombinatorik der Sätze bestimmt. Die Teile (die Wörter) bestimmen nunmehr das Ganze (den Satz) und es ist nicht mehr wie früher, wo das Ganze die Teile bestimmte und den Teilen seine Rollen zuordnete.

Diese Idee erweiterte man auch auf die Semantik. Statt, wie im klassischen Ansatz der formalen Logik, die Semantik, wie oben beschrieben, primär durch Deutungen von Sätzen auf der Basis von Implikationsbeziehungen zu formulieren, verlangt man, aufgrund der Verfügbarkeit reicherer klassifikatorischer Schemata für Terme, deren Semantik direkt durch komplex strukturierte Eigenschaftsausdrücke (Merkmalstrukturen) wiederzugeben. Die Absicht der klassischen formalen Logik, die Deutung nur implizit mittels des implikativen Netzes von Sätzen zu erfassen, soll wieder rückgängig gemacht werden: Die Terme erhalten direkt formal konstituierte Inhalte (vermittels Merkmalstrukturen) und Sätze sind nur die Termkombinationen - oder Wortkombinationen - die formal kompatible Merkmalstrukturen haben (genauer: die formal kompatible syntaktische *und* semantische

Merkmalstrukturen haben). Hinsichtlich der letzten Behauptung bleibt Skepsis angesagt, wie ich meine. Sie setzt nämlich eine semantische Metasprache mit einem stark ausgebauten Begriffssystem voraus.

Trotz dieser prinzipiellen Skepsis werden wir nichtsdestoweniger, im Einklang mit der HPSG in den anderen Beiträgen unserer Gruppe, die hiermit skizzierten Möglichkeiten komplexer Merkmalstruktur-Darstellungen verfolgen. In diesem Beitrag bleibt es allerdings bei der strukturkategorial „mageren" Darstellung, die in klassischen Ansätzen der formalen Logik üblich war.

3.1.3 Das System der Wort-Erklärungen vom Cobuild-Typ

3.1.3.1 Illustrationen zu einem Ausschnitt des Cobuild-Lexikons

Um die Vorgehensweise des Cobuild-Lexikons (Collins Cobuild Student's Dictionary) zu illustrieren, wähle ich einen Ausschnitt von Wörtern, der zeigt, daß im Lexikon eine kleine Teiltheorie enthalten ist, die die Deutungszusammenhänge festlegt. Der Ausschnitt der Subsprache wird folgendermaßen beschrieben:

GLOSSAR

Lexikalische Terme

- bring.5, consist of.1, dance.1 , donate.0, give 7.1, give 7.2, go.8, have.8, hand-over.1, interact.1, keep.3, manufacture.1, move.1, move.2, play.1, possess.1, take.5, use.1
- ball.1, ball.3, ball.4, body.1, circle.1, charity.1, element.1, foot.1, game.1, hand.1, organization.1, piece.1, player.1, possession.1, formal.3, large.1, round.1, section.1, social.2, shaped.0, toe.1
- obvious.0

Grundterme

do-something.1, object.1, event.1, part-of.1, thing.1, can.1, want.1

Grammatische Schema-Ausdrücke

plural

a(n), another, is, it, of, or, one, someone, something, people.1, which, the, them, you

in, to

Sätze des Lexikons zur axiomatischen Festlegung der Deutungen (aus Collins Cobuild Student's Dictionary)

- If you **give**.7.2 something (an object.1 which you can.1 take.5 in your hands.1) to someone you hand- it -over.1 to them.
- If you **give**.7.1 something (an object.1 which you have.8 in your possession.1) to someone you do-something which brings.5 them into the possession.1 of it and it is obvious.0 to you and them that you want.1 them to have.8 it

- If you **hand-over**.1 something (an object.1 which you can.1 take.5 in your hands.1) to someone you give.7.2 it to them.

- If you **donate**.0 something (which is in your possession.1) to a charity.1 or other organization.1 you give.7.1 it to them.

- A **ball**.1 is a round.1 object.1 (manufactured.1 to be) used.1 in games.1 such as tennis.0, cricket.0, and football.0 (as the object.1 by which the players.1 interact.1 to keep.3 the game.1 going.8).

- The **ball**.3 of your foot.1 is the rounded.1 part.1 where your toes.1 join your foot.1

- A **ball**.4 is also a large.0, formal.3, social.2 event.1 at which people.1 dance.1

- Something that is **round**.1 is shaped.0 like a ball.1 or a circle.1

- If one thing.1 is a **part**.1 **of** another thing.1 or part.1 of it the first thing.1 is one of the pieces.1, sections.0, or elements.1 that the second thing.1 consists.0 of.

Die Formulierung dieses Ausschnitts soll jetzt erläutert werden. Die lexikalischen Terme und die Grundterme bestehen immer aus einem Wort in der lexikalischen Zitierform und einer nachfolgenden Zahl. Die hier verwendete Zahl ist die im Cobuild-Lexikon selbst vorkommende Lesart-Nummer. *Ball.4* ist somit die vierte Lesart zum Wort *ball*. Der Fettdruck ist ohne systematische Bedeutung; er dient nur dem leichten Auffinden der Wörter, die man im Lexikon nachschlagen will.

Wichtig sind die Einträge zur Erklärung der Lesart. Wir stellen zunächst fest, daß nicht in allen Einträgen die Kernwörter in prädikativer Verwendung vorkommen. Dies gilt nach den allgemeinen Cobuild-Konventionen generell für Nomina und Adjektive. Definitionen von Nomina haben typischerweise die Form „An x is ... “ und Definitionen von Adjektiven „A y thing is ... “ oder „Something that is y ... “ . Außerdem haben nicht alle Erklärungen die implikative Satzform. Die Cobuild-Formulierungen können aber leicht in diese Form gebracht werden: die Nomina werden einfach als Prädikatsnomina verwendet und die entstehenden Sätze werden in implikative Form gebracht. Die entsprechenden Sätze in den oben abgegebenen Formen gehen also über in folgende Formen:

- If something is a **ball**.1 it is a round.1 object.1 (manufactured.1 to be) used.1 in games.1 such as tennis.0, cricket.0, and football.0 (as the object.1 by which the players.1 interact.1 to keep.3 the game.1 going.8).

- If something is the **ball**.3 of your foot.1 it is the rounded.1 part.1 where your toes.1 join your foot.1

- If something is a **ball**.4 it is also a large.0, formal.3, social.2 event.1 at which people.1 dance.1

- If something is (something that is) **round**.1 it is shaped.0 like a ball.1 or a circle.1

Auf diese Weise haben die „Axiome“ unserer winzigen Subsprache - einem Miniausschnitt der immerhin etwa 31.000 Sätze des Englischen umfassenden Cobuild-Subsprache - alle die Form von *wenn-dann* Sätzen. Die Sätze unmittelbar nach dem *wenn* sind praktisch alle lexikalische Sätze mit jeweils einem Kernwort und umgebenden Schema- Ausdrücken. Ausnahmen sind die eingeschränkten Formen *donate to a charity* .. und *ball of your foot.* Weitere Ausnahmen würden entstehen, wenn man *something* in den Erklärungen zu *give*, *hand-over* und *donate* durch die Ausdrücke in den Klammern ersetzen würde oder (im letzten Fall) dadurch ergänzen würde. In diesem Fall würde der Kontext zum Kernwort, wie in den beiden ersten Fällen, im lexikalischen Satz noch durch weitere Terme spezifiziert. Wollten wir auf die so illustrierte Subsprache aber die gewöhnliche Logik anwenden, so würden wir rasch an Grenzen stoßen. Dies liegt daran, daß die rechten Seiten, also die Implikatausdrücke, keine einfachen lexikalischen Sätze sind, sondern nach sehr unterschiedlichen syntaktischen Prinzipien bestimmte Wortverknüpfungen. In vielen Fällen ist es aber leicht möglich, sie auch in Verknüpfungen lexikalischer Sätze zu überführen.

Die Angabe der Erklärungen durch Verknüpfungen lexikalischer Sätze auf der rechten Seite ist wie folgt (Wiederholung wird abgekürzt, z.B. someone:3 wird wiederholt als :3. Satzverknüpfer „and“ sind zur Erhöhung der Übersichtlichkeit unterstrichen):

- Someone:1 **give**.7.2 something:2 to someone:3 → :1 hand-over.1 :2 to :3
- Someone:1 **give**.7.1 something :2 to someone:3 → :1 do-something:4 and :4 brings.5 about something:5 and :5 is: :3 is in the possession.1 of :2 and something:6 is obvious.0 to :1 and :3 : and :6 is: :1 want.1 something:7 and :7 is :3 have.8 :2
- Someone:1 **hand-over**.1 something:2 to someone:3 → :1 give.7.2 :2 to :3.
- Someone:1 **donate** .0 something:2 to someone:3 and :3 is a charity.1 or other organization.1 → :1 give.7.1 :2 to :3.
- Something:1 is a **ball**.1 → :1 is round.1 and :1 is an object.1 and :1 is used.1 in something:2 and :2 is a game.1
- Something:1 is the **ball**.3 **of** something:2 and :2 is your foot.1 → :1 is part.1 of :2 and :1 is rounded.1 and :1 is somewhere:3 and :3 is where something:4 is the case and :4 something:5 joins :2 and :5 is toes.1 of :1
- Something:1 is a **ball**.4 → :1 is an event.1 and :1 is large.0 and :1 is formal.3 and :1 is social.2 and someone:2 dance.1 at :1 and :2 is people
- Something:1 is **round**.1 → :1 is shaped.0 like something:2 and :2 is a ball.1 or :2 is a circle.1
- Something.1 is a **part**.1 **of** something:2 or :1 is part.1 of :2 → :1 consists.0 of somethings:3 and :3 are pieces.1 or :3 are sections.0, or :3 are elements.1 and :1 is one of :3

Diese Beispiele geben nur eine Andeutung, in welcher Form die normalsprachlichen Erklärungen in der Cobuild-Subsprache in unsere logisch reglementierte Cobuild Sublanguage zu übertragen sind. Ziel ist insbesondere, dort die Logik der Verknüpfung der Sätze transparent zu machen. Dieses Ziel sollte durch die Beispiele deutlich geworden sein, auch wenn ebenso klar ist, daß zur vollen Präzisierung der Angaben noch weitere Klärungen (und wahrscheinlich) Reformulierungen notwendig sind.

Das in diesem Beispiel enthaltene implikative Vernetzungsgefüge kann in schematischer Übersicht wie in Abbildung 1 angegeben werden. Es ist klar, daß hier jeder durch ein Wort markierte Punkt eigentlich den zugehörigen Satz meint, so daß die Verbindungsstriche Satzimplikationen sind.

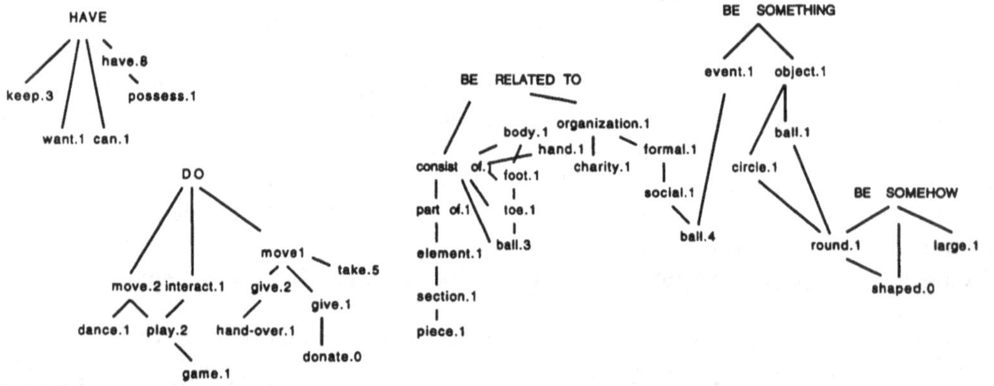

Abbildung 3.1: Vernetzungsgefüge eines Lexikonausschnitts

3.1.3.2 Zum Status der Erklärungen in einem Cobuild-Lexikon

In der bisherigen Argumentation sind wir davon ausgegangen, daß der Sinn der lexikalischen Erklärungen eines Lexikons vom Cobuild-Typ darin besteht, implikative Axiome einer Deutungstheorie für die Ausdrücke einer Sprache zu formulieren. Die Theorie soll beantworten, wie man bei einem gegebenen Ausdruck der Sprache praktisch dasselbe in anderen Worten sagen kann. Diese Angabe ist dann für einen Lerner nützlich, wenn er einige Wörter kennt, andere aber noch nicht. Er kann durch Konsultieren der Regeln eines Lexikons in vielen Fällen die unbekannten Wörter auf Kombinationen bekannter Wörter zurückführen.

In der tatsächlichen Formulierung der Erklärungen im Cobuild-Lexikon wird dies aber nicht unmittelbar deutlich. Wenn ein Eintrag lautet

„Eine Orange ist eine orangefarbene, runde Frucht, die saftig und süß ist.“

dann scheint der Ausdruck auf einen beliebigen Gegenstand des genannten Typs zu referieren und von diesem Gegenstand die genannten Eigenschaften zu behaupten ebenso wie die Tatsache, daß der Gegenstand von der Art Frucht ist. Wir haben aber behauptet, daß im Lexikoneintrag allenfalls von einer Deutung, also von Beziehungen zwischen Wörtern die Rede ist, nicht aber von faktischen Verhältnissen in der Welt. Letzteres wäre eigentlich mehr die Aufgabe einer sachlichen Enzyklopädie oder eines Sachwörterbuches.

Wenn die Intention des Lexikons also nicht die ist, auf Dinge und Verhältnisse in der Welt zu verweisen, so müßten wir einen semantischen Aufstieg im Sinne Quines vornehmen und die Einträge eigentlich metasprachlich formulieren, zum Beispiel durch die folgende metasprachliche Gebrauchsregel

> Wenn jemand *p* sagt, meint er damit *q*.

Im Beispiel:

> Wenn (jemand sagt) „etwas ist eine Orange" dann (meint er damit praktisch dasselbe wie) „es ist eine orangefarbene, runde Frucht, die saftig und süß ist".

Jeder Eintrag im Cobuild-Lexikon ist also in die *wenn... dann...* Form zu überführen, die die Satzangaben in Zitatform enthalten (mit entsprechender Beifügung der hier geklammert angegebenen Ausdrücke). Alternativ könnten aber auch folgende Formulierungen in Betracht kommen:

> Das, was jemand mit *p* sagt, kann man ausreichend genau umschreiben (paraphrasieren) mit Hilfe von *q*.

Im Beispiel:

> Das, was jemand mit „etwas ist eine Orange" sagt, kann man ausreichend genau umschreiben mit „etwas ist eine orangefarbene, runde Frucht, die saftig und süß ist".

Mir scheint, daß die wirkliche Intention eines Lexikographen durch solche metasprachlichen Regeln am besten wiedergegeben wird. Es ist aber klar, daß er durch Angaben wie die bisher diskutierten seinem Ziel nur ein Stück weit näher gekommen ist. Schließlich kommen in allen Erklärungen des Lexikons die inhaltstragenden Wörter nur in prädikativer Position und niemals in referierender Position vor. Referierende Ausdrücke sind allein Indefinitpronomina. Es gibt in jedem Satz der reglementierten Cobuild-Sprache nur ein prädizierendes Wort. Alle komplexeren Zusammenhänge müssen durch Satz-Zusammensetzungen ausgedrückt werden, deren Beherrschung vorausgesetzt, aber noch nicht formal beschrieben ist. Es müßte aber durch eine allgemeine Theorie erklärt werden, wie die Deutung von Wörtern, die nur in prädikativen Verwendungsweisen angegeben wurde, auf Verwendungsweisen übertragen wird, in denen das Wort nicht in prädizierender Verwendungsweise vorkommt. Wie hängt insbesondere die Deutung der referierenden Verwendung von der im Lexikon angegebenen Deutung der prädizierenden Verwendung ab? Darüber hinaus müßten selbstverständlich noch andere Theorien ins Spiel gebracht werden, so zum Beispiel die Theorie der Metapher.

All diese Theorien muß der Lexikograph voraussetzen. In der Zielsetzung, die wir hier skizziert haben, kann und muß es für ihn genügen, die Deutung der inhaltstragenden Wörter nur in der implikativen Vernetzung prädikativer Verwendungsweisen der Wörter geklärt zu haben.

3.1.4 Zusammenfassung

Die Semantik muß in ihrem vollen Umfang zweifellos auch bestimmen, wie man sich mit den Wörtern einer Sprache auf die Welt bezieht und wie man mit ihrer Hilfe wahre Aussagen formulieren kann. Dies ist aber nicht die Aufgabe der lexikalischen Semantik. Sie hat statt dessen nur das vorgängige Problem zu behandeln, wie sich die Wörter einer Sprache gegenseitig deuten, wie man in einer Sprache zu gegebenen Ausdrücken dasselbe in anderen Worten sagen kann. Die Bedeutung des Begriffs der Deutung haben Hilbert und Carnap (jedenfalls in der Logischen Syntax der Sprache) klar gemacht. Als einfaches Modell dafür zeigt der formale Aussagenkalkül, wie die Theoreme die Bedeutung der Satzverknüpfer *und*, *oder* und *nicht* implizit definieren, d.h. wie durch Umformulierungen eines Satzes mit anderen Verknüpfern die unterschiedlichen Verknüpfer gegenseitig gedeutet werden. Im Sinne einer formalen axiomatischen Theorie kann man auch die lexikalischen Erklärungen eines normalen Lexikons, insbesondere wenn sie in Implikationsform geschrieben werden, als Axiome eines Kalküls verstehen, der die Deutung der erklärten Wörter festlegt. Dies wurde im einzelnen erläutert. Es wurde auch gezeigt, wie die Intentionen eines Lexikons vom Cobuild-Typ im Lichte dieser Erläuterungen präzise verstanden werden können.

3.2 Die Computerform des Lexikons - Natürlichsprachliche Lexika für natürlichsprachliche Systeme

Martin Hoelter & Rolf Wilkens

3.2.1 Einleitung

Es gilt nun zu zeigen, wie die im vorangegangen Beitrag entwickelte logische Analyse des CCSD auf die sortierten Merkmalstrukturen der HPSG[5] abgebildet werden kann. Ist dies im Prinzip möglich, ist damit auch der Nutzen dieser lexikalischen Information für NLP-Systeme gewährleistet, da sich die HPSG in den vergangenen Jahren als dominanteste theoretische Grundlage für die automatische Sprachverarbeitung erwiesen hat. Auch ist aufgrund der theoretischen Nähe der HPSG zu anderen unifikationsbasierten Ansätzen prinzipiell eine „Portierung" bereits auf der Ebene der linguistischen Theorie denkbar. Man denke hier etwa an die Situationssemantik, wie sie in der HPSG angenommen wird - wesentliche Informationselemente sind hier auf die *Lexical-Functional Grammar* (LFG) abbildbar, wenn man einen Ansatz wie z.B. in [Fenstad et al., 1987] voraussetzt.

Bevor wir am Beispiel von Selektionsrestriktionen und semantischen Sortenhierarchien die Verwendbarkeit von Cobuild-Lexika für HPSG-basierte NLP-Systeme demonstrieren, ist hier zunächst das prinzipielle Verhältnis zwischen CCSD-Definitionen und HPSG-Lexikoneinträgen kurz zu skizzieren. Eine vertiefende Darstellung findet sich in [Hoelter, 1995]), und folglich führen wir hier nur die wesentlichen Aspekte am Beispiel des Eintrags für *boy* kursorisch an. Zunächst die CCSD-Definition:

1 COUNT N
A **boy** is a male child.

Wir setzen die im vorangegangenen Beitrag vorgestellte Analyse voraus und nehmen gleichfalls an, daß die CCSD-Definition aus zwei Teilen besteht, deren ersten wir auf das Antezedens des eingangs beschriebenen Implikationsverhältnisses der Definition abbilden (vgl. [Schnelle, 1991]), und deren zweiten auf das Sukzedens. Ebenso lassen wir uns dabei von der folgenden Aussage leiten:

> If you use the word **boy**, you can expect to be presumed to be talking about a male child. [Hanks, 1987:135]

---

[5] Wir setzen hier eine gewisse Vertrautheit mit der HPSG und der Situationssemantik voraus. Im wesentlichen orientieren wir uns hier an der Version der HPSG wie sie in [Pollard und Sag, 1994] dargestellt ist (vgl. dazu auch 2.3). Betreffs der Lexikonhierarchie ist allerdings auch ein Blick auf [Pollard und Sag, 1987] hilfreich. Bei der Situationssemantik folgen wir [Devlin, 1991] und [Gawron und Peters, 1990].

Im (weitesten) Sinne der Situationssemantik sprechen wir hier also von der Beziehung zwischen einer Äußerungssituation, einer beschriebenen und einer *Resource*-Situation - all das wird in der HPSG durch die Attribute CONT(ENT) einerseits und CON(TE)X(T) andererseits erfaßt. (Vgl. dazu wiederum [Hoelter, 1995]). Im Falle des CCSD-Eintrages für *boy* gelangen wir also zur folgenden HPSG-Merkmalstruktur:

$$\begin{bmatrix} \text{PHON} & \langle \textit{boy} \rangle \\ \text{SYNSEM}\mid\text{LOC} & \begin{bmatrix} \text{CAT} & \begin{bmatrix} \text{HEAD} & \begin{bmatrix}\text{CASE} & \textit{case}\end{bmatrix}_{\textit{noun}} \\ \text{SPEC} & \langle\langle \text{DET} \rangle\rangle \\ \text{COMPS} & \langle\rangle \end{bmatrix} \\ \text{CONT} & \begin{bmatrix} \text{INDEX} & \boxed{1}\begin{bmatrix}\text{NUMBER} & \textit{sg}\\ \text{PERSON} & \textit{3rd} \\ \text{GENDER} & \textit{masc}\end{bmatrix} \\ \text{RESTR} & \left\{\begin{bmatrix}\text{QUANTS} & \langle\cdots\rangle \\ \text{NUCLEUS} & \begin{bmatrix}\text{ARG.1} & \boxed{1}\end{bmatrix}_{\textit{boy}}\end{bmatrix}\right\}\end{bmatrix} \\ \text{CONX} & \begin{bmatrix}\text{C-INDS} & \ldots \\ \text{BACKGR} & \left\{ {}_{\textit{male}}\begin{bmatrix}\text{ARG.1} & \boxed{1}\end{bmatrix}, {}_{\textit{child}}\begin{bmatrix}\text{ARG.1} & \boxed{1}\end{bmatrix}\right\}\end{bmatrix}\end{bmatrix}\end{bmatrix}$$

Desweiteren nehmen wir an, daß die Information der rechten Seite der Definition die der linken Seite subsumiert - das eingangs beschriebene Implikationsverhältnis zwischen beiden Teilen wird hier also durch Mehrfachvererbung in einer durch die Subsumtionsrelation (oder wenn man will, deren duale Relation, die Extension) geordnete Sortenhierarchie wiedergegeben. Die Information der linken Definitionsseite ist also spezifischer als die der rechten, und daher, dies ist ganz entscheidend, handelt es sich bei den Deutungsangaben im Lexikon nicht um Gleichungen! Der Zusammenhang des Informationsflusses wird in der obigen Attribut-Werte-Matrix (fortan AVM) natürlich nur implizit deutlich, und deshalb wollen wir uns nun darauf konzentrieren, dies ein wenig zu veranschaulichen.

3.2.2 Selektionsrestriktionen und semantische Sortenhierarchie

Im folgenden wollen wir zeigen, daß die implizit in den Cobuild-Wörterbüchern enthaltenen Subsumtionsrelationen ausreichen, eine Sortenhierarchie für HPSG-Strukturen zu definieren, mit der Selektionsrestriktionen - wie sie für komplexe NLP-Systeme erforderlich sind - hinreichend repräsentiert und verwendet werden können. Zunächst werden wir kurz zeigen, daß eine Hierarchie über semantische Sorten eine feinere Differenzierung bei der Bewertung der Wohlgeformtheit von Sätzen wie etwa

(3.1) The farmer shot the bull.

(3.2) $^?$The bull shot the farmer.

gestattet.[6] Anschließend werden wir die formalen Grundlagen und die Interpretation einer semantischen Sortenhierarchie diskutieren und an einem kleinen Ausschnitt einer solchen Hierarchie demonstrieren.

3.2.2.1 Selektionsrestriktionen

Betrachten wir zunächst einige Beispieldefinitionen aus dem CCSD:

1 VB
If a king or queen **abdicates**, he or she resigns.

1 VB
When a donkey **brays**, it makes the loud, harsh sound that donkeys make.

1 VB WITH OBJ
When a woman **breast-feeds** her baby, she feeds it with milk from her breasts, rather than from a bottle.

2 VB WITH OBJ
When you **butter** bread or toast, you spread butter on it.

1 VB
When a horse **gallops**, it runs very fast so that all four legs are off the ground at the same time.

2 VB WITH OR WIHOUT OBJ
When someone **milks** a cow or goat, they get milk from it by pulling its udders.

Am auffälligsten ist hier wohl die direkte Kodierung der Selektionsinformation im Definitionstext. Dies entspricht natürlich in keiner Weise der in der Lexikographie bislang üblichen Praxis, ist aber nicht nur unter ergonomischen Gesichtspunkten vorzuziehen, sondern auch für unsere Zwecke außerordentlich hilfreich.[7] Wir sind also in der Lage, unsere gewünschten Selektionsrestriktionen unmittelbar abzuleiten.

Kehren wir zurück zum Zwischenfall auf dem Bauernhof. Unsere Beispielsätze (3.1 und 3.2) sind mehrfach ambig, wie die folgenden CCSD-Definitionen zeigen (Die Ziffern bei den

[6] Das Fragezeichen soll ausdrücken, daß hier nicht gemeint ist, der zweite Satz sei „ungrammatisch" im herkömmlichen Sinne. Sicherlich ist es recht einfach, einen Kontext herzustellen (etwa durch Lektüre der Boulevardpresse), in dem ein Bulle auf ein am Zaun abgestelltes, geladenes und entsichertes Gewehr tritt, dieses Gewehr dann ... Das ist hier aber nicht angesagt. Vielmehr soll ausgedrückt werden, daß der im zweiten Satz vorliegende Gebrauch von *shoot* von dem üblichen, im CCSD dokumentierten, abweicht und nur in sehr eng begrenzten Kontexten kein Stirnrunzeln bei Sprechern des Englischen erzeugen würde.

[7] Natürlich soll hier nicht verschwiegen werden, daß diese Praxis auch einige Probleme mit sich bringt. Vor allem ist da die zu große Spezifität der Beschränkungen zu nennen: zwar wird es schwerfallen, einen Kontext zu erstellen, in dem etwas anderes als ein Esel „brays" oder wo das Subjekt im Falle des Gebrauchs von *breast-feed* keine Extension der Sorte *woman* ist, aber bei einigen anderen Beispielen ist die Sache kritischer. Selbstverständlich können auch Kaiser abdanken, und ebenso kann man auch ein Croissant anstelle von Brot oder Toast buttern. Wir ignorieren diese Schwierigkeiten aber zunächst, und gehen davon aus, daß NLP-Systeme eine „fuzzy" oder default Komponente enthalten müssen, um die gewünschten graduellen Ergebnisse liefern zu können.

inhaltstragenden Wörtern verweisen auf die hier verwendete Lesart (vgl. den vorherigen Beitrag)):

farmer

1 COUNT N

A **farmer.1** is a person.1 who owns or manages a farm.

shoot

2 VB WITH OBJ

To **shoot.2** a person.1 or animal.1 means to kill or injure them by firing a gun at them.

3 VB WITH OBJ

If you.1 **shoot.3** an arrow.1, you fire it from a bow.

6 VB WITH OBJ

When a film.1 is **shot.6**, it is photographed using film cameras.

bull

1 COUNT N

A **bull.1** is a male.1 animal.1 of the cow family.

2 COUNT N

If you say that something.1 is **bull.2**, you mean that is is complete nonsense, or absolute untrue.

Aufgrund dieser Lexikoneinträge ist intuitiv klar, daß (3.1) nur unter der Lesartbelegung wie in (3.3) wohlgeformt ist, und (3.2) unter jeder möglichen Lesartbelegung nicht wohlgeformt ist:

(3.3) The farmer.1 shot.2 the bull.1.

(3.4) ?The bull.*n* shot.*m* the farmer.1.

Diesen Sachverhalt gilt es nun auf Lexikoneinträge im Beschreibungsformat der HPSG abzubilden. Betrachten wir dazu zunächst den Lexikoneintrag zur zweiten Lesart von *shoot* und unmittelbar darunter noch einmal separat die in ihr enthaltene spezifische Subjektforderung dieses Verbs:[8]

---

[8]Im folgenden werden wir uns immer, sofern nicht anders gekennzeichnet, auf die Lesarten „shoot.2" und „bull.1" beziehen, so daß wir fortan auf eine explizite Lesartenkennung verzichten.

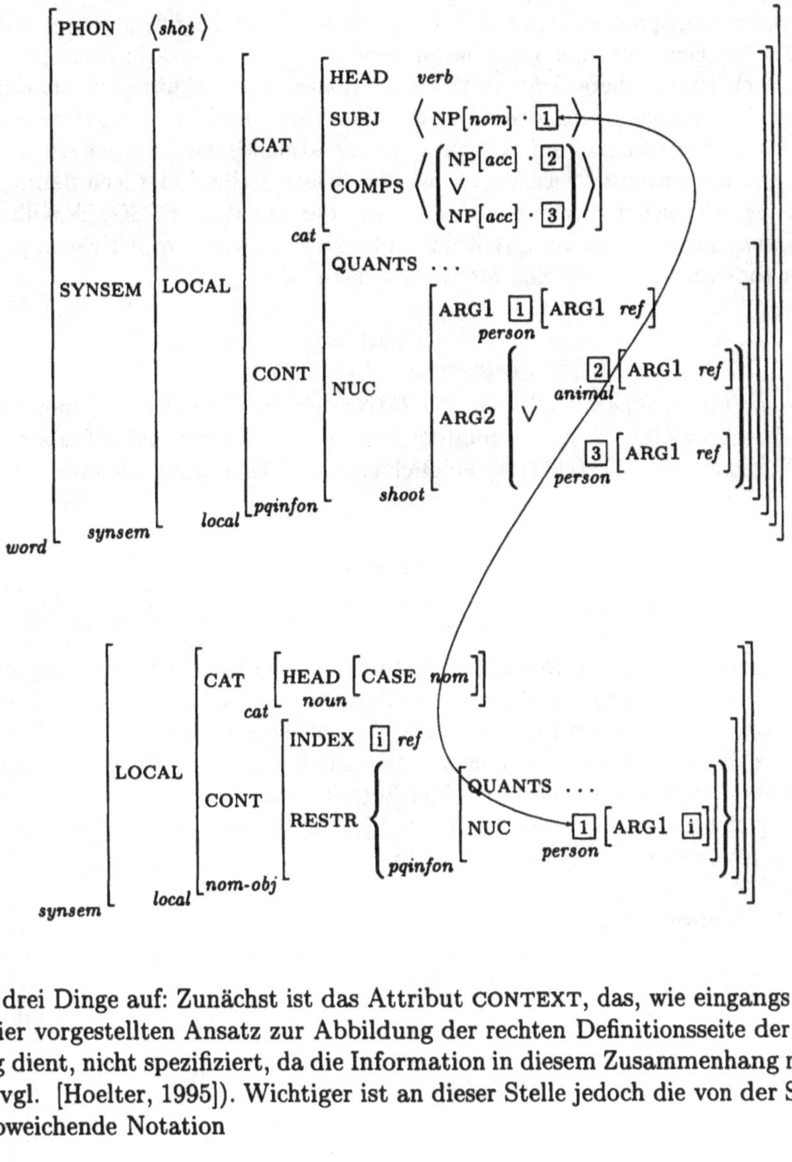

Es fallen drei Dinge auf: Zunächst ist das Attribut CONTEXT, das, wie eingangs erwähnt, in dem hier vorgestellten Ansatz zur Abbildung der rechten Definitionsseite der Cobuilderklärung dient, nicht spezifiziert, da die Information in diesem Zusammenhang nicht relevant ist (vgl. [Hoelter, 1995]). Wichtiger ist an dieser Stelle jedoch die von der Standard-HPSG abweichende Notation

$$\mathrm{NP}[nom] \cdot \boxed{1}$$

an deren Stelle man gemäß [Pollard und Sag, 1994] eher folgende Struktur erwarten würde:

$$\mathrm{NP}[nom]_{\boxed{1}}$$

Der zentrierte Punkt in unserer Notation ist als verkürzte Pfadangabe zu verstehen, die im Gegensatz zu dem ursprünglichen Verweis auf den INDEX-Wert von Substantiven auf eine NUC(LEUS)-Information zeigt. Dies ist nicht zu verwechseln mit dem in der Standard-HPSG definierten Doppelpunkt, der z.B. bei präpositionalen Ergänzungen, eine Pfadangabe zur vollständigen CONTENT-Information repräsentiert. Unsere Notation gestattet also eine wesentlich spezifischere Angabe zu den semantischen Argumenten als durch bloße Belegung der Argumentposition möglich ist. Dies wird deutlicher sobald man an obiger Merkmalstruktur verifiziert, auf welche konkrete semantische Information in der Subjektsubkategorisierungsliste verwiesen wird. An dieser Stelle findet sich dann die zweite entscheidende Abweichung unseres Ansatzes von der Standard-HPSG. Es sollte bei dem obigen Eintrag intuitiv klar sein, daß das Subjekt von *shoot* von der Sorte *person* sein muß. Dies kodieren wir durch eine Merkmalstruktur wie

$$_{person}\begin{bmatrix}\text{ARG1} & \textit{ref}\end{bmatrix}$$

Bei dieser modifizierten Darstellungsweise folgen wir aus formalen Gründen (*total well-typedness*-Beschränkung über Merkmalstrukturen) den bereits bei [Pollard und Sag, 1994:337ff] diskutierten Vorschlägen. Folglich ist diese Darstellung als analog zu der üblichen Form

$$_{qfinfon}\begin{bmatrix}\text{RELN} & \textit{person}\\ \text{INST} & \textit{ref}\end{bmatrix}$$

zu verstehen. Bei sämtlichen NUCLEUS-Werten wird also auf die Einführung spezifischer semantischer Rollen und entsprechender Attribute verzichtet. Die an ihre Stelle getretenen Sorten bringen hingegen den für unseren Ansatz entscheidenden Vorteil: Sie lassen sich ohne weitere Extensionen des Formalismus, wie dies bei der Darstellung der semantischen Rollen durch Attribute nötig wäre, in einer Sortenhierarchie ordnen.

Wir vergleichen die eben dargestellte Subjektforderung von *shoot* mit unserem aus dem CCSD generierten Lexikoneintrag zu *bull*:

$$_{word}\begin{bmatrix}\text{PHON} & \langle \textit{bull} \rangle\\ \text{SYNSEM} & _{synsem}\begin{bmatrix}\text{LOCAL} & _{local}\begin{bmatrix}\text{CAT} & _{cat}\begin{bmatrix}\text{HEAD} & \textit{noun}\end{bmatrix}\\ \text{CONT} & _{npro}\begin{bmatrix}\text{INDEX} & \boxed{1}\ \textit{ref}\\ \text{RESTR} & \left\{ _{pqinfon}\begin{bmatrix}\text{QUANTS} & \ldots\\ \text{NUC} & _{bull}\begin{bmatrix}\text{ARG1} & \boxed{1}\end{bmatrix}\end{bmatrix}\right\}\end{bmatrix}\end{bmatrix}\end{bmatrix}\end{bmatrix}$$

Ein direkter Vergleich der geforderten *synsem*-Struktur des Subjekts des Verbs „shoot" mit der obigen Struktur zu „bull" zeigt, daß sich diese Strukturen genau in der semantischen Restriktion unterscheiden. Um nun die vom im CCSD dokumentierten Gebrauch von *shoot* etc. abweichende Verwendung formal erfassen zu können, muß gelten:

$$_{bull}\begin{bmatrix}\text{ARG1} & \textit{index}\end{bmatrix} \sqcup\ _{person}\begin{bmatrix}\text{ARG1} & \textit{index}\end{bmatrix} = \bot$$

Die Unifikation scheitert also genau dann, wenn die Sorten *bull* und *person* inkonsistent sind. Dies folgt aus der Definition der Unifikation von sortierten Merkmalstrukturen (vgl. [Carpenter, 1992:12f][9]): Zwei Merkmalstrukturen sind nur dann unifizierbar, wenn ihre Sorten konsistent sind. Eine Menge S von Sorten ist genau dann konsistent (oder *bounded*), wenn es eine gemeinsame Subsorte σ gibt, so daß $\tau \sqsubseteq \sigma$ für alle $\tau \in S$.

Die Konsistenz bzw. Inkonsistenz von Sorten wird nun durch eine Sortenhierarchie definiert. An dieser Stelle erinnern wir uns nun der eingangs zitierten Definitionen aus dem CCSD, speziell der jeweiligen rechten Seiten. Dort war vermerkt, daß es sich bei Farmern um Personen und bei Bullen um Tiere handelt. Aus dieser Information können wir einen möglichen Ausschnitt einer Sortenhierarchie für unsere Beispiele ableiten:

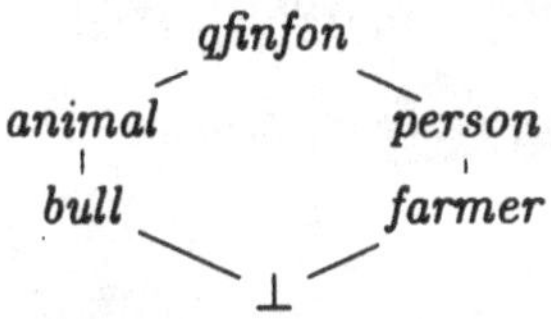

Es zeigt sich, daß die einzige gemeinsame Subsorte von *person* und *bull* $\bot$ ist, und daher das gewünschte Resultat $bull \sqcup person = \bot$ entsteht.

3.2.2.2 Semantische Sortenhierarchien

Die Sortenhierarchie, die aus den analysierten Lexikoneinträgen gewonnen wird, ist eine Hierarchie über konjunktive Sorten.[10] Betrachten wir dazu die folgenden drei Cobuildeinträge und die daraus ableitbare Hierarchie mit multipler Vererbung:

[9] Carpenter spricht in diesem Zusammenhang von 'Typen' anstelle von 'Sorten'. Analog zu [Pollard und Sag, 1994] verwenden wir hier den Begriff 'Sorte' und reservieren den Begriff 'Typ' für die Typen der Situationssemantik.

[10] Dieses Netzwerk kann als ein '*is(not)a network*' nach [Carpenter, 1992:23ff] verstanden werden. Carpenter unterscheidet dabei zwischen „Konzepten" *Conc* und „Typen" T. Ein konjunktiver Typ $\tau \in T$ ist eine Teilmenge der Konzepte, also $\tau \subseteq Conc$. Das Netzwerk ist somit ein Tripel $\langle Conc, \text{ISA}, \text{ISNOTA} \rangle$, wobei ISA eine durch die Subsumtionsrelation ausgedrückte partielle Ordnung darstellt. ISNOTA ist eine symmetrische Relation über *Conc*, die einige der Konzepte als inkohärent klassifiziert. So läßt sich etwa aus den obigen CCSD-Einträgen folgendes *is(not)a* Netzwerk ableiten:

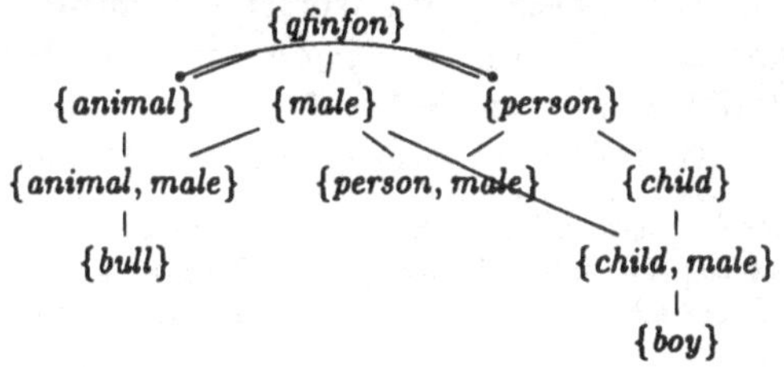

Hierbei ist allerdings folgendes zu beachten: die explizite Angabe der ISNOTA-Relation zwischen *animal* und *person* läßt sich nicht automatisch aus dem Wörterbuch extrahieren - an keiner Stelle wird dort vermerkt, daß weder eine Person ein Tier noch ein Tier eine Person sein kann, und Analoges gilt selbstverständlich für alle Subtypen dieser beiden Konzepte. Die Einfügung in dem obigen Netzwerk müßte also wie hier manuell geschehen. Der Preis dafür ist über den unökonomischen intellektuellen Eingriff hinaus gewissermaßen eine Einschränkung der lexikalischen Wissensbasis: Der Zentaur als „Subtyp" von sowohl Mensch als auch Tier wäre nicht möglich. Auf der anderen Seite ergäbe sich allerdings durch ISNOTA-Relationen eine Reihe von Möglichkeiten für die Prüfung der Konsistenz der Wörterbucheinträge und der Organisation allgemeinerer Typen in der Hierarchie.

1 COUNT N
A **bull.1** is a male.1 animal.1 of the cow family.

1 COUNT N
A **farmer.1** is a person.1 who owns or manages a farm.

1 COUNT N
A **boy.1** is a male.1 child.1.

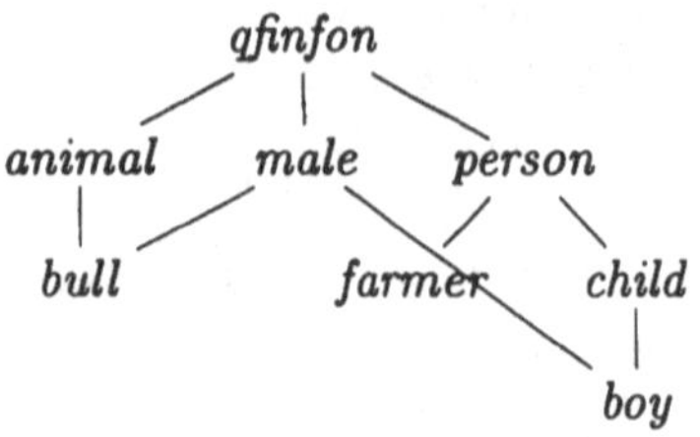

Kernstück der Analyse der Lexikoneinträge unseres Programms **d21** (vgl. weiter unten) ist die Extraktion der Subsumtionsrelationen wie

$$\begin{aligned} animal &\sqsubseteq bull \\ male &\sqsubseteq bull \\ male &\sqsubseteq boy \\ person &\sqsubseteq farmer \\ person &\sqsubseteq child \\ child &\sqsubseteq boy \end{aligned}$$

die in den Einträgen definiert sind und es ermöglichen, Sortenhierarchien wie die obige zu erstellen. Also gilt, daß die Sorte *boy* sämtliche Information ihrer allgemeineren Supersorten *male* und *child*, und somit indirekt auch von *person* und der in der HPSG definierten Sorte *qfinfon* erbt. Eine solche Hierarchie kann, wie im vorigen Abschnitt erläutert, automatisch erzeugt werden - vorausgesetzt, die Wörterbucheinträge sind konsistent.[11] Hierbei ist die Wurzel der semantischen Hierarchie *qfinfon* (für *quantifier-free infon*)[12]. Diese Sorte definiert sämtliche Attribute, die für die Repräsentation von Infons mit ein- oder mehrstelligen Relationen[13] notwendig sind, also Parameter für Zeit, Ort und Polarität: TIM,

[11] Probleme bereiten beispielsweise zirkuläre Einträge, wie "**Sugar** is a *sweet substance*..." und "Food or drink that is **sweet** contains a lot of *sugar*." Oder Einträge wie etwa zu „person": "A **person** is a *man* or a *woman*." Hier bedeutet das Wort „is" etwas anderes als in der bekannten Definition von „bull".

[12] Wir unterscheiden analog [Pollard und Sag, 1994] zwischen quantifizierbaren und nicht quantifizierbaren Infons. Die Sorten dieser Hierarchie sind nicht quantifizierbar, die CONTENT-Werte von Verben oder die Elemente der RESTR-Menge bei Nominalen sind quantifizierbar, also von der Sorte *pqinfon* (*possibly quantified infon*). Wir werden im folgenden gelegentlich die Pfade NUC und QUANTS nicht explizit aufführen, da wir uns hier nicht mit Quantifizierung befassen.

[13] Wir zählen die Parameter für Ort (*loc*), Zeit (*tim*) und Polarität (*pol*), bei dieser Zählung nicht zu den Argumenten. Wenn wir hier von n-stelligen Relationen reden, handelt es sich tatsächlich um $n+3$-stellige. Dementsprechend führen wir die Merkmale ARG1... ARGn ein, um die jeweiligen spezifischen Parameter des Infons anzugeben.

LOC und POL. Subsorten dieser Sorte sind - neben *ind*, der sofort diskutiert wird - die Sorten *qfinfon*$_i$ mit $i = 1 \ldots 4$ für ein- bis maximal vierstellige Relationen. Jeder der Sorten *qfinfon*$_i$ definiert das entsprechende Argument, im allgemeinen

$$_{qfinfon_i}\left[\text{ARG}i \;\; par\right]$$

Den allgemeinsten Teil der Sortenhierarchie repräsentieren wir wie folgt (vgl. Abb. 3.2):

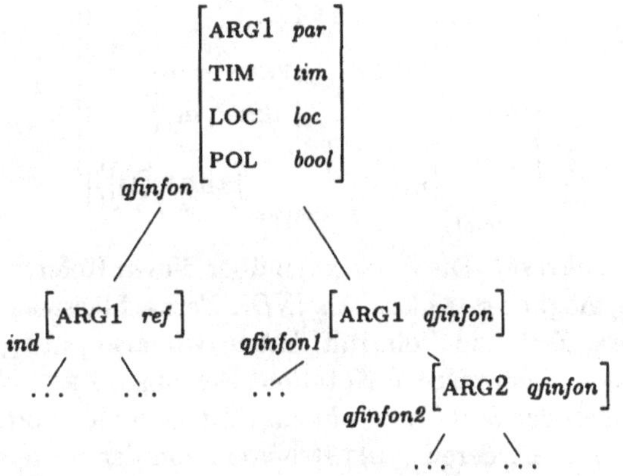

Die einzelnen Knoten dieses Graphen sind Merkmalstrukturen der Form

$$_{sort}\begin{bmatrix} \text{F}_1 & v_1 \\ \vdots & \vdots \\ \text{F}_n & v_n \end{bmatrix}$$

zu lesen als: „*sort* definiert/führt ein die Attribute $\text{F}_1 \ldots \text{F}_n$“ (vgl. [Wilkens, 1995]).[14]

Beginnen wir die Diskussion dieser Hierarchie mit dem linken Zweig, d.h. mit unserer Sorte *ind*, die mit dem situationssemantischen Typ *IND* korreliert. Von diesem situationssemantischen Typ *IND* sind dann durch Beschränkungen weitere Typen ableitbar, wie beispielsweise z.B. der Typ der Tiere unserer Welt w, notiert nach [Devlin, 1991]:

$$\left[IND_1 \mid w \models \ll \text{animal}, IND_1, \dot{l}, \dot{t}, \; 1 \gg\right]$$

In einer ersten Näherung bilden wir die situationstheoretische Notationsform auf folgende Pseudo-HPSG-Notation eines *nominal object* ab:

[14] Somit gilt (vgl. [Carpenter, 1992:86f]): *Intro*(F_1) = … = *Intro*(F_n) = *sort*, bzw. *Approp*(F_i, *sort*). Um die *appropriateness specification* einzuhalten, wurde oben bereits das Attribut [ARG1 *par*] für *qfinfon* eingeführt. Ohne diese Spezifikation gäbe es keine allgemeinste Sorte σ mit *Approp*(ARG1, σ), d.h. *Intro*(ARG1) wäre undefiniert. *par* und *qfinfon* werden wie folgt in die Hierarchie eingegliedert:

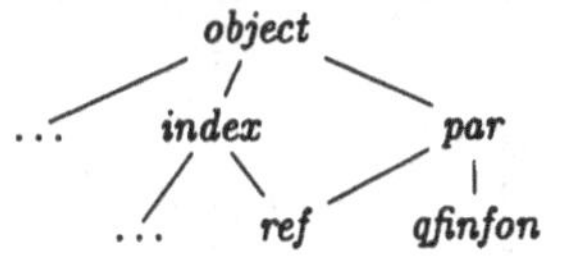

$$\left[\begin{array}{ll}\textsc{cont} & \left[\begin{array}{ll}\textsc{index} & IND_1\\ \textsc{restr} & \left\{\ll \text{animal}, IND_1, \dot{l}, \dot{t},\ 1 \gg\right\}\end{array}\right]\\ {}_{\textit{nom-obj}} & \end{array}\right]$$

Zu beachten ist, daß der in dem obigen Infon auftretende *IND*-Parameter selbst nicht weiter eingeschränkt ist. Dieses gilt es nun mit der korrekten HPSG-Notation unten zu vergleichen.

$$\left[\begin{array}{ll}\textsc{cont} & \left[\begin{array}{ll}\textsc{index} & \boxed{1}\ {}_{\textit{ref}}\left[\begin{array}{ll}\textsc{num} & \textit{num}\\ \textsc{pers} & \textit{pers}\\ \textsc{gen} & \textit{gen}\end{array}\right]\\ \textsc{restr} & \left\{{}_{\textit{animal}}\left[\textsc{arg1}\ \boxed{1}\right]\right\}\end{array}\right]\\ {}_{\textit{nom-obj}} & \end{array}\right]$$

Der Wert von ARG1 ist also *ref*. Die Restriktion über diesen Referenten ist somit eine Einschränkung für einen möglichen Anker von IND_1. Vernachlässigen wir dabei momentan die Parameter für Ort, Zeit und Polarität, haben wir also eine grob äquivalente Darstellung zu der situationstheoretischen Notation. Der obige ARG1-Wert tritt demnach in Merkmalsbeschreibungen der Sorte *nom-obj* auf. Mit anderen Worten, die Subsorten von *ind* erscheinen in Strukturen, deren CONTENT-Wert von der Sorte *nom-obj* ist.

Wir folgen hier der Analyse von [Pollard und Sag, 1994:329] und verwenden diese Sorte ebenfalls bei der Beschreibung attributiver Adjektive. Dies wird unter anderem durch die von uns angenommene Sortenhierarchie bedingt. Dort ist z.B. die Sorte *boy* eine Subsorte von *male* und *child*. Nach den obigen Erläuterungen ist der ARG1-Wert von *boy ref*. Daher muß dies auch der Wert für *male* und qua Vererbung für *child* sein. Somit ist der CONTENT-Wert für „male“ spezifiziert als:

$${}_{\textit{local}}\left[\begin{array}{ll}\textsc{cat} & {}_{\textit{cat}}\left[\textsc{head}\ {}_{\textit{adj}}\left[\textsc{mod n'}\!:\ {}_{\textit{nom-obj}}\left[\begin{array}{ll}\textsc{index} & \boxed{1}\\ \textsc{restr} & \{\boxed{2}\}\end{array}\right]\right]\right]\\ \textsc{cont} & {}_{\textit{nom-obj}}\left[\begin{array}{ll}\textsc{index} & \boxed{1}\ \textit{ref}\\ \textsc{restr} & \left\{{}_{\textit{pqinfon}}\left[\begin{array}{ll}\textsc{quants} & \langle \cdots \rangle\\ \textsc{nuc} & {}_{\textit{male}}\left[\textsc{arg1}\ \boxed{1}\right]\end{array}\right],\ \boxed{2}\ {}_{\textit{pqinfon}}\left[\begin{array}{ll}\textsc{quants} & \langle \cdots \rangle\\ \textsc{nuc} & {}_{\textit{person}\vee\textit{animal}}\left[\textsc{arg1}\ \boxed{1}\right]\end{array}\right]\right\}\end{array}\right]\end{array}\right]$$

Die Sorten des anderen Zweigs der Hierarchie von *qfinfon* hingegen - also *qfinfon1* und seine Subsorten - haben als Wert von ARG1 wiederum *qfinfon* und entsprechen somit sowohl den *psoa(parameterized state of affairs)*-Wert des Merkmals SOA-ARG von Pollard & Sag als auch den *psoas*, deren Merkmalstrukturen thematische Rollen via Merkmale definieren, wie es generell bei Verben der Fall ist:

$${}_{\textit{run}}\left[\textsc{arg1}\ {}_{\textit{person}}\left[\textsc{arg1}\ \boxed{1}\ \textit{ref}\right]\right] \quad \text{versus Pollard \& Sag:} \quad {}_{\textit{psoa}}\left[\begin{array}{ll}\textsc{relation} & \textit{run}\\ \textsc{runner} & \boxed{1}\ \textit{ref}\end{array}\right]$$

Wir verstehen unsere Darstellungsweise als enger korrespondierend mit der in der Situationssemantik üblicherweise wie folgt ausgedrückten Situation, in der eine Person läuft:

$$\left[SIT_1 \mid SIT_1 \models \ll \text{run},\ IND_1 \upharpoonright C,\ \dot{l},\ \dot{t},\ 1 \gg\right]$$
$$\text{mit} \quad C = \left\{\ll \text{person},\ IND_1,\ \dot{l},\ \dot{t},\ 1 \gg\right\}$$

Wir sprechen hier also bei *run* generell von einer einstelligen Relation, deren Parameter einer Beschränkung *C* unterliegt, die besagt, daß der „*runner*“ eine Person ist.[15] Abgeleitet haben wir diese Information vom folgenden Cobuild-Eintrag

1 VB WITH OR WITHOUT OBJECT
When you **run**, you move quickly, leaving the ground during each stride.

wobei zunächst gilt, daß mit der Verwendung von *you* im Cobuild immer eine Person gemeint ist. Würden wir des weiteren die Cobuild-Information hier komplett abbilden, müssen wir selbstverständlich eine weitere Argumentposition vorsehen, die dann Sätze wie *He ran the mile in five minutes* zuläßt.

3.2.3 d21 - „Dictionary to Logic“

Abschließend wollen wir nun zeigen, wie die oben beschriebene Beziehung zwischen dem logisch analysierten CCSD und der HPSG für die NLP-Praxis genutzt werden kann. Dazu werden wir d21 - mnemonisch für *dictionary to logic* - vorstellen, ein Programm, das auf einem an der Universität Birmingham entwickelten Lexikonparser aufbaut und dessen

[15] Selbstverständlich können neben *IND*-Parametern auch andere, z.B. *SIT*(uation)-Parameter in den Infons auftreten, wie z.B. bei dem Verb „try“, in unserer Notation gegenüber der Standardrepräsentation dargestellt und im Anschluß in der situationstheoretischen Form.

$${}_{try}\begin{bmatrix} \text{ARG1}\ \boxed{1}\ {}_{person}\begin{bmatrix}\text{ARG1}\ \mathit{ref}\end{bmatrix} \\ \text{ARG2}\ {}_{run}\begin{bmatrix}\text{ARG1}\ \boxed{1}\end{bmatrix} \end{bmatrix} \quad \text{vs. [Pollard und Sag, 1994:134]:} \quad {}_{psoa}\begin{bmatrix} \text{RELATION} & \mathit{try} \\ \text{TRYER} & \boxed{1} \\ \text{SOA-ARG} & {}_{psoa}\begin{bmatrix} \text{RELATION} & \mathit{run} \\ \text{RUNNER} & \boxed{1}\ \mathit{ref} \end{bmatrix} \end{bmatrix}$$

$$\begin{aligned} [SIT_1 \mid SIT_1 \quad &\models \quad \ll \text{try},\ IND_1 \upharpoonright C,\ SIT_2 \upharpoonright C',\ \dot{l},\ \dot{t},\ 1 \gg] \\ \text{mit}\ C \quad &= \quad \left\{\ll \text{person},\ IND_1,\ \dot{l},\ \dot{t},\ 1 \gg\right\} \\ \text{und}\ C' \quad &= \quad \left\{\ll \models,\ SIT_2,\ \ll \text{run},\ IND_1,\ \dot{l},\ \dot{t},\ 1 \gg,\ \dot{l},\ \dot{t},\ 1 \gg\right\} \end{aligned}$$

Output in die sortierten Merkmalstrukturen der HPSG konvertiert.[16] Dies wollen wir an einem einfachen Beispiel veranschaulichen und beginnen mit dem CCSD-Eintrag für *acquire*:

1 VB WITH OBJ
If you **acquire** something, you obtain it.

Noch einmal zur Erinnerung: die fettgedruckte 1 ist die Cobuild-interne Lesartnummer. Die verschiedenen Lesarten der Wörter sind grob so angeordnet, daß der in den für die Erstellung des Wörterbuchs verwendeten Korpora häufigste Gebrauch als erstes aufgeführt wird. Grammatische Information ist in Kapitälchen gesetzt. Daß es sich bei dem fett gesetzten „acquire" um das zu definierende Wort handelt, ist in diesem Fall trivial - in vielen Fällen von phrasalen Verben ist das durchaus nicht so, wie etwa bei dem folgenden Eintrag

PHRASES
Something that **makes** your **hair stand on end** shocks or horrifies you.

Aber nun zu dem korrespondierenden Output[17] des Birminghamer Parsers zu *acquire* weiter unten. Beginnen wir mit der `def_number`. Durch sie wird jede Definition im CCSD eindeutig identifiziert, wobei die Numerierung schlicht von 1 (dem Artikel *a*) bis 31.418 (der letzten Lesart von *zoom*) reicht. `sense` greift die zum Definitionstext gehörende Lesartnummer auf: bei *acquire* folgt nur eine weitere Lesart (`def_number 242`), bei *get* wären es beispielsweise 20 - und das ohne die phrasalen Verwendungen dieses Verbs! Bei *take* sind es einschließlich der phrasalen Verwendungen über 50, und zählt man hier noch die phrasalen Gebräuche von *take* die lediglich bei anderen Einträgen (siehe z.B. *take your breath away* - unter *breath* aufgeführt) vermerkt sind hinzu, kommt man hier auf über 100.[18]

[16] Das hier geschilderte Verfahren rekurriert im wesentlichen auf das EU-Project *ET-10/51: Semantic Analysis - Using a Natural Language Dictionary*, das von 1992 bis 1994 an den Universitäten Birmingham, Bochum und Pisa durchgeführt wurde. Hierbei wurde ein etwa 400 Wörter umfassendes Testvokabular aus dem CCSD gewählt, in dem Cobuild-Definitionstypen vertreten waren, die in über 90% der ca. 31.000 Definitionen des CCSD zur Anwendung kommen. Dieses Testvokabular wurde vom Team in Birmingham nach rein lexikographischen Kriterien geparst und der Output an Pisa und Bochum weitergegeben, wo die Einträge dann so aufbereitet wurden, daß sie sowohl konform mit dem Formalismus der HPSG gingen als auch durch minimale Weiterverarbeitung als Lexikoneinträge des von der EU entwickelten ALEP (*Advanced Linguistic Engineering Platform*)-Prototyps verwendbar waren. Die Ergebnisse des Projekts sind dokumentiert in [Sinclair et al., 1995]. Dort findet sich auch eine vertiefende Beschreibung unseres Verfahrens.

[17] Das Lisp-ähnliche Output-Format wurde vom ET-10-Team lediglich gewählt, um die anschließende Weiterverarbeitung zu erleichtern. Dies bedeutet keineswegs, daß die Lexikon-Information nur von einem in Lisp implementierten Parser verwendet werden kann. Der Birminghamer Parser ist übrigens eine sehr komplexe Kaskadierung von `GNU-awk`-Scripts, d21 ist in Objective-C implementiert.

[18] Vergleiche hierzu auch die Darstellung der elektronischen CCSD-Variante im folgenden Artikel.

```
(   (def_number      241)
    (sense           1)
    (def_type        1)
    (lemma           '(acquire acquires
                       acquiring acquired ))
    (grammar         '(VB with OBJ))
    (pre
         (co-text0
              '()
         )
    )
    (op-word
         (hinge
              '(if)
         )
    )
    (lhs-1
         (co-text1
           (match1
              '(you)
           )
         )
         (head1
              '(acquire)
         )
         (co-text2
           (match2
              '(something)
              '(,)
           )))
    (rhs-2
         (match1
              '(you)
         )
         (synonym
              '(obtain)
         )
         (match2
              '(it)
         )
    )
    (post
         (note '()
         )
    )
)
```

Durch die Werte von **def_type** werden die verschiedenen Definitionstypen bezeichnet, die von den Cobuild-Lexikographen verwendet werden dürfen. Der erste Definitionstyp etwa ist die typischerweise für Verben eingesetzte *if ... then*-Konstruktion. Daneben gibt es noch drei weitere Definitionstypen mit jeweils einigen Subtypen. Es liegt auf der Hand, daß diese Typen beim Parsen der Einträge eine ganz zentrale Rolle spielen: sie sind es schließlich, die in Verbindung mit einigen metasprachlich verwendeten Ausdrücken den Lexikontext zu einer kontrollierten Subsprache machen, obwohl der eigentliche Definitionstext auf den ersten Blick nicht reglementiert, also natürlichsprachlich und bar jeder komplizierten lexikographischen Terminologie erscheint.

Die Wortliste hinter **lemma** liefert die flektierten Formen des definierten Worts. Es fällt auf, daß diese Flexionsinformation nicht in Form von Kürzeln oder Regeln angegeben wird, sondern jeweils die volle Form zitiert wird. Folglich wird vom CCSD ein Vollformenlexikon für NLP-Systeme quasi mitgeliefert. **grammar** gibt Aufschluß über einige syntaktisch relevante Aspekte. In unserem Beispiel läßt sich der Wert VB WITH OBJ relativ leicht auf ein HPSG-Template für transitive Verben abbilden. Häufig muß jedoch bei der Übersetzung an dieser Stelle bereits ein Vergleich mit den tatsächlich belegten Argumentpositionen im Definitionstext stattfinden, der dann Aufschluß z.B. über die Optionalität bei der syntaktischen Valenz gibt. Ein Beispiel sind die **grammar** Information VB WITH OBJ und REPORT VB, die gelegentlich auch ein zweites Objekt zulassen, wie in

1 VB WITH OBJ OR REPORT VB

If you **ask** someone something, you say something in the form of a question because you want some information.

Wenden wir uns jetzt der Auswertung des eigentlichen Definitionstexts durch den Birminghamer Parser zu. Hier sind zunächst zwei Punkte anzumerken: (i) auch die (lexikographisch, nicht logisch motivierte) Birminghamer Analyse geht von einer Zweiteilung der Definition in ein Antezedenz und Sukzedenz - `lhs-1` und `rhs-2` - aus, (ii) der Ausdruck *if* wird als nicht der LHS zugehörig betrachtet. Und in der Tat taucht auch die implikative Beziehung der Definitionsteile nicht explizit in unseren HPSG-Strukturen auf: wir verstehen sie, wie eingangs geschildert, erstens als eine Relation zwischen dem CONTENT- und dem CONTEXT-Wert eines Lexikoneintrags, und zweitens als eine Ordnungsrelation zwischen bestimmter semantischer Teilinformation der Einträge, die deren Position zueinander in der Lexikonhierarchie ausdrückt.

Hier nun die grobe Entsprechung zwischen der lexikographischen und unserer logischen Analyse, partiell in einem HPSG-Template abgebildet:

$$\begin{bmatrix} \text{PHON} & \langle \textit{“lemma/head1”} \rangle \\ \text{SYNSEM} \mid \text{LOC} & \begin{bmatrix} \text{CAT} & \textit{“grammar”} \\ \text{CONT} & \textit{“lhs-1”} \\ \text{CONX} & \textit{“rhs-2”} \end{bmatrix} \end{bmatrix}$$

Nach einem Vergleich der Flexionsinformation mit dem definierten `head1`-String kann diese Information dem PHON-Attribut als Wert zugewiesen werden. Da es uns hier in erster Linie auf die Extraktion semantischer Information ankommt, werden wir weder die phonologische noch die morphologische Analyse vertiefen. Es sollte aber deutlich werden, daß beides ohne weiteres möglich ist, da im CCSD neben der - wie oben bereits bemerkt - Flexionsinformation auch phonetische Information recht komplex kodiert ist.

Die syntaktische Information, sprich der `grammar`-Wert, wird zum Wert des CAT-Attributs. Die linke Seite der Definition wird auf CONT(ent), die rechte auf CON(te)X(t) abgebildet. Vergegenwärtigen wir uns das noch einmal anhand unseres Beispiels. Wir haben es jetzt also mit einem Pseudo-Eintrag zu tun, der den unanalysierten Lexikontext lediglich bestimmten Pfaden im HPSG-Template zuordnet:

$$\begin{bmatrix} \text{PHON} & \langle \textit{acquire} \rangle \\ \text{SYNSEM} \mid \text{LOC} & \begin{bmatrix} \text{CAT} & \textit{“VB with OBJ”} \\ \text{CONT} & \textit{you acquire something} \\ \text{CONX} & \textit{you obtain it} \end{bmatrix} \end{bmatrix}$$

Es gilt jetzt also den natürlichsprachlichen Text der `lemma`-, `lhs-1`- und `rhs-2`-Information umzusetzen. Die Arbeitsweise des generellen Verfahrens läßt sich anhand einer komplexeren Darstellung des Templates für transitive Verben verdeutlichen:

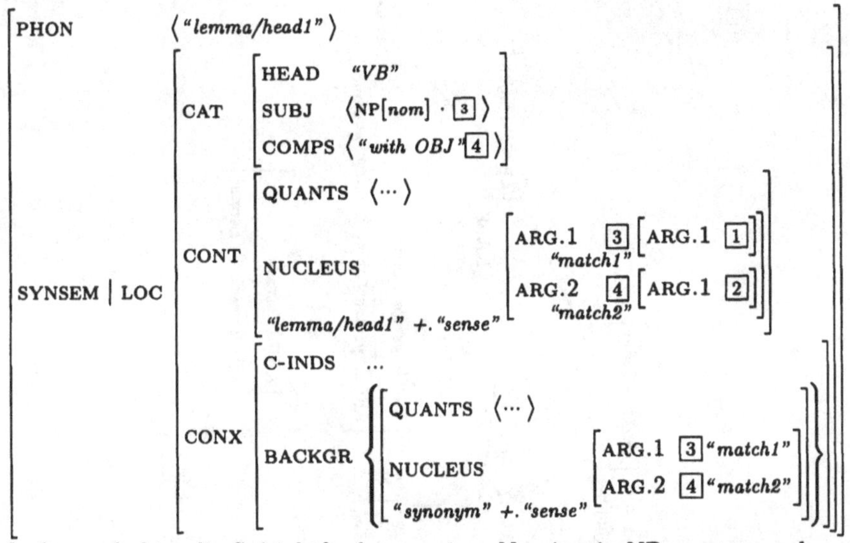

Per Default wurde hier die Subjektforderung einer Nominativ-NP gesetzt, und zwar einer solchen, deren semantischer Inhalt mit dem ersten Argument in den semantischen Werten korreliert. Dort konnten bereits zwei Argumente plaziert werden, da sich dies eindeutig aus der Grammatikinformation des CCSD im Vergleich mit der Anzahl der `match`(es) im Birminghamer Output ableiten läßt. Ersetzen wir nun die allgemeinen Werte unseres Pseudo-Eintrags durch konkrete, ergibt sich folgender Eintrag für „acquire":

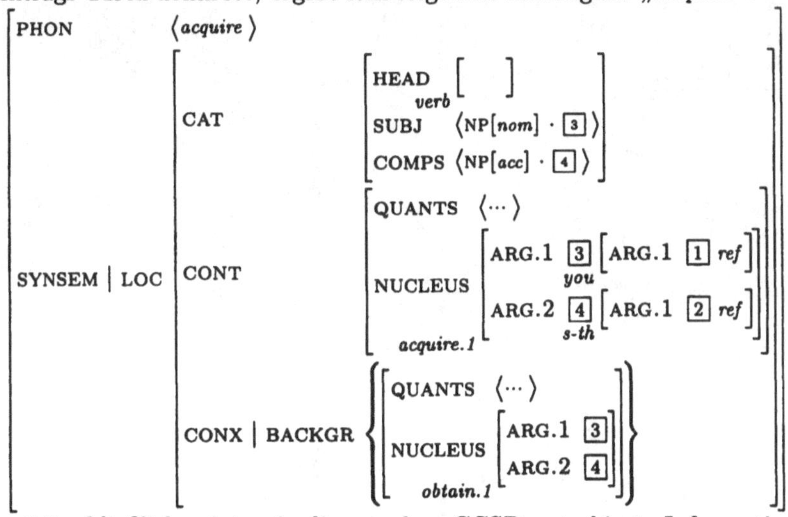

Abbildung 3.3 schließlich zeigt, wie die aus dem CCSD extrahierte Information von d21 repräsentiert wird. Es fällt auf, daß das Analyseergebnis im TeX-Format vorliegt. Dies hat zunächst entscheidende Vorteile bei der Visualisierung des Resultats und bei der Dokumentation. Es sollte aber auch klar sein, daß dieses Outputformat leicht in andere Formalismen oder auch Sprachen wie etwa SGML zu übersetzen ist - von dort aus ist dann die Anpassung an ganz spezifische Erfordernisse der implementierten NLP-Grammatiken mit relativ geringem Aufwand möglich.

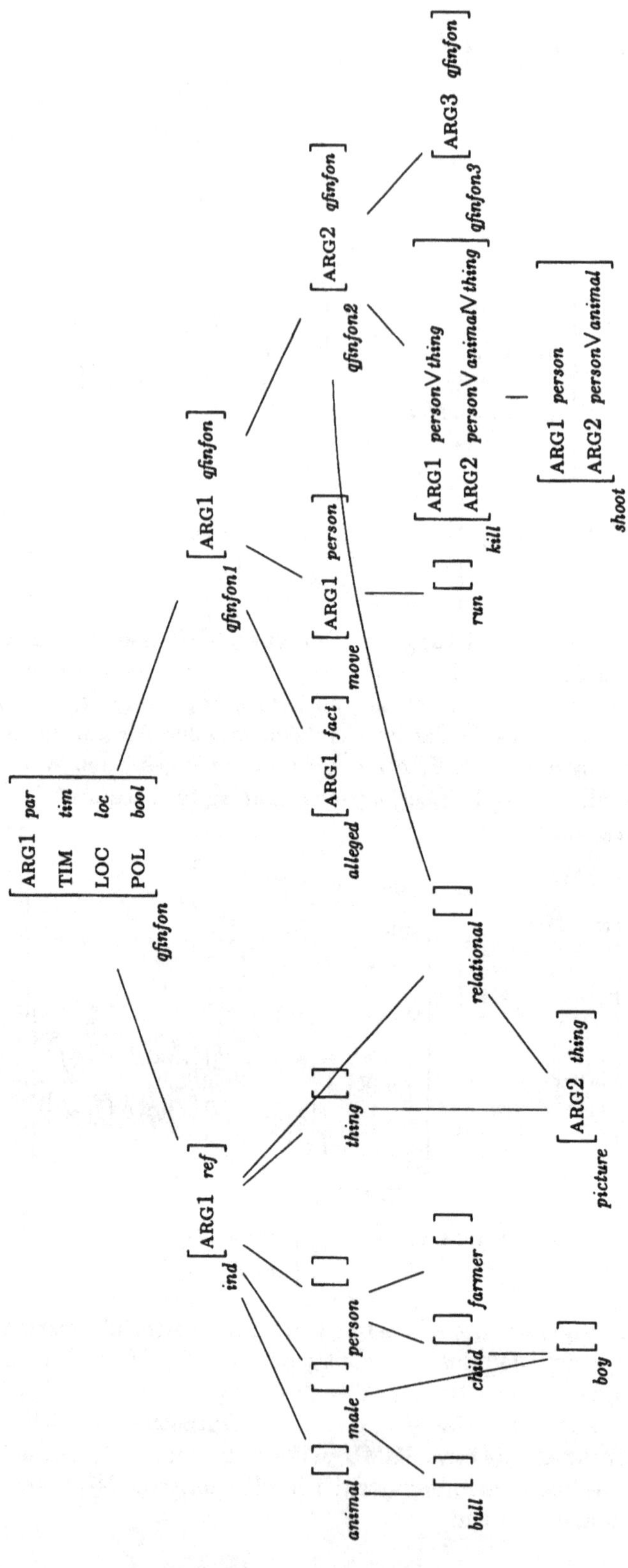

Abbildung 3.2: Ausschnitt aus dem allgemeinsten Teil der Sortenhierarchie

Output produced by d2l — TEX-file compiled on May 30, 1994 at 16:02 **134**

1 COUNT N
A pitcher is a jug

```
[PHON            ⟨pitcher⟩
 SYNSEM | LOC   [CAT   [HEAD   [NFORM norm
                                CASE  ...  ]
                        SPEC   ⟨( DET)⟩
                        COMPS  ⟨⟩          ]
                 CONT  [INDEX 1 [NUMBER ...
                                 PERSON 3rd
                                 GENDER ... ]
                        RESTR { [QUANTS  ⟨···⟩
                                 NUCLEUS [ARG.1 1]
                                 pitcher           ] } ]
                 CONX  [C-INDS ...
                        BACKGR { [QUANTS  ⟨···⟩
                                  NUCLEUS [ARG.1 1]
                                  jug               ] } ] ] ]
```

```
(   (def_number     20171)
    (sense          1)
    (def_type       3)
    (lemma          '(pitcher pitchers ))
    (grammar        '(COUNT N))
    (pre
        (co-text0
            '()
        )
    )
    (lhs-1
        (match_article
            '(a)
        )
        (head1
            '(pitcher)
        )
    )
    (link-word
        (hinge
            '(is)
        )
    )
    (rhs-2
        (match_article
            '(a)
        )
        (synonym
            '(jug)
        )
    )
    (post
        (note
            '(an American use.)
        )
    )
)
```

Abbildung 3.3: Der d2l-Output zum Eintrag von **pitcher**. Er wurde mit den Optionen `-c -b` erzeugt, die zur Überprüfung des Ergebnisses auch den Originaleintrag aus dem CCSD sowie den Output des Birminghamer Systems, der unserer Analyse zugrundeliegt, zeigen.

3.3 Die Organisation zukünftiger Lexikographie

Frank Wegmann, Martin Hoelter & Rolf Wilkens

3.3.1 Einleitung

In den beiden vorangegangenen Beiträgen zeigten wir, daß eine bestimmte logische Analyse der Cobuild-Wörterbücher deren Einsatz als lexikalische Wissensbasis moderner NLP-Systeme gewährleistet. Daraus ergibt sich eine neue Perspektive für die Lexikographie: Es wird ihr eine bislang nicht relevante Benutzergruppe erschlossen, nämlich die der Maschinen. Abgesehen von der Verwendung lexikalischer Information in sprachverarbeitenden Systemen, wie z.B. der maschinellen Übersetzung, kommt unsere Analyse aber auch einem weiteren Einsatzbereich zugute. Durch die strenge Hierarchisierung der (vor allem semantischen) Information wird die Möglichkeit eingeräumt, diese in intelligenten Abfragesystemen für Online-Lexika einzusetzen. Hier schließt sich der Kreis, denn an dieser Stelle profitiert letztlich wiederum der menschliche Nutzer.

Lexikalische Information in interaktiven Wörterbüchern unterliegt kaum noch den Beschränkungen, die so typisch für ihre gedruckten Vorgänger sind. Man denke hier an den enormen Aufwand, der durch komplizierte Abkürzungsterminologie in Wörterbüchern getrieben wird: Zum einen erfordert dies einen erheblichen Arbeitsaufwand, wenn man ein solches System stringent entwickeln und präsentieren will, zum anderen - und das ist wesentlich tragischer - einen zeitlich noch größeren Lernaufwand bei dem menschlichen Benutzer. Sollte dieser gar ein Fremdsprachenlerner sein, ist oftmals die schiere Verzweiflung angesagt. In der langen Reihe der Probleme, die sich aus Platzbeschränkungen in gedruckten Lexika ergeben, ist sicherlich das vorrangige, daß eine große Zahl auch sehr guter Definitionen schlicht dem Marketing-Konzept weichen müssen. Dieses muß ja nicht nur die Kosten eines jeden einzelnen Eintrags berücksichtigen, sondern auch - so profan das klingen mag - daß kiloschwere Wörterbücher unhandlich sind. Fast ebenso schwerwiegend ist die wiederum aus Platzgründen häufig fehlende Möglichkeit, Begriffe durch Querverweise im Wörterbuch zu lokalisieren. Natürlich möchte man z.B. phrasale Ausdrücke über jeden ihrer Bestandteile im Lexikon suchen können. Gibt man dies in einem gedruckten Wörterbuch aber auch tatsächlich überall dort an, ist klar, daß ein solches unvertretbar an Umfang zunehmen würde.

Ein weiterer, sehr wichtiger Gesichtspunkt der modernen elektronischen Lexikographie scheint uns deren Möglichkeit zu schneller Überarbeitung und Anpassung bestehender Wörterbücher zu sein. Hier stelle man sich den traditionellen Produktionsprozeß bei den Printmedien vor: Man entwickelt ein Wörterbuch in Dutzenden von Personenjahren Arbeit, man übergibt die Ergebnisse zur Druckerstellung und verkauft die fertigen Bücher. Von diesem Moment an beginnt das existierende Lexikon zu veralten. Folglich beginnt man mit der Erstellung einer neuen Auflage, die, wenn sie Jahre später fertig ist, zur Druckerstellung ... Es sollte klar sein, worauf wir hier hinaus wollen. Die angemessene Metapher scheint die zwischen mit der Schreibmaschine produzierten Texten und solchen, die mit einem modernen Textverarbeitungssystem erstellt wurden, zu sein. Änderungen im ersten Fall erzwingen eine völlige Neuerstellung, Änderungen im zweiten Fall lediglich Überarbeitung relevanter Passagen. Überträgt man dies auf lexikographische Arbeitsprozesse, würde dies bedeuten, keine Lexikonauflagen 1 bis *n* mehr zu haben, sondern neue Fassungen dieses Wörterbuchs Eintrag für Eintrag in einem kontinuierlichen Produktionsprozeß zu erzeugen. Voraussetzung für die Realisierung einer solchen Vision ist die Möglichkeit, zentral organisiertes lexikalisches Wissen dezentral abzufragen. An dieser Stelle würde die Lexikographie, wenn man so will, auf die vielzitierte Datenautobahn auffahren.

Die Leistungsfähigkeit heutiger Computersysteme und die bald zu erwartende hohe Bandbreite zwischen vernetzten Computern werden lexikographische Methoden und Produkte nachhaltig verändern. Dabei wird der Prozeß, der zur Fertigstellung einer einzigen Lexikonausgabe nötig ist, abgelöst von einer korpusbasierten Lexikographie, deren Dynamik eine ständige Anpassung von Einträgen an veränderte Korpora erlaubt und diese Einträge den Benutzern jederzeit online zugänglich macht.

Darüber hinaus liefern moderne Rechnersysteme aber weitere, entscheidende Vorteile gegenüber Printmedien: Darstellung multimedialer Information und Organisation in einem nicht-linearen Hypertext/Hypermedia-System. Lexikoneinträge können in einem rechnergestützten Wörterbuch also sowohl um akustische als auch um visuelle Information erweitert werden. Es ist klar, daß im ersten Fall z.B. die unter ergonomischen Gesichtspunkten lästige Lautschrift-Information durch gesprochene Beispiele ersetzt werden kann. Ähnliches ließe sich sicherlich auch auf komplexere Repräsentationen von Onomatopöien erweitern. Im zweiten Fall, also visueller Information, muß diese nicht notwendigerweise auf Illustrationen beschränkt sein, sondern man könnte auch an eine einzelsprachunabhängige Komponente von multilingualen Wörterbüchern denken, in denen die einzelsprachlichen Einträge teilweise per visueller Information miteinander verknüpft sind. Diese kann natürlich außer in Form von Einzelbildern (Stills) selbstverständlich auch als Videosequenz vorliegen.

Die Organisation von Lexikoneinträgen in einem Hypermedia-System ermöglicht u.a. das freie Navigieren (*Browsing*) zwischen den Einträgen, indem man Querverweisen etwa durch einfaches Anklicken mit einer Maus folgen kann. Heutige Hypermedia-Umgebungen zeichnen sich durch die Integration verschiedener Medien aus, so daß es möglich geworden ist, Lexika mit multimedial aufbereiteten Einträgen in einem geeignet strukturierten Hypermedia-System anbieten zu können. Um ein derartiges Wörterbuch als Benutzer abrufen zu können, bedarf es dabei keiner extrem teuren Spezial-Hardware, sondern lediglich handelsüblicher PCs.

Anhand eines von uns entwickelten Prototyps eines Online-Lexikons wollen wir zeigen, daß die eben geschilderte Vision bereits teilweise realisierbar ist. Im folgenden zeichnen wir einen möglichen Weg, der unserer Auffassung nach zukünftig von der Extraktion lexikalischer Information aus Korpora bis hin zur flexiblen Abfrage durch Endbenutzer am heimischen PC führt.

3.3.2 Dynamische Wörterbücher - das Lexikon als virtuelle Maschine

Dem Konzept eines virtuellen Lexikons liegen drei zentrale Annahmen zugrunde:

1. Moderne elektronische Lexika müssen auf der Grundlage großer Korpora entwickelt werden.

2. Moderne elektronische Lexika müssen mit Hilfe komplexer lexikographischer *workbenches* erstellt werden, die in den nächsten Jahren zu einer schrittweisen Automatisierung der Lexikonproduktion führen - also zu einer *Computer-Aided Lexicography.* Voraussetzung dafür ist allerdings Punkt 1.

3. Moderne elektronische Lexika sollen so konzipiert sein, daß ihr Einsatz als lexikalische Wissensbasis für NLP-Systeme ohne weiteren Entwicklungsaufwand ermöglicht wird. Punkt 1 und 2 vorausgesetzt, ist darüber hinaus auch die Möglichkeit gegeben, diese Wissensbasen für die NLP-Systeme auf einem ständig aktuellen Stand zu halten.

3.3.2.1 Korpora

Bei der Entwicklung der Cobuild-Wörterbücher[19] traten die Lexikographen in Birmingham mit dem Anspruch an, einen radikal innovativen Ansatz zu verwirklichen, der zum einen die Benutzung von Wörterbüchern (besonders für Lerner) wesentlich erleichtern, und zum anderen das "real English" beschreiben sollte. Die ergonomische Bedingung wurde dann durch das eingangs beschriebene Konzept der Definitionsstrategie erfüllt, und um das „wirkliche Englisch“ erfassen zu können, wurden zum ersten Mal große Korpora für die Lexikonentwicklung eingesetzt. Durch den Einsatz dieser umfangreichen textuellen Datenmengen[20] und der Technologie für deren Verarbeitung ergeben sich eine Reihe von interessanten Perspektiven für die Lexikographie, u.a. die folgenden:

- Der Schwerpunkt der intellektuellen Leistung bei der Erstellung einer Definition verlagert sich von der Introspektion des Lexikographen auf die Beschreibung beobachtbarer Sachverhalte. Die Zuverlässigkeit lexikographischer Information sollte folglich wachsen.

- Worterklärungen dokumentieren den nachweislichen und relevanten Gebrauch.

- Das mögliche Beschreibungsspektrum wird erheblich erweitert, weil der Zugriff auf große Textmengen erleichtert wird.

- Innerhalb des gesamten Datenmaterials, das einen möglichst umfassenden und generellen Ausschnitt der Sprache dokumentieren soll, kann präzise auf isolierte Teile - etwa Fachsprachen oder regionale Varianten - fokussiert werden.

- Da die Datenbestände ständig aktualisiert werden können, läßt sich der neueste, der zurückliegende und der kontinuierliche Gebrauch gleichermaßen beschreiben.

---

[19] Vgl. hierzu [Sinclair, 1987].

[20] Gegenwärtig umfaßt die ***Bank of English*** annähernd 200 Millionen Wörter.

Ein weiterer signifikanter Vorteil korpusbasierter Technologien in der Lexikographie ist die nahezu unbeschränkte Verfügbarkeit von Beispielen des in den Definitionen beschriebenen Gebrauchs. Wie präzise und transparent eine Worterklärung auch sein mag - sie kann oft nicht mit der Aussagekraft eines gut gewählten Beispiels in der Umgebung eines ganzen Satzes konkurrieren. In Fällen schwierig zu definierender Wörter liegt manchmal sogar die Vermutung nahe, eine Reihe von Beispielen gäbe bessere Auskunft über den Wortgebrauch als die eigentliche Definition. Generell gilt also, daß umfangreiches Beispielmaterial die Worterklärungen deutlich verbessert. Zu beachten ist allerdings, daß die Auswahl der Beispiele natürlich strengen Ordnungsprinzipien unterliegen muß: Bei Online-Lexika, die kaum noch den typischen Platzbeschränkungen gedruckter Fassungen unterliegen, ist die Gefahr der Überfrachtung mit Information gegeben. Hier gilt es, den Lexikonbenutzern durch angemessene Funktionalität der jeweiligen Benutzungsoberflächen die Möglichkeit zu geben, vorsortierte Beispielgruppen auszuwählen und den Suchbereich für weitere Beispiele im Korpus graduell zu erweitern.

Ist die Technologie für die korpusbasierte Entwicklung einmal vorhanden, bietet sich schließlich die Möglichkeit, dieselben Techniken für die Erstellung unterschiedlicher Arten von Lexika zu verwenden. Die Methoden bei der Extraktion lexikalischen Wissens aus den Korpora sollten unabhängig von deren Sachgebieten sein: Spezialwörterbücher bis hin zu terminologischen Datenbanken basieren dann nicht auf spezifischen lexikographischen Methoden, sondern auf spezifischen Texten. Unser Konzept einer „virtuellen Lexikonmaschine" ist folglich auch in diesem Sinn dynamisch.

3.3.2.2 Lexikographische Entwicklungsumgebungen

Der wesentliche Schritt, der eine zumindest partielle Automatisierung ermöglichen kann, besteht aus der Integration verschiedenster lexikographischer Werkzeuge in eine komplexe distribuierte Entwicklungsumgebung. Daß hier bereits eine Menge separater Werkzeuge besteht, zeigt ein Blick auf eine Liste von Werkzeugen, die beim Cobuild-Team schon im Einsatz sind, oder gerade entwickelt werden (nach [Sinclair, 1994]):

- **example selector**: Analysiert die Ko-Texte von Wörtern und bewertet jedes Vorkommen auf der Basis dessen, wie repräsentativ es für die Konkordanz ist.
- **typicaliser**: Trifft eine Auswahl an Beispielen und betrachtet jede Zeile einer Konkordanz im Zusammenhang der gesamten Konkordanz.
- **classifier**: Trifft eine Auswahl an Beispielen und betrachtet jede Zeile einer Konkordanz im Zusammenhang mit jeweils einer weiteren Konkordanzzeile.
- **thesaurus matcher**: Untersucht das Vorkommen eines Worts oder einer Phrase bezüglich seiner Position im Thesaurus.
- **fuzzy matcher**: Vergleicht ein gegebenes Muster mit einem Text und gibt Treffer mit unterschiedlichen Exaktheitsgraden an.
- **sense discriminator**: Analysiert die Ko-Texte eines Worts und gruppiert Vorkommen nach möglichen Lesarten.

- **definition parser**: Ein spezieller Parser (wie bei ET-10), der ausschließlich auf Lexikoneinträgen operiert.
- **definition drafter**: Bietet auf der Basis möglicher Lesarten eines Worts oder einer Phrase die Maske und Spezifikation für eine Definition an.
- **generaliser**: Gruppiert Wörter oder Phrasen, die ein gemeinsames Hyperonym haben.

Auf der Basis solcher integrierter Komponenten wird sich zukünftig die lexikographische Arbeit erheblich effizienter gestalten lassen.

3.3.2.3 NLP

Im vorausgehenden Beitrag zeigten wir, daß die für NLP-Systeme relevante lexikalische Information weitestgehend automatisch aus dem CCSD extrahiert werden kann. Die so gewonnene NLP-Wissensbasis repräsentiert also auch das Datenmaterial der Korpora - allerdings tut sie dies natürlich nur indirekt, da das Lexikon ja lediglich für menschliche Nutzer konzipiert und erstellt und erst dann nachbereitet wurde. Es ist offensichtlich, daß eine parallele Entwicklung, also somit Berücksichtigung einer Mehrfachverwertbarkeit bei der Erstellung, wesentlich ökonomischer ist, als ein bereits existierendes Wörterbuch nachträglich zu analysieren. Integriert man eine NLP-Komponente in die lexikographische Entwicklungsumgebung, ließen sich die Entwicklungsprozesse erheblich straffen und etliche Synergieeffekte erzielen, u.a. die folgenden:

- Formal adäquate lexikalische Wissensbasen unterliegen einer komplexen hierarchischen Struktur, in denen Information „vererbt" wird. Diese Eigenschaft kann die Konsistenzüberprüfung bei der Lexikonerstellung durch automatisierte Kontrollen unterstützen.
- Multilinguale Wörterbücher mit einer geeigneten einzelsprachunabhängigen Komponente sind eine ideale Unterstützung für maschinelle Übersetzungssysteme.
- Wird bei Online-Wörterbüchern die ansonsten üblicherweise in phonetischer Transkription präsentierte Ausspracheinformation als akustisches Icon geliefert und dieses in geeigneter Weise kodiert, erhält man so auch Orientierungshilfen für Spracherkennungs- und Synthesesysteme.
- Liegen die Lexikoneinträge auch in formaler Repräsentation vor, läßt sich diese Information in einer dynamischen Entwicklungsumgebung zur Überprüfung der Aktualität der Definitionen verwenden, indem man die Daten mit aktualisierten Korpora testet.
- Formal repräsentierte Lexikoneinträge, wie sie für sprachverarbeitende Systeme notwendig sind, können als linguistische Wissensbasen mit dezentralem Zugriff über internationale Netze zur Verfügung gestellt werden (vgl. dazu Abbildung 3.7).

Die Entwicklung der letzten Jahre zeigt deutlich, daß sich viele NLP-Systeme weit von den anfänglichen "toy systems" entfernt haben und somit eine signifikante wirtschaftliche Gewichtung gewonnen haben - der Markt für sprachtechnologische Produkte wächst rapide (nicht zuletzt läßt sich dies an den Investitionen für sprach- und informationstechnologische Forschung ablesen). Die Qualität, Leistungs- und Konkurrenzfähigkeit sprachverarbeitender Systeme steht und fällt jedoch mit der Komplexität ihrer lexikalischen Wissensbasis. Menschlichen Nutzern stehen seit geraumer Zeit sehr gute „Hilfesysteme" für das eigene mentale Lexikon zur Verfügung; warum also gilt dies noch nicht für „maschinelle Nutzer"? Ein mit modernen Methoden entwickeltes natürlichsprachliches Lexikon sollte gleichzeitig auch ein komplexes NLP-Lexikon sein - korpusbasierte Technologien und verteilte lexikographische Entwicklungssysteme sind hierfür der geeignete Ansatz.

3.3.3 Das Lexikon auf der Datenautobahn - Interaktive Wörterbücher im Internet

Die in den vorhergehenden Abschnitten vorgestellten Techniken erlauben die rechnergestützte Erstellung und Manipulation dynamischer Wörterbücher, auf die aufgrund der zunehmenden Vernetzung von Computern, insbesondere in Form des weltweit größten Netzwerkes *Internet*, auch netzweit zugegriffen werden kann. Somit entstehen neue Formen der Dokumentlieferung,[21] die das Elektronische Publizieren dynamischer Wörterbücher auf eine neue Grundlage stellt. Der Schlüssel hierzu liegt in der Verwendung einer Markierungssprache wie SGML [Goldfarb, 1990], die über die Markierung der Elemente eines Dokumentes die logische Struktur beschreibt, welche unabhängig von der konkreten Präsentationsform ist. Dies schafft eine gemeinsame Ausgangsbasis sowohl für eine herkömmliche Publikation über Printmedien als auch für die elektronische Aufbereitung. Für die Publikation eines elektronischen Lexikons kommen gegenwärtig zwei Formen als praktikable Lösung in Frage: CD-ROM oder Datenautobahn.

Mit der CD-ROM ist es für den Benutzer zum ersten Mal möglich geworden, selbst offline in größeren Datensammlungen zu recherchieren.[22] Dieser Vorteil wird aber teuer erkauft: erstens muß ein entsprechendes Lesegerät angeschafft werden, zweitens ist die Kapazität begrenzt, wenn es um die Einbindung multimedialer Ressourcen geht,[23] drittens ist man abhängig von der Hardware und der Verfügbarkeit passender Treiber-Software und nicht zuletzt ist viertens medienbedingt nie die aktuelle Fassung für den Benutzer abrufbar. Genau dies wird jedoch durch die Plazierung von Lexika auf der Datenautobahn vermieden.

---

[21] Der Begriff der Dokumentlieferung steht nach [Oßwald, 1992] „für einen Vorgang, bei dem Dokumente auf konkrete Anforderung hin geliefert bzw. übermittelt werden". Während mit diesem Begriff früher fast ausschließlich der physikalische Transport von Faksimiles in der Form der Fernleihe bezeichnet wurde, erstreckt er sich nun auch auf die elektronische Übermittlung gedruckter oder elektronisch vorliegender Dokumente. Die Übermittlung geschieht dabei als Datenübertragung im Telefax-Dienst resp. über Dateientransfer.

[22] Als Beispiele für die Publikation von Enzyklopädien oder Lexika auf CD-ROM seien hier [Encarta, 1993] und [OED, 1993] genannt.

[23] Allein ein einziges Farbbild in hoher Auflösung und bildschirmfüllendem Format ist oft über 20, 30 MB groß. Die bislang gebräuchliche Kapazität von 660 MB für eine CD-ROM ist vor diesem Hintergrund völlig unzureichend. Erst die in Diskussion befindlichen HDCD-Formate mit Kapazitäten zwischen 7 und 10 GB schaffen vorübergehend Luft.

Bis auf die Anschaffung von Hardware, die die Datenkommunikation ermöglicht (Modem, ISDN etc.), sind keine weiteren Abhängigkeiten vorhanden. Im folgenden werden wir zeigen, wie das Internet als Vorläufer kommender Datenautobahnen zur elektronischen Publikation dynamischer Lexika eingesetzt werden kann.

3.3.3.1 Zur Datenautobahn: Internet und WorldWideWeb

Der grundlegende Gedanke hinter dem Internet geht eigentlich auf einen militärischen Kontext zurück: Die Forschungen zum Aufbau des 1969 in Betrieb genommenen ARPA-NET sind größtenteils vom US-Verteidigungsministerium finanziert worden. Hinter der Vernetzung von Rechnern steckte die Idee, die Daten dezentral halten zu können, so daß im Falle eines militärischen Angriffs keine Zentrale ein lohnendes Ziel abgegeben hätte. In dieser dezentralen Vernetzung liegt der Hauptunterschied zu späteren, kommerziellen Online-Diensten wie *Compuserve* oder *America Online*, in der zentrale Großrechner den Betrieb regeln. Die schnelle Ausbreitung von anfangs vier vernetzten Rechnern führte dazu, daß lokale Netze einzelner Universitäten miteinander vernetzt wurden - es entstand ein Netzwerk von Netzwerken, ein sog. *internetwork*. Aus dieser allgemeinen Bezeichnung ist der Begriff *Internet* entstanden, an dem mittlerweile Tausende von Netzwerken mit Millionen von Teilnehmern partizipieren (vgl. [Network Wizards, 1995]).

Das Internet wird allgemein als Vorläufer der in den letzten beiden Jahren vielzitierten Datenautobahn angesehen, die das deutsche Pendant zu dem von Al Gore propagierten *Information Superhighway*[24] sein soll. Obwohl es gegenwärtig an einer genauen Definition einer solchen Datenautobahn mangelt, ist man sich darüber einig, daß die allgemeine Verfügbarkeit von Hochgeschwindigkeitsnetzen sowie die Integration multimedialer Dienste wie z.B. *Video-on-Demand* Bestandteile dieser Vision sind. Bereits heute werden über das MBONE[25] des Internet Ereignisse wie die Grammy-Verleihung der amerikanischen Musikindustrie live übertragen.

Zunächst jedoch stand der Austausch von Nachrichten zwischen Benutzern als *elektronische Post* (*E-Mail*) im Vordergrund und ist auch heute noch der am meisten benutzte Dienst. Daneben werden auch andere Möglichkeiten wie das anonyme „Herunterladen" beliebiger Daten von dafür bereitgestellten *FTP Servern* oder die Teilnahme an inzwischen Tausenden öffentlicher Diskussionsforen, die das *Usenet* konstituieren, immer mehr genutzt. Eine der attraktivsten Entwicklungen begann Anfang der 90er Jahre am CERN:[26] das *WorldWideWeb* (*WWW*) [Berners-Lee et al., 1994] integriert alle vorhandenen Dienste über eine einfach zu bedienende Benutzungsoberfläche. Das WWW ist ein über das gesamte Internet verteiltes offenes Hypertextsystem, in dem alle *Web-Dokumente* über sog. *Web-Server* dem Internet zur Verfügung gestellt werden. Es zeichnet sich durch folgende Punkte aus:

---

[24] Dieser ist Teil der Initiative National Information Infrastructure (NII) [NTIA, 1993]. Die Clinton-Administration hat zum G7-Treffen in Brüssel im Februar 1995 eine Agenda zum Aufbau einer Global Information Infrastructure (GII) vorgelegt (siehe dazu die Dokumente unter der URL http://www.nlc-bnc.ca/ifla/services/g7.html).

[25] Sektion des Internets, die über große Bandbreiten jenseits 2 MBit/s verfügt und in der somit fortgeschrittene Multimedia-Technologien realisiert werden können.

[26] *Conseil européen pour la recherche nucléaire* in Genf

- *Hypertext und Multimedia*

  Web-Dokumente sind Hyperdokumente, deren definierendes Merkmal die Verweisfähigkeit sowohl auf andere textbasierte Dokumente als auch auf multimediale Daten ist [Conklin, 1987], [Streitz, 1991]. Diskrete (zeitunabhängige) Medien wie Text, Graphik sowie kontinuierliche (zeitabhängige) Medien wie Film, Ton und Sprache können transparent angesprochen werden. Darüber hinaus gestattet das WorldWide-Web, Verweise und Interaktionen[27] nicht nur in Texten sondern auch in Graphiken zu definieren.

- *Weltweite Referenzierbarkeit*

  Jedes Web-Dokument ist durch eine sog. *URL* (*Uniform Resource Locator*) eindeutig auf dem gesamten Internet referenzierbar. Eine URL hat folgende Struktur:

  `<Protokoll>://<Web-Server>/<Pfadname des Dokuments>`

  Als Protokoll wird http (*Hypertext Transport Protocol*) für den Transport von Web-Dokumenten benutzt. Es folgt der Name des Web-Servers, der das Dokument anbietet, sowie Pfad und Name des Dokuments. So adressiert die URL auf der vorherigen Seite ein Web-Dokument (erkennbar an der Endung `.html`) auf dem kanadischen Web-Server `www.nlc-bnc.ca`.

- *HTML als SGML-Dokumenttypdefinition*

  SGML (*Standard Generalized Markup Language,* [Goldfarb, 1990]) ist ein international genormter Dokumentstandard (ISO 8879), der mittels Dokumenttypdefinitionen *Document Type Definitions* (DTD) strukturtragende Einheiten als Elemente definiert. Diese Elemente werden durch Markierungen (*Tags*) der Form

  `<TAG>` *markierter Text* `</TAG>`

  im Dokument selbst gekennzeichnet. HTML *Hypertext Markup Language* [Berners-Lee, 1993] ist die für Web-Dokumente verwendete DTD.[28] In HTML werden über die Definition von Hypertext-Verweise als Tags Dokumente oder Dokumentteile miteinander verwoben. Ein solcher Verweis wird an einer Textstelle durch `<A` verankert. Eingeleitet durch `HREF` folgt die Adresse der Datei, die der Name einer lokal vorhandenen Datei sein kann oder durch eine URL angegeben ist. Danach steht der Text, mit dem auf diese Datei verwiesen wird. Abgeschlossen wird dieser Anker durch den Ende-Tag `</A>`. So weist der Anker `<A HREF="http://www.linguistics.ruhr-uni-bochum.de"> Startseite Linguistik </A>` auf die sogenannte *Home Page* unseres Instituts hin. Bei Verwendung solcher URLs erhält man folglich eine Menge von weltweit miteinander verwobenen Hyperdokumenten mit potentiell multimedialem Inhalt.

---

[27] Als *Interaktion* bezeichen wir in diesem Zusammenhang die durch ausgezeichnete Teile einer Graphik oder Kontroll- und Eingabeelemente ermöglichte Kommunikation mit dem Benutzer (vgl. auch weiter unten).

[28] Die zur Drucklegung oft noch verwendete HTML-Version, die in der Implementierung des Web-Browsers *Mosaic* definiert wurde, ist keine formal korrekte DTD; sie ist jedoch als Version HTML 2.0 korrigiert worden. Zur Zeit befindet sich eine stark erweiterte Version HTML 3.0 im Definitionsprozeß (vgl. [Raggett, 1994]).

- *Multimodalität*

  Da aufgrund der Verwendung von SGML die logische Dokumentstruktur unabhängig von der konkreten Präsentationsform ist, wird so die multimodale Interpretation von Web-Dokumenten möglich und folglich die Unabhängigkeit von Hard- und Software. Da beispielsweise auf einem zeichenorientierten Terminal keine Graphiken angezeigt werden können, wird (bei den meisten Browsern) ein Hinweis auf diese Graphik eingeblendet, der zumindest den Transfer der zugehörigen Datei ermöglicht. Auf einem graphikfähigen Terminal kann dasselbe Dokument dagegen in evtl. unterschiedlichen Zeichensätzen und mit allen Graphiken angezeigt werden. Software, die das Blättern im WWW (Browser) bzw. das Bereitstellen von Web-Dokumenten (Server) ermöglicht, gibt es dementsprechend in einer großen Zahl für PCs bis hin zu Superrechnern. Stellvertretend seien hier das am NCSA[29] entstandene *Mosaic*, das dem WWW zum Durchbruch verholfen hat, und der kommerzielle Ableger *Netscape* genannt, mit dem auch die hier abgebildeten Web-Dokumente abgerufen worden sind.

- *Interaktivität*

  Die Spezifikation von HTML 2.0 sieht die Definition von Formularen vor (*Forms*), mittels derer die Interaktion mit dem Benutzer realisiert wird. Unter Verwendung typischer Elemente graphischer Benutzungsoberflächen kann man über Tasten oder Schalter Aktionen auslösen, freie Texte in Eingabefeldern schreiben oder eine Auswahl unter mehreren Möglichkeiten treffen. Formulare erweitern in entscheidender Weise die Anwendungsfelder im WWW. Umfragen, Bestellungen, Recherchen in Bibliotheksbeständen u.v.m. sind bereits mit Hilfe von Formularen entstanden. Natürlich läßt sich mit ihnen auch die Abfrage von Einträgen im Cobuild-Lexikon verwirklichen oder wie in Abbildung 3.6 eine Auswahl unter den zugehörigen phrasalen Ausdrücken eines Eintrags vornehmen.

Das WorldWideWeb ist das erste offene Hypertextsystem, das in großem Maßstab das Browsing in verteilten Hypertextbasen ermöglicht. Gemäß der Theorie informationeller Mehrwerte nach [Kuhlen, 1995:429f.] liegt der „wesentliche Mehrwerteffekt [offener Hypertextsysteme] in der Agglomeration und Integration bislang eher getrennter Leistungen“.[30] In der Präsenz aller typischen Dienste des Internets bei gleichzeitiger Transparenz der Nutzung dieser Dienste liegt auch der durchschlagende Erfolg des WWW mit bereits mehreren tausend Web-Servern begründet.

Es zeigt sich aber auch, daß zum einen das Potential des WWW oft nicht ausgeschöpft wird, da Information ohne weitere Aufarbeitung oder Veredelung angeboten wird, so daß nach Kuhlen sich kein informationeller Mehrwert bilden kann. Zum anderen kann keine Kohärenz im weltweiten Dokumentgeflecht garantiert werden: Da nur unidirektionale

[29] National Center for Supercomputing Applications an der University of Illinois at Urbana Champaign

[30] Kuhlens *Theorie der informationellen Mehrwerte* dient u.a. zur Definition von Qualitätskriterien für Produkte und Dienstleistungen im Informationsmarkt. Dazu etabliert er eine „Systematik informationeller Mehrwerte“ (iM), in der unterschieden wird zwischen Mehrwerten als Produkteigenschaften, organisationsbezogenen iM und wirkungsbezogenen individuellen iM. Dienstleistungen wie das WorldWideWeb werden in diesem Zusammenhang als Mehrwertdienste im Internet bezeichnet - in Unterscheidung zu Basisdiensten wie E-Mail oder Metainformationsdiensten wie *Archie*, ein Datenbankserver mit einem Überblick über Tausende von FTP-Servern.

Verweise Verwendung finden - d.h. es gibt keinen Rückverweis vom Ziel zur Quelle - verschwinden Web-Dokumente spurlos oder werden an andere Stelle geschoben, ohne daß die möglicherweise sehr zahlreichen Verweise auf solche Dokumente aktualisiert werden können. Diese ins Nichts führenden Verweise werden auch als *dangling links* bezeichnet. Der nächste Abschnitt verdeutlicht, daß im Falle von Online-Lexika aber sehr wohl eine Mehrwertbildung stattfinden kann, die von praktischer Bedeutung für alle Beteiligten im Prozeß der Erstellung und Nutzung von Wörterbüchern ist.

3.3.3.2 „Auffahrten": Elektronisches Publizieren im Internet

Bevor die Frage geklärt wird, wie im Internet das Elektronische Publizieren (EP) im allgemeinen und von (dynamischen) Lexika im besonderen vor sich gehen kann, sollen zunächst die Erscheinungsformen von EP kurz diskutiert werden. Diese orientieren sich nicht an den dafür genutzten Speichermedien, sondern an der elektronischen Repräsentation der Dokumente. [Oßwald, 1992] differenziert hier folgendermaßen:

- *elektronische Parallelpublikationen*

  Hier wird ein bereits existierendes Printprodukt mehrfach verwertet, indem es im Faksimile-Format oder im zeichenorientierten Format publiziert wird. Die Verwertung im Faksimile-Format ist nötig, wenn keinerlei elektronische Repräsentationsformen vorhanden oder verfügbar sind. Dann wird die gedruckte Vorlage gescannt und auf ein Massenspeichermedium wie CD-ROM in komprimierter Form transferiert. Trotz Kompressionsverfahren ist der Umfang so entstandener Publikationen oft sehr groß und zudem ist keinerlei zeichenorientierte Suche in den Dokumenten möglich. Eine Verwertung im zeichenorientierten Format setzt die Kodierung des Produkts (normalerweise in ASCII) bzw. die Bearbeitung von Faksimile-Dokumenten durch OCR-Software voraus. Zur Suche in diesen sog. Volltextdokumenten werden Methoden des *Information Retrieval* angewendet, die die logische Verknüpfung von Anfragen auf voll indizierten Dokumenten ermöglichen.

- *elektronische Publikationen mit Bezug zum Printkonzept*

  Kennzeichnend für diese Publikationen ist der elektronische Produktionsprozeß, der sich am Printkonzept orientiert. Damit ist die originalgetreue Reproduktion der Druckvorlage jederzeit möglich. Ob und in welchem zeitlichem Verhältnis zum Printprodukt eine elektronische Version angeboten wird, ist dann oft durch das Marketing begründet.

- *elektronische Publikationen ohne Bezug zum Printkonzept*

  Der fehlende Bezug zum Printkonzept bedeutet konkret die Aufgabe des linear-sequentiellen Textflusses und damit die Erstellung nicht-linearer Publikationen, wie sie durch Hypertext bzw. Hypermedia ermöglicht werden. Damit verlagert sich die Präsentation endgültig von Papier auf den Bildschirm, so daß die Rezeption der Publikation auch zu einem großen Teil von der eingesetzten Software abhängig ist. Für die Erstellung von Hyperdokumenten werden bereits oft Filter eingesetzt, die lineare Strukturen (Kapitel, Abschnitte etc.) geeignet aufbrechen und als Knoten definieren, zu denen entsprechende Verweise führen. Als bevorzugte Anwendungsgebiete für Hypertext konnten in [Böhle et al., 1990] Daten für Nachschlagewerke, für die Lehre und Publikumsinformationssysteme identifiziert werden.

Aus den vorherigen Darlegungen zum WorldWideWeb ergibt sich, daß EP im Internet die Verwendung von Hypertext beinhaltet und die Dokumentlieferung über das WWW erfolgt. Das im Vergleich zur traditionellen Publikationsweise sehr schnelle EP bedeutet nicht notwendigerweise einen Qualitätsverlust, wie das Beispiel des *Journal of Universal Computer Science* (*J.UCS*) zeigt.[31] Diese Zeitschrift mit regulärer ISSN erscheint monatlich elektronisch und soll jährlich auch als CD-ROM auf den Markt kommen. Hier wird die gesamte Kommunikation zwischen Autoren, Gutachtern etc. über E-Mail abgewickelt; die Beiträge werden elektronisch in gängigen Formaten verschickt, so daß der Produktionsprozeß erheblich beschleunigt wird. Darüber hinaus profitiert J.UCS davon, daß Artikel im Dokumentformat des Hypermedia-Systems Hyper-G (vgl. [Kappe et al., 1993]) vorliegen. Hyper-G hat weiter reichende Möglichkeiten als WWW, ist aber zu diesem abwärtskompatibel, so daß die Beiträge mit einem Web-Browser abrufbar sind.

Es dürfte klar geworden sein, daß die Publikation von Lexika und Enzyklopädien[32] als typische Nachschlagewerke eine geradezu ideale Hypertext-Anwendung darstellen. Bezieht man den von uns geforderten kontinuierlichen Produktionsprozeß auf Korpusgrundlage mit ein, so ergeben sich für die Publikation dynamischer Lexika auf der Datenautobahn folgende Anforderungen:

- eine virtuelle Lexikonmaschine sorgt für den ständigen Vergleich der Definitionen mit dem aktuellen Stand des zugrundeliegenden Korpus,
- die Verwendung von SGML garantiert die logische Strukturierung von Einträgen und Vermeidung von Abhängigkeiten bzgl. Hard- und Software,
- die klare Strukturierung der Hyperdokumente vermeidet das Auftreten von *dangling links*,
- es gibt Mechanismen, die den direkten Abruf von Lexikoneinträgen über das WorldWideWeb gestatten.

3.3.3.3 „Ausfahrten“: Lexikonbenutzung im Internet

Wenn die oben formulierten Anforderungen erfüllt sind, wird der Benutzer in die Lage versetzt, am heimischen PC jederzeit auf eine aktuelle Fassung des Lexikons zugreifen zu können - sofern er denn Zugang zur Datenautobahn hat. Dann wählt er über das WWW den nächstgelegenen autorisierten *Lexicon Provider* an und kann die gewünschten Einträge abrufen.[33]

---

[31] J.UCS ist erreichbar unter der URL http://hyperg.tu-graz.ac.at:80/9B0B1A63/Cjucs_root

[32] vgl. die elektronische Veröffentlichung der Enyclopædia Britannica [McBride, 1994], die als kommerzielle Dienstleistung unter der URL http://www.eb.com erreichbar ist.

[33] Obwohl es längerfristig wegen der damit verbundenen Probleme nicht wünschenswert erscheint, kann eine regelmäßig erscheinende CD-ROM bis auf die fehlende Aktualität die gleiche Benutzungsoberfläche aufweisen. Zur Publikation von Web-Dokumenten auf CD-ROM vgl. [Rada, 1995].

Die Kernpunkte für die Benutzung eines Online-Lexikons liegen also im Aufbau einer klar strukturierten Hypertext/Hypermedia-Schnittstelle zur lexikalischen Datenbasis und in der Ausnutzung der Vorteile elektronischer Publikation, so daß das Lexikon als *Mehrwertdienst* angeboten werden kann. Diese Punkte lassen sich heute bereits erfüllen, wie unsere prototypische Implementierung zeigt.

3.3.4 E-CCSD: Der Prototyp eines Online-Lexikons

Ein typisch ergonomisches Problem gedruckter Wörterbücher ist die gedrängte Darstellung, da von einem einzelnen Eintrag möglichst wenig Platz eingenommen werden soll. Im Cobuild werden lediglich Phrasen sowie die einzelnen phrasalen Verben durch Absätze voneinander getrennt (vgl. Abbildung 3.4). Dagegen bietet eine Online-Version die Möglichkeit zur übersichtlichen Darstellung des Lexikoneintrags, indem man einzelne Lesarten besser voneinander trennt. Außerdem können Referenzen als Hypertext implementiert werden und ermöglichen somit dem Benutzer eine einfachere Navigation durch das Lexikon. Die unterschiedlichen Ansichten des Cobuild-Lexikons lassen sich gut anhand eines Beispiels aus Abbildung 3.4 ersehen. Dort ist der Eintrag zu **break** in der gedruckten Fassung als auch in der Online-Version abgebildet.

Das E(*lectronic*)-CCSD ist eine X11/Motif-Anwendung, die den Zugriff auf den komplett indizierten Datenbestand von 31.418 Einträgen gestattet. Phrasen, phrasale Verben sowie explizite Querverweise,[34] die im Original unterhalb der einzelnen Lesarten aufgeführt sind, werden hier in einem eigenen Bereich des Fensters gebündelt. Die dort aufgeführten Einträge sind als Verweis angelegt, so daß ein einfacher Mausklick den entsprechenden Eintrag sichtbar macht und weitere Interaktionen mit dem Wörterbuch ermöglicht. Bereits aufgesuchte Einträge werden vermerkt und können dadurch schnell wieder erreicht werden. Flexible Suchstrategien vermittels regulärer Ausdrücke erlauben den Umgang mit Lexemen, über deren Schreibweise sich der Benutzer nicht völlig sicher ist. Beispielsweise liefert die Eingabe **sep.*** eine Auswahl von acht Lexemen, die alle mit **sep** beginnen.[35]

Neben der rein textuellen Repräsentation, die auch die Darstellung der phonetischen Information umfaßt, sind als Anhang im Cobuild einige Schautafeln zur Illustration von Begriffsgruppen wie Essen, Werkzeug oder Teile eines Autos aufgeführt. Während im Cobuild auf jeden illustrierten Begriff an das Buchende verwiesen wird (z.B. bei **orange.2** auf die Schautafel „food"), deutet im E-CCSD ein kleines Icon auf eine Illustration hin, die durch einfaches Anklicken abrufbar ist (vgl. Abbildung 3.5). Damit stellt das E-CCSD eine komplette Umsetzung des *Collins Cobuild Student's Dictionary* dar. Die Analysen, die beim Aufbau des E-CCSD gemacht worden sind, ermöglichten zudem eine bessere Indizierung des Wörterbuches, wie das folgende Beispiel zeigt:

3 COUNT N
A **consideration** is something that should be thought about, when you are planning or deciding something.

[34] Durch Markierung kann jederzeit beliebiger Text als impliziter Querverweis definiert werden, dem man dann folgen kann.

[35] Die Zeichen „." und „*" sind sogenannte *Wildcards*, die zusammengenommen für ein beliebiges Zeichen mit null oder mehr Vorkommen stehen können. Reguläre Ausdrücke dieser Art stellen eine große Erleichterung bei der Textsuche dar und sind in ihrer Berechenbarkeit nicht allzu komplex, somit praktikabel. Zur Theorie der regulären Ausdrücke s. [Brzozowski, 1962], [Brzozowski, 1964].

If you **take** something **into consideration**, you think about it because it is relevant to what you are doing.
Something that is **under consideration** is being discussed.

1 COUNT N
A **building** is a structure with a roof and walls, for example a house or a factory.

Im Original werden zum Lexem **consideration** sowohl **under consideration** als auch **take into consideration** als Phrasen aufgeführt. Ein entsprechender Eintrag bei **take** fehlt jedoch, während das E-CCSD neben diesem noch über 70 weitere Phrasen alphabetisch geordnet aufführt. Auch zu **building** wird im E-CCSD das Verb **to build** als Verweis angeboten, während im Cobuild dieser Verweis fehlt. Auf den ersten Blick scheint diese Diskrepanz verwunderlich, da für beide Ausgaben des Cobuild das gleiche Datenmaterial verwendet worden ist. Aufgrund der nicht-sequentiellen Anordnung ergibt sich im E-CCSD allerdings auch kein Darstellungsproblem für derart vollständige Verweise, während die gedruckte Version dafür entsprechend Platz schaffen muß, der sich natürlich direkt auf den Umfang und damit auch die Kosten auswirkt.

Die Erweiterung des E-CCSD hinsichtlich dessen Verfügbarkeit führt zu einer Version, die mit dem gleichen Datenumfang theoretisch im gesamten Internet erreichbar ist. Die im vorherigen Abschnitt dargelegten Vorteile des WorldWideWeb legen eine Implementierung des E-CCSD als Anwendung im WWW nahe. Eine dritte Darstellung des Lexems **break** aus Abbildung 3.6 entstammt unserer Cobuild-Anpassung für das WorldWideWeb.

Anders als beim E-CCSD, wo immer unter Verwendung der gleichen Oberfläche Einträge präsentiert und abgerufen werden können, muß die Umsetzung im WWW über mehrere *Seiten* erfolgen. Es gibt also eine Cobuild-Startseite, auf der der Benutzer mit Hilfe eines Eingabefeldes den Eintrag spezifiziert, der genauso wie beim E-CCSD auch Wildcards enthalten darf. Dann wird von einer speziellen Fassung des E-CCSD die relevante Information aus der indizierten Datenbasis geholt und als HTML-Dokument geliefert. Enthält das Lexem auf dieser Antwortseite phrasale Ausdrücke, kann man diese über entsprechende Felder auswählen, wie dies auch in der Abbildung deutlich wird. Natürlich werden auch Illustrationen in gleicher Weise durch Icons repräsentiert, und es wird auf Mausklick eine neue Seite mit der Graphik erzeugt und angezeigt.

3.3.5 Probleme und Ausblick

Obgleich wir zu zeigen versuchten, daß das Konzept einer dynamischen virtuellen Lexikonmaschine tragfähig ist und eine Publikation über Hypermedia-Systeme im Internet sinnvoll und machbar ist, stellt der von uns entwickelte Prototyp zunächst nur den ersten Schritt in die Richtung der zukünftigen Lexikographie dar. Infrastrukturelle Probleme wie die momentane Bandbreite von oftmals lediglich 64 KBit/s (ISDN) führen dazu, daß der Zugriff auf das Internet oft auf der Kriechspur der Datenautobahn abläuft. Zudem ist die marktwirtschaftliche Perspektive für sprachtechnologische Dienstleistungen noch nicht kalkulierbar, da die momentane Zielgruppe (alle privaten PC-Nutzer) nur zu einem Bruchteil über das Internet erreichbar ist und Fragen wie das sichere Abrechnen von elektronischen Leistungen noch nicht allgemeingültig geklärt sind. Klar ist aber auch, daß mittelfristig die nötige Infrastruktur bereitgestellt sein wird - was sich auch an den Aktivitäten auf nationaler und europäischer Ebene ablesen läßt [BMBF, 1995].[36]

Auch sind z.B. der urheberrechtliche Status von Hyperdokumenten[37] genauso wie die Zukunft des WorldWideWeb noch ungewiß. Der Erfolg des WWW sorgt aber für eine deutliche Steigerung SGML-basierter Software-Produkte, so daß man die Prognose wagen kann, auch in Zukunft die Vorteile einer logischen Dokumentstrukturierung nutzen zu können, selbst wenn das WWW durch ein überlegenes System abgelöst sein wird.

Für die Sprach- und Informationstechnologie ergibt sich hieraus, daß man jetzt Lösungen erarbeiten muß, die später auf der real existierenden Daten*autobahn* als Produkte und Dienstleistungen im Informationsmarkt plaziert werden können. Der erste Ansatz in Form eines kompletten, elektronischen Wörterbuches, das die medienbedingten Vorteile ausschöpfen kann, ist hier von uns beschrieben worden. Die vorher beschriebenen lexikographischen Technologien erlauben aber darüber hinaus die Realisierung folgender Aspekte:

- *Benutzerorientierte Beispielextraktion*

  Durch Anreicherung kontextueller Information können Benutzerpräferenzen bei der Extraktion von Beispielsätzen respektiert werden. Dadurch kann bestimmt werden, daß Beispiele nur einem bestimmten wissenschaftlichen Fachgebiet oder nur gewissen Printmedien entnommen werden sollen.

- *Internationalisierte und multilinguale elektronische Wörterbücher*

  Mit der heutigen Software-Technologie ist es möglich, Applikationen hinsichtlich der Sprache der Benutzerführung konsistent zu gestalten. Gelungene Beispiele hierfür sind NEXTSTEP-Anwendungen,[38] oder das Hypermedia-System Hyper-G.[39]

- *Bridge-Lexika*

  Bei gleicher Repräsentation von Lexikoneinträgen in mehreren Sprachen können auch virtuelle sog. „Bridge"-Lexika realisiert werden. In z.B. einem Englisch–Portugiesisch-Lexikon kann man so zu einem englischen Begriff die portugiesische Erklärung nachschlagen. Eine derartige Kombination muß dann nicht explizit definiert sein, sondern es reicht aus, wenn der Benutzer die Sprache des zu erklärenden Lexems und die Beschreibungssprache spezifiziert. Dann wird "on the fly" der gewünschte Ausschnitt dieses Bridge-Lexikons ausgegeben.

---

[36]In der BMBF-Studie werden u.a. sechs Pilotprojekte in Deutschland genannt, in denen auf Breitbandnetzen fortgeschrittene Multimedia-Technologien wie Video-on-Demand, Teleshopping u.v.m erprobt werden. Für den Zeitraum von 1994-1998 werden innerhalb des vierten Rahmenprogramms der Europäischen Kommission 3,4 Mrd. ECU für die Bereiche Informations- und Kommunikationstechnikforschung bereitgestellt. Zu den wichtigen Projektgebieten gehört auch der zügige Ausbau „transeuropäischer Netze (TEN)".

[37]Vgl. [Oßwald, 1992:70ff.]

[38]Vgl. [Lipps, 1994]

[39]Vgl. [Kappe et al., 1993]

break /breɪk/, **breaks, breaking, broke,** /brəʊk/, **broken** /brəʊkə⁰n/. **1** ERG VB When an object **breaks** or when you **break** it, it suddenly separates into two or more pieces, often because it has been hit or dropped. *The string broke... He has broken a window.* **2** ERG VB When a tool or piece of machinery **breaks** or when you **break** it, it is damaged and no longer works. **3** VB WITH OBJ If you **break** a rule, promise, or agreement, you do something that disobeys it. *We're not breaking the law.* **4** VB WITH OBJ To **break** a connection or situation that has existed for some time means to end it suddenly. *They cannot break the habit.* **5** COUNT N If you **break** with a group of people, you stop being involved with them. If you **break** with a way of doing things, you stop doing things that way. *He broke with precedent by making his maiden speech on a controversial subject.* Also COUNT N ...*their* **break** *with the Labour Party in 1968.* **6** VB WITH OBJ To **break** something also means to reduce its impact. *Fortunately, the tree broke her fall.* **7** VB WITH OBJ To **break** someone means to destroy their success or career. **8** ERG VB If you **break** a piece of news to someone, you tell it to them. *It was Ted who broke the news to me.* **9** VB WITH 'for' If you **break** for a meal, you stop what you are doing in order to have the meal. *We broke for tea.* **10** COUNT N A **break** is also a short period of time when you have a rest or a change from what you are doing. *We all met in the pub during the lunch break. The doctors had worked without a break.* **11** COUNT N A **break** is also a lucky opportunity; an informal use. *His big break came last spring in Australia.* **12** VB WITH OBJ If you **break** a record, you do better than the previous record for a particular achievement. *Oliver Barrett was out to break his New York-Boston speed record.* **13** VB When day **breaks,** it starts to grow light after the night has ended. **14** VB When a wave **breaks,** the highest part of it falls down. **15** VB WITH OBJ If you **break** a secret code, you work out how to read it. **16** VB When a boy's voice **breaks,** it becomes permanently deeper. **17** VB WITH OBJ In tennis, if you **break** your opponent's serve, you win a game in which your opponent is serving. **18** See also **broke, broken**.

PHRASES • If you **break free** or **break** someone's **hold,** you free yourself by force from someone who is holding you. *He was trying to break free... He had my hands behind my back in a hold that was impossible to break.* • When a company **breaks even,** it makes neither a profit nor a loss.

break down. PHR VB **1** When a machine or a vehicle **breaks down,** it stops working. *The car broke down three miles outside Winchester.* **2** When a system, plan, or discussion **breaks down,** it fails because of a problem or disagreement. *The talks broke down over differences on doctrine.* **3** When a substance **breaks down** or when something **breaks** it **down,** it changes into a different form because of a chemical process. *Enzymes break down proteins by chemical action.* **4** If someone **breaks down,** they start crying. **5** If

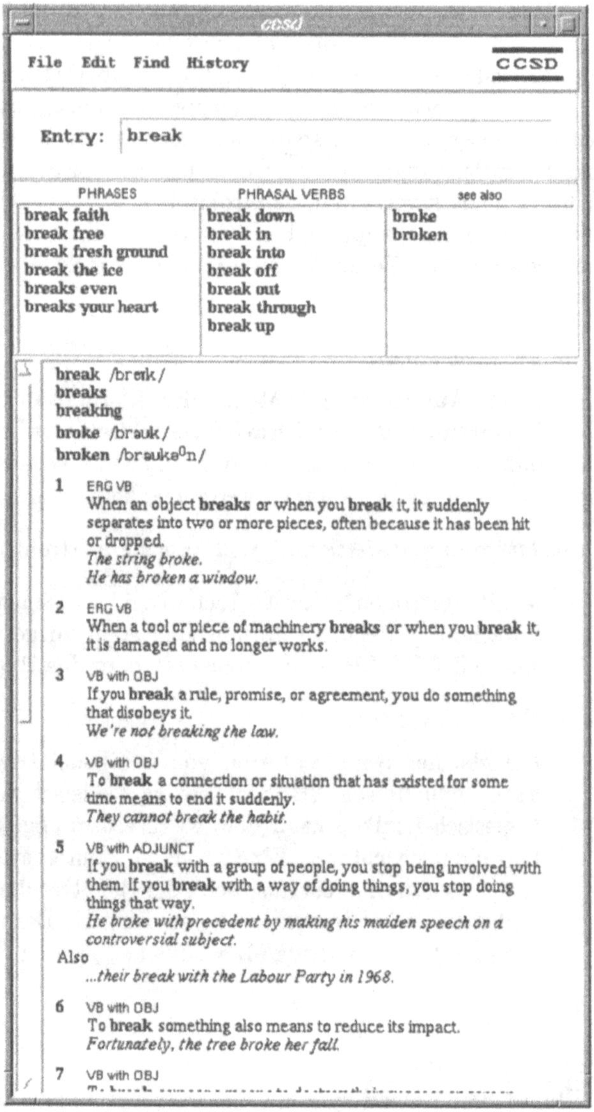

Abbildung 3.4: Der Eintrag zu **break**, links dem gedruckten CCSD entsprechend und rechts in der Online-Version

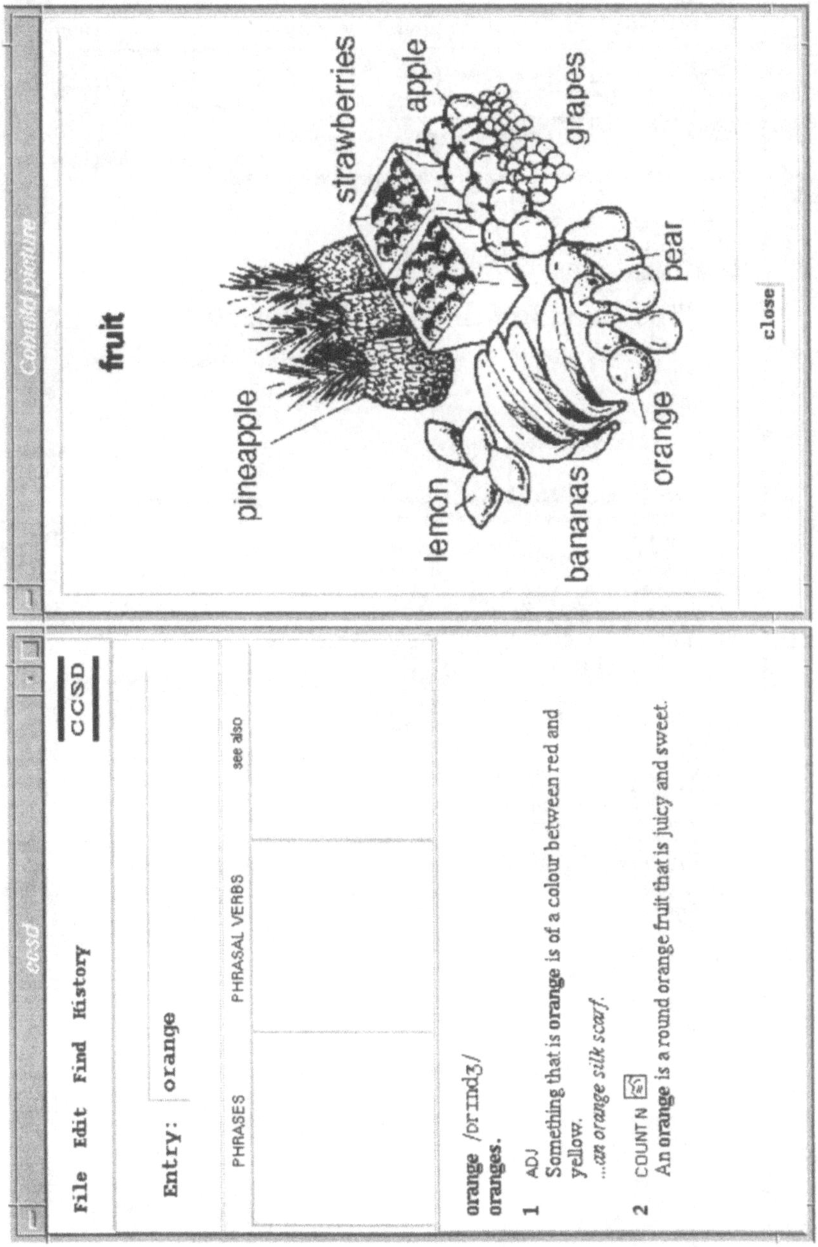

Abbildung 3.5: Illustration zum Eintrag **orange.2**

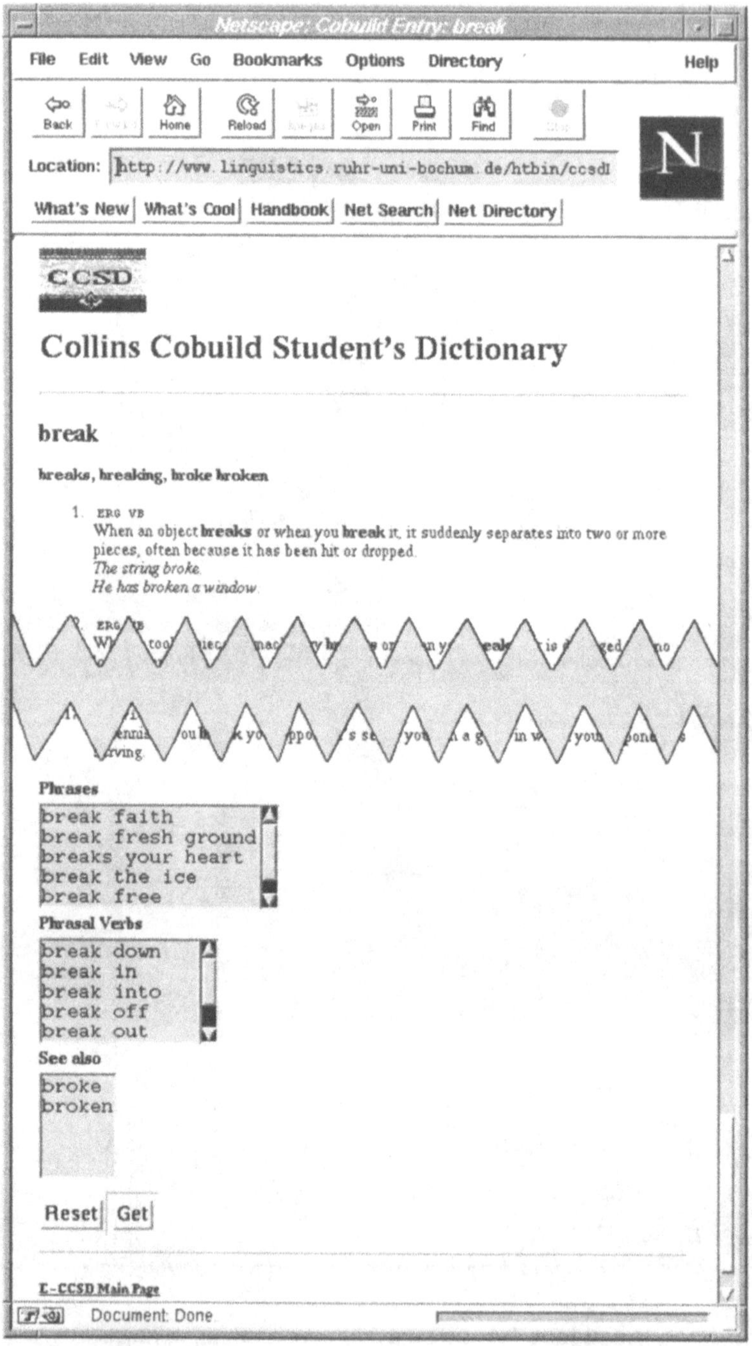

Abbildung 3.6: Automatisch generierter Eintrag zu **break** im WorldWideWeb

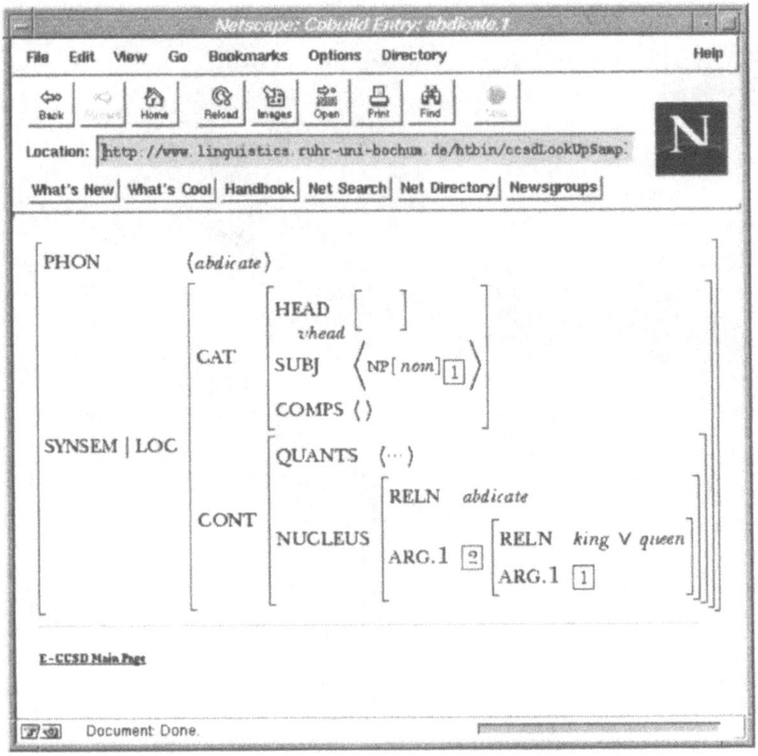

Abbildung 3.7: HPSG-Repräsentation des Eintrags **abdicate.1**

Literatur

[Amsler, 1984] Amsler, R. A. „Machine-Readable Dictionaries". *Annual Review of Information Science and Technology*, 19:161 – 209, 1984.

[Antoni-Lay et al., 1993] Antoni-Lay, M. H., Francopoulo, G., und Zaysser, L. „A Generic Model for Reusable Lexicons: The Genelex Project". *Literary and Linguistic Computing*, 8, 4 1993.

[Barwise und Perry, 1983] Barwise, J. und Perry, J. *Situations and Attitudes.* MIT-Press, Cambridge, Mass., 1983.

[Bauer et al., 1995] Bauer, P., John, R.S., Kronenberg, F., Krüger, A., Krumnack, U., Menzel, A., Reuer, V., und Unsöld, R.F. „PROMISE Abschlußbericht eines Studienprojektes". Technical report, Institut für Semantische Informationsverarbeitung, Universität Osnabrück, 1995.

[Bergler, 1992] Bergler, J. Pustejovsky & S. „Lexical Semantics and Knowledge Representation". In: *Proceedings of the 1st SIGLEX Workshop in Berkeley, CA, USA, Lecture Notes in Artificial Intelligence Bd. 627.* Springer, Berlin, 1992.

[Berners-Lee, 1993] Berners-Lee, T. J. „Hypertext Markup Language. A Representation of Textual Information and Metainformation for Retrieval and Interchange". *http://info.cern.ch/hypertext/WWW/Markup/MarkUp.html*, 1993.

[Berners-Lee et al., 1994] Berners-Lee, T. J., Cailliau, R., Luotonen, A., Nielsen, H. F., und Secret, A. „The World-Wide Web". *Communications of the ACM*, 37(8):76–82, 1994.

[Bibel und Eder, 1993] Bibel, W. und Eder, E. „Methods and Calculi for Deduction". In: Gabbay, D., Hogger, C. J., und Siekmann, J., Hrsg., *Handbook of Logic in Artificial Intelligence and Logic Programming, Vol. 1.* Clarendon Press, Oxford, 1993.

[Bläser und Wermke, 1990] Bläser, B. und Wermke, M. „Projekt „Elektronische Wörterbücher/Lexika ": Abschlußbericht der Definitionsphase". IWBS Report 145, IBM Stuttgart, 1990.

[BMBF, 1995] „Multimedia. Chance und Herausforderung". Dokumentation, Bundesministerium für Bildung, Wissenschaft, Forschung und Technologie, Bonn, 1995.

[Boguraev und Briscoe, 1989] Boguraev, B. K. und Briscoe, T. *Computational Lexicography for Natural Language Processing.* Longman, London/New York, 1989.

[Böhle et al., 1990] Böhle, K., Wingert, B., und Riehm, U. „Zwischenbericht zur Prototypentwicklung eines elektronischen Buches". Technical report, Kernforschungszentrum Karlsruhe. Abteilung für Angewandte Systemanalyse (AFAS), Karlsruhe, 1990.

[Bouma, 1988] Bouma, G. „Modifiers and Specifiers in Categorial Unification Grammar". *Linguistics*, (26):21–46, 1988.

[Bresnan und Kaplan, 1982] Bresnan, J. und Kaplan, R. M. „Lexical-Functional Grammar: A formal system of grammatical representation". In: Bresnan, J., Hrsg., *The mental representation of grammatical relations*, Seite 173–281. M.I.T. Press, Cambridge, Massachusetts, London, 1982.

[Brzozowski, 1962] Brzozowski, J. A. „A survey of regular expressions and their application". *IEEE Transactions on Electronic Computers*, 11(3):324–335, 1962.

[Brzozowski, 1964] Brzozowski, J. A. „Derivatives of regular expressions". *Journal of the ACM*, 11(4):481–494, 1964.

[Bussmann, 1990] Bussmann, H. *Lexikon der Sprachwissenschaft.* Kröner, 1990.

[Byrd et al., 1989] Byrd, R. J., Boguraev, B. K., Klavans, J. L., und Neff, M. S. „From Structural Analysis of Lexical Resources to Semantics in a Lexical Knowledge Base". In: Zernik, U., Hrsg., *Proceedings of the First International Workshop on Lexical Acquisition*, Detroit, Michigan, 1989.

[Byrd et al., 1987] Byrd, R. J., Calzolari, N., Chodorow, M. S., Klavans, J. L., und Neff, M. S. „Tools and Methods for Computational Linguistics". *Computational Linguistics*, 13:219–240, (3-4) 1987.

[Calzolari, 1983] Calzolari, N. „Machine Readable Dictionaries, Lexical Data Bases and the Lexical System". In: *Proceedings of the 10th International Conference on Computational Linguistics (COLING 84)*, Seite 460. Stanford, 1983.

[Calzolari, 1989] Calzolari, N. „Computer-Aided Lexicography: Dictionaries and Word Data Bases". In: Batori, I., Lenders, W., und Putschke, W., Hrsg., *Computational Linguistics*, Seite 510–519. de Gruyter, Berlin, 1989.

[Calzolari, 1992] Calzolari, N. „Acquiring and Representing Semantic Information in a Lexical Knowledge Base". In: Pustejovsky, J. und Bergler, S., Hrsg., *Lexical Semantics and Knowledge Representation.Proceedings of the First SIGLEX Workshop Berkeley, USA. Lecture Notes in Artificial Intelligence*, Seite 235–243. Springer, Berlin, 1992.

[Calzolari et al., 1990] Calzolari, N., Peters, C., und Roventini, A. „Computational Model of the Dictionary Entry". Preliminary report, ACQUILEX, Pisa, 1990.

[Carnap, 1968] Carnap, R. *Die logische Syntax der Sprache.* Springer, Wien, 1968.

[Carpenter, 1992] Carpenter, B. *The Logic of Typed Feature Structures.* Cambridge Tracts in Theoretical Computer Science 32. Cambridge University Press, Cambridge, UK, 1992.

[CELEX, 1988] CELEX. „Celex - Centre for Lexical Information". celex NEWS. Newsletter 3, University of Nijmegen, April 1988.

[Chomsky, 1970] Chomsky, N. „Remarks on nominalization. Readings in English Transformational grammar". In: Jacobs, R. A. und Rosenbaum, P. S., Hrsg., *Readings in English transformational grammar*. Waltham, Massachusetts, 1970.

[Chomsky, 1981] Chomsky, N. *Lectures on Government and Binding. The Pisa Lectures*. Foris, Dordrecht, 1981.

[Christ, 1993] Christ, O. *The XKwic User Manual*, 1993.

[Christ, 1994] Christ, O. „A modular and flexible architecture for an integrated corpus query system". In: *Proceedings of COMPLEX'94: 3rd Conference on Computational Lexicography and Text Research (Budapest, July 7–10 1994)*, Budapest, Ungarn, 1994. CMP-LG archive id 9408005.

[Collet et al., 1991] Collet, C., Huhns, M. N., und Shen, W.-M. „Resource Integration Using a Large Knowledge Base in Carnot". *Computer*, Seite 55–62, December 1991.

[Conklin, 1987] Conklin, J. „Hypertext: An Introduction and Survey". *IEEE Computer*, 20(9):17–41, September 1987.

[Copestake et al., 1993] Copestake, A., Sanfilippo, A., Bricoe, T., und Paiva, V. de. „The ACQUILEX LKB: an Introduction". In: *Default Inheritance in Unification Based Approaches to the Lexicon*, Seite 182–203. 1993.

[Czedik, 1992] Czedik, D. „Status Quo der Wiederverwertbarkeit von Wissensbasen". *Künstliche Intelligenz (KI)*, Seite 27–32, März 1992.

[Devlin, 1991] Devlin, K. *Logic and Information*. Cambridge University Press, Cambridge, UK, 1991.

[Dorna, 1992] Dorna, M. „Erweiterung der Constraint-Logiksprache CUF um ein Typsystem". Diplomarbeit Nr. 896, Universität Stuttgart, Institut für maschinelle Sprachverarbeitung (IMS) und Institut für Informatik, 1992.

[Dörre und Dorna, 1993] Dörre, J. und Dorna, M. „CUF – A Formalism for Linguistic Knowledge Representation". In: Dörre, J., Hrsg., *Computational Aspects of Constraint-Based Linguistic Description*. 1993. Deliverable R1.2.A, DYANA-2 - ESPRIT Basic Research Project 6852.

[Emele, 1993] Emele, M. „TFS – The Typed Feature Structure Representation Formalism". DFKI-Bericht, Saarbrücken, 1993.

[Emele, 1994] Emele, M. „TFS – The Typed Feature Structure Representation Formalism". In: *Proceedings of the International Workshop on Sharable Natural Language Resources (SNLR)*, Nara, Japan, 1994.

[Emele und Heid, 1993] Emele, M. und Heid, U. „Formal specification of a typed feature logic based lexical representation language". Technischer Bericht, IMS Universität Stuttgart, 1993.

[Emele und Heid, 1994] Emele, M. und Heid, U. „DELIS: tools for corpus based lexicon building“. In: *Proceedings of Konvens-94*. Springer, Heidelberg, 1994.

[Encarta, 1993] „Microsoft Encarta Multimedia Encyclopedia“. CD-ROM, Microsoft Corporation, Redmond, WA, 1993.

[Evans und Gazdar, 1990] Evans, R. und Gazdar, G., Hrsg. *The DATR Papers*, Brighton, University of Sussex, 1990.

[Fenstad et al., 1987] Fenstad, J. E., Halvorsen, P.-K., Langholm, T., und Bentheim, J. van. *Situations, Language and Logic*. Studies in Linguistics and Philosophy 34. D. Reidel Publishing Company, Dordrecht, Holland, 1987.

[Fillmore, 1993a] Fillmore, C. J. „A Cognitive-Frames Approach to the Vocabulary of Sensation and Perception in English“. Technischer Bericht, 1993. draft.

[Fillmore, 1993b] Fillmore, C. J. „Frame semantics and perception verbs“. unpublished contribution to Dagstuhl Seminar 9313 *Universals in the Lexicon*, 1993.

[Frank und Reyle, 1992] Frank, A. und Reyle, U. „How to Cope with Scrambling and Scope“. In: Görz, H., Hrsg., *Konvens 92*, Seite 178–187. Springer, Berlin, 1992.

[Garside et al., 1987] Garside, R., Leech, G., und Sampson, G. *The Computational Analysis of English - A Corpus-based Approach*. Longman, London, 1987.

[Gawron und Peters, 1990] Gawron, J. M. und Peters, S. *Anaphora and Quantification in Situation Semantics*. CSLI Lecture Notes 19. Center for the Study of Language and Information, Stanford, CA, 1990.

[Gazdar et al., 1985] Gazdar, G., Klein, W., Pullum, H. G., und Sag, I. A. *Generalized Phrase Structure Grammar*. Blackwell, Oxford, 1985.

[Goldfarb, 1990] Goldfarb, C. F. *The SGML Handbook*. Oxford University Press, Oxford, 1990.

[Greene und Rubin, 1971] Greene, B.B. und Rubin, G.M. „Automatic grammatical tagging of English“. Technischer Bericht, Brown University, Department of Linguistics, 1971.

[Guenthner und Maier, 1995] Guenthner, F. und Maier, P. „Das CISLEX-Wörterbuchsystem“. Interner Bericht CIS, Universität München, 1995.

[Gust, 1986] Gust, H. „Strukturiertes Wissen als Grundlage für Sprachverstehensprozesse“. *LDV-Forum*, (4):9–14, 1986.

[Gust, 1992a] Gust, H. *G_LOG Benutzerhandbuch. Software-Dokumentation*. Fachbereich 7 der Universität Osnabrück, Institut für Semantische Informationsverarbeitung, 1992.

[Gust, 1992b] Gust, H. *Grundlegende Eigenschaften der G_LOG Implementation. Berichte des Arbeitsbereichs Computerlinguistik und Künstliche Intelligenz*, Dezember 1992.

[Gust und Enders, 1992] Gust, H. und Enders, B. *G_ED, G_WINDOW Benutzerhandbuch. Software-Dokumentation.* Arbeitsbereich CL & KI, FB7, Universität Osnabrück, 1992.

[Gust und Krüger, 1994] Gust, H. und Krüger, A. *G_SBS Benutzeranleitung. Software-Dokumentation.* Universität Osnabrück, 1994.

[Gust und Ludewig, 1989] Gust, H. und Ludewig, P. „Zielgerichtete Wortschatzerweiterungen in natürlichsprachlichen Systemen". In: Metzing, D., Hrsg., *Proceedings der GWAI-89. 13th German Workshop on Artificial Intelligence*, Seite 224–233. Springer, Berlin, 1989.

[Hanks, 1987] Hanks, P. „Definitions and Explanations". In: Sinclair [Sinclair, 1987], Seite 116–136.

[Heid, 1991] Heid, U. „Eurotra-7 Study: Feasibility and Project Definition Study on the Reusability of lexical and terminological resources in computerized application". Final report, August 1991.

[Heid, 1994] Heid, U. „Relating lexicon and corpus: computational support for corpus-based lexicon building in DELIS". In: Martin, W., Meijs, W., Moerland, M., Pas, E. ten, Sterkenburg, P. van, und Vossen, P., Hrsg., *Proceedings of the Euralex 1994*, Amsterdam, 1994.

[Herzog und Rollinger, 1991] Herzog, O. und Rollinger, C.-R. „Introducing LILOG". In: Herzog, O. und Rollinger, C.-R., Hrsg., *Text Understanding in LILOG: Integrating Computational Linguistics and Artificial Intelligence*, Seite 3–13. Springer, Berlin, 1991.

[Hess et al., 1983] Hess, K., Brustkern, J., und Lenders, W. *Maschinenlesbare deutsche Wörterbücher - Dokumentation, Vergleich, Integration.* Sprache und Information. Tübingen, 1983.

[Heyn, 1992] Heyn, M. *Zur Wiederverwendung maschinenlesbarer Wörterbücher.* LEXICOGRAPHICA. Niemeyer, Tübingen, 1992.

[Hoelter, 1995] Hoelter, M. „Logical Aspects of the Dictionary". In: Sinclair et al. [Sinclair et al., 1995], Seite 149–209.

[Hötker et al., 1991] Hötker, W., Kanngießer, S., und Ludewig, P. „Integration unterschiedlicher lexikalischer Ressourcen". In: Brauer, W. und Hernández, D., Hrsg., *Verteilte Künstliche Intelligenz und kooperatives Arbeiten. Proceedings des 4. Internationalen GI-Kongresses Wissensbasierte Systeme. Informatik Fachberichte Nr. 91*, Seite 422–433. Springer, Berlin, 1991.

[Hötker et al., 1994] Hötker, W., Kanngießer, S., und Ludewig, P. „Unterstützung der Wiederverwertung lexikalischer Ressourcen durch dynamische Wissensstrukturierung". *Künstliche Intelligenz (KI)*, Dezember 1994.

[Jauss, 1994] Jauss, S. „Regeln zur Abbildung von lexikalischen Beschreibungen in DELIS auf Corpus-Annotationen in ENGCG". Studienarbeit, Universität Stuttgart, 1994.

[John, 1994] John, R. S. „PROMISE: Steps towards Communicative English Teaching in an Interactive CALL System“. In: Appelo, L. und Jong, F. de, Hrsg., *Proceedings of the seventh international Twente Workshop on Language Technology (TWLT7) devoted to Computer Assisted Language Learning (CALL)*, Seite 117–118. University of Enschede, 1994.

[Kamp, 1981] Kamp, H. „A Theory of Truth and Interpretation“. In: Groenendijk, J., M., Th. Janssen, und Stokhof, Hrsg., *Formal Methods in the Study of Language*, volume 1 of *MCT Tracts 135*, Seite 277–322. 1981.

[Kamp und Pustejovsky, 1993] Kamp, H. und Pustejovsky, J., Hrsg. *Universals in the Lexicon: At the Intersection of Lexical Semantic Theories*, Dagstuhl, 1993.

[Kanngießer, 1993] Kanngießer, S. „Zur Wiederverwertung lexikalischer Information“. In: Beckmann, F. und Heyer, G., Hrsg., *Theorie und Praxis des Lexikons*, Seite 237–249. de Gruyter, Berlin, 1993.

[Kaplan und Bresnan, 1982] Kaplan, R. M. und Bresnan, J. „Lexical Functional Grammar: A formal system for grammatical representation“. In: Bresnan, J., Hrsg., *The Mental representation of grammatical relations*, Seite 173–281. MIT Press, Cambridge, Mass., 1982.

[Kappe et al., 1993] Kappe, F., Maurer, H., und Sherbakov, N. „Hyper-G - A Universal Hypermedia System“. *Journal of Educational Multimedia and Hypermedia*, 2(1):39–66, 1993.

[Khatchadourian und Modiano, 1993] Khatchadourian, H. und Modiano, N. „Use and Importance of Standard in Electronic Dictionaries: The Compilation Approach for lexical Resources“. *Literary and Linguistic Computing*, 8, 4 1993.

[Kiss, 1991] Kiss, T. „The Grammars of LILOG“. In: Herzog, O. und Rollinger, C.-R., Hrsg., *Text Understanding in LILOG: Integrating Computational Linguistics and Artificial Intelligence*, Seite 183–199. Springer, Berlin, 1991.

[Klavans, 1995] Klavans, J. „Representation and Acquisition of Lexical Knowledge: Polysemy, Ambiguity. Papers from the 1995 AAAI Symposium in Stanfort“. Technical Report SS-95-01, AAAI Press, 1995.

[König, 1994] König, E. „A Study in Grammar Design“. Arbeitsbereich des sfb 340, Universität Stuttgart, 1994.

[Kornbluth, 1994] Kornbluth, H. *Naturalizing Epistemology*. MIT Press, Cambridge, MA, 1994.

[Kratzer et al., 1973] Kratzer, A., Hause, E., und Stechow, A. von. *Einführung in Theorie und Anwendung der generativen Syntax. 1. Halbband Syntaxtheorie, Schwerpunkte Linguistik und Kommunikationswissenschaft 7/I*. Athenum, Frankfurt am Main, 1973.

[Kronenberg et al., 1994a] Kronenberg, F., Krüger, A., und Ludewig, P. „CAVOL - Computer Assisted Vocabulary Learning“. In: Gunzenhäuser, R., Möbus, C., und Rösner, D., Hrsg., *Beiträge zum 7. Arbeitstreffen der GI-Fachgruppe 'Intelligente Lehr/Lernsysteme'*. Forschungsinstitut für anwendungsorientierte Wissensverarbeitung (FAW), Ulm, 1994.

[Kronenberg et al., 1994b] Kronenberg, F., Krüger, A., und Ludewig, P. „Vocabulary Learning with CAVOL“. In: Appelo, L. und Jong, F. de, Hrsg., *Proceedings of the seventh international Twente Workshop on Language Technology (TWLT7) devoted to Computer Assisted Language Learning (CALL)*, Seite 47–56. University of Enschede, 1994.

[Kronenberg und Ludewig, 1995] Kronenberg, F. und Ludewig, P. „Communicative Language Learning with PROMISE“. Eingereicht für den Kongress “Artificial Intelligence in Education“ Washington DC, 1995.

[Kuhlen, 1995] Kuhlen, R. *Informationsmarkt. Chancen und Risiken der Kommerzialisierung von Wissen.* Schriften zur Informationwissenschaft, Bd. 15. Universitätsverlag Konstanz, Konstanz, 1995.

[Kunze, 1992] Kunze, C. „An implicational approach to lexical semantics based on logical re-analysis of dictionary definitions“. In: Bosch, P. und Gerstl, P., Hrsg., *Discourse and Lexical Meaning*, Seite 107–116. Arbeitspapiere des DFG Sonderforschungsbereich 340 'Sprachtheoretische Grundlagen für die Computerlinguistik' Bericht 30, Heidelberg, 1992.

[Lenders, 1990] Lenders, W. „Semantische Relationen in Wörterbucheinträgen - Eine Computeranalyse des DUDEN-Universialwörterbuchs“. In: Schaeder, B. und Rieger, B., Hrsg., *Lexikon und Lexikographie*, Seite 92–105. Olms, Hildesheim, 1990.

[Lenders, 1993] Lenders, W. „Strukturelle Eigenschaften von Bedeutungserklärungen deutscher Verben“. In: Mattheier, K. J., Wegera, K.-P., Hoffmann, W., Macha, J., und Solms, H.-J., Hrsg., *Vielfalt des Deutschen. Festschrift für Werner Besch*, Seite 429–459. Lang, Frankfurt a. M., 1993.

[Lipps, 1994] Lipps, P. „NEXTSTEP — Die Grundlage des OpenStep Standards für objektorientierte Systeme“. *Offene Systeme*, 3(1):4–17, 1994.

[Ludewig, 1991] Ludewig, P. „Incremental Vocabulary Extensions in Text Understanding Systems“. In: Herzog, O. und Rollinger, C.-R., Hrsg., *Text Understanding in LILOG: Integrating Computational Linguistics and Artificial Intelligence*, Seite 153–166. Springer, Berlin, 1991.

[Ludewig, 1993] Ludewig, P. *Inkrementelle wörterbuchbasierte Wortschatzerweiterungen in sprachverarbeitenden Systemen - Entwurf einer konstruktiven Lexikonkonzeption. Dissertationen zur Künstlichen Intelligenz (DISKI) 30.* infix, Sankt Augustin, 1993.

[Marcus et al., 1993] Marcus, M., Santorini, B., und Marcinkiewicz, M. A. „Building a large natural language corpus of English: The Penn Treebank“. *Computational Linguistics*, 19:313–330, 1993.

[Martin et al., 1994] Martin, W., Mejis, M., Moerland, M., Pas, E. ten, Sterkenburg, P. van, und Vossen, P., Hrsg. *Proceedings of the 6th EURALEX International Congress on Lexicography in Amsterdam, Niederlande*, 1994.

[McBride, 1994] McBride, J. „Hail, Britannica". *Internet World*, 5(6):32–35, 1994.

[McNaught, 1993] McNaught, J. „The EAGLES standards-setting initiative". In: Collingham, R. J., Hrsg., *Proceedings of the SALT Club Workshop on the Unified Lexicon*, Seite 9 – 17, University of Durham, Dez. 1993.

[Menzel, 1995] Menzel, A. „Die Dialogführung: Ein neu entwickelter Übungstyp für interaktives Lernen". In: *PROMISE Abschlußbericht eines Studienprojektes*. 1995.

[Monachini und Calzolari, 1993] Monachini, M. und Calzolari, N. „Synopsis and Comparison of Morphosyntactic Phenomena Encoded in Lexicon and Corpora". Technischer Bericht, EAGLES Lexicon Group, ILC, Universitá Pisa, Dez. 1993.

[Montague, 1973] Montague, R. „The Proper Treatment of Quantification in Ordinary English". In: Hintikka, J., Moravcsik, J.M., und Suppes, P., Hrsg., *Approaches to Natural Language*, Seite 221 – 242. Reidel, 1973.

[Neches et al., 1991] Neches, R., Fikes, R., Finin, T., Gruber, T., Patil, R., Senator, T., und Swartout, W. „Enabling technology for knowledge sharing". *AI Magazine*, 12(3):37–56, 1991.

[Network Wizards, 1995] Network Wizards. „Internet Domain Survey". *http://www.nw.com/zone/WWW/top.html*, 1995.

[NTIA, 1993] „The National Information Infrastructure. Agenda for Action". Bericht, NTIA-NLL Office, Washington, D.C., 1993.

[OED, 1993] „Oxford English Dictionary on Compact Disk". CD-ROM, Oxford University Press, Oxford, 1993.

[Olivier und Heid, 1994] Olivier, J. (Coord.) und Heid, U. „Functional specifications for tool components of a corpus based lexicographer's workstation: the toolbox: specifications management tools". Technischer Bericht, Site Paris/IMS Stuttgart, April 1994. deliverable D-V-1 of Delis (LRE 61.034).

[Oßwald, 1992] Oßwald, A. *Dokumentlieferung im Zeitalter Elektronischen Publizierens*. Schriften zur Informationwissenschaft, Bd. 5. Universitätsverlag Konstanz, Konstanz, 1992.

[Pletat, 1991] Pletat, U. „Modularizing Knowledge in L_{LILOG}". IWBS-Report 173, IBM Deutschland, Stuttgart/Heidelberg, 1991.

[Pollard und Sag, 1987] Pollard, C. und Sag, I. A. *Information-Based Syntax and Semantics*. CSLI Lecture Notes 13. Center for the Study of Language and Information, Stanford, CA, 1987.

[Pollard und Sag, 1994] Pollard, C. und Sag, I. A. *Head-Driven Phrase Structure Grammar.* The University of Chicago Press, Chicago, IL, 1994.

[Rada, 1995] Rada, R. „Publishing from the WWW: Coordination and reuse". In: Kuhlen, R. und Rittberger, M., Hrsg., *Hypertext — Information Retrieval — Multimedia. Synergieeffekte elektronischer Informationssysteme (Proceedings HIM'95, Konstanz 5.-7.4.1995)*, Schriften zur Informationwissenschaft, Bd. 20, Seite 29–40, Konstanz, 1995. Universitätsverlag Konstanz.

[Raggett, 1994] Raggett, D. „HyperText Markup Language Specification Version 3.0". *http://www.hpl.hp.co.uk/people/dsr/html3/CoverPage.html*, 1994.

[Renz, 1993] Renz, I. *Adverbiale im Deutschen.* Niemeyer, Tübingen, 1993.

[Sampson, 1995] Sampson, G. *English for the Computer.* Clarendon Press, Oxford, 1995.

[Sanfilippo, 1993] Sanfilippo, A. „LKB Encoding of Lexical Knowledge". In: Briscoe, T., Copestake, A., und Paiva, V. de, Hrsg., *Inheritance, Defaults and the Lexicon.* Cambridge, 1993.

[Santorini, 1991] Santorini, B. „Part-of-Speech Tagging Guidelines for the Penn Treebank Project". Technischer Bericht, Department of Computer and Information Science, University of Pennsylvania, März 1991.

[Sauer, 1995a] Sauer, U. „CALL mit PACO11G - Modellierung und Implementierung sprachlichen Wissens für Sprachlehrsysteme". In: *Proceedings der 19. Jahrestagung der Gesellschaft für Klassifikation: Lernen und Wissen - Strukturelle Aspekte, Quantitative Methoden und aktuelle Anwendungen*, 1995.

[Sauer, 1995b] Sauer, U. „PACO11G und PROMISE. Linguistisch motivierte Modellierung und Implementierung sprachlichen Wissens für Sprachlehrsoftware". In: *PROMISE Abschlußbericht eines Studienprojektes.* 1995.

[Schiller, 1994] Schiller, A. „Guidelines für das Tagging deutscher Textcorpora (Kleines und erweitertes Tagset)". Technischer Bericht, Institut für maschinelle Sprachverarbeitung, Universität Stuttgart, 1994.

[Schiller und Thielen, 1995] Schiller, A. und Thielen, C. „Ein kleines und erweitertes Tagset fürs Deutsche". In: *Tagungsberichte des Arbeitstreffens "Lexikon + Text", 17./18. Februar 1994, Schloß Hohentübingen*, Lexicographica Series Maior. Niemeyer, Tübingen, 1995.

[Schmid und Kempe, 1995] Schmid, H. und Kempe, A. „Tagging von deutschen Corpora mit HMM, Entscheidungsbäumen und Neuronalen Netzen". In: *Tagungsberichte des Arbeitstreffens "Lexikon + Text", 17./18. Februar 1994, Schloß Hohentübingen*, Lexicographica Series Maior. Niemeyer, Tübingen, 1995.

[Schnelle, 1991] Schnelle, H. *Die Natur der Sprache. Die Dynamik der Prozesse des Sprechens und Verstehens.* de Gruyter, Berlin, 1991.

[Schulze, 1994] Schulze, B. M. „Entwurf und Implementierung eines Anfragesystems für Textcorpora“. Diplomarbeit Nr. 1059, Universität Stuttgart, Institut für maschinelle Sprachverarbeitung (IMS) und Institut für Informatik, January 1994.

[Schulze und Christ, 1994] Schulze, B. M. und Christ, O. *The CQP Users's Manual.* Institut für maschinelle Sprachverarbeitung, Universität Stuttgart, Okt. 1994.

[Seiffert und Dörre, 1991a] Seiffert, R. und Dörre, J. „A Formalism for Natural Language -STUF“. In: Herzog, O. und Rollinger, C.-R., Hrsg., *Text Understanding in LILOG: Integrating Computational Linguistics and Artificial Intelligence*, Seite 33–39. Springer, Berlin, 1991.

[Seiffert und Dörre, 1991b] Seiffert, R. und Dörre, J. „Sorted Feature Terms and Relational Dependencies“. IWBS Report 153, IBM Stuttgart, 1991.

[Seiffert et al., 1994] Seiffert, R., Momma, S., Opalka, A., Raasch, I., Schneider, J., und Schröder, I. *STUF-II User Manual, Version 1.2.* Institut für Logik und Linguistik, IBM Informationssysteme GmbH, Vangerowstr. 18, 69115 Heidelberg, Germany, Dez. 1994.

[Sinclair et al., 1995] Sinclair, J., Hoelter, M., und Peters, C., Hrsg. *The Languages of Definition: The Formalisation of Dictionary Definitions for Natural Language Processing.* Studies in Machine Translation and Natural Language Processing Volume 7. Office for Official Publications of the European Commission, Luxemburg, 1995.

[Sinclair, 1987] Sinclair, J. M., Hrsg. *Looking Up: An account of the COBUILD Project in lexical computing.* Collins ELT, London, 1987.

[Sinclair, 1994] Sinclair, J. M. „Prospects for Automatic Lexicography“. Otto Jespersen Memorial Lecture. University of Copenhagen, Juni 1994.

[Sommerville, 1992] Sommerville, I. *Software Engineering.* Addison Wesley, Wokingham, England, 1992.

[Streitz, 1991] Streitz, N. A. „Hypertext: Bestandsaufnahme, Trends und Perspektiven“. In: Encarnação, J., Hrsg., *Telekommunikation und multimediale Anwendungen in der Informatik (Proceedings der 21. GI-Jahrestagung, Darmstadt, 14.-18.10.1991)*, Seite 543–553, Berlin, 1991. Gesellschaft für Informatik, Springer-Verlag.

[Suppes, 1973] Suppes, P. „Semantics of Context-free fragments of Natural Languages“. In: Hintikka, J., Moravcsik, J. M., und Suppes, P., Hrsg., *Approaches to Natural Language*, Seite 370 – 394. Reidel, 1973.

[Suppes, 1976] Suppes, P. „Elimination of Quantifiers in the Semantics of Natural Languages“. *Revue Internationale de Philosophie*, (117 - 118), 1976.

[Teufel, 1994] Teufel, S. „Linguistisch motivierte Corpuserschließung: Spezifikationssprache und Anfrageinterpreter“. Diplomarbeit Nr. 1058, Institut für maschinelle Sprachverarbeitung (IMS) und Institut für Informatik, Universität Stuttgart, Mai 1994.

[Uszkoreit, 1986] Uszkoreit, H. „Categorial Unification Grammars“. In: *Proceedings of the 11th COLING*, Seite 187–194, Bonn, 1986.

[Verkuyl, 1994] Verkuyl, H. „Knowledge Representation in Dictionaries“. In: *Presentation at the 6th Euralex International Congress*, Amsterdam, 1994.

[Voutilainen et al., 1992] Voutilainen, A., Heikkilä, J., und Anttila, A. „Constraint Grammar of English: A Performance-Oriented Evaluation“. Technischer Bericht, University of Helsinki, Department of General Linguistics, 1992. Publication No.21.

[Wachsmuth, 1987] Wachsmuth, I. „On Structuring Domain-Specific Knowledge“. LILOG-Report 12, IBM Stuttgart, 1987.

[Wachsmuth, 1989] Wachsmuth, I. „Zur intelligenten Organisation von Wissensbeständen in künstlichen Systemen“. IWBS Report 91, IBM Stuttgart, 1989.

[Wachsmuth und Gängler, 1991] Wachsmuth, I. und Gängler, B. „Knowledge Packets and Knowledge Packet Structure“. In: Herzog, O. und Rollinger, C.-R., Hrsg., *Text Understanding in LILOG: Integrating Computational Linguistics and Artificial Intelligence*, Seite 380–393. Springer, Berlin, 1991.

[Walker et al., 1994] Walker, D., Zampolli, A., und Calzolari, N. „On Automating the Lexicon: Research and Practice in a Multilingual Environment“. In: *Proceedings of a Wordshop held in Grosseto, Oxford University Press, Oxford.*, 1994.

[Weber, 1993] Weber, N. „Computergestützte Analyse von Definitionstexten in einem deutschen Wörterbuch“. In: Pütz, H. P. und Haller, J., Hrsg., *Sprachtechnologie: Methoden, Werkzeuge und Perspektiven. Jahrestagung 1993 der GLDV*, Seite 140–168. Olms, Hildesheim, 1993.

[Wescoat und Zaenen, 1991] Wescoat, M. T. und Zaenen, A. „Lexical Functional Grammar“. In: Droste, F. G. und Joseph, J. E., Hrsg., *Linguistic Theory and Grammatical Description. Current Issues in Linguistic Theory Bd. 75*, Seite 103–136. John Benjamins, Amsterdam, 1991.

[Wijers, 1993] Wijers, M. „Specification of the Delis TFS-to-SGML export tool for dictionary production“. Technischer Bericht, Van Dale Lexicography, Utrecht, November 1993. Appendix to deliverable D-V-1 of Delis (LRE 61.034).

[Wilkens, 1995] Wilkens, R. *Automatisches und kontrolliertes Satzverstehen. Ein HPSG-basiertes netzlinguistisches Modell.* Dissertation, Ruhr-Universität Bochum, Sprachwissenschaftliches Institut, 1995.

[Wilks et al., 1989] Wilks, Y. A., Fass, D., Guo, Ch., McDonald, J. E., Plate, T., und Slator, M. „A tractable machine dictionary as a resource for computational semantics“. In: Boguraev, B & T. Briscoe (Hrsg.), Hrsg., *Computational Lexicography for Natural Language Processing*, Seite 193–228. Longman, London, England, 1989.

[Wolff et al., 1994] Wolff, S. R., Macleod, C., und Meyers, A. *COMLEX word classes, manual.* Computer Science Department, New York University, Sept 1994.

[Zajac, 1992] Zajac, R. „Inheritance and Constraint-Based Grammar Formalisms". *Computational Linguistics*, 18(2):159–180, 1992.

[Zampolli et al., 1995] Zampolli, A., Calzolari, N., und Palmer, M. *Current Issues in Computational Linguistics: In Honour of Don Walker.* Linguistica Computazionale, Vol. IX/X. Kluwer Academic Publishers, Dordrecht, Niederlande, 1995.

[Zeevat et al., 1986] Zeevat, H., Klein, E., und Calder, J. *Unification Categorial Grammar.* Centre for Cognitive Science. University of Edinburgh, Edinburgh, 1986.

[Zernik, 1989] Zernik, U., Hrsg. *Proceedings of the First International Lexical Acquisition Workshop in Detroit, Michigan*, 1989.

Anschriften der Autoren

Ulrich Heid
Universität Stuttgart
Institut für maschinelle Sprachverarbeitung, Computerlinguistik
70174 Stuttgart
Tel.: (07 11) 121-1373
Fax: (07 11) 121-1366
email: Ulrich.Heid@ims.uni-stuttgart.de
www: http://www.ims.uni-stuttgart.de/IMS.html

Martin Hoelter
Ruhr-Universität Bochum
Sprachwissenschaftliches Institut
44780 Bochum
Tel.: (02 34) 700-2461
Fax: (02 34) 7094-137
email: hoelter@linguistics.ruhr-uni-bochum.de
www: http://www.linguistics.ruhr-uni-bochum.de

Wilfried Hötker
Universität Osnabrück
Institut für Semantische Informationsverarbeitung
DFG-Projekt "Dynamische LKB"
49069 Osnabrück
Tel.: (05 41) 969-25 85
Fax: (05 41) 969-25 00
email: hoetker@dosuni1.rz.uni-osnabrueck.de
www: http://hal.cl-ki.uni-osnabrueck.de/

Siegfried Kanngießer
Universität Osnabrück
Fachbereich Sprach- und Literaturwissenschaft
49069 Osnabrück
Tel.: (05 41) 969-43 38
Fax: (05 41) 969-42 56

Petra Ludewig
Universität Osnabrück
Institut für Semantische Informationsverarbeitung
DFG-Projekt "Dynamische LKB"
49069 Osnabrück
Tel.: (05 41) 969-25 85
Fax: (05 41) 969-25 00
email: ludewig@dosuni1.rz.uni-osnabrueck.de
www: http://hal.cl-ki.uni-osnabrueck.de/

Helmut Schnelle
Ruhr-Universität Bochum
Sprachwissenschaftliches Institut
44780 Bochum
Tel.: (02 34) 700-5114
Fax: (02 34) 7094-137
email: schnelle@linguistics.ruhr-uni-bochum.de
www: http://www.linguistics.ruhr-uni-bochum.de

Simone Teufel
Universität Stuttgart
Institut für maschinelle Sprachverarbeitung, Computerlinguistik
70174 Stuttgart
Tel.: (07 11) 121-1367
Fax: (07 11) 121-1366
email: Simone.Teufel@ims.uni-stuttgart.de
www: http://www.ims.uni-stuttgart.de/IMS.html

Frank Wegmann
Ruhr-Universität Bochum
Sprachwissenschaftliches Institut
44780 Bochum
Tel.: (02 34) 700-2461
Fax: (02 34) 7094-137
email: wegmann@linguistics.ruhr-uni-bochum.de
www: http://www.linguistics.ruhr-uni-bochum.de

Rolf Wilkens
Ruhr-Universität Bochum
Sprachwissenschaftliches Institut
44780 Bochum
Tel.: (02 34) 700-2461
Fax: (02 34) 7094-137
email: wilkens@linguistics.ruhr-uni-bochum.de
www: http://www.linguistics.ruhr-uni-bochum.de

FSC
www.fsc.org
MIX
Papier | Fördert
gute Waldnutzung
FSC® C083411

Kolibri 360 GmbH
Ferdinand-Jühlke-Straße 7
99095 Erfurt, Deutschland
produktsicherheit@kolibri360.de